朱福建

县域基础教育监测评价探索

以浙江省为例

前　言

随着社会的发展、人口的快速流动和人才竞争的日益激烈，县域教育成为我国基础教育发展的薄弱环节和难点领域，区域发展不均衡和“县中塌陷”“学业成绩政绩化”“向城化”“空心化”等问题逐渐进入教育研究者和政策制定者的视野。人们越来越强烈地感受到，在全力推进教育高质量发展和教育强国建设中，县域教育的作用举足轻重。“没有县域教育的高质量发展，就不会有国家教育的高质量发展。”① 正如北京大学林小英教授所言：“县域教育是理解中国教育最好的入口，在中国教育改革中，如果缺乏对县域教育必要的考量，就不可能理解中国教育的‘基本盘’。”② 因此，破解县域教育发展困境，净化县域教育生态，推进县域教育高质量发展，既是我国建设高质量教育体系的题中之义，也是推进教育公平的必然选择。

推进县域教育高质量发展，不仅要改善办学条件，转变教育理念，提升队伍素质，促进教育均衡，更重要的是，要通过科学有效的督导评估机制，强化地方政府主体责任，激发学校办学活力，营造良好的教育生态。然而，传统的督导评估往往存在评估周期过长和“重结果轻过程”“重主观经验轻实证证据”“重短期效益轻长效机制”的缺陷，难以有效促进县域教育可持续发展，也不能适应当前基础教育改革的新形势和新要求。习近平总书记在2018年全国教育大会上强调，要健全立德树人落实机制，扭转不科学的教育评价导向，坚决克服唯分数、唯升学、唯文凭、唯论文、唯帽子的“五唯”顽瘴痼疾。2019年6月发布的《中共中央 国务院关于

① 孙杰远. 县域教育高质量发展之困局与突破［J］. 教育发展研究，2023，43（02）：1-3.

② 林小英. 从“他者”到“主体”：中国教育改革中的县域教育［J］. 探索与争鸣，2021（04）：28-30.

深化教育教学改革全面提高义务教育质量的意见》也提出，要在县域教育质量评价标准中重点考查地方党委和政府对教育教学改革的价值导向、组织领导、条件保障和推进县域义务教育均衡发展情况等。在信息技术、大数据和人工智能飞速发展的今天，我们有必要创新县域教育督导评估的方式方法，更新教育督导评估的理念，拓展教育督导评估的类型，丰富教育督导评估的手段，构建与高质量教育体系相适应的县域教育监测评价机制。

在这样的背景下，浙江省教育厅从2016年开始委托杭州师范大学研究团队研制浙江省县域基础教育现代化监测评价指标体系，并于2017年在杭州师范大学设立浙江省教育现代化研究与评价中心，每年拨付经费资助中心开展县域基础教育监测评价项目的研究与实践工作。

县域基础教育监测评价是利用现代信息技术持续收集和深入分析有关信息，直观呈现县域教育状态，为多元主体进行价值判断和科学决策提供客观依据的过程。它是一种不同于传统教育督导评估的教育评价模式，具有发展性、动态性、持续性、信息化和可比性等特点，能够很好地克服传统督导评估“一评永逸”的弊端，激励被评者持续改进。县域基础教育监测评价的提出，既符合当前国际教育评价的发展趋势，也适应我国基础教育改革与发展的内在需求。全面实施县域基础教育监测评价，不仅对推动我国县域教育内涵式发展、全面提高县域教育质量具有直接的促进作用，而且对适应基础教育发展的新形势新要求，推进县域教育治理体系和治理能力现代化有着重大意义。

通过8年多的探索和实践，我们基于监测评估的理念，先后实施了浙江省县域基础教育现代化监测评价、浙江省县域基础教育生态监测评价、浙江省县域基础教育公众满意度测评等项目，并作为核心成员参与了浙江省现代化学校评估项目的相关工作，建构起了较为系统的县域基础教育监测评价体系，为推进浙江省县域教育高质量发展和现代化建设进程发挥了积极作用。本书正是对以上四个项目的探索和实施经验进行的系统总结。全书共分五章，除第一章为总体概述外，其余四章均按照理论概述、指标设计、实施策略、相关案例的逻辑组织。各章主要内容如下。

第一章为县域基础教育监测评价的动因、内涵和路径。主要分析了实施县域基础教育监测评价的国际背景、国内背景和浙江背景，界定了县域基础教育监测评价及相关概念（如教育监测、教育评价、发展水平）的内涵，阐述了县域基础教育监测评价“注重以人为本、突出政府责任、强调以评促建、推进教育共富”的价值取向，总结了县域基础教育监测评价的主要路径。

第二章为县域基础教育现代化监测评价。主要梳理了现代化、教育现代化和中国式教育现代化的相关理论，介绍了国内外教育现代化相关的评价指标体系和浙江省县域基础教育现代化监测评价指标体系的研制过程，总结了浙江省县域基础教育现代化监测评价的实施与具体策略，呈现了县域基础教育现代化监测评价反馈报告和县域基于基础教育现代化监测数据开展改进行动的案例。

第三章为县域基础教育生态监测评价。主要梳理了生态学、教育生态学、基础教育生态的相关概念及理论；介绍了国内外教育生态相关的评价指标体系以及浙江省基础教育生态监测评价体系的研制过程；总结了浙江省基础教育生态监测评价相关工具的开发及具体实施策略；呈现了县域基础教育生态监测评价反馈报告样本和县域基于基础教育生态监测数据开展改进行动的案例。

第四章为县域基础教育公众满意度测评。主要梳理了教育满意度的相关研究成果，介绍了国内外不同利益相关群体教育满意度的问卷框架及浙江省基础教育公众满意度问卷设计，总结了浙江省基础教育公众满意度测评操作流程及相关研究成果；呈现了县域基础教育满意度测评报告案例和县域基于教育满意度测评数据开展改进行动的案例。

第五章为现代化学校督导评估。主要梳理了学校评估的内涵、主要模式和国际新趋势及新发展，介绍了国内外较有影响的学校评估指标体系及浙江省现代化学校评估指标体系，总结了浙江省现代化学校评估的实施与具体策略，呈现了学校反馈报告案例和县域基于现代化学校评估结果开展改进行动的案例。

目录

Contents

第一章　县域基础教育监测评价：动因、内涵和路径

《史记》有言："郡县治，天下无不治。"县域始终是国家政权结构和管理职能的前哨和基石。我国当前实行的是"以县为主"的基础教育投入与管理体制。推进中国式教育现代化，建设教育强国，县域教育的高质量发展是前提和基础。对县域基础教育发展水平和状况进行监测评价，并有针对性地实施改进，是确保县域教育高质量发展的有效途径。本章主要分析县域基础教育监测评价的时代背景，界定县域基础教育监测评价的基本内涵，阐述县域基础教育监测评价的价值取向，并探讨县域基础教育监测评价的主要路径。

第一节　县域基础教育监测评价的时代背景

教育监测评价是21世纪以来全球教育界出现的新概念，是教育评价与教育监测的理念与实践不断适应时代挑战而走向融合的结果。① 县域基础教育监测评价既是顺应国际教育评价改革潮流而做出的一种选择，也是为克服传统督导评估的弊端而采取的一种手段，其产生和发展有着深刻的国内外背景和鲜明的地域特色。

① 韩映雄，李超. 中国教育监测评估制度的内涵与变迁［J］. 现代大学教育，2022（04）：101-110.

一、国际背景

自20世纪80年代中期以来，为应对全球化和国际竞争的挑战，西方发达国家在公共行政领域发起了基于新公共管理理论的大规模改革行动。在教育领域，很多国家将绩效责任作为教育改革发展的指导思想，纷纷引入卓越、效率、问责、目标管理等新公共管理改革流行的概念和举措，以期改善公共教育服务的效果与效率。尽管各国教育改革的举措不尽相同，但许多国家都将评价作为国家整体性教育改革的重要组成部分，开展了以目标管理和绩效责任为主要内容的教育系统评价运动。例如，美国各州教育委员会根据系统模式的观点，建立了州、学区层面的教育绩效责任评价系统；英国于1992年成立了教育标准局，对所有教育机构进行绩效评价；加拿大安大略省专门成立教育质量与绩效责任办公室，负责教育绩效责任评价工作；澳大利亚由联邦与各州共同开发了《澳大利亚国家教育指标方案》(Australian National Project on Indicators)，以此作为评价各州教育发展的依据。①

近20年来，随着教育评价理论研究和实践的不断深入，国际教育评价领域出现了一系列变化，包括②：(1) 教育评价从一次性、单向性的评价转变为持续性、综合性的监测。最为典型的例子是，联合国教科文组织于2002年首次将“监测”和“评价”两个单独的词语合成一个新概念：监测评价（monitor & evaluation，M&E)，并开始聘请第三方监测各国教育发展概况，每年发布监测评价报告，开教育监测评价之先河。(2) 教育评价从对学生、教师、学校的评价转向同时关注对地方政府的评价。越来越多的国家和国际组织发现，公立教育特别是义务教育的均衡发展与质量水平，不但有赖于教师和校长，更取决于地方政府的教育政策、经费资源、人力资源和生源配置。(3) 教育评价从以管理、问责为导向的评价转向管理导向与发展导向并重的评价。在很多国家，教育评价功能不再局限于检验绩效的高低，而更多地侧重于诊断改进、激励发展。(4) 教育评价从传统的纸笔评价转向基于信息技术、大数据、人工智能的评价。近年来，信息技术、大数据、人工智能的发展和应用，突破了教育的“时空限制”，

① 孙继红. 我国区域教育发展状况评价的实证研究 [D]. 北京：北京航空航天大学，2010.

② 张民选. 基于国际评价改革趋势探讨基础教育高质量发展方向 [J]. 中国基础教育，2023，7(03)：15-21.

正成为各国教育评价改革的新杠杆。国际教育评价领域的这些变化，为浙江省县域基础教育监测评价奠定了理论基础。

二、国内背景

2001 年以来，随着我国基础教育“以县为主”管理和投入体制的实施以及教育改革的持续深化，县域教育发展逐步受到重视。为确保各地认真履行发展基础教育的职责，促进县域教育优质均衡发展，我国加大了教育督导评估力度。2012 年，教育部启动了义务教育基本均衡县（市、区）督导评估项目，旨在通过“拉网式”的督导评估，引导和推动全国各县（市、区）践行“协同”“共享”理念，办好每一所学校，教好每一个学生，缩小校际差距，促进教育公平。2017 年，国务院办公厅《关于印发对省级人民政府履行教育职责的评价办法的通知》发布，明确国家每年对省级人民政府领导、管理、保障、推进本行政区域内教育事业改革发展稳定工作有关情况开展一次评价，并要求省级人民政府对本行政区域内各级政府履行教育职责情况进行评价。这一制度的建立，对促进各级政府履行教育职责、落实国家教育方针政策起到了重要作用。2020 年，中共中央、国务院印发《深化新时代教育评价改革总体方案》，坚持破立并举的原则，围绕党委和政府、学校、教师、学生、社会五类主体，重点制定了五个方面 22 项改革任务。该方案的最大亮点是将党委和政府纳入教育评价改革体系，努力破解党委和政府的短视行为和功利化倾向，引导地方政府建立科学履行教育职责的体制机制。2021 年，随着全国所有县级单位均通过了全国义务教育基本均衡县评估，教育部又大力推进全国义务教育优质均衡县（市、区）督导评估和全国学前教育普及普惠县（市、区）督导评估，以进一步巩固和优化前期督导评估成果。从我国近十年教育督导评估的政策可以看出，县域教育发展已成为政府教育督导评估的一个重点关注领域。

在教育评价模式上，我国开始探索并实践动态监测的模式。2007 年，教育部在北京师范大学设立教育部基础教育质量监测中心，着手开展全国义务教育质量监测试测工作。2010 年，《国家中长期教育改革和发展规划纲要（2010—2020 年）》明确提出，整合国家教育质量监测评估机构及资源，完善监测评估体系，定期发布监测评估报告。2012 年，国家教育发展研究中心、上海市教育科学研究院、中国教育科学研究院、成都市教育科学研究院组成联合课题组，合作开展副省级城市教育现代化水平监测评价工作，并发布监测报告。2014 年，国务院教育督导委员会办公室印发《深化教育督导改革转变教育管理方式的意见》，提出建立督政、督学、评估监测三位一体的教育督导体系，首次将评估监测列为教育督导部门的三大重要职能之一。2015 年，在经过八年的酝酿后，国务院教育督导委员会办公室印发了《国家义务教育质量监测方案》，明确将义务教育质量监测作为我国的一项正式制度。

与此同时，部分区域、省、市也开始转变以往静态的督导评估方式，探索教育监测评价机制。例如，成都市于 2012 年建立教育现代化发展水平监测制度，每年从教育事业发展水平、教育公平和质量、教育经费投入、办学条件及教育信息化水平、师资队伍建设、教育国际化、学习型社会建设水平、教育管理水平和社会满意度八个方面，持续监测各县（市、区）教育现代化发展情况。江苏省于 2014 年启动省、市、县三级教育现代化发展水平监测评价，每年从教育普及度、教育公平度、教育质量度、教育开放度、教育保障度、教育统筹度、教育贡献度、教育满意度八个方面，监测各地教育现代化的进程。为贯彻落实《长江三角洲区域一体化发展规划纲要》，在教育部的推动下，长三角“三省一市”也于 2018 年联合成立了长三角区域教育现代化监测中心，并于 2021 年 4 月发布《长三角教育现代化指标体系（试行）》，启动了一年一度的长三角教育现代化监测评价工作。从某种意义上讲，国家对县域教育整体质量的关注和对教育质量监测评价工作的逐步重视，以及兄弟省市在教育监测评价方面的探索与实践，为浙江省县域基础教育监测评价提供了政策依据与实践参照。

三、浙江背景

作为“省直管县”体制改革的先锋，浙江省自 1992 年以来，始终致力于“强县扩权”行政管理创新，通过赋予县级政府更多自主权，提高县级政府的管理效能，激发县域经济自主发展的活力和动力。在教育方面，浙江省一直高度重视县域教育的整体发展，努力通过各种举措激发和调动各地发展教育的积极性。20 世纪八九十年代，浙江省积极组织“普九”“两基”评估验收工作，于 1997 年率先通过国家“两基”总验收。1998 年，浙江省委、省政府下发《关于在全省开展创建教育强县活动的通知》，启动了“教育强县”创建活动。到 2011 年底，全省有 89 个县（市、区）成为浙江省教育强县。之后，浙江省又积极推进全国义务教育基本均衡县（市、区）创建工作，于 2015 年通过了全国义务教育发展基本均衡县（市、区）国家总验收，成为最早实现所辖县（市、区）全部通过国家义务教育均衡发展评估认定的 5 个省级单位之一。为进一步强化政府保障责任，提高教师工资待遇，促进区域内教育公平，推动地方教育治理理念和学校育人模式的转型，浙江省又于 2012 年启动了省教育基本现代化县（市、区）创建工作，并于 2021 年实现了省教育基本现代化县（市、区）全覆盖。在这些评估创建活动中，全省各地破局求变，攻坚克难，不断提升教育保障水平和发展绩效，使得优质的基础教育资源覆盖到更多地区。

虽然这一系列评估创建项目促进了浙江省各县（市、区）教育的整体发展，但总体上都属于一次性的督导评估项目，存在评估周期过长、“重结果轻过程”“重短期效益轻长效机制”等缺陷。现实中，有不少地区为了通过评估验收，往往会采取一些临时应付措施，待评估验收之后又恢复到原来的状态；还有不少地区一旦通过评估验收，就不再积极投入和发展，而是“躺在功劳簿上睡大觉”，给人一种“一评永逸”的感觉。为了消除传统教育督导评估的弊端，浙江省教育厅于 2016 年开始探索县域基础教育监测评价机制，力图通过一年一度的监测评价，准确掌握各县（市、区）教育发展动态，及时对各地教育改进的方向与路径进行督促和指导，持续提升各地教育发展水平。浙江省积极改革创新的传统和以往教育督导评估中暴露出来的问题与不足，是开展县域基础教育监测评价的直接动因。

第二节　县域基础教育监测评价的本质内涵

县域基础教育监测评价是对县域教育发展水平、状况的监测评价，包含“县域教育发展水平”和“教育监测评价”两个核心概念。要理解县域基础教育监测评价的本质内涵，首先要深入理解这两个核心概念。

一、县域教育发展水平

在界定县域教育发展水平之前，有必要先了解“发展水平”的定义。在统计学领域，发展水平又称作“发展量”（或动态平均数），是时间数列中的每一项具体指标数值，反映社会经济现象在不同时期的规模或程度。① 发展水平一般指绝对数水平，但有不少统计学家认为它也可以是相对数水平或平均数水平。根据发展水平在一个动态数列中所处的位置，发展水平可分为最初水平、中间水平和最末水平。最初水平是动态数列最初一项指标数值，最末水平是动态数列最后一项指标数值，其他各项指数值就是中间水平。在动态分析中，当对比两期发展水平时，所研究的那一时期的发展水平，称为报告期水平或计算期水平；作为对比基础的水平，称为基期水平。②

县域教育发展水平是指在一定时期内，某个特定的县（市、区）在教育领域的各个相关指标上的发展量。这里的教育指标，可以有多种理解和诠释。例如，联合国教科文组织从教育供给（资源）、教育需求、入学及参与、内部效率、产出五个方面架构世界教育指标体系；世界银行从教育投入、教育参与、教育效能、教育成果、性别与教育五个方面衡量各国教育发展水平；经济合作与发展组织（OECD）则从教育系统成果及学习影响、教育财政及人力投入、教育参与及进步情况、学习环境与学校组织等方面来确定每年的《教育概览：OECD 指标》（*Education at a Glance: OECD Indicators*）。我国教育部于 1991 年发布首版《中国教育监测与评价统计指标体系》，并于 2015 年、2020 年两次进行修订和完善，最终确定了综合教育程度、国民接受学校教育状况、学校办学条件、教育经费、科学研究共五类 120 项指标，用来监测我国教育发展进程。

与国际层面和国家层面的教育发展指标不同，县域教育发展水平的衡量指标更多地聚焦于基础教育领域，而且呈现一定的结构性。有研究认为，县域教育发展包含三种质量，即结果型质量、过程型质量和结构

---

① 韩双林，马秀岩．证券投资大辞典［M］．哈尔滨：黑龙江人民出版社，1993：8.

② 国家统计局．统计知识库-发展水平［EB/OL］．http://www.stats.gov.cn/zsk/snapshoot?reference=4AFA3FBEF6A36E8AD5A92668528860E8&siteCode=tjzsk，2022-08-02/2023-10-07.

型质量。[①] 结果型质量反映学生个体的学习进步情况，包含学生品德行为指数、学业达标指数、高层次认知能力指数、实践创新能力指数、学习动力指数、学习策略指数、兴趣爱好指数、身体健康指数、自我认知指数及合作交往指数等指标。过程型质量反映学校整体的课程实施水平，包含教师教学方式指数、师生关系指数、教师职业认同指数、学校教学管理指数、教师研修发展指数、家长参与（家校合作）指数和亲子关系指数等指标。结构型质量反映区域内教育资源配置的科学性与合理性、各类教育的协调发展以及发展状态的可持续性，包含服务对象满意度、公民办学校教育均衡度、城乡教育均衡度、不同社会经济地位学生学业差异度、学生课业负担等指标。这种立体的县域教育发展质量观为更全面地把握县域教育发展水平提供了多元视角。

二、教育监测评价

从字面上看，教育监测评价包含“教育监测”和“教育评价”两方面的内容，它是在教育评价、教育监测的理论和实践基础上形成的一种新型评价模式。在管理学中，监测指向项目实施的过程，指的是对输入、产出、干预措施等过程要素信息的常态收集和持续追踪；评价则指向项目实施的结果，是对项目实现预期目标的程度做出的价值判断，它极少涉及对活动过程和干预措施效果的评价。[②] 在教育学中，教育评价是对教育活动满足社会和个体需要的程度做出判断的活动，是对教育活动现实的（已经取得的）或潜在的（还未取得，但有可能取得的）价值做出判断，以期达到教育价值增值的过程。[③] 教育监测则是通过持续收集教育要素的各类数据，以提供教育系统所获成就的相关证据，服务于教育管理者和其他利益相关者。[④] 教育监测与教育评价同为教育质量保障手段，两者在实施过程

① 张丰. 构建以教育生态为核心的区域教育发展评价——破解“唯分数”“唯升学”问题的建议［J］. 教育发展研究，2019，39（12）：6－12.

② 王战军，王永林. 监测评估：高等教育评估发展的新图景［J］. 复旦教育论坛，2014，12（02）：5－9.

③ 陈玉琨. 教育评价学［M］. 北京：人民教育出版社，1999：2.

④ Cherednichenko，O. & Yangolenko，O. Towards Quality Monitoring and Evaluation Methodology：Higher Education Case-study［C］//Springer：International United Information System Conference，2012：1415.

中都需要收集数据或信息，区别在于：教育监测一般只是对数据或信息按特定需要予以客观呈现，并不做进一步的价值判断；而教育评价则一定要在数据或信息基础上做出价值判断，并且价值判断的标准会依据评价主体即评价者的不同而不同，具有一定的主观性。①

目前，学术界对教育监测评价的本质内涵尚未达成共识，概括起来，主要有融合论和持续论两种观点。融合论者认为，教育监测评价通常被当作教育评价和教育监测这两种不同类型活动的总和，教育评价与教育监测之间并不是割裂的，而是呈现互补的特点，两者缺一不可。这是因为，教育监测能及时提供政策执行过程中的相关信息和管理者执行政策所需的信息，而教育评价所需信息大部分从监测中获取，并为教育监测的完善提供更加深入的信息。② 持续论者认为，教育监测评价是单一的活动，从某种意义上讲，它是一种持续性评价。例如，王战军等人将教育监测评价视为一个整体概念，认为它是“以预定教育目标为依据，通过对各种活动、措施、环境、资源等过程要素状态信息的持续收集、动态跟踪、客观描述与及时反馈，对教育活动是否在按照预定计划执行、向预定目标靠近等运行轨迹做出监控、预警和修正，从而确保教育目标有效实现的活动”。③ 荷兰教育评价专家希尔伦斯（Jaap Scheerens）也认为，教育监测评价应该被看作促进教育系统管理与改进其日常运行和向有关单位更长久地提供信息、考核与反馈等服务的关键机制，是监测评价在教育系统中制度化的应用。④

综合以上观点，我们认为，教育监测评价是一种兼具信息收集和价值判断功能的过程性评价机制，目的在于促进被评价对象持续改进和发展。这里的被评价对象涉及多个领域或客体，既可以是整个教育系统，也可以是专门的教育项目或教育政策，还可以是某类学校、教师或学生。

---

① 韩映雄，李超. 中国教育监测评估制度的内涵与变迁［J］. 现代大学教育，2022（04）：101－110.

② UNDP. Handbook and Book of Planning：Monitoring and Evaluation for Developmnt Results［EB/OL］. https://www.undp.org/turkiye/publications/undp-handbook-planning-monitoring-and-evaluating-development-results，2013－08－16/2023－04－20.

③ 王战军，王永林. 监测评估：高等教育评估发展的新图景［J］. 复旦教育论坛，2014，12（02）：5－9.

④ ［荷］雅普・希尔伦斯，塞斯・格拉斯. 教育评价与监测：一种系统的方法［M］. 边玉芳，曾平飞，王烨晖，译. 北京：教育科学出版社，2017：5.

三、县域基础教育监测评价

通过对“县域教育发展水平”和“教育监测评价”两个核心概念的分析，我们认为，县域基础教育监测评价是以政府为主体组织和实施的，利用教育系统日常运行状态数据或服务于特定目标的专项调查信息，对教育系统、教育项目、各级各类学校和学生发展等进行测量、价值判断和监督等活动。它既可以是一种具备鉴定、问责和改进功能的教育管理手段，也可以是一项独立的教育改革项目或教育政策。① 从评价对象的层次来看，县域基础教育监测评价可以分为宏观、中观和微观三个层面。宏观层面的监测评价关注县域教育事业总体发展情况，通过对县域经济发展背景、教育总投入、教育过程、教育发展成果等各类县域教育发展状态数据的监测分析，对发展中的现存问题、潜在风险、未来趋势做出系统分析和预警。中观层面的监测评价着眼于学校办学水平的提升，通过分析学校教育、教学及管理状态数据，对学校实施发展性评价。微观层面的监测评价则主要聚焦学生个体发展，通过对学生学业成绩、个性特长、幸福感及相关影响因素的分析，明确学校教育教学的优势、不足及改进方向。微观层面的监测评价类似于经济合作与发展组织国际学生评估项目（PISA）或基础教育质量监测项目。

与以往的教育督导评估相比，县域基础教育监测评价具有以下特点：一是发展性。在评价目的上，教育督导评估侧重于管理和问责，主要关注教育活动的最终结果和成效，并对结果与教育目标的达成度做出价值判断。② 县域基础教育监测评价则将功能定位于促进发展，关注教育领域各要素的状态信息及其与预定目标的一致性，旨在通过持续的信息收集与及时的结果反馈，引导各地不间断地开展教育改进行动，力求做到以评促改、以评促建。二是持续性。在评价周期上，教育督导评估要么是一次性评估，要么评估周期非常长，不利于被评估者及时获取反馈信息，对持续改进的帮助有限。县域基础教育监测评价则是每年开展一次，并定期发布监测评价反馈报告，便于各地及时掌握教育发展情况。三是动态性。在评

---

① 韩映雄，李超. 中国教育监测评估制度的内涵与变迁 [J]. 现代大学教育，2022 (04)：101-110.

② 王战军，王永林. 监测评估：高等教育评估发展的新图景 [J]. 复旦教育论坛，2014，12 (02)：5-9.

价内容上，教育督导评估通常是静态的评估，在一个评估周期内，评估的内容和方式不会有太大变化。县域基础教育监测评价则是动态的，会根据监测对象的情况和时代发展要求对监测内容和目标值进行适当微调，不断引领各地教育向更高水平迈进。四是信息化。在评价方法上，教育督导评估主要以专家实地考察为主，更多依赖专家的经验判断。县域基础教育监测评价则充分利用信息技术手段，对各方面的教育数据进行采集与整合、挖掘与分析，以及数据可视化处理，确保监测评价结果的全面性、客观性和高效性。① 五是可比性。在评价结果上，教育督导评估更多呈现的是不同地区在不同时期的定性结果。县域基础教育监测评价呈现的则是所有地区在同一时期内的量化结果，彼此之间的算法和规则一致，因而不仅全省不同地区的结果具有横向可比性，而且同一地区在多数指标上还具有纵向可比性，某些指标（如生师比、班额、教育经费投入）甚至可以进行省际或国际比较。

第三节　县域基础教育监测评价的价值取向

价值取向是一定主体按照自己的价值观在面对或解决种种矛盾关系时所持的基本价值态度，具有评判事务、明确立场、导引和调节行为的定向功能，对主体性、主体间性均有重要影响。② 教育监测评价是一项价值负载的活动，体现特定的教育追求和教育精神，③ 明确教育监测评价的价值取向，是开展这项工作的首要前提。就县域基础教育监测评价而言，我们认为，应该坚持“注重以人为本、突出政府责任、强调以评促建、推进教育共富”的价值取向。

① 王战军，乔伟峰，李江波. 数据密集型评估：高等教育监测评估的内涵、方法与展望［J］. 教育研究，2015，36（06）：29－37.

② 高正，唐万宏. 高校财政投入绩效评价指标的价值取向及体系建构［J］. 广西社会科学，2019（08）：167－172.

③ 伍远岳. 教育质量监测的发展性价值及其实现路径［J］. 全球教育展望，2022，51（03）：20－32.

一、注重以人为本

教育是培养人的社会活动，人既是教育的出发点，也是教育的归宿。无论什么样的教育活动，都应该以人为中心、以人的价值实现为目的。县域基础教育监测评价要树立以人为本的理念，将人的发展、人的感受作为考察县域教育发展水平的重要尺度。具体而言，一要改变“唯分数”“唯升学”的教育评价观，充分关注学生的全面发展和弱势群体平等接受教育的权利，综合考察学生智力和非智力方面的发展结果，将教育与人的幸福、自由、尊严等终极价值联系起来。二要关注教师的生存状态，统筹考虑教师职业发展和家庭生活方面的影响因素，帮助教师有效平衡职业发展与家庭生活之间的张力。三要聚焦影响教师和学生发展的教育内外部因素，重点考察教育管理、教学活动和教育内容等对人的尊重和关注程度，以及教育环境、教育制度和教育体制调动和发挥人的主动性、积极性的程度。四要重视各利益相关群体对教育工作的满意度，引导各地积极了解并回应社会需求，努力办好人民满意的教育。

二、突出政府责任

县域基础教育监测评价是以县为单位实施的监测评价活动，关注的是县域层面教育的整体发展状况，一般不涉及对学校、教师或学生个体的评价。正如张民选教授所说，一个地区教育质量的好坏，不但有赖于学校教师和校长的智慧与努力，而且与地方政府的教育政策、经费、师资和学生配置等因素密切相关，政府对教育的重视程度、投入多少及治理方式是影响一个地区基础教育能否实现公平优质发展的重要因素。[①] 因此，县域基础教育监测评价应充分关注政府的主体责任，突出政府在经费、师资、物质等方面的保障水平和在维护教育公平、促进教育科学和谐发展方面的政策举措。具体而言，县域基础教育监测评价要重点关注政府在以下五个方面的履职情况：一是制定宏观教育规划的职责，即在整个经济社会发展中，确定发展目标和任务，制定政策措施，提供公共服务，确保教育优先部署、优先发展；二是合理配置教育资源的职责，包括建设良好的教育设

① 张民选. 基于国际评价改革趋势探讨基础教育高质量发展方向［J］. 中国基础教育，2023（03）：15－21.

施，配齐、配足、配好教师队伍，确保教育的经常性投入等；三是推进教育协调发展，包括大力发展学前教育，适当扩大高中教育规模，规范民办教育和成人教育等；四是提升教育综合质量，即转变育人模式，实施素质教育，促进学生德智体美劳全面发展；五是扶助弱势群体，包括保证残疾人接受教育，确保家庭经济困难孩子能够顺利入学，支持少数民族教育，扶持贫困边远地区发展教育。①

三、强调以评促建

美国教育评价专家斯塔弗尔比姆（Daniel L. Stufflebeam）指出，评价不是为了证明，而是为了改进。② 监测评价就是为克服传统教育评价的滞后性而产生的，是一种具有内在动机且精心设计的评价活动，通过持续提供多方面的信息反馈，从而发现项目实施过程中的问题和项目的效率和效益。因此，县域基础教育监测评价应充分发挥监测评价的引导、诊断、改进和激励功能，注重过程性、发展性评价，真正达到以评促建、以评促改、以评促管的目的。具体而言，一要在指标设计上突出问题导向，将全省教育发展过程的共性问题和难点问题纳入监测指标体系，并持续对其进行监测。二要在监测过程中加强交流互动，让监测对象通过自评明确自身的问题，通过交流互动了解自身在全省所处位置。三要在报告撰写时提供合理建议，通过对监测数据全面、深入的挖掘和分析，找准每个地区教育发展中的问题和不足，并提供可操作、有针对性的改进建议和标杆经验。四要在结果反馈上明确核心对象，充分加强监测、行政和督导三方的配合，不仅要将监测结果反馈给各地教育督导部门和教育行政部门，还要反馈给各地党政一把手，通过自上而下的反馈，推动各地加强监测问题的整改。

四、推进教育共富

教育监测是实现有质量的教育公平的有效途径。③ 在全国扎实推动共

① 郑富芝. 政府教育职责及其评价［J］. 教育发展研究，2013，33（01）：1-4.

② ［美］Daniel L. Stufflebeam，George F. Madaus，& Thomas Kellaghan. 评估模型［M］. 苏锦丽，等译. 北京：北京大学出版社，2007：428.

③ 檀慧玲，刘艳. 国家义务教育质量监测：实现有质量的教育公平的有效途径［J］. 中国教育学刊，2016（01）：50-53.

同富裕和浙江省高质量发展建设共同富裕示范区的大背景下，县域基础教育监测评价理应承担推进教育共同富裕的使命。一方面，教育公平是共同富裕的基本要求①，县域基础教育监测评价要充分关注教育发展中的不均衡、不充分和不全面问题，将不同学校（包含公办和民办学校）的办学条件差异系数、城乡学校的教育质量差异系数、不同社会经济背景家庭学生的学业质量差异系数等指标纳入监测范畴，引导各地充分重视教育公平问题，推进教育优质均衡发展；另一方面，精准施策是推动共同富裕的重要方略，县域基础教育监测评价要强化对经济落后地区（如浙江省山区 26 个县）教育发展水平的专项分项，通过与教育发达地区的比较和区域内部不同要素的关联分析，找准影响教育发展的核心因素，为政府决策提供参考。

第四节　县域基础教育监测评价的主要路径

虽然县域基础教育监测评价涉及多个领域或客体，但不管针对哪一个领域或客体，其实施路径基本上是一致的。具体而言，一个完整的县域基础教育监测评价项目应该包含前期调研与顶层设计、理论研究与指标研制、数据采集与处理、结果反馈与使用等环节。

一、系统谋划，顶层设计监测评价体系

县域基础教育监测评价是一项系统工程，涉及为什么监测、监测什么、谁来监测、如何监测、监测结果如何处理等多方面的问题。在项目初期，要遵循调研在先的原则，组织相关人员赴上海、江苏、广东、成都等省市进行考察，在借鉴已有经验的基础上，结合本地实际，处理好个体与区域、单项与整体、当前与长远的关系，并最终确定县域基础教育监测评价的总体思路。

---

① 刘复兴. 教育与共同富裕——建设促进共同富裕的高质量教育体系［J］. 教育研究，2022，43(08)：149－159.

（一）确定监测评价目的

评价目的是对评价功能的定位，直接决定着评价指标、评价标准、评价主体、评价方法和评价程序的选择，在整个监测评价体系中处于龙头地位。县域基础教育监测评价一般有方向引领、决策咨询、问题诊断、激励发展、管理问责、同行比较等功能，不同的地区或项目可以有不同的侧重点。例如，浙江省县域基础教育现代化监测评价充分强调监测评价的决策咨询、问题诊断和同行比较功能，因而确定了“把握全省教育现代化发展进程，查找与战略目标的差距，为制定科学教育政策、推进教育综合改革提供参考”“了解各地教育现代化发展水平，指导各地聚焦关键领域和薄弱环节，解决重点难点问题”“进行国际、省际比较，确定浙江教育发展在全球或全国坐标系中的定位及其变化”等目的。基于这样的目标定位，我们在指标设计上采用了 CIPP 评价模式，从背景（context）、投入（input）、过程（process）和产出（product）四方面评估县域教育现代化发展状况，重点关注浙江教育发展进程中存在的发展性、制约性问题。

（二）明确监测评价对象

毫无疑问，县域基础教育监测评价应该以县域为基本监测对象，所有监测数据均应从县域教育整体发展的角度进行收集、分析和解读。但在实践中，我们也要根据不同监测项目的需求选择不同的监测样本，通过分析样本来推断县域教育的总体发展情况。例如，对县域教育教学质量的监测，通常要采取二阶 PPS 抽样法（probability proportionate to size sampling，PPS），先根据办学性质、地域、层次、社会声誉等属性抽取一定数量的学校，然后在这些学校中抽取一定数量的教师和学生作为监测样本，最后通过分析样本数据来推断一个地区的教育教学质量。

（三）确定监测评价主体

教育监测评价是一项专业工作，对教育学、测量学、统计学等专业知识和技能要求较高，需要慎重考虑由哪个部门、哪些人来承担。随着 2015 年 5 月《教育部关于深入推进教育管办评分离 促进政府职能转变的若干意见》出台，各地纷纷成立了教育评估院，或加大了培育第三方教育评估机构的力度。从专业性角度来看，由评估机构来组织实施县域基础教育监测评价是比较合适的。正是基于这样的考虑，浙江省教育厅于 2017 年 3 月依托杭州师范大学的专业优势，建立浙江省教育现代化研究与评价中心，作为实施县域基础教育监测评价的机构。浙江省教育厅每年以定向采购服务的方式为中心提供专项经费，由杭州师范大学依法进行统一管理，实行专款专用。依托大学建立专业的第三方评估机构来组织县域基础教育监测评价工作，既符合管办评分离改革的趋势和要求，也确保了监测评价的科学性和客观性。

（四）制定县域基础教育监测评价项目规划

持续性是教育监测评价区别于督导评估的最主要特征。要确保县域基础教育监测评价项目的持续性，就必须制定长远规划，明确项目的蓝图、路线图和施工图，避免项目因外部环境的变化而受到影响。例如，浙江省不仅将县域基础教育现代化监测评价项目、县域基础教育生态监测评价项目、县域基础教育公众满意度测评项目和现代化学校评估项目写入《浙江教育现代化2035行动纲要》《浙江省教育事业发展“十四五”规划》《浙江省深化新时代教育评价改革实施方案》等规划或文件中，而且还与杭州师范大学签订战略合作协议，制定《浙江省县域基础教育现代化监测评价项目规划》，确定了水平监测、决策参谋和实践指导三大目标，提出了研制指标体系、研发监测工具、构建监测模型、开展比较研究四项任务，并明确了每年具体的工作任务、工作时间表及相关的保障举措。

二、深入调研，科学研制监测评价指标

教育监测评价的首要任务是对抽象概念进行操作化处理，将所需监测的宏观内容（教育现代化水平、公众满意度、教育生态等）转化为可观测、可操作的指标体系。监测评价指标体系是由众多指标、评价标准、权重等构成的系统，必须采取科学和严格的方法与步骤。在监测实践中，要以行为目标评价理论、CIPP评价理论和建构主义评价理论为指导，采取自上而下和自下而上的路径，通过文献梳理、意见征询、试测调整等举措，构建全面、系统的监测指标体系，并定期根据实际情况对指标体系进行迭代更新。

（一）全面梳理相关文献

同教育科学研究需要进行文献综述一样，教育监测评价指标体系的研

制也需要全面梳理相关文献，了解国内外理论与实践研究者在所要监测领域的研究成果，并对搜集到的资料进行归类与编码，整理尽可能多的备选项目。例如，在浙江省县域基础教育现代化监测评价指标体系的研制过程中，我们对《浙江省教育现代化县（市、区）评估操作标准（2015 年修订版）》、教育部印发的《中国教育监测与评价统计指标体系》、上海市教育科学研究院等单位联合研制的《教育现代化进程监测评价指标体系》、江苏省和成都市的教育现代化监测指标体系，以及联合国教科文组织、经济合作与发展组织、世界银行等国际组织的教育评价指标进行了全面分析，通过对这些指标体系的梳理和量化统计，形成了备选指标库。

（二）广泛开展意见征询

通过文献梳理形成的监测指标不一定符合现实需求。要确保监测指标的实用性和可行性，还需要同本地的教育实际结合起来。因此，有必要进一步采取自下而上的方式，收集各利益相关群体的意见和建议，并按照客观性、系统性、可比性、实用性、引导性的原则，对这些意见和建议进行整理，形成更加完善、接地气的监测指标体系初稿。例如，在浙江省各项基础教育监测评价工作中，我们都会以省教育厅的名义组织多次问卷调查和座谈会，分别向一线（校）园长、县（市、区）教育局督导科科长及分管局长、设区市教育督导机构负责人及分管局长、省教育厅相关处室及直属单位征求意见和建议，并根据这些意见和建议对指标体系初稿作相应调整。

（三）严格进行试点研究和试行监测

县域基础教育监测评价是一件极其严肃且费时费力的工作，所有的监测工具、流程和机制必须经过严格试测才能大范围推行，否则将造成极大的资源浪费。因此，在正式开展县域基础教育监测评价前，小规模试点研究和大规模试行监测必不可少。例如，我们在正式开展浙江省县域基础教育现代化监测评价之前，首先选取了杭州市上城区、慈溪市、德清市、松阳县、开化县五个具有代表性的县（市、区）进行试点研究，然后采用 2016 年数据对全省 90 个县（市、区）和 2 个功能区的教育现代化发展水平全面开展试行监测，通过分析试点研究和试行监测数据，完善监测指标体系和监测实施方案，最终形成了《浙江省县域基础教育现代化监测评价指标细则》。

（四）不断进行迭代更新

当前，随着社会、经济、技术的不断发展，教育发展也呈现出日新月异的局面，这些变化给县域基础教育监测评价带来了一定挑战。为不断引领教育改革发展的方向，积极顺应教育改革发展潮流，真实反映教育改革发展的实际，县域基础教育监测评价有必要建立监测指标迭代更新机制，每年反思、修改并完善指标体系，做到坚守与突破并存。例如，浙江省每年都会在深入调研的基础上，按照与时俱进、适当微调、总量不增、相对稳定的原则，对各监测项目的指标体系及计算办法及时进行修订完善，并按照更新的指标体系进行监测。截至2022年年底，浙江省县域基础教育现代化监测评价指标体系和浙江省基础教育公众满意度测评框架已经更新到第五版，浙江省县域基础教育生态监测评价指标体系也已更新到第三版。与试行版相比，最新版无论是在指标内容的延续性、指标权重的设置上，还是在指标计分办法上，都有了明显的改进。

三、技术赋能，精准处理监测评价数据

教育监测评价是一项繁杂的工作，不仅监测对象数量众多，涉及的数据量也非常庞大，通常要花费大量的人力劳动。在整个社会数字化转型的大背景下，我们可以借助信息技术、大数据、人工智能的手段来进行数据采集、指标分析和报告生成，不断提升监测评价的准确性、便捷性和自动化程度。

（一）开发数据管理平台，精准采集和清洗所需数据

数据采集和清洗是整个监测评价的关键一环。为提高工作效率，减少人为工作误差和恶意篡改，可以开发数据管理平台，按照监测评价项目的指标框架设置相应的数据项，对每个数据项的定义、小数位和阈值及其与其他数据的关联关系进行界定和设置，并与其他数据采集端口（如问卷调查系统、教育事业年报、教育经费统计年报等）进行链接，以实现数据的自动采集和清洗。例如，我们按照《浙江省县域基础教育现代化监测评价指标细则》，建立了县域基础教育现代化监测数据管理平台，平台包含原始数据、指标数据、赋分数据三个模块。其中，原始数据直接与基础教育

事业年报、教育经费统计年报、中等职业学校教育质量年报、省教育厅各职能处室相关数据和社会调查数据建立链接关系；指标数据根据各指标的计算办法，由基础数据折算而成；赋分数据则根据各指标的赋分规则，由指标数据折算而成。

（二）开发指标模型分析平台，即时计算并自动生成监测结果

在数据管理平台的基础上，我们还可以开发指标模型分析平台。一方面，根据数据报告的需求，设置诸如指标达成度、平均分、离均差等统计模型及图表格式，确保平台能够在短时间内批量处理数据，并自动生成图表；另一方面，根据不同指标评分情况，设置相应的文字报告模板，通过一定算法自动生成监测评价文字报告。通过这些技术手段，最终实现监测数据处理的批量化、自动化和监测结果的可视化。

（三）开发时空数据挖掘平台，立体呈现各地教育发展动态信息

数据管理平台和指标模型分析平台可以解决静态数据的收集、处理和报告的批量生成问题，但缺少动态性和交互性，不便于监测数据使用者进行横向和纵向的比较分析。而时空数据挖掘平台一方面通过地理信息系统（GIS）分析技术，对各类监测数据的地理分布情况进行分析，实现各类指标在空间布局的可视化，便于数据使用者进行横向比较；另一方面，该平台还能够通过历年数据对比，对各地教育发展情况进行纵向诊断分析，并能预测发展的趋势，便于各地更精准地实施改进行动。

四、三方沟通，全面认证监测评价结果

建构主义评价观认为，评价在本质上是一种通过“协商”而形成“心理建构”的过程，要真正实现“以评促建”的目的，应坚持价值多元的信念，反对管理主义倾向，倡导多种利益相关群体的参与、协商与对话。[①]县域基础教育监测评价应积极倡导并践行建构主义的评价理念，不仅在指标研制上充分听取各利益相关群体的意见和建议，在监测结果出来后也要及时跟各利益相关群体沟通，认证监测结果的准确性和科学性。

① 杜瑛. 协商与共识：提高评价效用的现实选择——基于第四代评价实践的分析［J］. 教育发展研究，2010，30（17）：47－51.

（一）召开专家论证会，修改完善监测报告

县域基础教育监测评价应组建由督学、教育行政人员、一线校（园）长组成的专家委员会，该委员会的核心职责是为县域基础教育监测评价工作建言献策，以确保监测工作与地方教育实践有效衔接。每年的监测结果出来后，要召开监测结果专家论证会，组织专家委员会成员一起分析各县（市、区）监测的具体问题及指导建议，审核、修改自动生成的各县（市、区）监测反馈报告。

（二）召开监测组织方内部讨论会，分析监测结果的合理性

每年监测结果出来后，监测组织方应召集相关负责人讨论监测结果的合理性，尤其对进步或退步较大的地区或指标进行深入分析。与此同时，还可以将监测结果同以往类似督导评估项目的结果进行对照比较，权衡吻合度，从一个侧面验证监测结果的合理性。

（三）召开监测对象对接会，听取各方意见和建议

除了召开专家论证会和内部讨论会，还应该召开监测对象对接会，同各监测对象充分沟通监测结果，积极处理监测主办方和监测对象之间的分歧，确保双方能够就监测结果达成共识。例如，浙江省每年在各项监测评价结果出来后，都会以设区市为单位，组织各地教育督导部门负责人召开监测结果对接会。具体做法：(1) 向各地反馈初步监测评价结果；(2) 同各县（市、区）督导部门核实数据的准确性；(3) 同各设区市教育督导部门核实本市所辖县（市、区）排序的合理性；(4) 听取各地对县域基础教育现代化监测评价的意见和建议，为完善下一年度监测奠定基础。

五、多重问责，不断提升监测评价效用

监测评价效用的有效发挥，不仅有赖于科学合理的监测程序以及有效的沟通，还需要建立系统的问责机制。正如评估不是为了证明一样，问责也不是为了惩罚，而是为了更好地促进改进。[①] 在县域基础教育监测评价过程中，要充分借助监测评价数据，积极探索专业问责、社会问责和行政问责三位一体的问责机制，推动各地开展教育改进行动，真正做到以评促建。

---

① 联合国教科文组织. 全球教育监测报告 2017/8：教育问责：履行我们的承诺［M］. 北京：教育科学出版社，2018：1－6.

（一）**通过数据核查和结果反馈实施专业问责**

专业问责就是通过专业协会或专业人员对同行的行为进行监督指导。县域基础教育监测评价中的专业问责主要体现在两个方面：（1）在数据采集阶段，组织专业人员对部分数据有问题的地区进行实地核查，以此鉴定是否有违规行为；（2）在报告撰写与反馈阶段，组织专家对各地教育发展中的问题进行深入分析，从专业角度提出相应的整改意见，并将反馈报告以书面形式寄送至各县（市、区）党政主要负责人和教育局，敦促各地基于问题制定改进方案，实施改进行动。

（二）**通过媒体报道和满意度调查实施社会问责**

专业问责属于行业内部问责，不会产生社会反响，对被问责的单位也不会造成太大压力。社会问责则是通过社会媒体的宣传报道，引起社会公众的关注，以此倒逼被问责单位履行相应的义务。例如，2018—2020 年，浙江省每年通过《浙江日报》发布县域基础教育现代化监测评价结果，肯定各地好的做法，同时指出问题和不足，这其实就是某种形式的社会问责。再如，浙江省每年组织开展社会公众对基础教育的满意度调查，向各地学生、教师、家长、校（园）长、社会群众、人大代表和政协委员等了解本地教育工作情况及对教育工作的意见和建议，并将调查结果形成报告反馈给各地，意在通过这种方式达到社会问责的效果。

（三）**通过绩效考核和约谈整改实施行政问责**

行政问责是指行政问责主体（包括人大、司法机关、行政机关等）以各种形式追究行政机关及其工作人员各种失职行为责任的活动和制度。[①] 对县域基础教育监测评价结果始终停滞不前或持续下滑的地区，可以通过绩效考核和约谈整改等方式，适当进行行政问责，以便引起政府对教育工作的重视。例如，浙江省自 2018 年起将监测结果纳入政府绩效考核范畴，并作为县（市、区）教育部门绩效目标考核的重要依据，同时还建立了约谈整改制度，对监测过程中出现弄虚作假、监测结果持续退步的县（市、区）主要负责人进行约谈，以此提高各地政府对教育的重视程度，真正形成“以评促改、以评促建”的氛围。

① 徐国利. 论行政问责的责任与归责原则［J］. 上海行政学院学报，2017，18（01）：25－33.

第二章　县域基础教育现代化监测评价

党的十八大以来，以习近平同志为核心的党中央高度重视教育事业，对教育工作进行系统部署，印发实施《中国教育现代化 2035》，开启了新时代中国特色社会主义教育现代化新征程。① 为更好地实现《中国教育现代化 2035》的战略目标，有必要建立完善的监测评价机制，定期评估各地教育现代化发展进程，诊断各地教育现代化建设中的问题，激励各地不断向更高的目标迈进。本章围绕浙江省县域基础教育现代化监测评价项目，在梳理教育现代化相关理论的基础上，探讨县域基础教育现代化监测评价的指标设计和实施策略。

第一节　理论概述

当前，中国式教育现代化已经成为我国教育公共政策的重要话题，但教育实践领域对教育现代化的理论渊源、具体内涵、实施路径关注不多。为全面了解教育现代化，为县域基础教育现代化监测评价探索奠定理论基础，本节对现代化、教育现代化、中国式教育现代化的相关理论和研究进行全面梳理。

一、现代化

研究教育现代化，首先要了解现代化理论的发展脉络、现代化的本质

① 荀鸣瀚，刘宝存. 中国式教育现代化的时代书写与经验阐析［J］. 中国电化教育，2023（03）：9－16.

内涵及衡量标准。

（一）现代化的理论脉络

20世纪初，“现代化”作为专业词出现在学术文献中。20世纪50年代以来，现代化研究高潮迭起，理论创新不断涌现。目前有代表性的理论有五个，分别是经典现代化理论（classical modernization theory）、后现代化理论（post-modernization theory）、生态现代化理论（ecological modernization theory）、自反性现代化理论（reflexive modernization theory）和第二次现代化理论。

经典现代化理论产生于20世纪50年代，以探讨现代经济社会发展问题为目标，重点分析进入工业时代以来人类发展的历程与经验，探讨这一历史阶段中人类发展的主要内容，研究现代化社会和现代人的主要特征，总结现代化的一般过程。[①] 该理论立足于“传统”和“现代”的二元对立论，提出“现代化既可以指代由传统农业社会过渡至现代工业社会的历史进程，也可以表示一个国家完成现代化过程、实现工业化后的发展状态”的观点。它分析了现代化进程的普遍特征和基本规律，指出尽管发达国家和发展中国家的现代化进程存在不同特征，但也有着一般特性。该理论代表人物、哈佛大学教授亨廷顿（Samuel Huntington）总结了不同国家现代化进程的九个典型特征，即现代化是革命性的、复杂的、系统的、全球性的、长期的、阶段性的、趋同的、不可逆的、进步的过程。[②] 该理论也对现代性这一现代化的结果展开讨论，学者们将已经历现代化进程的现代工业社会的状态和特点称为现代性，与之对应的是传统农业社会的状态和特点，即传统性。现代性在人类生活的不同领域具有一些基本特征，如政治法治化、民主化，经济专业化、工业化，社会福利化、城市化、人的现代性等。[③] 英格尔斯（Alex Inkeles）、帕森斯（Talcott Parsons）、布莱克（Cyril Black）等学者还从社会心理学、政治学、历史学等不同学科视角对现代人的特征进行阐述，将现代人描绘为：处理个人事务时以个体利益为价值取向，注重效率、理性，能够较快适应新事物；对待他人时具有尊

---

① 周毅. 现代化理论的六大学派及其特点［J］. 当代世界与社会主义，2003（02）：121-126.

② ［美］西里尔·E. 布莱克. 比较现代化［M］. 杨豫，陈祖洲，译. 上海：上海译文出版社，1996：47.

③ 孟庆瑞. 现代化理论的研究及评价［J］. 理论与现代化，2003（04）：32-36.

重、宽容、标准客观、“非人格化”的特点；对待周围环境时具有自我意识、开放、挑战精神。① 按照研究内容和研究方法的特点，经典现代化理论可分为结构学派、过程学派、综合学派、行为学派、实证学派、未来学派六大学派。② 六大学派对现代化的认识都有助于人们探索和理解现代化，但同时也存在局限性和片面性，表现在：这些学派对现代化、现代性等概念的阐释还比较模糊；忽视了现代化带来的副作用，如贫富差距扩大、自然资源破坏等；从西方发达国家的价值观和视角出发，将世界各国放在一条历史发展线上，将西方发达国家的现代化道路与模式作为普世标准。③ 随着时代发展，经典现代化理论逐渐不适用于解释发达国家的发展过程和遭遇的危机，新的理论开始出现。

后现代化理论诞生于20世纪60年代末，主要研究发达国家在实现工业化和现代化之后的发展。发达国家的经济结构转型使学者们意识到，以工业化发展和经济增长为关键的“现代化”并不是人类社会发展的最高阶段。他们认为，在经历现代化进程后，国家将迈入“后现代化”阶段。与“现代化”类似，“后现代化”也是一种社会各方面的综合性变迁，包括经济结构转变为服务业主导、科学技术与知识的作用不断提高等。④ 后现代主义的代表性观点主要有三个：一是反对以理性、权威、科学和技术为代表的现代性；二是复活被现代化损坏的传统；三是后现代主义是更多元化、更宽容的价值观。⑤ 后现代化理论的代表人物英格莱哈特（Ronald Inglehart）认为，从传统社会到现代化社会再到后现代化社会的过程中，人类在政治、经济、家庭等方面的价值观会发生明显转变：在第一阶段，人的价值观主要由传统转向世俗理性；在第二阶段，人的价值观则由生存价值观转向幸福价值观。⑥

自反性现代化理论和生态现代化理论主要是在反思20世纪80年代社

---

① 安然，王洛忠．试析经典现代化理论中“人的现代化”理论［J］．天津社会科学，2000（05）：82－87．

② 何传启．现代化概念的三维定义［J］．管理评论，2003（03）：8－14＋63．

③④ 陈柳钦．现代化的内涵及其理论演进［J］．经济研究参考，2011（44）：15－31．

⑤ 吴鲁平．西方发达国家青年价值结构的转型及其社会经济根源——英格莱哈特的“后现代化理论”［J］．中国青年政治学院学报，2002（02）：14－21．

⑥ 郭莲．中国公众近十年价值观的变化——“后现代化理论”的验证研究［J］．国家行政学院学报，2011（03）：27－31．

会动荡、经济低迷、生态破坏等频发危机中产生的。自反性现代化理论以德国学者贝克（Ulrich Beck）、英国学者吉登斯（Anthony Giddens）和拉什（Scott Lash）为代表，他们对现代化发展过程中出现的危机进行反思与评判。① 根据贝克和吉登斯的理解，危机出现的原因是现代性本身发生了变异。他们将西方世界的社会、文化、思想特征称为“现代性”，指出因现代性本身带有的结构性矛盾和缺陷，导致主体与客体、信仰与知识、人与自然等多方面的分裂与对立。② 自反性现代化包括自我反对和自我反思双重含义，学者们认为第一阶段的工业社会现代化结束后，将面临存在诸多风险的新社会形式。在这种社会形式中，要遵循“风险分配”的准则，以规避、减弱和应对风险。③ 生态现代化理论以德国学者休伯（Joseph Huber）为代表，关注现代化给自然环境带来的负面后果，提出在经济、政治、社会、文化、个人行为等领域都应具备生态、绿色的理念，实现人与自然和谐发展。④ 后现代化理论、自反性现代化理论和生态现代化理论均认为，现代化只是人类社会发展的阶段之一，而不是人类发展的顶点。⑤

第二次现代化理论由我国学者何传启于 1998 年提出。他将现代化划分为两个阶段：在第一阶段，人类社会由传统农业社会向工业社会转型，这是第一次现代化；在第二阶段，人类社会由工业社会向知识社会转型，此为第二次现代化。⑥ 两次现代化的时间、起点、发展速度、结果均不相同，而且在政治、经济、社会、知识、文化领域呈现出不同特征。具体而言，第一次现代化的特征包括民主化、工业化、城市化、知识科学化等，第二次现代化的特征包括国际化、知识化、网络化、文化多元化等。⑦ 第二次现代化理论认为，站在国家内部角度，现代化是现代文明发展和转型的过

---

① 吕付华. 何谓“自反性”现代化？——贝克、吉登斯、拉什的“自反性”现代化思想辨析［J］. 红河学院学报，2018，16（04）：115－118.
② 章国锋. 反思的现代化与风险社会——乌尔里希·贝克对西方现代化理论的研究［J］. 马克思主义与现实，2006（01）：130－135.
③ 王俊杰. 自反性现代化理论考察［J］. 理论探索，2007（02）：18－21.
④ 陈柳钦. 现代化的内涵及其理论演进［J］. 经济研究参考，2011（44）：15－31.
⑤ 何传启. 世界现代化研究的三次浪潮［J］. 中国科学院院刊，2003（03）：185－190.
⑥ 何传启. 第二次现代化理论与中国现代化［J］. 世界科技研究与发展，1999（06）：72－76.
⑦ 张凤，何传启. 第二次现代化与中国国家创新体系［J］. 中国软科学，2000（01）：106－108.

程；站在国际角度，现代化是追赶和保持先进水平的国际竞争。① 与后现代化理论等现代化理论观点一致，第二次现代化理论认为，现代化在未来还有新发展。②

（二）现代化的主要内涵

现代化是一个比较抽象且包容性很强的概念。要全面理解它的内涵，需要明确其基本词义、理论含义和政策含义。③

1. 基本词义

“现代化”对应的英文“modernization”大约出现在18世纪70年代，由“modern”一词衍生而来。“modern”最早在文艺复兴时期由人文主义者提出，用于区别中世纪的观念体系，表明文艺复兴是一个新的时代，有着新的观念体系。④ 根据韦氏词典，“modern”是形容词，既可以表示性质，也可以表示时间。在表示性质时，“modern”可以翻译为“现代的、新近的、时髦的”，它没有领域限制，可以形容人类活动各方面的性质；在表示时间时，“modern”特指公元1500年以后到现今的历史时期，因为不设时间下限，“现代”是可以无限延长的。⑤ “modern”衍生出的动词是“modernize”，含义是“使现代化”，即“使……成为现代的、具有现代特点的、适合现代需要的”；衍生出的名词是“modernization”，既可以指实现现代化的过程，也可以指实现现代化后的状态。⑥

在我国，“现代化”一词大约出现在20世纪初。《现代汉语词典》（第七版）对“现代”的解释是“现在这个时代”。由于中国与西方在历史分期上有所区别，因此在中西方，“现代”作为时间尺度的含义也不同。我国的“现代”，是指1919年五四运动至今的这段历史分期。在中文语境中，“现代化”可以用作名词和形容词，也可以作为词根与其他词语组成词组。作为名词时，“现代化”指现代世界的先进水平，或指后发现代国家追赶和达到先发现代国家先进水平的过程；作为形容词时，“现

---

① 陈柳钦. 现代化的内涵及其理论演进［J］. 经济研究参考，2011（44）：15－31.
② 孟庆瑞. 现代化理论的研究及评价［J］. 理论与现代化，2003（04）：32－36.
③⑥ 何传启. 现代化概念的三维定义［J］. 管理评论，2003（03）：8－14＋63.
④ 罗荣渠. 现代化理论与历史研究［J］. 历史研究，1986（03）：19－32.
⑤ 罗荣渠. 现代化新论：中国的现代化之路［M］. 上海：华东师范大学出版社，2013：7－12.

代化”指具有现代世界先进水平的、满足现代需要的；① 作为词根时，“现代化”可以与其他词语组成“社会现代化”“经济现代化”“教育现代化”等概念。

2. 理论含义

在现代化理论中，“现代化”一词被赋予新的含义。早期学者多从单一学科出发分析现代化概念，随着研究与实践的不断发展，学者们开始融合多门学科对现代化展开研究，提出了各种现代化理论，也形成了各式各样的现代化概念。有学者在对现代化理论进行梳理后，总结了四类关于“现代化”含义的说法，分别是：(1) 基于近代资本主义兴盛的国际背景，认为现代化是经济落后国家通过技术革命追赶发达国家经济技术水平的历史过程；(2) 重点关注工业发展，认为工业化是现代化的本质，现代化是落后国家实现工业化的过程；(3) 不仅着眼于工业化，更关注社会结构与工业、经济发展的关系，认为现代化是科技革命以来人类社会发生的巨变的总称；(4) 关注文化发展和人的精神发展，认为现代化是人类价值观和生活方式的改变过程。②

随着现代化理论的不断发展，现代化的理论含义也在不断丰富和扩充。可以看出，虽然不同理论流派对“现代化”的理解不同，但都将“现代化”视为人类社会在一个历史阶段中发生的急剧变化。对这一变化的本质、特征、结果的不同把握，形成“现代化”定义的多元化。

3. 政策含义

政府部门基于政策与管理的要求，按照对国家发展情况的认识，运用现代化理论的部分内容来制定或调整战略和政策，这些战略和政策就构成了现代化的政策含义。③ 在我国，“现代化”的政策含义是随国家的发展不断演变的。1964 年在第三届全国人民代表大会上，周恩来提出要全面实现社会主义的四个现代化，即工业现代化、农业现代化、国防现代化和科学技术现代化。之后，邓小平、江泽民、胡锦涛等党和国家领导人根据国际

①③ 何传启. 现代化概念的三维定义 [J]. 管理评论，2003 (03)：8-14+63.
② 罗荣渠. 现代化新论：中国的现代化之路 [M]. 上海：华东师范大学出版社，2013：7-12.

发展和国情，不断拓展“四个现代化”的内涵，调整现代化的目标和战略，积极探索中国式现代化的路径。①

党的二十大报告中，以习近平同志为核心的党中央在总结我国改革开放40多年实践经验的基础上，针对新时代新形势的发展需求和挑战，鲜明提出并系统阐释了中国式现代化的本质和内涵。习近平总书记指出，中国式现代化是中国共产党领导的社会主义现代化，既有各国现代化的共同特征，更有基于自己国情的中国特色，具体表现在：(1) 中国式现代化是人口规模巨大的现代化；(2) 中国式现代化是全体人民共同富裕的现代化；(3) 中国式现代化是物质文明和精神文明相协调的现代化；(4) 中国式现代化是人与自然和谐共生的现代化；(5) 中国式现代化是走和平发展道路的现代化。总之，中国式现代化以科学的马克思主义理论为指导，并且由先进政党领导，② 它遵循的文明逻辑是“以人民为中心”，突出整体性文明、共同体文明、和平主义。③

（三）现代化的衡量标准

现代化是一个涉及政治、经济、社会、文化的复杂系统，是一个具有时空约束和时代内涵的动态过程。不同国家在不同发展阶段追求的具体目标有所不同，世界上研究现代化的各大流派都力求制订一个现代化的客观标准，以便衡量每一个国家每一个发展阶段的现代化程度。④ 目前，国内外学术界和实践领域的现代化衡量标准众多，大致可以分为定性标准和定量标准两类。

1. 定性标准

定性标准是用文字语言进行相关描述的标准。早期的现代化研究者非常注重从农业社会和工业社会的比较中寻找现代社会的现代性，而一个国家或地区是否具有现代性，就成为衡量这些国家或地区现代化程度的定性标准。从已有研究看，比较有代表性的定性标准有箱根模型、列维模型、现代人模型和比较模型。

---

① 姚树洁，韦开蕾. 中国式现代化的本质特征和历史际遇 [J]. 海南大学学报（人文社会科学版），2023，41 (05)：42-52.

② 刘勇，章钊铭. 中国式现代化的特点、优势及进路 [J]. 新疆师范大学学报（哲学社会科学版），2022，43 (06)：37-46.

③ 唐爱军. 中国式现代化与人类文明新形态 [N]. 中国社会科学报，2021-08-26，(A03).

④ 陈柳钦. 国内外现代化指标体系和标准概述 [J]. 全球科技经济瞭望，2011 (01)：63-72.

箱根模型是由来自日本、美国和英联邦国家等的30多位专家于1960年在日本箱根的一次会议上提出来的。在这次会议上，专家们讨论了涉及国家现代化的有关问题，总结了全球在现代化进程中积累的经验和教训，并共同确定了经典现代化的八条标准：(1) 人口比较高度集中于城市，整个社会越来越以城市为中心；(2) 非生物能源使用程度比较高，商品广泛流通，服务业发达；(3) 社会成员在广泛空间范围内相互交流，普遍参与经济和政治事务；(4) 村社和代代相传的社会群体普遍解体，个人社会流动性增大，个人的社会行为表现更加多样化；(5) 全面普及读写能力，以及随之而来的向个人传播世俗的和科学化知识的环境；(6) 广大和深入的大众交流网络；(7) 政府、商业、工业等大规模社会机构的存在，以及这些机构组织的日益科层化；(8) 在一个大的民众团体控制下，各大民众团体加强统一（即国家化），这些单位之间的相互作用日益增强（即全球化）。① 由于这八条标准比较笼统，在其后的应用中被发现有不少不足之处，故并未被扩展开来。但是，作为首个衡量现代化的标准，箱根模型关注到了现代化的各方面内容，启发了研究者更多关注世界的发展变化，而非过于注重术语的探讨，激励了更多的后来者去定量关注现代化进程中的动态比较。

列维模型是美国普林斯顿大学社会学教授列维（Marion J. Levy）于1962年在其出版的《现代化与社会结构：国际事务的背景》(*Modernization and the Structure of Societies: A Setting for International Affairs*) 一书中提出的。他通过比较“现代化社会”与“非现代化社会”的特征，归纳总结了现代化社会的八个特征：(1) 现代化社会的政治组织、经济组织、教育组织的专业化程度高；(2) 由于高度专业化，各种组织是相互依存的，功能是非自足的；(3) 伦理具有普遍主义的性质，而不是由家庭和亲属关系决定的个别性；(4) 国家权力是集权的而不是专制的；(5) 社会关系是合理主义、普遍主义、功能有限和感情中立；(6) 具有发达的交换媒介和市场；(7) 具有高度发达的科层组织；(8) 家庭是小型化的，家庭功能比较少。②

---

① 罗荣渠. 现代化新论——世界与中国的现代化进程 [M]. 北京：商务印书馆，2004：37-38.

② Levy, M. Modernization and the Structure of Societies: A Setting for International Affairs [M]. Princeton: Princeton University Press, 1970: 170.

现代人模型是美国斯坦福大学社会学教授英格尔斯（Alex Inkeles）1974年通过问卷调查的方式总结出来的，在《从传统人到现代人：六个发展中国家中的个人变化》（*Becoming Modern: Individual Change in Six Developing Countries*）一书中提出。英格尔斯认为，人是现代化的基本要素，是政治、经济和社会现代化的基础，现代人应该体现出如下九个特点：(1) 乐于接受新经验，并对创新和变革持开放态度；(2) 思想活跃，对周围的广泛问题有自己的主见，并乐于发表自己的观点；(3) 着眼于现状或未来，而不是迷恋过去；(4) 相信人类可以在很大程度上控制环境，实现自己的目标；(5) 处理事务具有计划性和组织性；(6) 具有信任感，相信社会和其他人可以依靠；(7) 分配公平，个人报酬与其技能和对组织目标的贡献成正比；(8) 具有抱负，愿意接受正规教育和科学知识；(9) 了解和尊重别人的尊严。①

比较模型是研究者通过梳理各种经典现代化理论观点，从政治、经济、社会、文化和个人角度总结出来的现代社会特征：(1) 政治方面，国家主权来自人民，政治权力分布到全体公民，以普选制度、政党制度和科层制度为基础的民主制度等；(2) 经济方面，工业化、专业化、规模化，非生物能源广泛利用，第二产业和第三产业超过农业等；(3) 社会方面，社会阶层分化，组织专门化，社会流动，城市化，家庭小型化等；(4) 文化方面，宗教世俗化，观念理性化，普及正规教育，知识科学化，信息传播，经济主义等；(5) 个体发展方面，参与性公民，具有丰富知识，具有充分自信心，有高度的独立性和自主性，思想解放，愿意接受新经验和新知识等。②

2. 定量标准

定量标准是用数学语言进行相关描述的标准。为了能够直观呈现一个国家或地区的现代化进程，很多研究者和实践者致力于开发现代化的定量标准。在这方面比较有影响力的是布莱克标准、英格尔斯标准、联合国开发计划署（UNDP）的人类发展指数（Human Development Index，HDI）等。

---

① [美] 阿列克斯·英格尔斯，[美] 戴维·H. 史密斯. 从传统人到现代人：六个发展中国家中的个人变化 [M]. 顾昕，译. 北京：中国人民大学出版社，1992：5－25.

② 陈柳钦. 国内外现代化指标体系和标准概述 [J]. 全球科技经济瞭望，2011 (01)：63－72.

布莱克标准是美国普林斯顿大学国际研究中心教授布莱克（Cyril E. Black）在其著作《比较现代化》（*Comparative Modernization*）中提出的10条标准（见表2-1-1）。这10条标准分别从经济发展水平和社会流动水平角度来揭示前现代化社会向高度现代化社会转型过程中发生的变化，以表征社会发展的差距。该标准因其简洁和可操作而在文献引用中备受青睐，但未能成为度量现代化进程的有效工具。

表2-1-1 布莱克关于现代化的标准①

指 标	低	高
1. 人均国民生产总值（以1973年美元计算）	200—300	4 000—6 000
2. 能源消费（人均煤当量，千克）	10—100	5 000—10 000
3. 劳动就业比例（%）		
农业	85—95	50—10
工业	5—10	30—40
服务业	5—10	40—60
4. 各部门占国民生产总值比例（%）		
农业	40—60	5—10
工业	10—20	40—60
服务业	20—40	40—60
5. 终极用途占国民生产总值比例（%）		
消费	80—85	55—60
资本形成	5—10	20—30
政府开支	5—10	25—30
6. 城市化（10万人以上城市的城市人口占全国人口的百分比）（%）	0—10	50—70
7. 教育		

① ［美］西里尔·E. 布莱克. 比较现代化［M］. 杨豫，陈祖洲，译. 上海：上海译文出版社，1996：235-236.

续表

指　　标	低	高
中小学（适龄组的入学比例）(%)	20—50	90—100
高等教育（每百万居民中的学生数）(人)	100—1 000	10 000—30 000
8. 健康状况		
新生儿死亡率（每千名出生儿童的死亡人数）(%)	150—500	13—25
食物供应（人均每日）(千卡)	1 500—2 000	3 000—3 500
医生（每百万居民中的医生数）(人)	10—100	1 000—2 400
9. 交流		
邮件（每人每年投寄国内信件数）(封)	1—10	100—350
电话（每千人计）(台)	1—10	100—500
报纸（每千人发行量）(份)	1—15	300—500
收音机（每千人计）(台)	10—20	300—1 200
电视机（每千人计）(台)	1—50	100—350
10. 收入分配（按收入的百分比）(%)		
收入最低的五分之一居民的收入占全部居民收入的百分比（%）	8—10	4
收入最高的五分之一居民的收入占全部居民收入的百分比（%）	40—50	45
收入最高的百分之一居民的收入占全部居民收入的百分比（%）	20—30	20

英格尔斯标准是英格尔斯教授根据世界银行关于世界发展的研究，并结合其对 6 个发展中国家的研究，于 1970 年提出的现代化评价指标和标准，包含人均国内生产总值（Gross Domestic Product，GDP）、成人识字率等 11 项指标（见表 2-1-2）。英格尔斯充分强调人的现代化在社会现代化中的作用，因而指标体系中与人有关的指标占了一大半。由于该标准量化度量直接、标准简明可测、数据容易获取，因而在国际上颇受欢迎。但是，从现在来看，该标准也存在一些不足，比如标准值偏低，缺少生态、环保、信息和基础设施等方面的指标，指标之间内容有交叉等。

表 2-1-2 英格尔斯现代化评价指标体系（1970 年）①

指　　　标	单位	标准值
1. 人均国内生产总值	美元	＞3 000
2. 农业增加值占国内生产总值比重	%	＜15
3. 服务业增加值占国内生产总值比重	%	＞45
4. 非农业从业人员占全部从业人员比重	%	＞70
5. 城市化水平（城市人口占总人口比例）	%	＞50
6. 成人识字率	%	＞80
7. 大学入学率（在校大学生占 20—24 岁人口比例）	%	10—15
8. 每个医生服务的人数	人	＜1 000
9. 人口平均预期寿命	岁	＞70
10. 婴儿死亡率	%	＜3
11. 人口自然增长率	‰	＜1

联合国人类发展指数由联合国开发计划署在《1990 年人类发展报告》（Human Development Report 1990）中提出的，用以衡量联合国各成员国经济社会发展水平，是挑战传统的国民生产总值指标的结果。人类发展指数包含健康、教育和生活水平三个维度，其中，健康维度主要通过出生时预期寿命来衡量，教育维度主要通过成人识字率和小学、中学、大学综合入学率来衡量，生活水平主要通过人均国内生产总值（购买力平价美元）来衡量。为构建人类发展指数，每项指标都设定了最小值和最大值：出生时预期寿命介于 25 岁到 85 岁之间，成人识字率介于 0 到 100%之间，综合毛入学率介于 0 到 100%之间，而人均实际国内生产总值（购买力平价美元）设置范围为 100 美元至 40 000 美元。人类发展指数的任何一个维度，都可以用以下公式来计算维度指数：指数值＝（实际值－最小值）/（最大值－最小值）。人类发展指数是三个维度指数的加权平均数，即 HDI＝(预期寿命指数＋教育指数＋GDP 指数）/3。联合国人类发展指数

① 谢立中. 关于所谓“英格尔斯现代化指标体系”的几点讨论［J］. 江苏行政学院学报，2003(03)：56-60.

摆脱了单纯追求 GDP 的片面发展观思维，更加注重以人为本。但该指数着眼于整个人类世界，且指标数量过少，对发展中国家的现代化实践引导作用有限。

二、教育现代化

虽然“教育现代化”是从“现代化”的概念衍生而来的，但教育是一个独特的领域，而且在全面建设社会主义现代化国家中发挥着基础性、战略性支撑作用，因此，需要对教育现代化的研究脉络、基本定义和主要特征进行全面梳理，以便更深入地理解教育现代化的本质内涵。

（一）教育现代化的研究脉络

早在民国时期，受近现代新思想、新理论的影响，严复、梁启超等学者就对教育领域的现代化问题有所探讨。中华人民共和国成立之后，学者们开始思考教育如何更好地服务于国家现代化建设。伴随着改革开放的浪潮，教育现代化研究正式进入我国学术界。利用中国知网计量可视化分析技术对我国学术界 1983—2022 年底公开发表的以“教育现代化”为主题的研究进行统计发现：这一时期共计发表研究论文 1.2 万余篇，且在 1999 年前后和 2020 年前后出现两波研究高潮（见图 2 - 1 - 1）；讨论度较高的主题有教育现代化、教育信息化、中国教育现代化、高等教育现代化、职业教育现代化、现代教育技术、人的现代化、治理现代化等。有研究者通过对不同时期的研究主题进行聚类分析，将我国教育现代化研究划分为四个发展阶段。①

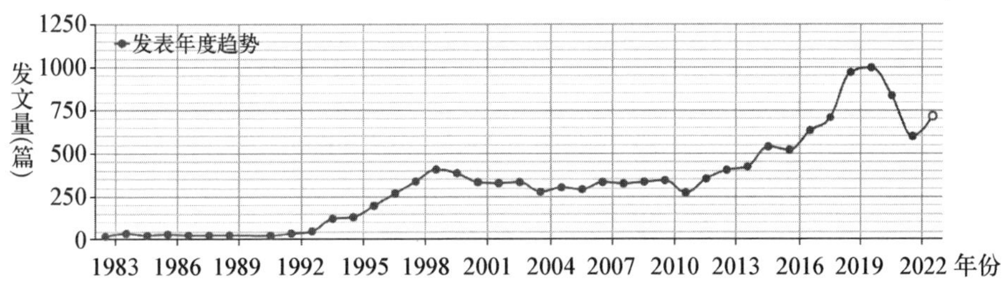

图 2 - 1 - 1　1983—2022 年教育现代化研究数量分析

① 李旭. 我国教育现代化学术话语的历时变迁与现实困境 [J]. 教育学报，2022，18 (04)：71 - 84.

第一阶段（20 世纪 80 年代至 90 年代初）。1983 年，邓小平为景山学校作题词“教育要面向现代化，面向世界，面向未来”，激发了教育研究领域对现代化概念及理论的关注，关于教育领域现代化的研究不断增多。至 20 世纪 90 年代初，公开发表的论文已近 400 篇。其中热门的研究主题包括社会主义现代化建设、职业技术教育和“三个面向”“四个现代化”等。主要研究内容可归纳为三方面：(1) 在“三个面向”“四个现代化”讨论如火如荼的社会背景下，分析国家发展和社会变革对教育事业提出的新要求，探讨教育现代化的内容、特征、表现形式、目标等；① (2) 比较研究，介绍日本②、法国③等国家教育现代化发展过程中的经验教训，为我国建设现代化社会主义教育体系提供参考；(3) 探讨不同学段、不同学科在从传统教育转向现代教育的过程中存在的问题及对策。④

第二阶段（20 世纪 90 年代中期至 21 世纪初）。1993 年《中国教育改革和发展纲要》把“实现教育的现代化”列为主要规划目标，理论界关于教育现代化的讨论迅速增多。1999 年，《中共中央国务院关于深化教育改革全面推进素质教育的决定》颁布，以及高校扩招实施，教育现代化研究达到一个小高潮。这一阶段公开发表的相关论文达 2 000 余篇，研究主题集中于现代教育技术、人的现代化、素质教育、高等教育现代化等。主要研究内容可归纳为四个方面：一是教育现代化的含义和特性⑤；二是现代教育技术在教学改革中的应用⑥；三是教育现代化发展中传统与现代的关系⑦；四是教育现代化进程⑧。

第三阶段（21 世纪初至“十二五”规划初期）。进入 21 世纪后，素质教育和高考改革等教育政策的推进、《基础教育课程改革纲要（试行）》

---

① 潘懋元. 关于现代教育与教育现代化问题 [J]. 高等工程教育研究，1987 (04)：1-10.
② 李锡槐. 现代化、现代人与传统文化教育——兼及从日本学校传统文化教育中得到的启示 [J]. 教育研究与实验，1991 (04)：1-7.
③ 苏文平. 法国教育管理现代化计划 [J]. 中小学管理，1992 (03)：16-19.
④ 文辅相. 现代化与高等教育目标 [J]. 上海高教研究，1993 (04)：1-5.
⑤ 顾明远. 关于教育现代化的几个问题 [J]. 中国教育学刊，1997 (03)：10-15.
⑥ 陈海东. 多媒体技术对教育改革和教育现代化的影响 [J]. 多媒体世界，1996 (05)：14-17.
⑦ 裴娣娜. 中国传统教育现代化发展的方法论思考 [J]. 北京师范大学学报（社会科学版），1995 (05)：39-43.
⑧ 郭桂英. 我国区域教育现代化发展模式建构 [J]. 扬州大学学报（高教研究版），1998 (03)：10-13.

的颁布、新世纪第一份教育规划纲要——《国家中长期教育改革和发展规划纲要（2010—2020年）》的发布，都进一步激发了学界对教育现代化的探讨。这一阶段公开发表的论文达到3 000余篇，研究主题集中于教育信息化、素质教育、职业教育现代化、教育技术、现代化进程等。主要研究内容可归纳为五个方面：第一，教育信息化的内涵、特征、建设路径等①；第二，农村教育现代化，主要探讨如何从农村教育的实际、特点出发提升农村教育现代化水平②；第三，教育现代化的区域特征，为分区推进教育现代化提供依据③；第四，国外基础教育、职业教育、高等教育、农村教育现代化的路径、举措及启示④；第五，教育现代化指标体系的设计⑤⑥。

第四阶段（"十二五"规划中期至今）。截至2022年年底，这一阶段公开发表的论文已达6 500余篇。特别是2019年《中国教育现代化2035》的发布，使教育现代化研究再次达到高潮。学者们对教育现代化的目标定位展开分析⑦，也从教育信息化⑧、教师队伍建设⑨等角度对进行政策解读。从主题分布来看，职业教育和高等教育现代化依然是研究的热门主题，教育治理现代化开始受到广泛关注，学者们对教育治理体系和治理能力现代化的标准、推进路径等进行分析。⑩

虽然教育现代化研究在数量上不断增加，但仍存在不足，主要体现在三个方面⑪：第一，现有的研究热门主题比较单一，较少学者对教育现代

① 杨晓宏，梁丽．全面解读教育信息化［J］．电化教育研究，2005（01）：27－33．

② 葛新斌．农村教育：现代化的弃儿及其前景［J］．教育理论与实践，2003，23（12）：37－40．

③ 叶平，王蕊．中国教育现代化区域聚类与特征分析［J］．教育研究，2003（07）：47－57．

④ 刘淑华．世纪初俄罗斯高等教育现代化的新进展［J］．比较教育研究，2005（06）：7－11．

⑤ 李健宁，潘苏东．关于教育现代化指标体系设置的构想［J］．现代大学教育，2004（01）：11－16．

⑥ 张良才，孙继红．国内外教育指标体系分析与比较［J］．教育学报，2009，5（06）：60－68．

⑦ 杨小微．迈向2035：中国教育现代化的目标定位［J］．华中师范大学学报（人文社会科学版），2019，58（05）：38－44．

⑧ 孙立会，刘思远，李芒．面向2035的中国教育信息化发展图景——基于《中国教育现代化2035》的描绘［J］．中国电化教育，2019（08）：1－8＋43．

⑨ 李琼，裴丽．建设高素质专业化创新型教师队伍——基于《中国教育现代化2035》的政策解读［J］．中国电化教育，2020（01）：17－24．

⑩ 陈金芳，万作芳．教育治理体系与治理能力现代化的几点思考［J］．教育研究，2016，37（10）：25－31．

⑪ 刘娇，朱成科．近十年我国教育现代化问题的研究述评——基于2011到2020年间重要教育理论期刊文献分析［J］．教育科学论坛，2021（16）：78－80．

化面临的危机、对教育现代化的反思等主题展开讨论，创新性不足；第二，理论研究在政策的推动下前进，缺少前瞻性，滞后于教育改革实践发展；第三，部分学者对教育现代化内涵和特征的把握有偏差。

（二）教育现代化的基本定义

为了更好地理解教育现代化的含义，下文参照学者对现代化含义的分类，从基本词义、理论含义和政策含义三个维度分析教育现代化的定义。

1. 基本词义

“教育现代化”一词的含义在国内外有较大区别。各国对教育现代化的定义多带有本土色彩，每个国家的教育现代化都与本国文化传统和教育实际情况密切相关。国外不把“教育现代化”作为一个专业名词进行词义分析，而是把它作为一种现象或项目。因此，“教育现代化”在国外指的是教育（education）和现代化（modernization）的组合，是国家现代化在教育领域的体现。①

在中文语境里，从“现代化”到“教育现代化”虽然更加聚焦，但基本词义有一脉相承之处。《教育大辞典》（增订合编本）对“教育现代化”的解释包含三方面：一是指现代世界的先进教育水平；二是指“教育发展和改革的一种目标和实践，使教育适应现代的发展，反映并满足现代生产、科学文化发展需要，达到现代社会发展所要求的先进水平”②；三是指后发现代化国家教育整体转变为现代教育的动态持续过程。

2. 理论含义

我国学界对“教育现代化”概念的界定众说纷纭，有“过程说”“特质说”“功能说”等不同观点。③“过程说”将教育现代化视为一种过程，如顾明远认为“教育现代化是一个教育发展的历史过程，是指传统教育向现代教育转化的过程”④。“特质说”将现代性增长作为教育现代化的根本特征，如褚宏启认为，“教育现代化是指与教育形态的变迁相伴的教育现代性不断增长的和实现的过程”⑤。“功能说”强调从教育的社会价值

---

①② 蔡亮．论“教育现代化”概念的三维向度［J］．当代教育论坛，2022（04）：1－10.

③ 李诚钧，莫晓兰，朱亦翾，周海云．中国式教育现代化：内涵、问题与路径［J］．浙江社会科学，2023（06）：90－97＋159.

④ 顾明远．教育现代化的基本特征及实施策略［J］．人民教育，2007（Z2）：8－11.

⑤ 褚宏启．教育现代化的本质与评价——我们需要什么样的教育现代化［J］．教育研究，2013，34（11）：4－10.

和个人价值角度对教育现代化进行界定，如邬志辉指出，“教育现代化的实质是人的现代化，人的现代化的实质是人的现代性及其实现”①；冯增俊认为，“教育现代化是以推进现代经济增长这个工业化的核心目标为使命的”②。

虽然学术界对“教育现代化”的概念尚未达成共识，但综合各方观点，可大致归纳出教育现代化含义的四个关键点：第一，教育现代化是对传统教育的突破和超越。为了适应现代化社会对人才的需求，教育必须突破传统的模式与目标，使传统教育在现代社会中做出转换。③ 但是，我国学者不主张教育现代化是对传统教育的彻底抛弃，也不认可教育现代化意味着全盘西化，而是将其视为继承和发展传统教育的过程。④ 第二，教育现代化是教育的整体转化过程。现代化是人类社会各方面的整体转换，因此教育现代化也是教育的整体转型，是一个包罗万象、多层次、多阶段的历史过程。⑤ 它不仅意味着各级各类教育在办学条件、教育体制、教育管理、教育思想、教育内容与方法上的现代化，还意味着具有科学的教育决策战略、完善的教育投入机制、良好的教育外部生态及与其他社会系统协调平衡发展等。⑥ 第三，教育现代化的本质是人的现代化。教育是立人之本，教育现代化对人类个体生活具有重要意义。正如英格尔斯指出的，人的现代化是现代化制度和经济能够持续发展并获得成功的前提，而不是实现现代化后的副产品。⑦ 因此，教育现代化的实质是人的现代化，而人的现代化的实质是人的现代性及其实现，包括生活品质、精神文明程度、全面发展三个维度。⑧第四，教育现代化是一个动态发展过程。正如“现代化不是一个固定的目标或一个各种数据组成的体系”⑨，教育现代化也是一个

---

①⑧ 邬志辉. 教育现代化的实质及其启动点的选择 [J]. 教育评论，1998 (03)：8-10.

② 冯增俊. 论教育现代化的基本概念 [J]. 教育研究，1999 (03)：12-19.

③ 张平海，吕玉才. 教育现代化与中国早期教育现代化的特点 [J]. 河南师范大学学报（哲学社会科学版），2001 (06)：106-108.

④ 周鸿. 教育现代化：传统与现代的整合 [J]. 教育研究，1997 (06)：17-21.

⑤ 杨明. 中国教育离现代化目标有多远 [J]. 教育发展研究，2000 (08)：9-14.

⑥ 李健宁，潘苏东. 关于教育现代化指标体系设置的构想 [J]. 现代大学教育，2004 (01)：11-16.

⑦ [美] 阿列克斯·英克尔斯. 人的现代化 [M]. 殷陆君，译. 成都：四川人民出版社，1985：28.

⑨ [美] 西里尔·E. 布莱克. 现代化的动力：一个比较史的研究 [M]. 景跃进，张静，译. 杭州：浙江人民出版社，1989：10.

逐步发展和完善的动态过程，“具有长期性、循环递进性等特点”①。后发现代化国家的教育向发达国家教育水平靠近的过程，以及各国教育现代化的不同发展阶段，都体现着教育现代化的动态性。②

总而言之，我国学界对教育现代化的含义有多种解读，为我们全面理解教育现代化提供了思路。但是，我们也需要警惕“传统和现代”“落后和先进”这种二分法中潜在的西方印记和竞争机制，需要在反思“教育现代化”理论含义的基础上，构建教育现代化的本土含义，赋予其新的内涵，进而形成教育现代化理论的中国模式。③

3. 政策含义

自1983年邓小平为北京景山学校题词之后，教育现代化概念开始在国家教育政策层面出现，成为我国教育发展的目标主线。④ 1985年，为推动教育现代化发展，使教育适应社会主义“四个现代化”建设需要，《中共中央关于教育体制改革的决定》出台，提出了改革管理体制，调整教育结构，改革同社会主义现代化不相适应的教育思想、教育内容、教育方法等。1993年，《中国教育改革和发展纲要》发布，明确提出要在几十年的努力后“实现教育的现代化”。1999年，《中共中央国务院关于深化教育改革全面推进素质教育的决定》出台，从培养适应21世纪现代化建设需要的社会主义新人的高度，发出了全面实施素质教育的号召。2010年，国务院制定并颁发《国家中长期教育改革和发展规划纲要（2010—2020年）》，提出“到2020年基本实现教育现代化”的目标，并从人才培养、办学招生、师资队伍建设、信息化建设、经费保障以及管理理念等多个方面确立了改革方案。

2019年2月，中共中央、国务院和中共中央办公厅、国务院办公厅印发了《中国教育现代化2035》和《加快推进教育现代化实施方案（2018—2022年）》（以下简称《实施方案》）。自此，教育现代化在政策层面不再是一个整体的目标，而是开始有了更细化的阶段性发展规

① 冯增俊. 论教育现代化的基本概念［J］. 教育研究，1999（03）：12-19.

② 张平海，吕玉才. 教育现代化与中国早期教育现代化的特点［J］. 河南师范大学学报（哲学社会科学版），2001（06）：106-108.

③④ 胡君进，檀传宝. 当前教育现代化观念的理论构造及其反思［J］. 现代大学教育，2018（02）：12-17.

划。[①]《中国教育现代化2035》面向未来，描绘了我国教育现代化图景，并聚焦这一图景提出了教育普及、教育公平、终身学习、创新人才培养、教师队伍建设等十大战略任务，明确了具体的实施路径和保障措施。从《中国教育现代化2035》可以看出，中国发展教育现代化采用的是中国方案，走的是中国道路，具有独特的逻辑、特点和路径。[②]中国教育现代化是中国共产党全面领导、坚持社会主义办学方向的教育现代化，是既吸收借鉴世界经验又具有中国本土特色的教育现代化，是保障全体人民教育权利、促进全体人民共同富裕的教育现代化，是全方位的教育现代化，是公平优质、追求卓越的教育现代化，是开放自信、合作共赢的教育现代化。[③]

（三）教育现代化的具体内容

关于教育现代化的具体内容，不同学者有不同的理解。有的学者采用列举法界定教育现代化的内容。例如，顾明远认为教育现代化应包括教育思想、教育制度、教育内容、教育设备和手段、教育方法、教育管理六个方面。[④]有的学者从逻辑层面分解教育现代化的内容。例如，张人杰指出，教育现代化既是教育设施设备等硬件的建设，又是教育理念、制度、内容、方法、评价等软件的建设，既是形而上学的教育观念的转变，又是教育体制、教学质量、师资队伍等物质基础的改革与建设。[⑤]杨明认为教育现代化包括物质、制度和心理三个层面，物质层面指的是提升办学条件和运用科技改善教育物质技术，制度层面指的是创新教育机制，心理层面指的是变革教育观念。[⑥]有的学者从现代化理论出发分析教育现代化的要素。例如，朱旭东参考亨廷顿对政治现代化的论述，提出教育现代化的三个要素，即教育权力和教育权利具有合法性，教育功能具有扩散性和分离性，教育参与具有普遍性和大众性。[⑦]

---

① 喻聪舟，温恒福．七十年来我国教育政策中教育现代化定位变迁的趋势及启示［J］．教育科学研究，2020（06）：35－41.

② 潘希武．教育现代化的中国逻辑［J］．教育学术月刊，2022（11）：3－10＋77.

③ 刘宝存，苟鸣瀚．中国式教育现代化：本质、挑战与路径［J］．中国远程教育，2023，43（01）：12－20.

④ 顾明远．关于教育现代化的几个问题［J］．中国教育学刊，1997（03）：10－15.

⑤ 张人杰．也论教育现代化［J］．华东师范大学学报（教育科学版），1998（03）：14－22.

⑥ 杨明．中国教育现代化的目标有多远［J］．教育发展研究，2000（08）：9－14.

⑦ 朱旭东．教育现代化的几个理论问题初探［J］．比较教育研究，1998（02）：1－6.

此外，还有学者结合当前我国教育现代化的政策及实践进行分析，如钟贞山提出了教育现代化应包括四个方面的内容：首先是教育体制现代化，体现在学校制度、人才培养制度、招生考试制度的现代化；其次是教育队伍现代化，体现在教师队伍育人理念、知识结构、教学方法的现代化；再次是教育信息化，体现在使用教学模式、教育管理、教育环境的现代化；最后是教育内容现代化，体现在课程内容国际化、科学化、时代化。① 张旺基于《中国教育现代化 2035》，指出我国教育现代化发展的主要内容包括六个维度，即教育理念、教育制度、教育治理、教育体系、教育内容和教育方法。②

（四）教育现代化的主要特征

教育现代化是一个发展的过程，在不同阶段呈现不同特征。我国学者对教育现代化应具备的特征及我国教育现代化呈现出的特征进行了大量讨论，其中最具代表性的是顾明远基于现代社会发展特点和世界教育发展趋势归纳出的教育现代化八大特征，分别是：（1）教育的民主性和公平性；（2）教育的终身性和全时空性；（3）教育的生产性和社会性；（4）教育的个性化和创造性；（5）教育的多样性和差异性；（6）教育的信息化和创新性；（7）教育的国际性和开放性；（8）教育的科学性和法制性。③

朱怡青认为教育现代化不仅具有普及性和民主化、科学性和信息化、多样性和终身化、开放性和国际化等特点，还具有超前性和素质化两个特征；认为信息时代的教育应指向未来，为未来社会培养人才，其趋势是提高人才素质。④

朱旭东总结了世界教育现代化发展过程的七个普遍特性：（1）法制化和民主化，其中法制化指的是以法律或最高法院判决推动教育改革；（2）国家化，指的是教育体现国家意识，教育目标体现国家目的，最高领

① 钟贞山. 以人民为中心的教育现代化：理论、实践与内涵实现［J］. 国家教育行政学院学报，2018（01）：56－61.
② 张旺. 教育现代化：理念、体系、制度、内容、方法和治理——基于《中国教育现代化 2035》的目标任务［J］. 吉林师范大学学报（人文社会科学版），2022，50（01）：51－58.
③ 顾明远. 试论教育现代化的基本特征［J］. 教育研究，2012，33（09）：4－10＋26.
④ 朱怡青. 教育现代化的基本特性与发展趋势［J］. 武汉教育学院学报，1997，16（05）：75－59.

导机构制定并推行教育现代化相关的决策；（3）教育结构完整化；（4）教育理论科学化和细分化，指教育学借鉴自然科学、社会科学的研究方法和理论后更加科学，并分化出多个分支学科；（5）教育方法技术化；（6）教育终身化；（7）教育国际化和全球化。① 邓云洲从教育现代化的核心——人的现代化出发，提出教育现代化的特征体现在微观和宏观两个层面，微观层面的特征包括树立以人为本的教育价值观、教育目标多样化、教学模式多元化、师生关系平等化、课程结构弹性化等，宏观层面的特征包括义务教育普及化、教育法制化等。②

褚宏启指出，教育现代化虽然具有普遍性特征，但在不同文化中表现不同。他认为教育现代化的根本特征是教育现代性的增长，主要目标是促进社会和人的现代化。③ 为实现主要目标，教育现代化应具备以下八个特征：（1）人道性，教育应具备人道主义特点，让人民群众能够自由而全面地发展；（2）生产性，教育要为现代经济发展服务；（3）民主性，教育要为建设现代民主政治服务；（4）多样性，教育要为促进现代文化的多样化发展服务；（5）专业性，这是教育本身得以发展的基础；（6）主体性，一定的独立性有助于教育更好地发展；（7）法治性，教育只有在国家保障下实施才能有良好秩序；（8）理性化，体现在教育决策等方面。④

三、中国式教育现代化

近两年来，随着中国式现代化理论体系的传播和发展，中国式教育现代化也开始进入人们的视野，成为广大教育理论与实践工作者重要的研究主题。从某种程度上说，中国式现代化赋予中国式教育现代化新的内涵特征、历史使命与发展路径，因而有必要进一步诠释。

（一）中国式教育现代化的发展历程

中国是现代化的后来者，属于后发现代化国家。我国的现代化进程始于鸦片战争，是在西方列强的侵入中被动起步的。与西方教育现代化

① 朱旭东．教育现代化的几个理论问题初探［J］．比较教育研究，1998（02）：1－6．
② 邓云洲．论教育现代化与人的现代化的双重意义［J］．中国教育学刊，1998（01）：36－39．
③ 褚宏启．教育现代化的性质与分析框架［J］．教师教育研究，1998（03）：9－13＋35．
④ 褚宏启．教育现代化的本质与评价——我们需要什么样的教育现代化［J］．教育研究，2013，34（11）：4－10．

的发展逻辑不同，中国教育现代化在动荡的政治背景下进行，与政治具有同步性①，大致可以分为萌芽期、转折期、探索期和发展期四个阶段。

阶段一：萌芽期。鸦片战争提供了变革的外力和参照，催生了我国教育现代化萌芽。鸦片战争引发了中国社会前所未有的变化，封建教育体制无法适应，教育内部腐败的本质逐渐暴露，迫切需要变革。西方列强试图侵略中国文化，但传入的先进科技知识和文化知识被有识之士学习，林则徐、魏源等开始开眼看世界。② 甲午海战后，维新派主张教育改革，西方的先进教育理念被引入和传播，科举停止和“壬寅·癸卯学制”的出台进一步冲击了封建教育，教育现代化逐渐萌芽。③这一阶段的教育现代化具有被动性、非计划性等特点。

阶段二：转折期。新文化运动是我国教育发展的转折点。在新文化运动的影响下，近代中国教育开启了里程碑式的变革，开始迈向现代化。新文化运动高举科学和民主的旗帜，在批判、反思传统教育的同时，积极探索新式教育。伴随平民教育思潮、工读主义教育思潮、科学教育思潮等教育思潮的涌现，教育实验和教育改革运动纷纷实施，传统教育理念发生变革，教育向科学化、民主化的方向迈进。④

阶段三：探索期。中华人民共和国成立后，人民教育事业得以恢复和发展。1949 年 9 月，在中国人民政治协商会议第一届全体会议上，中华人民共和国文化教育的基本方针得以确立；同年 11 月，成立中央人民政府教育部；同年 12 月，第一次全国教育工作会议召开。在这一时期，虽然我国教育基础薄弱，但积极吸取、借鉴过去的有用经验和苏联经验，改造旧的教育制度，以保障人民群众的受教育权为使命，以培养德、智、体各方面发展的社会主义劳动者为方针，在教育现代化道路上进行了大量探索和实践。⑤

①③ 邬志辉. 中国百年教育现代化演进的线索与命题 [J]. 中国地质大学学报（社会科学版），2002 (04): 45 - 49.

② 张平海. 中国教育现代化的时代背景分析 [J]. 河南师范大学学报（哲学社会科学版），2002 (06): 110 - 112.

④ 王献玲. 试论五四新思潮对中国教育现代化的催发 [J]. 郑州大学学报（哲学社会科学版），2007 (03): 117 - 119.

⑤ 秦惠民，曹翼飞. 建党百年来党的教育方针的传承与创新 [J]. 国家教育行政学院学报，2021 (04): 11 - 17.

这一时期教育现代化的核心是恢复和发展人民教育，特征是“破旧立新”“全面发展”和“教育与生产劳动相结合”。①

阶段四：发展期。改革开放以后，我国教育坚持“面向现代化、面向世界，面向未来”的方针，不断深化教育体制改革，迈入探索中国特色社会主义教育现代化道路的崭新阶段。在这一时期，我国教育现代化发展呈现出四方面特征：以建立现代教育体系带动全局发展，以均衡发展义务教育促进教育公平，以特色发展各级各类学校激发改革活力，以建立教育质量标准体系提升教育质量。② 经过长期不懈的努力，2018 年以来，我国教育总体发展水平进入世界中上行列，教育普及程度明显提高，人民群众教育获得感明显增强，中国教育国际影响力和竞争力明显提升。③ 根据教育部 2021 年教育事业统计数据，我国学前、小学、初中入学率已超过高收入国家平均水平，高中阶段和高等教育毛入学率均已超过中高收入国家平均水平，④ 劳动年龄人口平均受教育年限和新增劳动力平均受教育年限均高于世界平均水平。⑤ 据长三角教育现代化监测评估中心对各级基础教育生师比、一般公共预算教育经费占一般公共预算支出的比例、劳动年龄人口平均受教育年限等 10 个数量指标的测算，2020 年我国教育现代化指数为 69.4，高于中高收入国家平均水平（详见图 2-1-2）。其中，北京、上海的指数已高于高收入国家平均水平，江苏、浙江以及长三角均已接近高收入国家平均水平。

（二）中国式教育现代化的历史使命

党的二十大以来，为实现中国式现代化，教育现代化需进一步明确新的使命和未来发展方向。回顾我国的教育现代化发展历程，虽然已取得举世瞩目的伟大成就，但仍面临一些问题。根据二次现代化理论，我国正处于工业社会向信息社会转变的第二次现代化阶段。作为后发现代化国家，

---

① 袁利平. 中国共产党教育现代化的理论演进与实践逻辑［J］. 重庆高教研究，2018，6（02）：3-15.

② 杨小微，游韵. 教育现代化的中国视角［J］. 教育研究，2021，42（03）：135-148.

③ 陈宝生. 在全国教育工作会议上的讲话［J］. 中国高等教育，2018（05）：7-16.

④ 张天雪，徐浩天，孙不凡. 十九大以来国家教育政策的图式、意涵和发展走向［J］. 教育发展研究，2022，42（05）：1-8.

⑤ 余颖. 我国劳动年龄人口平均受教育年限为 10.8 年［EB/OL］. 经济日报，http://www.moe.gov.cn/jyb_xwfb/moe_2082/2021/2021_zl25/bd/202104/t20210401_523913.html，2021-04-01/2022-11-04.

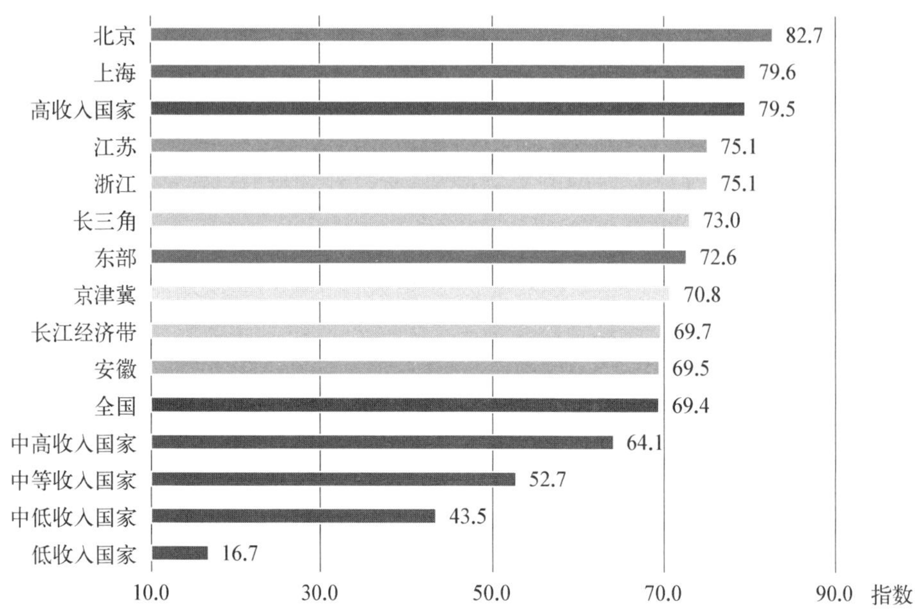

图 2-1-2 中国与国际可比较的教育现代化指数及分布状况[①]

我国在西方列强入侵后被动卷入第一次现代化，又在尚未解决发展不平衡、不充分问题时，在全球现代化进程中主动进入第二次现代化。因此，我国既要应对第二次现代化带来的挑战，又要解决第一次现代化遗留的发展不平衡、不充分问题。[②]

社会现代化是教育现代化的宏观背景，我国教育现代化同样需要解决现代化的两个阶段带来的双重问题，包括：（1）教育资源总量相对过剩与结构性不足并存的矛盾有待解决，教育经费的投入比例有待提高，教育新型基础设施建设仍处在初步探索阶段，师资队伍建设依然存在明显短板。[③]（2）尚未在各级各类教育之间搭建起相互沟通、顺畅衔接的人才成长立交桥，教育结构体系的优化调整相对滞后。（3）人力资本的总体存量相对不足，人力资本开发面临供给滞后与特色不足的双重挑战，高等院校综合创

① 数据来自长三角教育现代化监测评估中心的《长三角教育现代化监测评估报告（2020 年）》，内部资料，未公开发表。

② 褚宏启. 教育现代化 2.0 的中国版本 [J]. 教育研究，2018，39（12）：9-17.

③ 熊春文，陈辉. 人口变迁与教育变革——基于第七次全国人口普查公报的社会学思考 [J]. 教育研究，2021，42（11）：27-35.

新能力不强，教育对经济社会的支撑能力亟须提高。① 针对这些问题，我国需要进一步加强核心教育资源的供给，完善适应新发展格局的教育结构体系，提升教育对经济社会的支撑能力，推进人的现代化。

（三）中国式教育现代化的内容与特征

综合教育现代化内容的研究以及《中国教育现代化 2035》等政策文件，中国式教育现代化的主要内容和特征可总结为六个方面：(1) 教育理念现代化，特征为树立《中国教育现代化 2035》中提出的八大基本理念；(2) 教育体系现代化，特征为教育公平且高质量发展、建成终身教育体系等；(3) 教育制度现代化，特征为教育投入、学校办学、师资队伍建设等方面的制度完备；(4) 教育内容现代化，特征为教育内容时代化、科学化、国际化等；(5) 教育方法现代化，特征为教育信息化、教学方法人本化等；(6) 教育治理现代化，特征为教育治理体系和教育治理能力现代化等。具体内容及特征见表 2-1-3。

表 2-1-3 中国式教育现代化的内容与特征

序号	内 容	特 征
1	教育理念现代化	落实立德树人根本任务，培养的人才有理想、有信念，能够为社会主义建设服务；实施素质教育，培养的人才德智体美劳全面发展；教育体系能够满足人民群众受教育需求，具有全民性与民主性；建成终身学习体系，使人民群众能够应对快速发展与变化的现代社会；开展个性化教育，学习者的个性得以发展，培养的人才具备创造能力和创新精神；注重实践教育，学习者能够知行合一；教育融合发展，学段贯通，五育融合，“家·校·社”融合发展；各地教育资源共建共享，教育具有开放性，学校与社会相互沟通；教育具有生产性，培养出的人才能够为社会和经济发展服务
2	教育体系现代化	教育普惠公益且高质量发展，公共教育服务实现均等化，学前教育成为公共产品，义务教育优质均衡，城乡教育一体化发展；职业教育与培训一体化，产教融合，培养体系贯通；高中和高等教育毛入学率超过高收入国家平均水平；建成学习型社会，体现终身教育理念，劳动力人口受教育年限均超过高收入国家平均水平
3	教育制度现代化	在党的领导下发展教育；教育投入机制稳定，教育开放化程度高，社会力量参与办学热情高；建立现代教育制度，学校具有较高的办学自主权；师资队伍培养、国际交流、继续教育、考试招生等制度完善

① 刘宝存，苟鸣瀚. 中国式教育现代化：本质、挑战与路径［J］. 中国远程教育，2023，43(01)：12-20.

续表

序号	内　容	特　　征
4	教育内容现代化	思想政治教育现代化；教育内容在传承传统文化的同时符合现代社会要求和国家发展的实际要求；教育内容科学化，体现不同学科的交叉融合；教育内容开放化，与国际接轨
5	教育方法现代化	教育信息化程度高，校园智能化，现代教育技术广泛运用于教育教学各环节，建有线上终身教育平台；教师队伍高素质专业化发展，教学以人为本，尊重学习者的个性化发展，学校内部生态环境良好
6	教育治理现代化	教育治理体系现代化，教育法治化程度高，法律法规体系完备；教育治理能力现代化，政府采用现代化治理手段；教育督导机制健全

（四）中国式教育现代化的实施路径

教育现代化是国家现代化建设的重要内涵与先导。采取有效措施，科学推进教育现代化的发展，并通过教育的优先发展带动国家现代化发展，是教育界亟待解决的问题。通过分析近年来国家相关政策和各地教育现代化建设实际，可以看出我国推进教育现代化主要有如下五大路径。

1. 总体规划，分区推进

2018 年全国教育大会召开后，各地做出总体规划和部署，加快本地区教育现代化。部分地区率先印发推进教育现代化规划，如贵州省于 2018 年 12 月在全省教育大会上印发了《贵州省推进教育现代化建设特色教育强省实施纲要（2018—2027 年）》。在《中国教育现代化 2035》印发后，全国各省（自治区、直辖市）根据文件精神，在国家教育现代化总体规划的框架下，编制并发布了本地教育现代化 2035 规划与实施方案。此外，在各省（自治区、直辖市）教育现代化 2035 和实施方案的推动下，各地级市也根据自身功能定位，编制了推进教育现代化实施方案。

与《中国教育现代化 2035》和《实施方案》的关系一样，各地编制的教育现代化 2035 规划是中长期战略规划，具有全局性、战略性、指导性；各地制定的实施方案是具体的行动计划，是一段时期推进教育现代化的时间表和施工图，具有行动性和操作性。从具体内容看，各地能结合本地教育发展情况及国民经济和社会发展目标部署教育现代化工作，体现出战略性、针对性和地方特色。部分省（自治区、直辖市）还根据本地现代化发展重大战略，对分区推进教育现代化做出部署。例如，浙江省根据“两个高水平”建设部署，于2020年5月印发了《浙江教育现代化2035行动纲要》，明确了浙江省推进教育现代化的指导思想、发展目标、九大战略任务和组织保障措施。[①] 再如，2019年6月，江苏省印发《江苏教育现代化2035》，对苏南地区、苏中地区和苏北欠发达地区的教育现代化建设做出了差异化部署。[②]

2. 细化目标，分步推进

《中国教育现代化2035》提出，推进教育现代化需科学地设计步骤、制定路线图，细化不同发展阶段的重点发展目标和任务。《实施方案》就是基于《中国教育现代化2035》中长期战略任务，确定最初五年的目标和重点任务的。各地在制定实施方案时，同样细化了本地区教育现代化2035远景目标，同时统筹本地区教育事业发展“十三五”和“十四五”规划，对一个阶段的教育现代化发展做出具体规划。

例如，浙江省基于“争创社会主义现代化先行省”的总体目标，在《浙江教育现代化2035行动纲要》中提出了“率先全面实现教育现代化、教育总体水平位居全国前列”等高位目标和“2020年和2035年通过教育现代化评估的县（市、区）比例”“高等教育毛入学率”等更具体的指标。同时，浙江省教育厅还印发了《加快推进浙江教育现代化实施方案》，根据本省教育事业发展存在的区域教育发展不够均衡、教师队伍建设不够有力等现实问题，有针对性地部署了义务教育优质均衡发展工程、教师质量提升工程等11项重点工程。[③] 再如，甘肃省在《甘肃教育现代化2035规划纲要》中确立了“高等教育竞争力明显提升”的发展目标，并在《甘肃省加快推进教育现代化实施方案（2020—2023）》中将其细化为加大“双一流”建设力度等四项重点任务，并明确了责任单位。[④]

---

①③　浙江省教育厅. 省委省政府印发《浙江教育现代化2035行动纲要》和《加快推进浙江教育现代化实施方案》[EB/OL]. http://jyt.zj.gov.cn/art/2020/5/9/art_1543974_42866200.html，2020-05-09/2022-08-12.

②　葛道凯. 探索教育现代化建设的“江苏路径”[EB/OL]. https://jyt.jiangsu.gov.cn/art/2020/5/26/art_57810_9192363.html，2020-05-26/2022-08-12.

④　中共甘肃省委办公厅，甘肃省人民政府办公厅. 甘肃省加快推进教育现代化实施方案（2020—2023）[EB/OL].http://www.gsgtzy.cn/gt/UserFiles/20210207104212293.pdf，2020-04-09/2022-08-12.

3. 精准施策，协同推进

教育现代化建设应基于教育发展实际情况，根据各级各类教育发展特点进行分类规划、管理和评估。只有精准统筹配置教育资源，才能精准解决教育现代化建设过程中的重点、难点问题。此外，教育现代化建设还需根据国家和区域发展战略，加强东西部协作，健全区域教育发展协作机制，完善教育对口支援机制，不断提升地区协同推进教育现代化建设的能力。

例如，长三角一体化发展战略和粤港澳大湾区战略是我国的重要战略，《长江三角洲区域一体化发展规划纲要》和《粤港澳大湾区发展规划纲要》中均明确提出“推动教育合作发展”的要求。[①] 为回应这一要求，上海市在《上海教育现代化 2035》中将“大力推进长三角教育更高质量一体化发展”作为教育现代化实施路径之一；江苏省将“推进区域教育协调发展”作为推进教育现代化的重要战略任务；广东省也在《广东省教育现代化 2035》中提出了“完善教育合作发展机制”的目标。在具体实践中，长三角三省一市、粤港澳大湾区成员单位还可以进一步对接一体化发展战略，在区域教育现代化战略框架下，共建共享优质的教师研修培训、学生实习实训、科研基础设施、社会教育基地、教育数据平台等优质教育资源，共同探索办学体制、育人机制等教育机制改革，共同优化职业教育与高等教育资源布局，进而实现各级各类教育协同治理的目标。

4. 改革先行，试点推进

我国在推行改革前通常采用先试点后推广的做法，以减少因国家大、情况复杂、牵涉面广等原因可能带来的风险。在推进教育现代化的过程中，建立教育现代化改革试点是一种有效方式。各地教育现代化平均发展是不可能的，要允许一部分发展基础较好的地区率先实现教育现代化。通过总结改革试点的经验，发挥改革试点的示范作用，充分利用改革试点的成果，可以达成试点带动全局，引领教育现代化发展的

① 新华社. 中共中央 国务院印发《长江三角洲区域一体化发展规划纲要》[EB/OL]. http://www.gov.cn/zhengce/2019-12/01/content_5457442.htm? tdsourcetag=s_pcqq_aiomsg, 2019-12-01/2022-08-12.

效果。

深圳是我国最早实施改革开放的经济特区，2019 年更是跨越成为中国特色社会主义先行示范区。《中共中央 国务院关于支持深圳建设中国特色社会主义先行示范区的意见》提出，“支持深圳在教育体制改革方面先行先试”。[①] 在 40 年改革过程中，深圳在满足适龄人口入学需求、学前教育优质普惠发展、义务教育优质均衡发展、教育国际化水平提升等方面有所突破，教育实现翻天覆地的变化，为我国的教育现代化发展探索了路径，积累了经验。[②]

除了综合改革示范区，我国也有专门的教育现代化示范区项目。自 2018 年起，教育部教育发展研究中心组织开展的“教育现代化区域创新试验示范区”项目在全国选取多个区域，与其签订战略合作协议，开展共建教育现代化创新试验示范区、国家教育政策先行先试试验区、共建教育改革发展经验模式推广试验区等方面的合作。该项目已与成都市双流区、武汉市江岸区、深圳市盐田区等地签订协议。教育改革政策在全国范围实施前也会选取试点省份或城市，如“双减”政策选取北京市、上海市、沈阳市等 9 个城市作为全国试点，同时要求其他省份至少选择一个地市开展压减学科类校外培训、利用校内外资源提供课后服务、强化培训收费监管等试点工作[③]。考试招生制度改革以试点先行、有序推进为原则，于 2014 年、2017 年、2018 年、2021 年和 2022 分五批选择有条件的省（市）启动高考综合改革试点。

5. 监测评价，持续推进

监测评价也是系统推进教育现代化和教育体制机制改革的重要途径。《中国教育现代化 2035》将健全教育督导体制机制纳入面向教育现代化的战略任务。中共中央办公厅、国务院办公厅印发的《关于深化教育体制机

---

① 央视新闻客户端. 中共中央 国务院关于支持深圳建设中国特色社会主义先行示范区的意见 [EB/OL]. https://m.news.cctv.com/2019/08/18/ARTIN1NWNzxOxwTHupOkP bNt190818.shtml，2019 - 08 - 18/2022 - 08 - 23.

② 陈秋明. 从试点到示范：深圳基础教育改革发展回顾与展望 [J]. 中国教育学刊，2021 (06)：266 - 232.

③ 中华人民共和国教育部. 中共中央办公厅 国务院办公厅印发《关于进一步减轻义务教育阶段学生作业负担和校外培训负担的意见》[EB/OL]. http://www.moe.gov.cn/jyb _ xxgk/moe _ 1777/moe _ 1778/202107/t20210724 _ 546576.html，2021 - 07 - 24/2022 - 08 - 23.

制改革的意见》中明确提出要完善教育督导体制，包括建立各级各类教育的质量监测评估体系，落实教育督导机构的法定职责，加强对各级政府和学校办学的督导，强化督导成果运用等。①

多个省市在编制教育现代化2035及实施方案时，都将加强教育督导评估作为保障教育现代化发展的措施之一。例如，河南省、湖南省、四川省提出“加强教育督导评估，重点推进对各级党委、政府在推进教育现代化工作方面的督导”的举措，江苏省提出“健全督导评估机制，将教育现代化推进情况纳入履职评价体系”的举措，甘肃省提出“加快推进教育现代化支持和评价体系建设”和“全面加强教育现代化督导监测与评估，将监测评价结果作为评估教育现代化建设成效的依据”的举措。

在实践层面，全国多个省市已开展教育现代化发展水平监测评价工作，以期通过监测评价判断教育现代化发展目标与任务的实现程度，把握教育现代化整体水平及发展变化，分析教育现代化发展的问题与困难，明确当地教育现代化在国内、国际教育发展坐标系中的地位。例如，浙江省为了全面把握省内教育现代化发展情况，了解县域教育现代化发展进程中的成就与存在的问题，委托浙江省教育现代化研究与评价中心于2017年起每年对全省各县（市、区）教育现代化发展水平开展监测工作。再如，为贯彻落实《长江三角洲区域一体化发展规划纲要》，教育部会同国家发改委和长三角三省一市研制了《长三角教育现代化指标体系（试行）》，并于2021年起开展监测评估。

第二节　指 标 设 计

教育指标体系是以指标组合的形式显示教育系统中各部分的情形及其间的相互关系，以便对教育现状进行诊断以发现问题并指引改革

① 新华社．中共中央办公厅 国务院办公厅印发《关于深化教育体制机制改革的意见》[EB/OL]. http://www.gov.cn/zhengce/2017-09/24/content_5227267.htm?from=groupmessage&isappinstalled=0，2017-09-24/2022-08-23.

的方向。[1] 教育指标体系不是凭空产生或主观臆断的，而需要在借鉴国际组织、其他国家和国内兄弟省市相关经验的基础上，结合本地实际情况进行系统设计。本节首先梳理国内外教育现代化相关指标体系，然后阐述浙江省县域基础教育现代化监测评价指标体系的构建思路与过程，最后分析该指标体系的特点。

一、国外教育现代化相关指标体系

近年来，很多国际组织会定期发布教育指标体系，这些指标大都遵循“投入—过程—产出”的理论模式，兼顾微观和宏观视角，能反映一个地区教育总体发展态势。总体上看，目前比较有影响的教育指标体系有联合国教科文组织的教育系统指标体系、经济合作与发展组织的教育指标体系以及世界银行的教育指标体系。

（一）联合国教科文组织的教育系统指标体系

联合国教科文组织1955年发布了《世界教育概览（一）：教育组织与统计手册》（World Survey of Education I：Handbook of Educational Organization and Statistics），致力于设计一个能为世界各国所理解并适用于各国的教育系统指标框架。该框架以系统论为方法论基础，将整个教育系统分为教育输入、教育过程和教育输出三个相互关联的亚系统。其中，教育输入包括教育资源和教育优先度，前者考量教育投入和基础状况，后者考量教育的政策倾向性；教育过程包括教育系统结构与分配；教育输出包括教育资源产出和教育满意度，教育资源产出反映的是教育活动或政策的结果，如教育范围的扩大、结构的优化等。从另一维度看，教育输出还可以包括教育产出对国家社会的贡献力（见图2-2-1）。

基于此框架，联合国教科文组织提出包含31项指标的教育系统指标体系，其中教育输入指标8项，教育过程指标18项，教育输出指标5项（见表2-2-1）。

---

① Nuttall，D. The Functions and Limitations of International Education Indicators [M]. Paris：OECD/CERI. 1992：13-23.

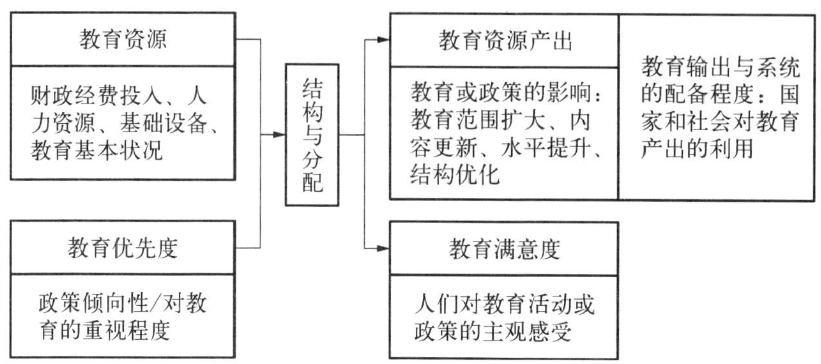

图 2-2-1　联合国教科文组织的教育系统指标框架①

表 2-2-1　联合国教科文组织的教育系统指标体系②

教育输入指标	教育过程指标	教育输出指标
1. 教育人力资源参与力 2. 教育人力资源重视度 3. 教育财政投入 4. 教育财政增长 5. 入学机会平等程度 6. 女性入学机会平等程度 7. 国民最低教育年数变化率 8. 国民最高教育年数变化率	1. 各阶段学生入学率 2. 各阶段班级数占比 3. 各阶段学校数占比 4. 各阶段学生入学数增长 5. 各阶段班级数增长 6. 各阶段学校数增长 7. 教育中的女性参与率 8. 中等教育发展趋势（普通学生占比；师范生占比） 9. 高等教育发展趋向（各学科学生比） 10. 每个学生预期受教育年限 11. 每个学生预期完成年级数 12. 合格教师占比 13. 合格教师地区平等程度 14. 不同性别教育流动差异 15. 区域教育流动差异 16. 学校结构差异指数 17. 对单一教育经费来源的依赖程度 18. 教育成本	1. 学业成绩 2. 学术产出指数 3. 毕业生专业化程度 4. 各级教育结业率 5. 教育系统表现满意度

由于该指标体系是为各会员国设计的，而各个国家和地区对于教育系统的划分与命名有着不同的理解，教育传统和政策制度悬殊、教育统计口径不一，导致指标具体的测量在后续操作及统计的可比性较低。2000 年，联合国教科文组织专门组织讨论了该指标框架的改进问题，形成 11 类教育指标

①② 郐志辉. 学校教育现代化指标研究［M］. 长春：东北师范大学出版社，2008：75-78.

（见表 2－2－2）。对比表 2－2－1 和表 2－2－2 的内容可以发现，2000 年的世界教育指标均是量化性的指标，未涉及教育质量层面。这是因为，在设计这些指标时，联合国教科文组织主要考虑的是这些指标数据能否在大多数国家或地区获得以及如何为其出版统计年鉴提供支撑，关注的是指标的普遍性。

表 2－2－2　联合国教科文组织 2000 年世界教育指标概览①

指　标　类　别	指　标　内　容
1. 人口和国民生产总值	人口数；人口增长率；6—14 岁人口数；抚养率；城市人口；人口平均预期寿命；出生率；婴儿死亡率；人均国民生产总值
2. 识字、文化和传播	识字（成人文盲数、成人文盲率）；文化和传播（每日报纸发行量、收音机、电视、个人计算机数、活跃网络地址）
3. 学前教育入学率和入学机会	学前教育毛入学率；入学机会；预期受教育年限
4. 初等教育：年限、人口和入学率	义务教育年限；初等教育年限；学龄人口；毛入学率和净入学率
5. 初等教育：内部效能	留级生比例；同级学生升入特定年级比例
6. 中等教育：年限、人口和入学率	普通中等教育年限；学龄人口；入学率和净入学率
7. 学前、初等和中等教育师资	生师比；女性教师比例；每千名非农业劳动力中教师数
8. 高等教育：在校生人数及分级情况	每十万人口平均在校生数；毛入学率；不同年级（按国际教育标准分类）学生比例及女性学生比例
9. 高等教育：各专业学生和毕业生	各专业类别的学生和毕业生比例；各专业类别中女性学生和毕业生比例；转专业比例
10. 私立学校的学生人数和公共教育支出	各教育阶段私立学校学生占学生总数比例；公共教育支出占国民生产总值比例；公共教育支出占政府支出比例；公共教育支出年均增长率；经常性教育支出比例
11. 公共教育支出	教师工资支出占支出总额比例；各级教育支出占比；生均教育支出占人均国民生产总值比例

（二）经济合作与发展组织的教育指标体系

经济合作与发展组织在 1968 年成立了教育研究与创新中心（the Centre for Educational Research and Innovation），以支持教育研究的发展并加强各成员国之间的教育研究与合作。从 1992 年起，该中心根据所收

① UNESCO. World Education Report 2000：The Right to Education：Towards Education for All Throughout Life [R]. UNESCO，2000：123－127.

集的数据资料定期发行《教育概览》(*Education at a Glance*),告知各成员国教育体系的运作情况和绩效功能。经济合作与发展组织教育指标体系以CIPP评价模式为框架,包含教育产出、教育投入、教育机会和教育过程四方面的指标。其中,教育产出方面主要包含学业达标率、毕业率、就业率与失业率、公共与个人教育支出收益、教育社会产出等指标;教育投入方面包含生均教育支出、国家财政对教育的投入比例、教育的公共投入和私人投入、教育的公共支出总额、大学生的入学成本及可获得的公共支持、教育经费提供的资源和服务以及影响教育支出水平的因素等指标;教育机会方面以国际教育标准分类(International Standard Classification of Education,ISCED)为依据,关注各级教育(早期教育、基础教育、高等教育和成人教育)的机会、参与和过渡问题以及每一层级教育的起点、过程和结果,主要有总体入学率、入学率在不同人群中的分布、预期学校教育年限等指标;教育过程指标也称"学习环境与学校组织指标",涵盖学生、教师和学校三个层面,包括生师比、学生课堂学习时间、教学时间、教师工资、信息化、教师结构、教师专业发展、教师评价机制、教师参与学校管理等指标。

表2-2-3 经济合作与发展组织教育指标体系①

维　　度	指　　标
教育机构的产出与学习影响	1. 成人学历水平
	2. 从教育到工作的转变:今天的年轻人在哪里
	3. 受教育程度如何影响劳动力市场的参与
	4. 教育带来的收入优势是什么
	5. 社会成果与教育有何关系
	6. 成人参与教育和培训的程度如何
教育机会、参与和进步	1. 哪些人接受教育
	2. 世界范围内的幼儿教育体系有何不同

① OECD. Education at a Glance 2022 [EB/OL]. https://doi.org/10.1787/3197152b-en, 2022-10-03/2023-06-23.

续表

维　度	指　　标
教育机会、参与和进步	3. 谁应该完成高中教育
	4. 预期有多少人接受高等教育
	5. 谁有望从高中阶段毕业
	6. 有多少学生完成了高等教育
	7. 国际流动学生的特点是什么
教育中的财政与人力资源投入	1. 生均教育支出是多少
	2. 国民财富用于教育的比例
	3. 教育的公共投入和私人投入是多少
	4. 公共教育经费支出是多少
	5. 高等教育学生交多少学费，得到多少公共补贴
	6. 教育经费用于哪些资源和服务
教师、学习环境与学校组织	1. 多年来，学生用于课堂学习的时间有何变化
	2. 生师比是多少，班额多大
	3. 教师和校长的工资是多少
	4. 教师和校长有多少时间用于教学和工作
	5. 教师的构成
	6. 成为教师和校长的途径是什么
	7. 教师和校长的专业发展活动有多广泛
	8. 教职人员的概况、学生与教职人员的比例是多少

经济合作与发展组织教育指标体系建立在科学严谨的理论基础上，体现指标体系设计者对教育的理解和秉持的教育理念，强调教育的经济功能和工具价值，强调绩效、问责和量化，具有较强的描述功能和理论分析价值。同时，经济合作与发展组织还以教育政策为导向，遵循不断完善、持续丰富、动态调整的方式，定期对指标进行更新，大部分指标具有国际一致性和可比性，通用性强。但是，该指标体系忽视了幸福感、公民素养和社会公平等难以量化的教育内容，窄化了教育内涵的丰富性

与内容的多样性。①

（三）世界银行的教育指标体系

世界银行的世界发展指标数据库（World Development Indicators，WDI）包含1960年以来217个经济体和40多个国家的1 400个时间序列指标，涉及社会、经济、财政、自然资源和环境等各方面。② 从1978年起，世界银行每年发布《世界发展指标》报告，对各国（地区）经济、社会、环境、商业、技术指标数据进行年度汇编，并据此分析世界发展趋势，提出建议。其中，涉及教育的指标主要由教育投入、教育就学、教育效能、教育完成和产出四部分组成（见表2-2-4）。但是，由于其概念模式不明确，结构松散，有学者认为，严格来讲，这不能称为教育指标体系。

表2-2-4　世界银行教育指标体系③

教育投入指标	教育就学指标	教育效能指标	教育完成和产出指标
1. 生均公共教育经费	**1. 毛入学率（%）**	**1. 一年级毛入学率（%）**	**1. 初等教育完成率（%）**
(1) 初等教育生均公共教育经费（占人均国内生产总值百分比）	(1) 学前教育毛入学率	(1) 一年级女生毛入学率	(1) 初等教育女生完成率（占相关年龄组百分比）
(2) 中等教育生均公共教育经费（占人均国内生产总值百分比）	(2) 初等教育毛入学率	(2) 一年级男生毛入学率	(2) 初等教育男生完成率（占相关年龄组百分比）
(3) 高等教育生均公共教育经费（占人均国内生产总值百分比）	(3) 中等教育毛入学率		(3) 初等教育完成率总计（占相关年龄组百分比）
	(4) 高等教育毛入学率		
2. 公共教育经费	**2. 净入学率（%）**	**2. 五年级学生保留率（顺利升读五年级学生人数与其小学一年级入学时人数的比例）(%)**	**2. 青年识字率（15—24岁）(%)**

① 黄忠敬. OECD教育指标如何引领教育政策发展？[J]. 南京师大学报（社会科学版），2020，(05)：27-35.

② The World Bank. World Development Indicators [EB/OL]. https://datatopics. worldbank. org/world-development-indicators/，2023-8-17/2023-06-23.

③ 张良才，孙继红. 国内外教育指标体系分析与比较 [J]. 教育学报，2009，5 (06)：60-68.

续表

教育投入指标	教育就学指标	教育效能指标	教育完成和产出指标
(1) 公共教育经费（占国内生产总值百分比）	(1) 初等教育净入学率	(1) 五年级男生保留率	(1) 青年男性识字率（15—24岁）
(2) 公共教育经费（占政府财政支出百分比）	(2) 中等教育净入学率	(2) 五年级女生保留率	(2) 青年女性识字率（15—24岁）
			(3) 青年总体识字率（15—24岁）
3. 初等教育受过训练教师占所有教师百分比	**3. 未就学率（‰）**	**3. 初等教育重读率（%）**	**3. 成人识字率（15岁及以上）（%）**
	(1) 初等教育年龄组男性未就学率（千分比）	(1) 初等教育男生重读率	(1) 成人男性识字率（15岁及以上）
	(2) 初等教育年龄组女性未就学率（千分比）	(2) 初等教育女生重读率	(2) 成人女性识字率（15岁及以上）
			(3) 成人总体识字率（15岁及以上）
4. 初等教育生师比		**4. 初等教育升学率（%）**	
		(1) 初等教育男生升学率	
		(2) 初等教育女生升学率	

（四）国外教育现代化指标体系的共性与启示

分析三个国际组织出台的教育指标体系可以发现，国外教育现代化指标体系具有以下三个共同特点。

一是强调“投入—过程—产出”理论模式。教育是在有形物质财富生产活动之上的无形财富生产活动，可以运用“投入—过程—产出”模式进行描述和分析。上述教育指标体系的构成大都遵循这个理论分析模式，对教育经费和资源投入，教育过程的公平性、均衡性及教育产出的效率和效益给予了全面关注。

二是重视普遍性和国际可比性。指标制定兼顾普遍性和国际可比性。

在指标选取和统计数据收集方面，既力求切合各国国情，又强调国际通用性和国际可比性，同时考虑教育全球化、教育流动等全球性趋势与特征，关注教育对外交流相关指标。在当今经济全球化加速发展的时代大背景下，世界各国之间政治、经济、技术、文化、社会的相互作用日益加强，任何一个国家的教育发展都不可能孤立存在。

三是关注教育与其他社会系统的联系。教育系统是一个和国家经济、社会发展密切相关的开放系统，上述部分教育指标体系均关注人口、经济、政策或社会发展为教育提供的条件以及该条件产生的影响。这既能折射出某一时段国家或地区的社会发展趋势，呈现教育发展状况，同时又使指标体系具有一定的应用价值。

二、国内教育现代化监测指标体系

进入 21 世纪以来，我国教育部及一些教育发达地区在教育现代化评估指标体系建设方面进行了很多有价值的探索。其中，比较有代表性的指标体系有：教育部印发的《中国教育监测与评价统计指标体系》、上海市教育科学研究院领衔研制的《国家教育现代化进程监测评价指标体系》，以及上海市、江苏省、广东省、四川省成都市的教育现代化指标体系。

（一）国家层面的教育现代化监测指标体系

为了更好地指导各地做好教育统计，充分发挥教育统计工作对教育管理、科学决策和服务社会的重要作用，教育部于 1991 年组织专家研制并发布了《中国教育监测与评价统计指标体系（试行）》。2015 年，教育部组织专家对该指标体系进行了修订和完善。2020 年，教育部基于高质量教育体系建设的目标，借鉴联合国 2030 年可持续发展议程，删减了 2015 年版的部分指标，新增思想政治教育、劳动教育、体育美育、家庭教育、终身教育等相关指标，形成《中国教育监测与评价统计指标体系（2020 年版）》。修订后的指标体系包括综合教育程度、国民接受学校教育状况、学校办学条件、教育经费和科学研究五大维度（其中 18 项为国际组织的常用教育指标），更加关注促进全员育人、全过程育人、全方位育人和深化教育评价改革的需要，更加关注促进教育公平和科学监测教育发展的需要，也更具科学性和针对性。

表 2-2-5　中国教育监测与评价统计指标体系（2020 年版）①

维　度	指　标
一、综合教育程度	1. 国家财政性教育经费占国内生产总值比例（%）
	2. 人口平均受教育年限（年）
	3. 人口受教育程度分布比例（%）
	4. 中小学教育完成率（%）
	5. 每十万人口各级教育平均在校生数（人）
	6. 各级各类学校（机构）举办的培训规模（人次）
	7. 从业人员继续教育参与率（%）
	8. 经常性参与教育活动的老年人占比（%）
二、国民接受学校教育状况	9. 学前教育毛入园率（%）
	10. 普惠性幼儿园覆盖率（%）
	11. 小学招生中接受过学前教育的比例（%）
	12. 净入学率（%）
	13. 毛入学率（%）
	14. 义务教育巩固率（%）
	15. 幼儿园、中（小）学平均班额（人/班）
	16. 中（小）学小班额班比例（%）
	17. 中（小）学大班额班比例（%）
	18. 义务教育阶段农村学校在校生中寄宿生所占比例（%）
	19. 义务教育阶段农村学校在校生中留守儿童所占比例（%）
	20. 义务教育阶段在校生中随迁子女所占比例（%）
	21. 义务教育阶段随迁子女在公办学校就读的比例（%）
	22. 残障儿童少年义务教育阶段入学率（%）
	23. 义务教育阶段随班就读和在普通学校附设特教班学习的残障人比例（%）

① 中华人民共和国教育部. 教育部关于印发《中国教育监测与评价统计指标体系（2020 年版）》的通知［EB/OL］. http://www.moe.gov.cn/srcsite/A03/s182/202101/t20210113_509619.html，2020-12-30/2023-10-07.

续表

维度		指标
二、国民接受学校教育状况		24. 除少数民族语文外其他学科均采用国家通用语言文字授课的少数民族学生比例（%）
		25. 普通高中与中等职业教育招生比
		26. 普通高中与中等职业教育在校生比
		27. 成立家长委员会的学校比例（%）
		28. 义务教育阶段学生学业水平达到II级及以上的比例（%）
		29. 学生信息素养达标率（%）
		30. 学生体质健康达标率（%）
		31. 学生肥胖率（%）
		32. 学生视力不良率（%）
		33. 年生均校外实训基地实习时间（天/生）
		34. 毕业生职业资格或职业技能等级证书获取率（%）
		35. 毕业生就业率（%）
		36. 民办教育在校生所占比例（%）
		37. 民办普通本专科招生所占比例（%）
		38. 中（小）学与外方缔结“友好学校”的学校比例（%）
		39. 普通高校开展短期出国校际交流的在校生所占比例（%）
		40. 普通高校学历教育留学生与在校生总数比
		41. 普通高校外国留学生中接受学历教育的比例（%）
三、学校办学条件	（一）教职工	42. 生师比
		43. 中（小）学班师比
		44. 学历合格专任教师比例（%）
		45. 高于规定学历专任教师比例（%）
		46. 高级专业技术职务专任教师比例（%）
		47. 专任教师接受培训的比例（%）
		48. 专任教师普通话水平达到二级乙等及以上的比例（%）
		49. 幼儿园学前教育专业毕业专任教师比例（%）

续表

维　　度		指　　　　标
三、学校办学条件	（一）教职工	50. 公办幼儿园在编专任教师比例（%）
		51. 义务教育阶段教师交流轮岗比例（%）
		52. 中（小）学县级及以上骨干教师比例（%）
		53. 中（小）学学生与专职心理健康教育教师比
		54. 每百名学生拥有思想政治理论课专任教师数（人）
		55. 每百名学生拥有体育专任教师数（人）
		56. 每百名学生拥有美育专任教师数（人）
		57. 每百名学生拥有劳动与综合实践活动课程专任教师数（人）
		58. 特殊教育学校受过特教专业培训的专任教师比例（%）
		59.“双师型”教师比例（%）
		60. 普通高校具有硕士及以上学位的专任教师比例（%）
		61. 普通高校为本科生上课的教授比例（%）
		62. 普通高校学生与专职辅导员总数比
		63. 普通高校学生与心理健康教育专职教师比
		64. 普通高校聘请教师与校本部专任教师比
		65. 普通高校聘请外籍教师与专任教师比
		66. 专任教师退出率（%）
		67. 教师平均工资收入水平与当地公务员平均工资收入水平比
	（二）学校校舍、占地	68. 义务教育阶段标准化学校覆盖率（%）
		69. 生均校舍建筑面积（平方米/生）
		70. 生均教学及辅助用房面积（平方米/生）
		71. 生均实验室面积（平方米/生）
		72. 寄（住）宿生生均宿舍面积（平方米/生）
		73. 普通高校生均宿舍面积（平方米/生）
		74. 生均学校占地面积（平方米/生）
		75. 学校绿化用地面积所占比例（%）

续表

维　度		指　　标
三、学校办学条件	(二) 学校校舍、占地	76. 生均体育馆面积（平方米/生）
		77. 生均运动场地面积（平方米/生）
		78. 中（小）学体育运动场（馆）面积达标率（%）
	(三) 学校图书、教学仪器配备	79. 生均图书（册/生）
		80. 幼儿园玩教具配备达标率（%）
		81. 生均教学仪器设备值（元/生）
		82. 中（小）学体育器械配备达标率（%）
		83. 中（小）学音乐器材配备达标率（%）
		84. 中（小）学美术器材配备达标率（%）
		85. 小学数学科学实验仪器达标率（%）
		86. 中学理科实验仪器达标率（%）
	(四) 学校信息化建设	87. 每百名学生拥有教学用终端数（台/百人）
		88. 建立校园网的学校比例（%）
		89. 接入互联网的学校比例（%）
		90. 出口带宽达到 100 Mbps 以上的学校比例（%）
		91. 网络多媒体教室占教室总数比例（%）
		92. 开通网络学习空间的学生比例（%）
		93. 开通网络学习空间的教师比例（%）
		94. 每百名专任教师接受信息技术相关培训数（人次/百人）
		95. 校均网络课程数（门/校）
	(五) 学校医疗、卫生、安全情况	96. 中（小）学有校医院（卫生室）的学校比例（%）
		97. 中（小）学有专职校医的学校比例（%）
		98. 有专职保健人员的学校比例（%）
		99. 有安全保卫人员的学校比例（%）
		100. 有网管供水的学校比例（%）
		101. 有基本洗手设施的学校比例（%）

续表

维　度		指　标
三、学校办学条件	（五）学校医疗、卫生、安全情况	102. 有卫生厕所的学校比例（%）
		103. 在校生死亡人数所占比例（%）
		104. 在校生死亡人数中校内所占比例（%）
四、教育经费		105. 一般公共预算教育经费占一般公共预算支出比例（%）
		106. 一般公共预算教育经费增长与财政经常性收入增长比较情况（百分点）
		107. 生均一般公共预算教育事业费（元/生）
		108. 生均一般公共预算公用经费（元/生）
		109. 生均教育经费指数（%）
		110. 捐赠收入及民办学校中举办者投入占教育总经费的比例（%）
		111. 普通高校获得的社会捐赠金额（万元）
五、科学研究		112. 普通高校出版著作数（部）
		113. 普通高校发表论文数（篇）
		114. 普通高校知识产权授权数（件）
		115. 普通高校获省部级以上奖励的成果数（项）
		116. 普通高校技术转让收入（万元）
		117. 普通高校 R&D 折合全时人员数（人/年）
		118. 普通高校参与项目（课题）的研究生人数（人）
		119. 普通高校科技或人文社科经费拨入总额（万元）
		120. 普通高校人文与社会科学研究与咨询报告被采纳数（篇）

同时，为综合评价全国教育发展水平，比较分析与先进国家的差距，监测指导各地区教育现代化建设，教育部于 2014 年委托上海市教育科学研究院、中国教育科学研究院、清华大学国情研究院、中国科学院中国现代化研究中心等单位研制了《国家教育现代化进程监测评价指标体系》。整个指标体系包含普及与公平、质量与结构、条件与保障、服务与贡献四大维度 40 个核心指标。

表 2-2-6 国家教育现代化进程监测评价指标体系（2014 年版）①

一、普及与公平	1. 学前教育毛入园率	7. 残疾青少年受教育水平
	2. 九年义务教育巩固率	8. 家庭经济困难学生资助比例
	3. 高中阶段教育毛入学率	9. 家庭经济困难学生资助水平
	4. 高等教育毛入学率	10. 义务教育发展基本均衡县比例
	5. 继续教育参与率	11. 省域内义务教育县际差异程度
	6. 进城务工人员子女公办学校就读比例	
二、质量与结构	12. 德育艺术实践课程开设水平	19. 民办教育发展水平
	13. 学生学业成就水平	20. 学历教育开放水平
	14. 学生体质健康水平	21. 来华留学生数
	15. 班额达标率	22. 高校学生出国留学人数
	16. 普通高中选修课比例	23. 高校聘请外籍教师和研究人员数
	17. 高校专业发展水平	24. 高校具有海外工作学习经历教师比例
	18. 高水平学科数	
三、条件与保障	25. 生师比	30. 公共财政预算教育经费占公共财政支出比例
	26. 专任教师学历水平	31. 基本办学条件达标学校比例
	27. 接受培训教师比例	32. 信息化配备水平
	28. 职业教育双师型教师比例	33. 信息技术应用水平
	29. 教育总经费占 GDP 比例	
四、服务与贡献	34. 高校毕业生初次就业率	38. 劳动力受教育水平
	35. 职业教育对口就业率	39. 人均受教育年限
	36. 高校社会服务能力	40. 文盲率
	37. 紧缺人才可获得程度	

（二）江苏教育现代化监测指标体系

江苏省是较早关注区域教育现代化的省份之一。早在 1993 年，江苏省

① 上海市教育科学研究院，等. 教育现代化进程监测评价指标体系（电子版），安徽省基础教育改革与发展协同创新中心翻印. http://www.ahtxz.cn/chengguo.php?catid=&itemid=14，2016-07-06/2023-10-07.

便颁发了《关于在苏南地区组织实施教育现代化工程试点的意见》，在全国率先启动实施教育现代化工程。2007 年，江苏省发布《江苏省县（市、区）教育现代化建设主要指标》，将教育现代化创建从试点学校、乡镇层面扩展到县域层面。2013 年，江苏省与教育部合作开展教育现代化试验区工作，出台《江苏省政府办公厅关于推进教育现代化建设的实施意见》《江苏省政府办公厅关于印发江苏教育现代化指标体系的通知》等一系列文件，启动教育现代化建设水平监测评估工作。

江苏教育现代化监测指标体系由教育普及度、教育公平度、教育质量度、教育开放度、教育保障度、教育统筹度、教育贡献度、教育满意度八项一级指标构成，细分为 16 项二级指标和 46 个检测点。2016 年，江苏省对指标体系进行修订，与 2013 年版的《江苏教育现代化指标体系》相比，新修订的指标体系基本框架和一级指标、二级指标都不变，只是在检测点做了如下调整：一是增加了部分检测点。如财政教育支出占公共财政支出的比例、生师比、“三通两平台”覆盖率、智慧校园比例等。二是调整部分检测点，对相关检测点说明作了相应修改。三是调整部分检测点的目标值和权重分值。

表 2-2-7　江苏教育现代化监测指标（2016 年版）①

一级指标	二级指标	序号	检测点	单位	目标值	权重
教育普及度	各级教育	1	学前三年教育毛入园率	%	≥98	2
		2	义务教育巩固率	%	100	2
		3	高中阶段教育毛入学率	%	≥99	2
		4	高等教育毛入学率	%	60	2
	继续教育	5	终身学习网络覆盖率	%	≥90	1
		6	从业人员继续教育年参与率	%	≥60	2
		7	城市和农村居民社区教育活动年参与率 其中：老年人年参与率	%	城市≥60 农村≥40 ≥20	2

① 江苏省人民政府. 江苏省政府办公厅关于印发江苏教育现代化监测指标的通知［EB/OL］. https://www.jiangsu.gov.cn/art/2016/8/24/art_46577_2555948.html，2016-08-24/2023-10-07.

续表

一级指标	二级指标	序号	检 测 点	单位	目标值	权重
教育公平度	机会均等	8	残疾儿童少年接受15年免费教育的比例	%	100	2
		9	外来务工人员随迁子女与户籍学生享受同等待遇的比例	%	100	2
		10	提供多样化教育	—	见说明	2
	资源配置	11	义务教育城乡、学校间条件均衡化比例 其中：教师合理流动比例	%	100 ≥15	3
		12	非义务教育阶段学校公共资源供给	—	见说明	2
		13	困难学生受帮扶比例	%	见说明	2
教育质量度	学生综合素质	14	思想品德与心理健康	—	见说明	3
		15	学业合格率 其中：中高等职业院校毕业生双证书获取率	%	≥95 ≥95	3
		16	体质健康合格率	%	≥95	3
	学校办学水平	17	人才培养模式	—	见说明	3
		18	达到省定优秀标准的各级各类学校比例	%	≥90	3
		19	高水平大学和学科数量	—	见说明	3
教育开放度	资源共享	20	产学研结合水平	—	见说明	2
		21	高校学分互认比例	%	10	2
		22	学校、社会教育资源的开放和利用	—	见说明	2
	国际化水平	23	高校具有海外学习或工作经历的教师和学生比例	%	见说明	2
		24	各类来江苏留学人员数	万人	5	2
		25	职业院校相关专业的核心课程与国际通用职业资格证书对接比例	%	≥20	1
教育保障度	投入水平	26	财政教育支出预算增长比例	%	见说明	2
		27	财政教育支出占公共财政支出的比例	%	见说明	2
		28	全社会教育投入增长比例	%	见说明	1
		29	各级教育生均公共财政教育事业费在全国省份排名	—	前三	2

续表

一级指标	二级指标	序号	检　测　点	单位	目标值	权重
教育保障度	师资水平	30	师德与专业能力建设	—	见说明	2
		31	教师学历比例	%	见说明	1
		32	生师比	—	见说明	2
	信息化水平	33	教师领军人才数在全国的占比	%	≥10	1
		34	“三通两平台”覆盖率	%	≥90	3
		35	智慧校园比例	%	≥60	1
教育统筹度	布局与结构	36	各类教育协调发展与互通衔接	—	见说明	1
		37	学校布局与规模合理	—	见说明	2
		38	中等以下学校达到适度班额的比例	%	≥85	2
	体制与管理	39	公办学校多形式办学	—	见说明	1
		40	民办教育健康发展	—	见说明	2
		41	教育治理水平	—	见说明	2
教育贡献度	受教育水平	42	新增劳动力人均受教育年限	年	≥15	3
		43	主要劳动年龄人口平均受教育年限 其中：受过高等教育的比例	年 %	≥12.2 ≥25.8	2
	社会服务能力	44	技能人才满足经济社会发展需求	—	见说明	2
		45	高校科研创新能力	—	见说明	2
		46	高校应用研究开发成果转化率	%	≥80	2
		47	高校毕业生就业率	%	初次≥70 年终≥90	1
教育满意度	对学校和政府的满意度	48	学生、社会对学校的满意度	%	90	3
		49	学校对政府管理和服务的满意度	%	90	3

说明：部分检测点为定性指标，目标值无法在表格中呈现。江苏省专门编写《江苏教育现代化监测指标说明》对其进行了解释，由于篇幅有限，本书予以省略。

（三）上海市教育现代化指标体系

2004年，上海市委、市政府发布《关于全面实施教育综合改革 率先基本实现上海教育现代化的若干意见》，提出到2010年率先基本实现教育现代化的奋斗目标。为确保这一目标的实现，上海市于2006年启动教育现代化指标研制工作，并于2009年发布《上海市2010年教育现代化指标体系及说明》。

该指标体系分为市级和区县级两个层面，其中市级指标包括9项一级指标、28项二级指标，区县级指标包括10项一级指标、28项二级指标和6项特色指标。两者主要差异表现在教育国际化水平、教育管理水平、师资队伍建设水平等一级指标上。根据指标的敏感性、重要性和国际通用性，上海市还分别确定了10项市级核心指标和10项区县级核心指标，作为检测上海及区县教育现代化程度的重要依据。此外，该指标仅对一级指标赋予权重，二级指标赋值由各区县根据本地情况自行赋予。在指标标准的确定上，上海市采用目标值评定和等级评定两种方式，对一些刚性的量化指标提供了具体的目标值，对一些软性指标则进行了等级化描述（如很满意、满意、一般、不满意、很不满意）。

表2-2-8　上海市市级教育现代化指标体系（2010年）①

一级指标	二级指标	2010年标准
教育布局、结构的合理程度（参考权重10%）	1. 中小学校合理布局程度★	见说明
	2. 高校学科专业布局结构合理程度	见说明
	3. 各级各类教育的协调发展	见说明
政府对教育的投入水平（参考权重8%）	4. 财政性教育经费占GDP比例★	4%
	5. 市级财政统筹和转移支付的水平	见说明
义务教育资源均衡配置程度（参考权重6%）	6. 校舍建设达标学校的比例	80%
	7. 教师合理流动机制基本形成	见说明
教育信息化水平（参考权重8%）	8. 中小学校园网连通率★	97%
	9. 信息技术在教育教学中的使用水平	见说明
教育国际化水平（参考权重8%）	10. 高校境外学生占在校生的比例★	8%
	11. 教师到国外进修学习的比例	见说明

① 上海市教育委员会. 关于转发《上海市2010年教育现代化指标体系及说明》的通知［EB/OL］. https://edu.sh.gov.cn/xxgk2_zdgz_qtgz_01/20201015/v2-0015-gw_308062009001.html，2009-04-22/2023-10-07.

续表

一 级 指 标	二 级 指 标	2010 年标准
学习型城市建设水平（参考权重 10%）	12. 社区教育三级网络基本形成★	90%
	13. 学校和社会公共文化、体育设施资源的共享水平	见说明
	14. 企业用于员工继续教育和培训的经费占员工工资总额的比例	2%
教育发展水平（参考权重 30%）	15. 0～6 岁婴幼儿教育普及率	98%
	16. 义务教育完成率★	99%
	17. 高中阶段入学率	99%
	18. 残障儿童入学率	98%
	19. 流动儿童在公办学校和在以招收农民工子女为主的民办小学义务教育免费就读比例	90%以上
	20. 每十万人口在校大学生数★	4 700 人
	21. 新增劳动力平均受教育年限	14.5 年
	22. 高校毕业生初次就业率	85%
	23. 高校科技论文被国内外引用数★	见说明
学生综合素质水平（参考权重 12%）	24. 学生思想道德水平	见说明
	25. 学生学业水平★	见说明
	26. 学生身心健康水平	见说明
社会满意度（参考权重8%）	27. 用人单位对毕业生的满意度★	见说明
	28. 家长对社会育人环境的满意度	见说明

说明：(1) 2010 年标准部分指标较为复杂，上海市对这类指标进行了专门说明，本书予以省略；(2) ★代表 10 项市级核心指标。

表 2-2-9　上海市县级教育现代化指标体系（2010 年）①

一 级 指 标	二 级 指 标	2010 年标准
教育布局、结构的合理程度（参考权重 8%）	1. 区县内学校合理布局程度★	见说明
	2. 各级各类教育的协调发展	见说明

① 上海市教育委员会. 关于转发《上海市 2010 年教育现代化指标体系及说明》的通知［EB/OL］. https://edu.sh.gov.cn/xxgk2_zdgz_qtgz_01/20201015/v2-0015-gw_308062009 001.html，2009-04-22/2023-10-07.

续表

一级指标	二级指标	2010年标准
政府对教育的投入水平（参考权重8%）	3. 教育投入达到法定“三个增长”的要求	见说明
	4. 财政性教育经费占政府财政支出比例★	16%
义务教育资源均衡配置程度（参考权重8%）	5. 校舍建设达标学校的比例★	80%
	6. 区县内教师合理流动机制基本形成	见说明
教育管理水平（参考权重6%）	7. 重大教育公共政策、措施的决策社会参与度	见说明
	8. 学校依法治校、民主管理的水平	见说明
师资队伍建设水平（参考权重18%）	9. 中小学生师比	见说明
	10. 学前与义务教育阶段专任教师学历达标率★	100%
	11. 高中阶段专任教师研究生学历所占比例	6%
	12. 职业学校中“双师”型教师的比例	30%
	13. 中小学教师年培训进修时间	60课时/人
教育信息化水平（参考权重10%）	14. 中小学生机比	5∶1
	15. 中小学校园网连通率★	97%
	16. 信息技术在教育教学中的使用水平	见说明
学习型城区建设水平（参考权重10%）	17. 社区教育网络基本形成★	见说明
	18. 学校和社会公共文化、体育设施资源的共享水平	见说明
	19. 公共图书馆藏书量	4.8册/人
教育发展水平（参考权重12%）	20. 0～6岁婴幼儿教育普及率	98%
	21. 义务教育完成率★	99%
	22. 高中阶段入学率	99%
	23. 残障儿童入学率	98%
学生综合素质水平（参考权重12%）	24. 学生思想道德水平	见说明
	25. 学生学业水平★	见说明
	26. 学生身心健康水平	见说明
社会满意度（参考权重8%）	27. 社会各界对学校教育的满意度★	见说明
	28. 家长对社会育人环境的满意度	见说明

续表

一级指标	二级指标	2010年标准
特色指标	1. 流动儿童在公办学校和在以招收农民工子女为主的民办小学义务教育免费就读比例	90%以上
	2. 中小学境外学生占在校生的比例	见说明
	3. 国际学校和中外合作办学水平	见说明
	4. 中小学教师参与教育科研的水平	见说明
	5. 其他自选指标（1）	见说明
	6. 其他自选指标（2）	见说明

说明：(1) 2010年标准部分指标较为复杂，上海市对这类指标进行了专门说明，本书予以省略；(2) ★代表10项区县核心指标。

（四）广东省县域教育现代化指标体系

2008年，广东省发布《广东省县域教育现代化指标体系及评估方案》，用于县域教育现代化督导评估。广东省的指标体系按照从静态到动态、从结构到能力、从动力到结果、从现实能力到未来发展可能的逻辑进行架构，包含教育现代化保障、教育现代化实施、教育现代化成就三项一级指标，细分为14项二级指标和43项主要观测点。各项指标的现代化程度和水平从高到低分为A、B、C、D四个等级，评估方案对A、C两级参考标准进行了详细阐述，以便地方自评和专家复评。评估的各项指标是对县域教育发展状况的总体概括，而不是对具体学校特定情况的简单描述，需要在抽样调查、深入研究之后才能做出评价。

表2-2-10　广东省县域教育现代化指标体系①

一级指标	二级指标	观测点
A. 教育现代化保障	1. 教育思想和战略规划	(1) 教育思想
		(2) 战略规划
	2. 人才资源★	(3) 师资队伍

① 广东省教育厅. 广东省县域教育现代化指标体系［EB/OL］. https://www.docin.com/p-2296983830.html，2008-08-22/2023-10-07.

续表

一级指标	二级指标	观测点
A. 教育现代化保障	2. 人才资源★	(4) 学校管理队伍
		(5) 教育行政队伍
	3. 经费投入★	(6) 经费投入体制机制
		(7) 经费投入水平
		(8) 经费使用的监测与效益评估
	4. 办学条件★	(9) 幼儿园
		(10) 义务教育学校
		(11) 高中阶段学校
		(12) 社会教育机构
	5. 教育体系	(13) 国民教育体系
		(14) 终身教育体系
	6. 教育信息化	(15) 信息技术普及
		(16) 信息化建设
		(17) 教育信息化成效
	7. 教育国际化	(18) 教育国际交流与合作
		(19) 跨文化教育和国际理解教育
B. 教育现代化实施	8. 学生培养★	(20) 培养模式
		(21) 素质教育
	9. 教育管理	(22) 学校管理
		(23) 教育行政管理
		(24) 教育法治
		(25) 教育督导与评估
	10. 教育改革	(26) 改革理念
		(27) 改革研究
		(28) 改革成效

续表

一级指标	二级指标	观测点
C. 教育现代化成就	11. 教育质量★	(29) 学校教学水平与学生素质
		(30) 升学率与就业率
	12. 教育效益★	(31) 教育对县域社会发展的贡献力
	13. 教育公平★	(32) 教育资源配置
		(33) 适龄常住人口入学（园）率
		(34) 辍学率
		(35) 区域学位供给能力
		(36) 农村适龄人口教育机会
		(37) 女性适龄人口教育机会
		(38) 非户籍常住人口子女教育机会
		(39) 贫困生教育机会
		(40) 残障适龄人口教育机会
		(41) 境外来粤工作人士子女教育机会
	14. 教育特色	(42) 特色的适切性
		(43) 特色的影响力

说明：“★”表示必达指标。

（五）成都市教育现代化监测指标体系

成都市将教育现代化看作城市经济社会现代化的前提，从2009年便开始启动推进教育现代化建设的工作。2012年，成都市人民政府办公厅下发《关于开展教育现代化发展水平监测工作的通知》，决定从2012年起，每年对各区（市）县教育现代化发展水平实施监测，随后公布了《成都市区（市）县教育现代化发展水平监测指标体系》。该指标体系由8项一级指标、33项二级指标构成，主要侧重于能够观测、定量评价的内容。对于诸如教育制度、教育管理、教学方法等观念性的、难以定量评价而只能定性评估的内容，成都市引入“四点量表法”进行等级评估，再将等级转化成分数，从而达成评价目的，发挥评价功能。

表 2-2-11 成都市区（市）县教育现代化发展水平监测指标体系①

一级指标	权重（%）	二级指标	2015 年基本现代化参照标准	数据来源
A1 教育事业发展水平（权重 18%）	5	B1 3～5 岁幼儿毛入园率	98%	教育统计资料
	5	B2 义务教育巩固率	99%	教育统计资料
	5	B3 高中阶段毛入学率	96%	教育统计资料
	3	B4 新增劳动力平均受教育年限	14.0 年	调查收集
A2 教育公平和质量（权重 18%）	4	B5 义务教育校际均衡指数	≤0.35	成都义务教育校际均衡监测报告
	2	B6 残障儿童少年义务教育入学率	99%	调查收集
	3	B7 区（市）县内教师流动比例	年流动比例达到 20%	调查收集
	4	B8 学生体质健康合格率	98%	调查收集
	3	B9 学生学业水平	通过义务教育学业质量监测结果确定	调查收集
	2	B10 中职毕业生对口就业率	85%	调查收集
A3 教育经费投入（权重 12%）	5	B11 依法实现教育经费“三个增长”，并使财政性教育经费占政府财政支出比例达到要求	≥18%	教育统计资料
	3.5	B12 生均公共财政预算教育事业费	小学≥10 000 元，初中≥11 000 元，普通高中≥10 000 元，中职≥11 000 元	教育统计资料
	3.5	B13 生均公共财政预算公用经费	小学≥1 800 元，初中≥2 600 元，普通高中≥1 800 元，中职≥2 600 元	教育统计资料
A4 办学条件及教育信息化水平（权重 12%）	1.5	B14 体育运动场（馆）面积	小学生均≥8.76 m^2，中学生均≥11.95 m^2	教育统计资料
	2	B15 生均校舍建筑面积	小学≥7.5 m^2，初中≥9.2 m^2，高中≥8.2 m^2	教育统计资料

① 秦建平，张惠. 教育现代化监测指标研究——以四川省成都市为例 [J]. 教育导刊，2012(05)：25-28.

续表

一级指标	权重（%）	二级指标	2015年基本现代化参照标准	数据来源
A4 办学条件及教育信息化水平（权重12%）	2	B16 生均教学仪器设备值	小学≥3 600元，初中≥3 900元，高中≥5 800元	教育统计资料
	3	B17 班额达标比例	小学班额45人以下、中学班额50人以下班级数占总班数的比例达到100%	教育统计资料
	1.5	B18 生机比	6∶1	调查收集
	1	B19 校园网连通率	100%	调查收集
	1	B20 教师信息化水平	85%的教师通过“全国教师教育技术能力达标考试”	调查收集
A5 师资队伍建设（权重16%）	6	B21 各级教育师生比	小学1∶19，初中1∶13.5，高中1∶12.5	教育统计资料
	6	B22 教师学历提高比例 幼儿园专任教师达到专科及以上比例	70%	教育统计资料
		小学专任教师达到专科及以上比例	95%	
		初中专任教师达到本科及以上比例	90%	
		普通高中专任教师达到研究生比例	5%	
	2	B23 中等职业学校专业课教师达到“双师型”教师比例	60%	调查收集
	2	B24 中小学教师培训进修时间	72学时/年/人	调查收集
A6 教育国际化（权重8%）	3	B25 各级教育专任教师到境外学习进修达到的比例	每年0.5%，2011—2015年五年累计达到2.5%	调查收集
	2	B26 拥有境外友好学校比例	每年2.3%，2011—2015年五年累计达到11.5%	调查收集
	3	B27 境外师生互访人次占师生总数的比例	每年0.4%，2011—2015年五年累计达到2.0%	调查收集

续表

一级指标	权重（%）	二级指标	2015年基本现代化参照标准	数据来源
A7 学习型社会建设水平（权重 8%）	2	B28 社区教育三级网络覆盖率	100%	调查收集
	3	B29 从业人员年继续教育率	65%	调查收集
	3	B30 居民社区教育年参与率	50%	调查收集
A8 教育管理水平和社会满意度（权重 8%）	2	B31 重大公共教育政策、措施的决策社会参与度	调查收集后确定	委托第三方
	2	B32 学校依法治校、民主管理水平	调查收集后确定	委托第三方
	4	B33 社会及家长对教育的满意度	80%	委托第三方

（六）国内教育现代化指标体系的共性与启示

虽然不同省份因教育文化传统与区域教育发展状态的差异，教育现代化指标各有侧重，但总体而言，各省市的教育现代化指标体系具有以下共性。

1. 聚焦国家重大教育战略

《国家中长期教育改革和发展规划纲要（2010—2020年）》《中国教育现代化2035》及相应的教育发展规划等，为指标体系的构建指明了方向。上海、江苏、广东、成都等地的教育现代化指标体系均能对标国家这些规划，体现国家重大教育战略，并较好地做出了本地化部署，对各级各类教育事业的改革和发展能够起到重要的统领作用。

2. 坚持定量指标与定性指标相结合

教育现代化指标体系不应该完全是定量指标，也不可能是绝对的定性指标，定量指标和定性指标相结合是教育指标体系的主流和发展趋势。上海、江苏、广东、成都等地的教育现代化指标体系虽然在指标架构和具体内容上有较大差异，但都做到定量与定性相结合，既有硬性的量化指标，也有需要通过等级判断的软性指标。

3. 坚持共性指标与特色指标相结合

教育现代化监测评价主要有两方面的目的：一是发现问题，促进决策，改善绩效；二是同国际或国内其他地区进行横向比较，明确本地区定位。教育现代化监测评价指标体系的构建应充分考虑这两个方面，既要基于本地实际提出特色化指标，又要基于可比性确定一些共性指标。总体上看，上海、江苏、广东、成都等地的教育现代化指标体系均较好地满足了以上两方面的要求。

4. 坚持与时俱进和迭代更新

教育现代化是一个动态发展的过程，因此教育现代化指标体系也应该建立动态调整和更新机制，定期根据形势的变化进行修改完善，努力做到与时俱进，不断创新。上海、广东、江苏、成都等地的教育现代化指标体系在实施过程中都经过调整，表明这些地区关注到指标迭代更新的重要性，对探索适合本地的教育现代化指标进行了不懈的努力。

三、浙江省县域基础教育现代化监测评价指标体系

2016 年，浙江省教育厅开始委托杭州师范大学研究团队研制浙江省县域基础教育现代化监测评价指标体系。研究团队在全面分析监测背景的基础上，确定了指标设计原则，并按照监测评价指标设计流程，研制出台了《浙江省县（市、区）教育现代化监测评价指标细则》和《浙江省县（市、区）教育现代化监测评价指标内涵及计算办法》。

（一）指标设计背景

浙江省县域基础教育现代化监测评价项目是浙江省在全面分析国内外教育发展态势及浙江教育发展实际的基础上实施的，监测指标的设计关注到国际、国内及浙江省教育发展背景。

联合国《教育 2030 行动框架》等远景规划为指标体系的构建指明方向。2015 年 11 月，联合国教科文组织发布《教育 2030：仁川宣言与行动框架》(Education 2030：Incheon Declaration and Framework for Action)，针对 2000 年《达喀尔行动纲领》(Dakar Framework for Action) 六项全民教育目标和联合国千年发展目标的未能如期实现、新的教育机会和挑战层出不穷等现实，提出进一步推进全球教育发展的七大目标和行动举措。2016 年 3 月，教育部启动《中国教育现代化 2035》（当时称《中国教育现代化 2030》）规划文本研究工作并出台了征求意见稿。2017 年 1 月，国务

院印发《国家教育事业发展“十三五”规划》，明确“到2020年我国教育现代化取得重要进展”，并进一步提出五大具体目标。这些规划的出台，对于制定浙江省县域基础教育现代化监测评价指标体系具有深刻的指导意义。

国际组织及国内兄弟省市的教育现代化评估实践为指标体系的构建提供了参考。近年来，联合国教科文组织、经济合作与发展组织和世界银行均研发了衡量一个区域教育发展水平的教育指标体系，我国江苏、上海、广东、四川成都等地均研制并发布了区域教育现代化指标体系，并着手实施了区域教育现代化发展水平评估或监测工作。这些探索与实践为浙江省县域基础教育现代化监测评价指标体系的设计提供了参考依据。

浙江省基础教育领域综合评估项目的实施为指标体系的构建奠定了基础。2011年，浙江省在完成“教育强县”创建工作后，启动了浙江省教育现代化县（市、区）创建工作，并于2012年发布《浙江省教育现代化县（市、区）评估操作标准》，2015年进一步修订了评估操作标准，形成《浙江省教育现代化县（市、区）评估操作标准（2015年修订版）》。这些操作标准是基于浙江省教育发展的重点、难点和痛点问题提出来的，可以作为浙江省县域基础教育现代化监测评价指标体系的蓝本。

（二）指标设计顶层思考

浙江省县域基础教育现代化监测评价指标体系的研制，既是对浙江省长期以来教育现代化实践的全面梳理与系统总结，又是全省此后一个时期教育现代化建设的工作指南。为了更好地达成预期目标，我们在指标设计之初，明确了指标体系研制要处理好的几个关系。

一是省级指标与区县指标的关系。教育现代化是一项系统工程，涉及教育的方方面面。从教育内容来说，包括教育思想现代化、教育体制现代化、教育内容和方法现代化、办学条件现代化、师资队伍现代化、教育管理现代化、社区教育现代化等；从教育结构分析，又包括学前教育现代化、初等教育现代化、中等教育现代化、高等教育现代化、职业教育现代化、成人教育现代化等。浙江省县域基础教育现代化监测评价指标体系是以县域为主的，在采集与分析监测数据时，要始终保持清醒的头脑，要认识到县域教育现代化建设不足以体现浙江教育的整体面貌。今后要努力开发高等教育方面的指标体系，辩证处理好省级指标和区县指标的关系，做到省级教育现代化和区县教育现代化相互补充和印证。

二是国际通用指标与浙江特色指标的关系。教育现代化是一种国际潮流趋势。从国际教育发展来看，我们的教育现代化一直是一种追赶型的发展模式。吸收和借鉴西方发达国家和“后发型”国家教育现代化的先进经验和科技成果，有助于我们更快融入世界教育现代化行列中。因此，浙江省教育现代化指标的设计要具有国际可比性，符合国际惯例。但是，浙江教育又有其特殊之处，如果全面照搬国际指标，则难以体现浙江教育现代化的独特性。因此，浙江省教育现代化指标体系要在学习先进国家的基础上，结合国家的民族性和省情需要进行设计。

三是工作指标与目标指标的关系。教育现代化既是一个过程，也是一种未来的理想状态。教育现代化指标体系不仅要反映教育现代化的过去与现在，更要反映教育现代化的未来发展趋势，从而引导教育现代化实践走在时代的前列。因此，浙江省教育现代化指标体系的建构要处理好工作指标和目标指标的关系，要紧扣《中国教育现代化 2035》和《浙江教育现代化 2035》远景规划，把握浙江省教育实际，真正实现指标体系的导向功能、宏观决策功能和监测预警功能。

四是定量指标与定性指标的关系。美国心理学家桑代克（Edward L. Thorndike）和教育测量学家麦柯尔（William A. McCall）早在 20 世纪就先后提出：“凡客观存在的事物都有其数量。”“凡有数量的东西都可以测量。”定量评价法无疑也适用于教育现代化指标体系的构建。但教育现代化是一个复杂的社会现象，存在大量的人文因素，具有一定的模糊性。就当前状况来说，我们还无法完全用精确的数值来揭示教育活动中各种因素之间的复杂关系。浙江省教育现代化指标体系的建构必须处理好定量指标与定性指标的关系，既要注重数量上的横向与纵向比较，也要结合各地实际做出质性的评价。

（三）指标设计过程

浙江省县域基础教育现代化监测评价指标体系的研制包括四个环节：全面梳理相关指标、初步拟定指标体系、广泛开展意见征询和稳妥推进试点研究。

1. 全面梳理相关指标

在指标研制初始阶段，我们主要做了三项工作：一是搜集国际、国内教育现代化相关指标，并将每项指标进行归类整理，具体指标内容上文已有介绍。二是对《浙江省教育现代化县（市、区）评估操作标准（2015 年修订版）》中的指标进行简化、细化、量化、转化、优化等操作，形成若干个内涵清晰、明确的指标。三是将前面两个步骤中搜集的指标进行进一步合并和归类，形成备选指标库。

2. 初步拟定指标体系

在全面梳理相关指标的基础上，我们首先按照 CIPP 评价框架，确定了优先发展、育人为本、促进公平、提高质量和社会认可五项一级指标，并按照这五个维度将相关指标进行重新归类。然后，我们按照客观性、系统性、可比性、适用性、引导性五个原则选取具有代表性的指标。其中，客观性即指标要直观易懂、对象明确、可测量、目标明晰；系统性即指标涉及各级各类、各环节，具有区分度、敏感性、独立性；可比性即指标要强调国际可比性、县域可比性；适用性即能够反映教育发展实际，根据问题选取针对性指标；引导性即具有前瞻性，对区域教育发展具有指导意义。

3. 广泛开展意见征询

指标初稿形成后，浙江省教育厅先后多次组织召开座谈会，分别向一线校（园）长、县（市、区）教育局督导科科长、设区市教育督导机构负责人、省教育厅相关处室及直属单位征求意见。然后，我们对各利益相关群体的意见和建议进行整理归纳，并对指标体系作相应增删和调整。

4. 稳妥推进试点研究

通过自上而下和自下而上的指标设计与意见征询过程，我们形成了比较完善的指标体系初稿，之后进入试行环节。首先，我们选取杭州市上城区、慈溪市、德清市、松阳县、开化县五个具有代表性的县（市、区）进行试点研究，现场收集相关数据，并按照指标体系及计算办法进行试点监测，对有问题的指标和监测环节进行及时修正。然后，我们采用 2016 年数据，对全省 90 个县（市、区）和 2 个功能区的教育现代化发展水平全面开展试行监测。通过对试行监测数据的分析，进一步调整监测指标体系和监测实施方案，最终形成《浙江省县域基础教育现代化监测评价指标细则（试行）》。试行版的指标体系包含优先发展、育人为本、促进公平、教育质量、社会认可五项一级指标，细分为 13 项二级指标和 55 个监测点（见表 2－2－12）。整个指标体系充分考虑了浙江省县域教育构成和发展的特殊性，体现出过程性目标与结果性目标兼顾、全面性与典型性协调、科学性与操作性结合、硬指标与软指标平衡、时代性与前瞻性统筹等特点。

表 2－2－12　浙江省县（市、区）教育现代化发展水平监测指标体系（试行）①

一级指标	二级指标	序号	监　　测　　点
优先发展（34 分）	经费保障（11 分）	1	公共财政教育支出增长比例高于财政经常性收入增长比例
		2	生均教育事业费预算拨款比上一年度增长
		3	生均公用经费比上一年度增长
		4	公共财政教育支出占公共财政支出的比例比上一年度提高
		5	学前教育公共财政教育经费占同级公共财政教育经费比例
	教师保障（14 分）	6	生师比
		7	艺术教师、体育教师总数占专任教师的比例
		8	高于规定学历（学位）专任教师比例
		9	中小学（含幼儿园）专任教师持有教师资格证比例
		10	在编中小学（含幼儿园）教师平均收入不低于当地公务员平均收入
		11	非编中小学（含幼儿园）教师平均收入达到当地同职称在编教师收入
		12	教师全员培训考核成绩
	资源保障（9 分）	13	义务教育标准化学校比例
		14	生均教学仪器设备值不低于 3 000 元，且比上一年度增长
		15	中小学校生均图书达到目标值的学校比例
		16	每百名学生拥有功能教室、创新实验室的数量

① 浙江省人民政府教育督导委员会. 关于印发《浙江省县（市、区）教育现代化发展水平监测指标体系（试行）》的通知［EB/OL］. http://jyt.zj.gov.cn/art/2017/8/24/art_1532974_27485752.html，2017－08－24/2023－10－07.

续表

一级指标	二级指标	序号	监测点
优先发展（34分）	资源保障（9分）	17	校园网络骨干带宽达到1G以上，且教学场所实现无线校园网覆盖的学校比例
		18	省级（区域）教育资源服务平台教师活跃度
育人为本（16分）	课程设置（6分）	19	义务教育开齐开足国家规定的体育、美育、综合实践活动课程的学校比例
		20	学前教育幼儿户外游戏、义务教育拓展性课程与高中选修课程课时数达到规定值的学校比例
	育人环境（3分）	21	建有规范化心理健康辅导站的中小学校比例
		22	具有“一校一品”校园文化品牌的学校比例
		23	拥有章程及学校事业发展规划的学校比例
	教育合力（1分）	24	社会公益性博物馆、体育、文化、科技设施供学校及学生免费使用的比例
	国际合作与交流（6分）	25	专任教师拥有境外学习研修经历的比例
		26	拥有全职外籍教师的学校比例
		27	与境外学校建立友好关系的学校比例 其中，建设“千校结好”特色品牌项目的学校比例
促进公平（26分）	义务教育优质均衡（15分）	28	所有小学办学条件校际优质均衡差异系数
		29	所有初中办学条件校际优质均衡差异系数
		30	优质高中招生名额分配到初中学校比例
		31	高中计划招生数占初中毕业生总人数的比例
		32	中职学校新生中超过普高录取线的人数比例
		33	义务教育公办学校参加交流的校长、教师占符合交流条件的校长、教师的比例 其中，骨干教师占总交流教师的比例
		34	班额达标的班级比例
	教育协调发展（6分）	35	普惠性幼儿园覆盖面
		36	省二级及以上幼儿园覆盖面
		37	中职学校与普通高中在校生大体相当

续表

一级指标	二级指标	序号	监测点
促进公平（26分）	教育协调发展（6分）	38	中职学校“双师型”教师比例 其中，技师及以上职称教师占“双师型”教师的比例
		39	职成社学校城乡劳动力人口年培训率
		40	城市（农村）成人教育年参与率 其中，老年人社区教育活动参与率
	弱势群体教育保障（5分）	41	随迁子女与当地户籍学生享受同等待遇的比例
		42	适龄持证残疾儿童少年入学率
		43	建立农村留守儿童结对帮扶制度的学校比例
教育质量（14分）	教育发展水平（7分）	44	学前教育入园率
		45	义务教育入学率
		46	高中教育毛入学率
		47	主要劳动年龄人口平均受教育年限
		48	当地15岁以上常住人口识字率
		49	全社会教育投入（不含公共财政教育经费）比上一年度增长
	各类教育质量（7分）	50	义务教育学业水平质量监测累计合格率
		51	义务教育学生体质健康合格率
		52	普通高中学业水平考试累计合格率
		53	高校新生体质健康合格率
		54	中职学校毕业生初次就业率
社会认可（10分）	教育满意（10分）	55	社会公众（含学生、家长、教师、校长、社会代表等）对教育工作的满意度调查得分
反向扣分	教育工作出现重大安全事故、群体性事件、招生违规等并产生较大负面影响		

（四）指标迭代更新

为不断适应、真实反映教育改革发展的实际情况，浙江省建立了监测指标体系的迭代更新机制，每年根据监测结果及教育发展形势完善修订监测指标体系。

1. 迭代更新原则

在实践过程中，我们总结确定了指标修订的四个原则：一是与时俱进原则。及时根据全国教育发展新形势及省委、省政府提出的新要求，以全面实现教育现代化为目标，以有利于浙江省教育事业发展“十四五”规划目标的落实为前提，对相关指标及目标值进行有针对性的修订和查漏补缺式的完善。二是适度微调原则。教育现代化具有一些国际普适性的衡量标准，指标保持延续性，不作太多变动，重点对区分度不高、数据难以获取且不准确、达成度接近百分百等指标进行微调。三是总量不增原则。指标修订不宜太多太杂，监测指标总量要与上年基本一致，尽可能做到坚持突出重点、有的放矢。四是相对稳定原则。指标修订要确保监测指标总体框架不变、突出指标体系结构的完整性。

2. 迭代更新情况

在近五年的实践过程中，我们对指标体系主要做了如下改进：一是调整部分指标。例如，2017 年在 2016 年基础上共调整了 14 项指标，其中有 6 条指标被新指标取代，合并 1 项指标，删除 7 项指标，总指标数从 55 项调整为 47 项；2018 年在 2017 年的基础上新增 6 项指标，删除 6 项指标；2019 年在 2018 年的基础上新增 5 项指标，删除 4 项指标；2020 年在 2019 年的基础上新增 7 项指标，删除 10 项指标；2021 年在 2020 年的基础上新增 5 项指标，删除 5 项指标。二是改变数据采集方式。2017 年起，年度监测数据由原来的地方申报为主改为以采集教育事业统计年报、教育经费统计年报等公开数据及省教育厅相关处室和直属单位提供的数据为主，减轻了地方申报的负担。三是改进赋分办法。2017 年，我们在原来仅有相对赋分和绝对赋分办法的基础上，增加了等级赋分办法。等级赋分办法即根据某项指标在全省的整体排名情况，将所有县（市、区）分为达标、基本达标和不达标三个等级，达标等级赋满分，基本达标给予权重乘以 0.5 的系数，不达标则赋 0 分。

3. 最新的监测指标体系

截至 2022 年底，浙江省县域基础教育现代化监测评价指标体系已经更新到第五个版本（见表 2－2－13）。与试行版相比，该版本无论是在指标内容的延续性、指标权重的设置上还是在指标计分办法上，都有了明显改进。

表 2-2-13　浙江省县（市、区）教育现代化
监测指标体系（2022 年版）

<table>
<tr><th>一级指标</th><th>二级指标</th><th colspan="3">监　测　点</th></tr>
<tr><td rowspan="24">优先发展
（35 分）</td><td rowspan="11">经费保障
（9 分）</td><td rowspan="5">1. 生均公共财政预算教育事业费比上一年度增长</td><td colspan="2">幼儿园</td></tr>
<tr><td colspan="2">小学</td></tr>
<tr><td colspan="2">初中</td></tr>
<tr><td colspan="2">普通高中</td></tr>
<tr><td colspan="2">中职学校</td></tr>
<tr><td rowspan="5">2. 生均公共财政预算公用经费比上一年度增长</td><td colspan="2">幼儿园</td></tr>
<tr><td colspan="2">小学</td></tr>
<tr><td colspan="2">初中</td></tr>
<tr><td colspan="2">普通高中</td></tr>
<tr><td colspan="2">中职学校</td></tr>
<tr><td colspan="3">3. 全社会教育投入（不含公共财政教育经费）比上一年度增长</td></tr>
<tr><td rowspan="13">教师保障
（16）</td><td rowspan="6">4. 生师比</td><td colspan="2">幼儿园（班师比）</td></tr>
<tr><td colspan="2">小学</td></tr>
<tr><td colspan="2">初中</td></tr>
<tr><td colspan="2">普通高中</td></tr>
<tr><td colspan="2">中职学校</td></tr>
<tr><td colspan="2">特殊教育学校</td></tr>
<tr><td rowspan="6">5. 各类教师学历及其他要求</td><td rowspan="2">幼儿园专任教师</td><td>持有教师资格证比例</td></tr>
<tr><td>专科及以上</td></tr>
<tr><td colspan="2">小学教师本科及以上</td></tr>
<tr><td colspan="2">初中教师研究生及以上</td></tr>
<tr><td colspan="2">高中教师研究生及以上</td></tr>
<tr><td colspan="2">中职学校专业教师“双师型”教师比例</td></tr>
<tr><td colspan="3">6. 在编中小学教师平均工资水平不低于当地公务员平均工资水平。在对公务员普遍发放奖励性补贴时，同时间同幅度考虑中小学教师</td></tr>
</table>

续表

<table>
<tr><th>一级指标</th><th>二级指标</th><th colspan="3">监　测　点</th></tr>
<tr><td rowspan="12">优先发展
（35 分）</td><td rowspan="2">教师保障
（16）</td><td colspan="3">7. 公办幼儿园劳动合同制教师平均工资收入不低于当地在编幼儿教师的平均工资（基本工资＋绩效工资），民办园教师平均年收入不低于上一年度所在地全社会单位在岗职工年平均工资</td></tr>
<tr><td colspan="3">8. 中小学教师专业发展培训工作绩效考核成绩</td></tr>
<tr><td rowspan="10">资源保障
（10 分）</td><td rowspan="4">9. 生均教学仪器设备值达标</td><td colspan="2">小学</td></tr>
<tr><td colspan="2">初中</td></tr>
<tr><td colspan="2">普通高中</td></tr>
<tr><td colspan="2">中职学校</td></tr>
<tr><td rowspan="3">10. 中小学校生均图书达到目标值的学校比例</td><td>小学</td><td>30 册</td></tr>
<tr><td>初中</td><td>40 册</td></tr>
<tr><td>高中</td><td>50 册</td></tr>
<tr><td colspan="3">11. 每百名学生拥有功能教室、创新实验室及学科教室的数量</td></tr>
<tr><td colspan="3">12. 网络环境满足互联网＋教学要求，区域教育计算机网支持 IPv6，校园网出口带宽达到 2.5G 以上且教学场所实现无线校园网覆盖的学校比例</td></tr>
<tr><td colspan="3">13. 省级教育资源服务平台贡献度</td></tr>
<tr><td rowspan="11">育人为本
（15 分）</td><td rowspan="8">素质教育
（10 分）</td><td rowspan="4">14. 现代化学校比例</td><td colspan="2">幼儿园</td></tr>
<tr><td colspan="2">义务教育段</td></tr>
<tr><td colspan="2">高中</td></tr>
<tr><td colspan="2">社区学校</td></tr>
<tr><td colspan="3">15. 拥有省级中小学劳动实践教育基地及研学实践教育基（营）地</td></tr>
<tr><td colspan="3">16. 中小学校专职心理教师配置率</td></tr>
<tr><td colspan="3">17. 建有规范化卫生保健室（含托管）的中小学校比例</td></tr>
<tr><td colspan="3">18. 生均体育运动场馆面积达标学校比例</td></tr>
<tr><td rowspan="3">国际交流与合作
（5 分）</td><td rowspan="2">19. 专任教师拥有境外学习研修经历的比例</td><td colspan="2">义务教育段</td></tr>
<tr><td colspan="2">高中</td></tr>
<tr><td colspan="3">20. 与国（境）外学校建立“千校结好”姐妹学校关系的学校比例，其中每年开展经常性交流的“千校结好”姐妹学校结对数占结对总数比例</td></tr>
</table>

续表

一级指标	二级指标	监　测　点	
促进公平（24 分）	基础教育均衡发展（14 分）	21. 所有小学办学条件校际优质均衡差异系数	
		22. 所有初中办学条件校际优质均衡差异系数	
		23. 优质高中招生名额实际分配到初中学校比例	
		24. 小学、初中每个校区规模 2 000 人以内（九年一贯制学校 2 500 人）	
		25. 达到规定班额的比例	幼儿园小班 25 人，中班 30 人，大班 35 人及以下
			小学 40 人及以下
			初中 45 人及以下
			高中 40 人及以下
		26. 义务教育公办学校中高级岗位均衡配置	
	教育协调发展（10 分）	27. 公办幼儿园覆盖面	
		28. 省二级及以上幼儿园覆盖面	
		29. 区域内户籍老年人口中经常性参加教育活动的老年人比例	
		30. 义务教育段随迁子女在公办学校就读比例（含政府购买学位）	
		31. 适龄持证残障儿童少年入学率	学前教育
			义务教育段
			高中段
		32. 义务教育段持证残障儿童送教上门比例	
		33. 随班就读学生 5 人及以上普通学校拥有资源教室的学校比例	
教育质量（16 分）	教育发展水平（6 分）	34. 创建学前教育普及普惠县	
		35. 创建义务教育优质均衡县	
		36. 创建省级 1 所高水平中职学校或高水平中职专业	
		37. 成人学校社会培训成果存入学分银行	
	学生发展（10 分）	38. 义务教育段学生体质健康合格率	小学
			初中
		39. 高校新生体质健康合格率与优良率	

续表

一级指标	二级指标	监　测　点
教育质量（16分）	学生发展（10分）	40. 儿童青少年近视率每年下降
		41. 普通高中学业水平考试累计合格率
		42. 义务教育质量监测结构型质量
		43. 中职学生“面向人人”比赛合格率
社会认可（10分）	教育满意（10分）	44. 社会公众（含学生、家长、教师、校长、社会代表等）对教育工作的满意度调查

第三节　实 施 策 略

指标体系研制完成后，县域基础教育现代化监测评价便进入实际操作环节。本节以浙江省为例，从监测流程、监测工具、监测制度、常见问题及解决方案等方面，介绍如何科学、严谨地做好县域基础教育现代化监测评价。

一、明确监测流程

在实践过程中，我们初步总结出了一套相对高效的县域基础教育现代化监测评价流程，这个流程包含发布监测通知、采集监测数据、分析监测数据、撰写监测报告和反馈监测结果五个阶段。

（一）发布监测通知

每年1—2月，根据上年度监测结果、国家及浙江省教育工作重点及各方面的意见与建议，调整或增删少量监测点，并对相应监测点的内涵及计算办法进行修订。然后由省教育行政部门印发监测通知，公布当年度监测评价指标以及实施方案。各地可依据《浙江省县（市、区）教育现代化发展水平监测指标说明和计算办法》开展自我评价，明确自身优势、不足和有待改进的地方，并有针对性地开展整改行动。

（二）采集监测数据

每年 3—5 月，我们根据指标要求，就各项数据进行采集、审核和校正。为避免地方自主申报数据的主观性，2017 年起监测数据主要通过三个渠道采集：一是直接从浙江省教育事业统计年报、教育经费年报、教育事业年报、教育经费统计年报、浙江省中小学生学籍信息管理系统、全国学前教育管理信息系统、浙江省中等职业学校学生管理信息系统等数据库采集，此类数据约占 40%；二是由教育厅各职能处室和直属单位提供，此类数据约占 60%；三是由浙江省教育现代化与评价中心通过问卷形式获取，这方面的数据主要涉及社会认可维度。为确保数据的真实性和准确性，我们还建立了数据抽查制度，对部分县（市、区）的原始数据进行实地核查。一旦发现有弄虚作假、统计数据失实等统计失察、违法行为，所涉县（市、区）相关指标作 0 分处理，并依法依规对有关人员进行追责。

（三）分析监测数据

每年 6 月，我们会组织数据统计专员对各县（市、区）的监测数据进行分析。具体步骤：首先，根据原始数据和指标赋分办法，确定各县（市、区）在每个监测点上的得分。根据指标的重要性和区分度，对不同指标分别采用绝对赋分、相对赋分和等级赋分三种赋分方式。其中，绝对赋分即实际值达到目标值的赋满分，否则赋 0 分；相对赋分即实际值达到目标值赋满分，没达到目标值的按比例赋分，具体公式：（实际值/目标）* 指标权重；等级赋分根据各县实际值排序分成达标、基本达标和不达标三档赋分。其次，根据各监测点得分统计各县（市、区）二级指标得分、一级指标得分和总得分。最后，汇总所有县（市、区）各项得分，并从纵向（达成度）和横向（得分排名）两个维度对各县（市、区）的教育现代化发展水平进行比较，在此基础上生成各类报表。

（四）撰写监测报告

每年 7—9 月是监测总报告和分县报告撰写时间。为提高工作效率，我们借助技术手段自动生成分县监测报告，具体做法是对不同的分值匹配相应的评语，并设计相应的计算模型，监测系统根据各县各监测点的得分状况自动汇总优势指标、劣势指标，对劣势指标还会自动生成相应的建议。系统导出的报告相对粗糙，为此我们还组织专、兼职研究人员对监测系统自动生成的报告进行修改、润色，并在此基础上完成全省监测总报告。

（五）反馈监测结果

及时、精准反馈监测结果，才能最大化发挥监测评价的效用。每年10—12月，我们都会通过以下方式反馈监测结果：一是以设区市为单位召开监测结果分析会，小范围公布监测数据，对有异议的数据当场进行修正；二是通过《浙江日报》（2018—2020年）和省教育厅门户网站、“教育之江”微信公众号发布监测主要结果（以总体分析和表彰先进为主）；三是通过邮政快递形式将监测结果和报告寄送给各设区市教育局及各县（市、区）政府主要领导。

二、研发监测工具

为确保监测工作高效地进行，我们根据监测流程的需要，研发了相应的监测工具。

（一）教育满意度调查问卷

社会认可是县域基础教育现代化监测评价的一个重要指标。为获取社会公众对教育的满意度数据，我们针对学生、教师、校（园）长、家长、社区群众、人大代表/政协委员六类人群开发了9套教育满意度调查问卷。每套问卷采用李克特五点计分法，涉及教学环境、教育资源、学校管理、教学管理、教师素质、教学水平、教育成果等方面，同时对“师德师风”“减负”“教师收入”“职业倦怠”等情况进行调查。在具体实施过程中，我们采取分层随机抽样的办法，在各县（市、区）不同群体中选取一定数量的对象，并通过企业微信号、现场填答问卷和电话调查三种方式进行调查。其中，学生、教师和家长群体问卷主要通过企业微信号在线填答，社区群众问卷要通过现场填答的方式进行，人大代表/政协委员主要通过电话调查的方式进行。

（二）监测数据分析系统

在实践过程中，我们研究开发了县域基础教育现代化监测评价数据分析系统（简称“监测系统”）。该监测系统包含数据管理平台、指标模型分析平台和时空数据挖掘平台。其中，强大的数据管理平台整合了基础教育事业年报、经费年报、中职年报、省教育厅各职能处室以及社会网络各类相关数据；指标模型分析平台不仅可以精确计算各县（市、区）不同监测点的得分情况，还可以纵向分析每个监测点的发展变化。此外，该监测系统还通过时空数据挖掘平台，为县级教育管理人员提供便捷的数据查询、数据校正、历年数据对比、指标计算、年度报告生成、结果可视化等功能，帮助管理者更加清晰准确地了解县域教育发展水平。

（三）设计监测结果报告模板

如何在监测报告中呈现监测结果，如何让基层教育管理者读懂监测报告，是需要深入研究的问题。在实践中，我们通过多轮讨论，设计了一套相对科学的监测结果总报告和分县报告模板。分县报告包括总体情况、问题与建议三个部分（具体案例见本章第四节）。其中，总体情况主要描述县（市、区）教育现代化发展水平的总体达成情况和一、二、三级指标的达成度分析，问题部分则呈现县（市、区）在监测中没有得分或得分低于全省平均值的监测点，建议部分即根据监测结果及主要问题提出提升区域教育现代化水平的建议。监测总报告主要包括监测概述、各县得分比较、指标达成度分析及相关建议四个部分，其中监测概述主要陈述监测所使用的工具、数据来源、实施程序和特殊数据的处理办法，各县得分比较主要对全省各地区教育现代化发展水平总分排序及主要县（市、区）得分点和失分点进行具体分析，达成度分析主要对全省所有县（市、区）在一、二、三级指标上的平均达成度进行统计分析，相关建议即结合前面的横向和纵向分析对全省推进教育现代化提出建议。

三、建立监测制度

为确保监测的准确性、科学性和实效性，真正发挥以评促建的作用，我们在县域基础教育现代化监测评价实践过程中，探索并建立了一系列相关制度。一是定期报告和会商制度。每年都会就指标体系、监测结果、公布方式等内容向省教育厅和省政府教育督导委员会成员汇报并征求相关意见。二是听证会制度。每年都会就指标体系和监测结果召开市、县级教育督导分管领导及督导处长、科长参与的听证会，听取与会者的意见和建议。三是数据清洗机制及数据责任人制度。每年对有问题的数据进行电话核实或实地核查，并建立地方政府主管领导审核签字制度，规定各县（市、区）政府主要领导为数据责任人，为数据的真实性负责。四是数据保密制度。严格规定不同人员数据使用权限，并签署保密协议，确保数据不会在未经允许的情况下泄露。

四、处理监测问题

在监测实施过程中，我们也遇到不少操作层面上的困难和问题，如数据可靠性问题、数据完整性问题、数据难采集问题、区域数据归属问题等。针对这些问题，我们积极寻求教育行政与督导部门的支持，采取相应的解决办法。

（一）如何选用可靠数据

为确保数据的可靠性，我们在监测过程中确立了“尽可能充分利用公共数据和基础数据”的原则，减少人为的主观申报数据成分。对一些数据不准确但考虑到指标体系的完整性而不能舍弃的指标，我们通过降低其权重系数来减少其对监测结果的影响程度。同时，省教育厅基础教育处、职业教育与成人教育处、学前教育处等处室的数据库也确定了服务于监测的政策，在兼顾保密的前提下设置一定的读取权限，实现了数据共享。另外，对于那些需要通过省政府公共数据平台获取的数据，省教育厅也同相关部门进行协调，比如公安部门人口动态监测系统对常住人口、户籍人口都有规范统计，义务教育入学率、高中毛入学率等就是按照他们提供的数据计算出来的。

（二）如何完善年报数据

教育事业统计年报数据是唯一具有权威性的教育类数据。但随着时代的进步、教育事业的发展和教育现代化建设的推进，原有的教育事业统计年报涉及的数据项目已经不能满足监测需求，如何增加年报数据填报项目成为地方教育统计部门需要考虑的事情。在实际监测过程中，为了使数据采集工作更便利，我们根据监测需求向省教育厅相关处室提出增加年报数据项目的要求，希望各地区能够将一些实际工作当中需要掌握的数据通过年报一起填报。尽管这些数据不一定是教育部要求省级部门统计上报的，但是增加项目之后，我们的监测数据可以从年报统计数据中直接获取，从而保证数据的相对客观性和统一性。

（三）如何处理难采集数据

在监测过程中，我们通常会遇到一些教育水平类指标、职业教育和成人教育领域指标数据难以采集的现象。对于这些指标，我们只能做一些替代或调整。比如，用以反映区域劳动力受教育状况的"主要劳动力人口平均受教育年限"指标，由于公安系统人口学数据滞后，导致很难统计到准确的数据，最后只能舍弃。再比如，职业教育和成人教育领域也有一些难以统计数据的指标，为确保监测体系的完整性，最后只能用替代的方法解决。

（四）如何规范数据归属

我们在监测中发现，不少地区存在相对独立但不属于县级行政单位的功能区（如高新技术产业区、经济开发区等）和省、市教育行政部门直属学校，教育事业统计年报通常将这些区域或学校数据划归所在行政区县，但在监测中遭到这些区县的反对。通过反复研究，我们制定了是否将这些数据纳入监测的标准：（1）对于功能区，主要看两点：一是看功能区人、财、物的体系是否完全独立；二是看功能区对基础教育的管辖权和责任的履行是否相对独立。如果这两点要求都符合，可以不纳入所在县（市、区）的监测之中，而是对它进行独立监测评价。这样，"责、权、利"相统一，监测结果更能让人心服口服。（2）对于省、市直属学校，我们也分两类处理，即高中可以不纳入所在行政区县统计，但义务教育阶段的学校要实行属地化管理，必须纳入所在区县统计范畴。

五、推进基于监测数据的改进行动

在实践中，我们积极倡导各地基于浙江省县域教育现代化发展水平监测数据开展改进行动。一方面，定期到各地开展调研活动，收集各地党政负责人对当年监测结果报告的批示，了解并指导各地问题整改进展；另一方面，以浙江省教育学会教育督导分会的名义，向全省征集以"基于监测数据开展改进行动研究"为主题的教育督导研究课题，对通过立项评审的课题给予一定的经费支持。通过这些举措，充分调动了各地基于监测数据开展自我改进的积极性，不少地区教育现代化发展水平有了明显提升。

第四节 相关案例

本节主要提供了三个案例。案例一呈现的是某县2021年度教育现代化监测评价反馈报告。① 案例二是浙江省慈溪市基于2020年度教育现代化监测评价数据开展改进行动的案例。通过对监测评价数据的分析，该市将改进行动重点聚焦于小学教育资源紧张、优质教育资源不足和义务教育结构型质量不理想三个重要问题上，并通过一些政策举措，促进区域教育现代化水平的提升。案例三呈现的是宁波市奉化区基于教育现代化监测结果开展改进行动的案例。该区从宏观、中观和微观三个层面对监测数据进行分析，并针对数据中反映的问题开展改进行动，实现了监测数据在宏观层面的引领作用、在中观层面的调整作用和在微观层面的补短作用。

一、县级反馈报告案例

＊＊县2021年度教育现代化监测评价反馈报告

一、教育现代化监测指标达成情况

监测结果表明，2021年度＊＊县教育现代化发展水平总得分73.39分，低于省均分2.53分。全省90个县（市、区）监测结果共分为A、B、C、D四等，其中A等23个，B等52个，C等14个，D等1个。＊＊县在全省90个县（市、区）中处于B等。

1. 一级指标达成情况

五项一级指标中，优先发展为24.54分，低于省均分4.02分；育人为本12.10分，高于省均分1.25分；促进公平18.17分，高于省均分0.38分；教育质量9.52分，低于省均分0.87分；社会认可9.06分，高于省均分0.58分。

① 报告隐去了县名。

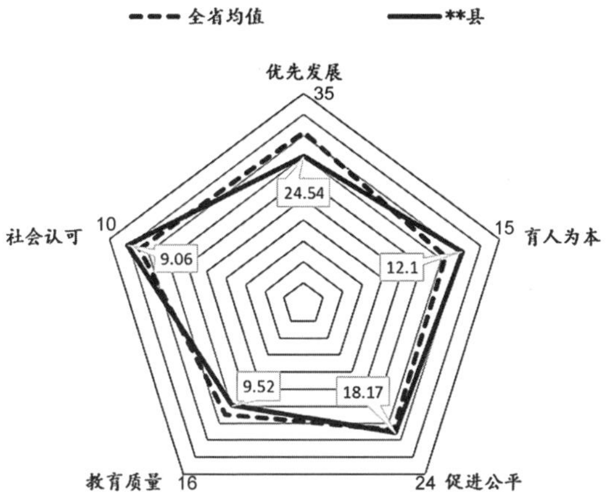

图 1　××县一级指标达成情况与全省均值的比较

2. 二级指标达成情况

在 10 项二级指标中，高于省均分的指标有 4 个，分别是素质教育高于省均分 1.17 分，国际交流与合作高于省均分 0.09 分，教育协调发展高于省均分 1.09 分，教育满意高于省均分 0.58 分；低于省均分的指标有 6 个，分别是经费保障低于省均分 1.72 分，教师保障低于省均分 1.63 分，资源保障低于省均分 0.66 分，基础教育均衡发展低于省均分 0.71 分，教育发展水平低于省均分 0.43 分，学生发展低于省均分 0.44 分。

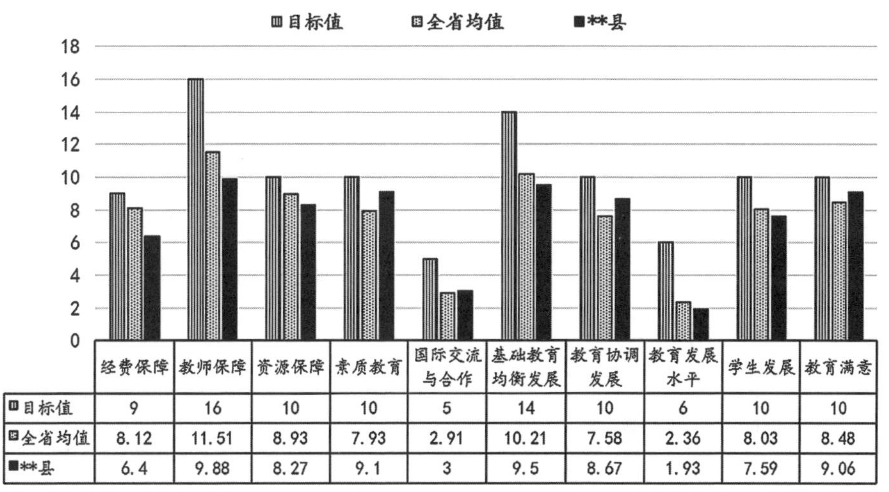

	经费保障	教师保障	资源保障	素质教育	国际交流与合作	基础教育均衡发展	教育协调发展	教育发展水平	学生发展	教育满意
目标值	9	16	10	10	5	14	10	6	10	10
全省均值	8.12	11.51	8.93	7.93	2.91	10.21	7.58	2.36	8.03	8.48
**县	6.4	9.88	8.27	9.1	3	9.5	8.67	1.93	7.59	9.06

图 2　××县二级指标得分情况与全省均值的比较

3. 三级指标达成情况

在全部44个监测点中，有6个监测点不得分，分别是：指标03——“全社会教育投入（不含公共财政教育经费）比上一年度增长”；指标10——“中小学校生均图书达到目标值的学校比例”；指标19——“专任教师拥有境外学习研修经历的比例”；指标24——“小学、初中每个校区规模2 000人以内（九年一贯制学校2 500人以内）”；指标34——“创建学前教育普及普惠县”；指标35——“创建义务教育优质均衡县”。

有14个监测点低于省均值，分别是：指标01——“生均公共财政预算教育事业费比上一年度增长”；指标02——“生均公共财政预算公用经费比上一年度增长”；指标04——“生师比”；指标05——“各类教师学历及其他要求”；指标07——“公办幼儿园劳动合同制教师平均工资收入不低于当地在编幼儿教师的平均工资（基本工资+绩效工资），民办园教师平均年收入不低于上一年度所在地全社会单位在岗职工年平均工资”；指标08——“中小学教师专业发展培训工作绩效考核成绩”；指标13——“省级教育资源服务平台贡献度”；指标16——“中小学校专职心理教师配置率”；指标22——“所有初中办学条件校际优质均衡差异系数”；指标25——“达到规定班额的比例”；指标29——“区域内户籍老年人口经常性参加教育活动的老年人比例”；指标38——“义务教育段学生体质健康合格率”；指标39——“高校新生体质健康合格率与优良率”；指标42——“义务教育质量监测结构型质量”。

二、建议

（一）优先发展

1. 关于经费保障

加大教育经费投入，实现生均公共财政预算教育事业费比上一年度增长。增加生均公用经费投入，使生均公用经费比上一年度增长。加大全社会教育投入，进一步鼓励社会力量参与办学，调动社会力量参与教育的积极性，促使全社会教育投入每年增长。

2. 关于教师保障

进一步加大教师配置，扩大教师规模，提高生师比水平。进一步提升教师学历水平，引进高学历教师，改善师资队伍学历结构。进一步提高非在编教师待遇，促使非在编教师收入有所提升，逐步缩小非在编教师与正式在编教师的工资待遇差距，对符合条件的非在编教师要加快入编，并实行同工同酬，为学前教育事业发展与教育质量提升奠定坚实基础。加强教师培训工作，健全教师培训制度，确保教师完成规定的培训任务，进一步提高中小学教师专业发展培训工作绩效考核成绩。

3. 关于资源保障

进一步加强图书资料建设，促使每所学校生均图书达到相应要求，为学生创造更好的阅读条件与环境，创造人人爱读书的学校氛围。要充分利用好借阅软件平台，提高人均借阅量，提高书籍流通借阅频率。进一步加强教育信息化建设，实现校园网络骨干带宽达到 2.5G 以上，教学场所实现无线校园网全覆盖，为师生利用现代教育信息手段创造更为便利的条件。进一步加强现代教育信息手段在学校中的运用，提高对省级教育资源服务平台的贡献度，提高智慧教育水平。

（二）育人为本

1. 关于素质教育

进一步增加专职心理教师配置，加强心理健康教育，促进学生身心健康发展。要为学生创造良好的运动场所，进一步提高生均体育运动场馆面积，培养学生良好的运动习惯与技能，增强学生体质。

2. 关于国际交流与合作

进一步选派专任教师赴国（境）外学习研修，扩大教师视野，丰富教师阅历，提高教师国际化水平；有条件的区域可以吸引具有留学背景的人员加入中小学教师队伍。

（三）促进公平

1. 关于基础教育均衡发展

进一步促进区域内各初中学校办学条件与资源的合理配置，以教育部颁布的义务教育优质均衡七项标准配置资源，缩小初中各学校之间的差异系数；采取有效措施加强改造薄弱学校，实现区域办学条件优质均衡。要缩小学校规模，按照小学、初中学校规模 2 000 人以内，九年一贯制学校 2 500 人以内控制招生数，按校园建设规划设置班级数，不随意更改扩大。对超规模办学的学校要减少招生人数，使学校规模达到义务教育优质均衡指标相关要求。进一步缩小班级规模，严格控制班级人数，尤其是城市热点学校，必须严格按规定人数设置班级。有条件的学校按小学40人、初中45人、高中40人的班额控制人数。

2. 关于教育协调发展

加强老年教育，让老年人“老有所养、老有所教、老有所乐”，积极为老年人参与各类教育活动提供平台与机会，完善终身教育体系。控制义务教育段持证残疾儿童送教上门的比例，让更多的残疾儿童入校就学。

（四）教育质量

1. 关于教育发展水平

加强学前教育普及普惠县创建，努力通过省级或国家级督导评估，推进学前教育现代化发展。加强义务教育优质均衡县创建，努力通过省级或国家级督导评估，推进义务教育现代化发展。提升成人学校社会培训比例，进一步通过信息化手段建立培训档案，建设并利用学分银行统计培训情况。

2. 关于学生发展

提高义务教育学生体质健康合格率，加强体育运动，确保学生身体健康。提高高中学生体质健康合格率与优秀率，树立“健康第一”的教育理念，帮助学生在体育锻炼中增强体质，健全人格。提高义务教育学业水平考试的结构型质量，构建完善九年制义务教育质量保障体系，在提高学生学业水平达标的同时，缩小城乡、经济条件等因素对学业成绩的影响，提升义务教育学业质量的优质度与均衡度，推进教育公平。

（五）社会认可

进一步提高社会公众对教育工作的满意度，让群众对教育现代化建设与发展具有获得感与认可度，办好人民满意的教育。要仔细分析不同群体在不同维度上的满意度，针对性地改善教育工作，提高管理水平，增强服务意识，优化教育布局，加大教育投入，提升教育质量，从而提高满意度。

二、慈溪市改进行动案例

对标一流 踔厉前行 加快推进教育现代化①

慈溪市积极参与浙江省县域基础教育现代化监测评价与改进工作，建

① 案例作者：浙江省慈溪市教育局督导科施立平、史正泽。

立了事前、事中和事后全过程的管理机制。在事前，全面解析“浙江省县域基础教育现代化监测指标体系”，分行政系统（市级部门、镇街政府）、教育系统（市教育局各科室、直属单位及学校）两个层面分解促进教育现代化发展的具体责任，明确各相关指标的责任主体。在事中，将“接受监测—整改提升—再接受监测”责任链条与“工作推进、动态跟踪、对账自查”管理机制予以有效链接。在事后，对于历年的监测结果，引入循证管理等方法进行“复盘”，作出有效决策，落实相应措施。完善的教育现代化监测过程管理机制确保了监测作用的有效发挥，促进了全市教育现代化水平的提升。

一、基本情况介绍

慈溪市地处东海之滨，杭州湾南岸，属浙江省宁波市所辖县级市，经济区位优越，处于沪、杭、甬三大城市构成的“黄金三角”的地理中心，是国务院批准的沿海经济开放区和长三角地区南翼新兴工商名城。全市面积 1361 平方公里，辖 5 个街道、13 个镇，市域北部设有已划入宁波前湾新区的宁波杭州湾经济技术开发区，全市常住人口 182.9 万人，已跻身Ⅱ型大城市行列，正致力于打造宁波市北部副中心。

全市共有普通高中 14 所，职业高中 5 所，初中 44 所，小学 70 所，幼儿园 148 所，特殊教育学校 1 所。普通高中在校生 1.72 万人，职业高中在校生 1.23 万人，初中在校生 3.21 万人，小学在校生 8.63 万人，幼儿园在园儿童 4.71 万人。普通中学专任教师 4 681 人，职业中学专任教师 971 人，小学专任教师 5 299 人，幼儿园专任教师 4 225 人。全市学前三年入园率达到 100％，九年义务教育完成率 100％，初中毕业生升入高中段各类学校比例达 99.92％。

近年来，慈溪市全面贯彻党的教育方针政策，围绕“优先发展、育人为本、改革创新、促进公平、提高质量”的战略定位，真抓实干，争拼赶超，全面推进“慈有优教”行动，教育改革发展事业取得新业绩，先后荣获中国职业教育百佳县市、宁波市实施第二轮学前教育提升行动计划先进市等荣誉，2020 年、2021 年连续两次荣获全省教育工作业绩考核优秀单位。

二、监测数据分析

基于监测数据开展改进行动，首先要发现存在的主要问题。以 2020 年教育现代化发展水平监测数据为例，在 44 项三级指标中，慈溪市有 37 项指标得分超过省均值（其中 25 项指标达到满分）。其中，义务教育资源均衡度、普惠性幼儿园覆盖面和省二级以上幼儿园覆盖面、普通高中学业水平考试合格率、职业教育“双高”创建、经费保障等方面表现优异，相应指标获得满分。但 7 个得分低于省均值的指标，暴露出慈溪市教育发展还存在以下三方面的问题。

（一）小学教育资源日趋紧张

2020 年监测数据显示，慈溪市小学段生师比为 17.65：1，未达到 17：1的生师比省定标准；小学段每百名学生拥有中高级以上职称教师数只达到 2.84 人的标准，低于省定 4 人的标准；小学段生均教育仪器设备值为 3 363.53 元，低于省定 3 500 元的标准；全市超规模学校有 6 所，分布于小学或九年一贯制学校。这些数据表明，慈溪市小学教育资源存在严重不足的问题。

究其原因，主要是小学适龄人口激增，导致教育资源供给速度跟不上。慈溪市小学生入学高峰开始于 2018 学年初，从 2018 学年到 2021 学年 4 个学年，小学一年级招生少则 1.53 万人，多则 1.6 万人，而 2017 学年末到 2020 学年末，小学毕业生仅为 1.05 万人至 1.06 万人，可见，这 4 个学年来，小学生每学年增幅少则 0.48 万人，多则 0.56 万人。从生源构成情况来看，小学段学生人数增幅最大的是随迁子女，如与 2020 学年初相比，2021 学年初慈溪市小学生净增 5 785 人，其中随迁子女学生净增 4 131 人，占小学生净增额的 71%。

（二）能发挥牵引功能的优质教育资源亟待扩充

2020 年的监测结果显示，慈溪市省级现代化学校比例为 1.64%，与省均值持平；各类教师的高学历占比情况尚无优势可言，尤其是高中教师研究生学历占比仅为 5.93%，离省定 20%的标准差距大；中小学专任教师拥有境外学习研修经历的比例，小学、初中、高中分别为 0.39%、0.53%、2.29%，低于省均值；建设“千校结好”特色品牌项目的学校比例为 3.05%，也低于省均值。

（三）义务教育结构型质量不够理想

结构型质量从优质、均衡和公平三个维度对义务教育监测结果进行评价，主要衡量公办与民办学校之间、城乡学校之间、不同社会经济地位家庭子女之间教育质量的差异系数。按省教育厅教研室统计，慈溪市该指标得分处于全省后进行列。

三、改进举措

针对监测中发现的问题，慈溪市委、市政府高度重视，要求教育局及有关部门提出解决办法，列出任务清单，科学规划“路线图”“施工图”，制定工作时间表，积极施策提升。教育局重点聚焦教育现代化高水平发展目标，以督导考核铆紧“责任链条”，构建责任落实体系，建立健全部门之间、教育局内部科室之间分工协作制度，细化和压实工作责任，努力将监测这一外部问责机制转化为内部动员机制。在具体行动中，慈溪市主要采取了以下三方面改进举措。

（一）加强扩充小学教育资源

重点抓好学生就学学位的供给，新建浙江师范大学附属慈溪实验学校、文锦书院、明月书院等九年一贯制学校，并投用招生；启动新城河九年一贯制学校新建、白云小学迁建、第四实小扩建、白沙学校迁建、特殊学校迁建工程等10余个涉及小学教育的基建项目。挖掘现有九年一贯制学校潜力，提升扩大接纳小学生就学的能力。近几年，每年加强设备经费投入，为小学增添教学仪器设备。做好中小学和幼儿园教师公开招聘工作。继续深化职称改革，优化职称评审服务，做好面向中小学、幼儿园教师的职称评审工作，引导广大教师努力提高教育业务水平，稳步提升小学段每百名学生拥有中高级以上职称教师数。对超规模学校，最终要通过新（扩）建学校、优化调整小学教育布局予以解决，在超规模学校还实际存在时，主要通过加强相应学校管理团队配置、优化学校管理、提升办学绩效、落实学校安全管理责任，有效控制与转化超规模学校的不利因素。

（二）扩充能发挥牵引功能的优质教育资源

慈溪市教育局将推动省现代化学校创建作为全面实施教育现代化发展战略的重要抓手，积极发挥学校（园）的主体作用，加大省级现代化学校创建力度，有力做好创建排摸、指导工作，帮助学校找差距、补短板，努力提高学校现代化发展水平，进而提升浙江省现代化学校所占比例；优化教师编制管理，确立有利于吸引优秀高校毕业生来慈溪任教的导向，通过在职教师加强高学历进修、积极吸引高学历毕业生参加在编教师招聘等途径，提升各学段教师高学历占比；有疫情的那几年，中小学在职专任教师境外学习研修工作较难开展，主要通过吸引有学习研修经历的人员参加在编教师招聘，扩大有境外学习研修经历专任教师的占比。

（三）大力扭转结构型质量不够理想的状况

全面做好全市城乡义务教育共同体扩面提质工作，确保2022年底市城乡义务教育共同体（含融合型、共建型、协作型三类教育共同体）覆盖市域内100%的义务教育公办学校。巩固扩大“双减”成果，提升教学质量和课后服务水平。2020年起，持续做好义务教育公民同招工作，并通过实行“长幼随学”“双胞胎捆绑摇号”等措施进一步完善公民同招、民办学校摇号招生办法。扎实推进教育数字化工作，取得促进教育质量均衡提升的积极效果。2022年，完善实施《慈溪市规范民办义务教育发展专项工作实施方案》，有序推进专项工作各项任务，有序完成“公参民”学校转设公办学校工作，政府按计划向相应的民办学校购买学位。确保示范高中招生名额分配到初中学校的比例达到省、宁波市的比例要求。深化基础教育课程与教学改革，引导各类基础教育学校特别是初中继续深化配套改革。全面实施公办初中振兴计划，创建教育品牌，形成公办初中办学新样态。办好每一所学校，确保符合条件的随迁子女在公办学校就读，注重提升随迁子女学校教育质量。进一步结合实际支持义务教育九年一贯制教育改革实验，引导现有九年一贯制学校健全管理体系。加强教育质量监测，改革教育质量评价机制和指标体系，鼓励市域教育质量均衡提升。

四、改进成效

（一）小学“渡峰”平稳推进

2021学年慈溪市小学在校生达86 265人，与2020学年相比，净增5 785人，学生增长率达7.2%，仍确保学生“有书读、读好书”。从教育现代化发展水平监测情况看，小学阶段生师比等指标仍难有效达标，但小学阶段生均教学仪器设备值从2020年监测时的3 363.53元提升至2021年的3 462.76元，有较大改善。

（二）能发挥牵引功能的优质教育资源得到扩充

据2021年的监测结果，慈溪市省级现代化学校比例指标上的得分仍与省均值持平，表明慈溪市在省现代化学校创建上既积累了创建经验，又有创建的潜力可挖。各类教师的高学历占比情况，从纵向角度看，小学教师本科学历占比、初中教师研究生以上占比、高中教师研究生以上学历占比较2020年分别提高了0.89％、0.86％、2.06％，呈现了较快的增长态势；从专任教师拥有境外学习研修经历的比例看，义务教育段从2020年的0.44％提高到2021年的0.65％，高中从2020年的2.29％提高到2021年的5.10％；建设"千校结好"特色品牌项目的学校比例也有一定增幅。

（三）义务教育质量监测中的结构型质量得到改善

从2021年监测结果看，"优质性""公民办差异"两个二级监测点得到满分，"城乡差异""公平性"两个二级监测点失分仍较多，与2020年监测结果比较，总体上有一定进步，但仍有较大的提升空间。

三、宁波市奉化区改进行动案例

数据监测引领区域教育现代化发展①

奉化区委、区政府高度重视县域教育现代化监测评价结果，每年都会围绕监测结果召开专题会议，分析存在的长处与短板，研究改进的措施与途径，监测数据成了领导决策的依据。区教育行政部门更是把监测数据作为争取更多教育资源的"证据"，以数据作为证据，具有无可辩驳的说服力，获得了政府及相关职能部门的更多支持。五年以来，正是在监测数据的引导和鞭策下，奉化区的教育现代化建设步伐稳健且有力，取得了明显成效。

一、奉化区教育基本情况

宁波市奉化区地处长三角南翼，东海之滨，陆域面积1 277平方公里，海域面积91平方公里。全区下辖4镇8街道，户籍人口47.93万，常住人口58.42万。2022年，全区实现地区生产总值907.28亿元，财政总收入107.15亿元，城镇和农村居民人均可支配收入分别为67 490元和

---

① 案例作者：宁波市奉化区教育局严华、柯珂、余佳汶、樊欣军。

41 007 元。

截至 2022 年底，全区共有中小学校 51 所，其中小学 25 所，初中 13 所，普高 6 所，中职 2 所，九年一贯制学校 3 所，十二年一贯制学校 1 所，特殊教育学校 1 所，在校中小学生近 5.5 万人；共有幼儿园 74 所，在园幼儿近 1.5 万人，其中公办幼儿园 29 所，在园幼儿占比 52.2%；共有成人文化技术学校（社区学院）13 所，面向成人继续教育、老年教育等，无全日制学生；共有在编在岗教职工近 4 300 人，其中浙江省特级教师 12 名，正高级教师 8 名，市级名师、名校长、名班主任 32 名，市级骨干教师、骨干校长、骨干班主任 53 名。

近年来，区教育局积极与上海师范大学、浙江师范大学以附属学校的方式合作办学，与浙江师范大学、杭州师范大学以定向培养师范生的方式开展合作，取得不小的成绩。2017 年通过浙江省教育基本现代化区评估，近五年县域教育现代化发展水平在 90 个县（市、区）中始终处于中上水平。

二、监测数据在宏观层面发挥引领作用

奉化区把指标体系作为推进教育现代化建设的指挥棒，从奉化区的具体情况来看，指标体系在宏观层面上的引领作用发挥明显，具体表现在如下三个方面。

（一）引领区域科学进行学校布点规划

1. 指标设置：达到规定班额的比例。其中小学 40 人及以下的班级达到 90%以上；初中 45 人及以下的班级达到 90%以上；高中 40 人及以下的班级达到 80%以上。

2. 导向作用：本项指标设置的班额数具有明显的导向作用，首先从人数上提出了更高标准，小学 40 人、初中 45 人、高中 40 人的标准都显著低于最大班额控制要求，明确指向小班额。其次是考虑到各地实际班额控制与区域性教育资源供给密切相关，要完全达标难度过大，确定小学和初中有 90%的班级达到、高中有 80%的班级达到就得满分，给各区域留出了一定的空间。

3. 数据分析：先来看看奉化区近四年符合监测指标中班额规定的各学段的班级所占比例（见表 1）。

表1　奉化区近四年各学段达到规定班额数的班级占比

各学段班额	年份			
	2018年	2019年	2020年	2021年
小学40人及以下	81.85%	63.68%	49.13%	35.83%
初中45人及以下	96.28%	63.84%	78.57%	59.38%
高中40人及以下	100.00%	96.34%	54.36%	33.33%

从表1可以看出，符合监测指标中班额要求的班级数，各学段都呈明显下降趋势，并且下降幅度很大。单从这个结果来推测，是不是奉化区各学段的学生数增长过快？再来看一组近五年奉化区各学段在校生人数变化的数据（见表2）。

表2　奉化区近五年各学段在校生人数

学段		年份				
		2018年	2019年	2020年	2021年	2022年
小学		30 772人	30 195人	29 807人	30 274人	30 949人
初中		13 548人	13 670人	13 584人	13 764人	13 845人
高中	总计	9 524人	9 697人	9 998人	10 316人	10 662人
	普通高中	5 754人	5 761人	5 966人	6 280人	6 623人
	中职学校	3 770人	3 936人	4 032人	4 036人	4 039人
特殊教育学校		52人	65人	70人	78人	72人

很显然，虽然各学段在校生人数逐年略有变化，但变化幅度并不大，在校生人数的增加不至于造成像监测数据显示的这样大幅度下降。深入探究其中原因后发现，小学段和初中段监测数据下降的主要原因是奉化撤市设区后，城市化进程突然提速，周边农村人口大量向主城区汇聚。区域内的人口流动造成“城区学校挤、农村学校空”的情况。高中段监测数据下降的主要原因是普高的在校生数有比较明显的增加，职高几乎没有变化。

各学段实际班额的大小，反映的是教育资源的供给是否充足。从最低要求来看，奉化区各学段各班级的最大班额都没有超过小学45人、初中50人、高中50人的最高限额，说明教育资源是基本充足的。但从教育现代化建设要求来看，监测数据已经明确提示城区小学段、初中段的教育资源相对不足，普高的教育资源还有欠缺。

4. 改进行动：依据监测结果分析变化原因，问题已经明确。奉化区委、区政府高度重视，下决心调整学校布点规划，采取了一系列改进行动。一是新建。在城区新建凤鸣未来学校，设计规模48个班，计划2023年暑期投入使用。二是迁建。迁建方桥小学，易名为上海师范大学附属宁波实验学校，升级为九年一贯制学校，2021年暑期投入使用；迁建锦屏中学，新增学位12个班，2022年暑期投入使用；迁建溪口镇中心小学，新增学位14个班，2022年暑期投入使用；迁建锦屏中心小学，2023年暑期投入使用。三是扩建。扩建了锦溪小学、西坞街道中心小学、莼湖街道中心小学等。四是撤并。有序撤并了跸驻、东岙、前葛、滕头、东陈、下陈、方门、鲒埼八所小学（教学点）。未来几年还将新建岳林学校（暂名，九年一贯制，45个班）、锦屏街道仁湖小学（暂名，36个班）、方桥街道琎琳学校（暂名，九年一贯制，48个班），改扩建奉化高级中学、龙津实验学校、西坞中学等，迁建江口中学、南浦小学、萧王庙中心小学等。

5. 改进成效：在本监测指标的引领下，奉化区的学校布局规划作出了大幅度调整和优化，城区的优质教育资源迅速增加。因为学校的新建、迁建、改扩建等需要时间，改进成效在2021年的监测数据中还未表现出来，预计从2022年开始，本指标的监测数据将会有明显改善。

（二）引领区域合理核定教师编制

1. 指标设置：生师比，小学17∶1，初中13.5∶1，普通高中12.5∶1，中职学校12∶1，特殊教育学校3∶1。

2. 导向作用：本指标的设置有过反复，曾经出现过小学16∶1、初中11∶1、普通高中10∶1的要求，后来也出现过小学19∶1的要求，从2019年监测开始确定为现行标准。从指标调整轨迹来看，导向是指向增加教师编制。虽有反复，但最后还是坚持把小学的生师比确定在17∶1，明显高于19∶1的要求。

3. 数据分析：先来看看奉化区近四年各学段生师比监测数据（见表3）。

表3　奉化区近四年各学段生师比

学　段	年　　份			
	2018年	2019年	2020年	2021年
小学	16.90∶1	16.77∶1	16.75∶1	17.59∶1
初中	12.05∶1	12.05∶1	11.75∶1	12.54∶1
普通高中	9.18∶1	8.95∶1	9.08∶1	9.39∶1
中职学校	12.24∶1	12.46∶1	12.41∶1	12.38∶1
特殊教育学校	2.60∶1	3.10∶1	3.04∶1	2.58∶1

从监测数据来看，奉化区的教师编制相对宽裕，其中初中段、普通高中段历年监测数据均高于监测标准。小学段有一年、特殊教育学校有两年略低于监测标准，其余全部高于监测标准。中职学校历年均略低于监测标准。小学段的2021年监测数据略低于监测标准，但仍高于19∶1的要求，比前几年低的原因是临时调剂了部分教师编制到学前教育。2018年以来，奉化区新建投用17家公办幼儿园，这17家幼儿园的340个公办教师编制均从小学段教师编制中调剂。中职学校历年监测数据略低于标准，特殊教育学校有两年监测数据低于标准，不是因为编制数不足，而是因为招不到合适的专业教师。

4. 改进行动：一是以监测指标的最高标准为依据来核定编制数。根据表2中2022年的学生人数，小学生师比按16∶1来测算，核定教师数为1 935人；初中按11∶1测算，核定教师数为1 259人；普通高中按10∶1测算，核定教师数为663人；中职学校按12∶1测算，核定教师数为337人；特殊教育学校按3∶1测算，核定教师数为24人；合计教师编制数为4 218人。另外，还有部分附加编制。奉化区实际核定的教师编制数为4 331人，即以最高标准来核定教师编制数，确保教师编制充足。二是根据实际需要用编，用编率不受限制。每年需要新增的教师用编数由区教育局根据实际需要确定，只要在编制总量之内，均能得到批准，用编率不受限制。三是推出专项招聘计划，适当降低招聘中职学校专业教师和特殊教育学校专业教师的要求，保障中职学校和特殊教育学校专业教师的需要。

5. 改进成效：从表3数据来看，奉化区的教师数量是充足的，教师编制数及用编率都得到了保证，下一步只需要适当微调各学段的教师数量，完全能够保证各学段的生师比均达到监测标准。

（三）引领区域统筹安排教育经费

1. 指标设置：财政拨款中，生均公共财政预算教育事业费、生均公共财政预算公用经费比上一年度增长，分幼儿园、小学、初中、普通高中、中职学校五类统计。

2. 导向作用：财政拨款是教育事业发展最基本的保障，监测指标体系选择了生均公共财政预算教育事业费和生均公共财政预算公用经费两个项目，按五个学段分别统计，每一个学段都要做到只增不减。一是怀着“再穷不能穷教育、再苦不能苦孩子”的朴素想法，不管财政收入是否增长，教育经费必须做到只增不减。二是指向于均衡，各个学段要统筹兼顾、协调发展。

3. 数据分析：先来看看奉化区近四年各学段教育投入指标监测数据（见表4）。

表4 奉化区近四年各学段教育投入指标增长情况

指标	学段	2018年	2019年	2020年	2021年
1. 生均公共财政预算教育事业费比上一年度增长	幼儿园	3.98%	8.39%	0.91%	未达到
	小学	0.11%	11.30%	0.76%	未达到
	初中	0.11%	7.22%	1.33%	未达到
	普通高中	0.53%	11.29%	0.03%	未达到
	中职学校	6.77%	6.19%	0.17%	未达到
2. 生均公共财政预算公用经费比上一年度增长	幼儿园	1.76%	0.28%	1.20%	达到
	小学	5.89%	0.06%	8.87%	达到
	初中	4.87%	0.26%	1.02%	达到
	普通高中	8.92%	0.84%	0.18%	达到
	中职学校	0.10%	0.10%	3.65%	达到

从表中可以看出，从2018年到2020年，所有学段的两项经费虽然增长比例有起伏，但都比上年度有增长，均达到标准要求。但是2021年，由于教育部门与财政部门商量决定把教职工的“五险一金”开支从教育事业费中分离出来，让教育事业费更加纯粹，造成2021年各学段均未达到生均公共财政预算教育事业费比上一年度增长的指标，但生均公共财政预算公用经费比上一年度增长的指标均达到了。如果按前几年同口径比较，其实都是达到的。

4. 改进行动：一是财政部门编制教育事业费和公用经费预算时，以上年度标准为基数，适当递增，确保总量增长。二是教育部门分解经费时，首先以各学段上年度标准为基数，适当递增，确保各学段均有增长；其次再根据当年教育发展需要，适当向某学段倾斜，集中经费解决重点工作需要。三是有计划地实行细化预算。教育部门各单位（学校、幼儿园）根据实际工作需要，开展拟实施项目的细化预算，经审核同意后实施，把每一笔经费都用到刀刃上。

5. 改进成效：教育经费逐年递增已经成了惯例，无需再每年商量、沟通、申请、争取等，并且不受财政收入增长比例高低的影响，“旱涝保收”。因为教育经费的逐年递增得到确保，教育部门及下辖单位（学校、幼儿园）可以更有计划地实施教育项目，特别是三年发展规划的实施得到最实在的保障。区域教育现代化建设的步伐因此走得更加坚定、稳健。

三、监测数据在中观层面发挥调整作用

这里的中观层面主要是指区教育局层级的相关工作，即在区教育局层级的教育资源的配置与建设、工作方向等方面发挥调整作用。

（一）优化教师学历结构

1. 指标设置：幼儿园专任教师专科及以上的比例，2018年要求是95%，2019年起调整为98%；小学教师本科及以上比例为90%；初中教师研究生及以上比例为8%，高中教师研究生及以上比例为20%。

2. 调整作用：原先对教师的学历要求只是各学段的合格学历，不但招聘教师的条件是合格学历，对在职教师的培养培训也是重在提升教育教学能力，以培养名优教师为主要目的，很少关注在职教师的学历提升。本监测指标对各学段的高学历教师比例提出了明确要求，对教师的招聘与进修

工作起到了调整作用。

3. 数据分析：先来看看奉化区近四年各学段教师学历的监测数据（见表5）。

表5 奉化区近四年各学段教师学历情况

各学段教师学历	年份			
	2018年	2019年	2020年	2021年
幼儿园教师专科及以上	94.86%	96.78%	97.34%	98.45%
小学教师本科及以上	83.03%	89.60%	91.07%	90.30%
初中教师研究生及以上	1.60%	1.94%	2.51%	2.91%
高中教师研究生及以上	8.13%	8.70%	12.18%	12.41%

虽然从监测指标发布以来，各学段教师的高学历比例就受到关注，但其提升非常缓慢。究其原因，一是因为低学历教师往往年龄偏大，学历提升难度很大，但教学经验相对丰富，除个别被调整到教辅后勤岗位外，其余都在教学一线。二是招聘教师时，不像大城市学校那样，能直接招聘到高学历教师。三是在职研究生培养途径还比较少。

4. 改进行动：一是招聘教师时提高学历要求。幼儿园教师的招聘条件提升至“全日制普通高校本科及以上学历的师范类学前教育专业应届毕业生”，最低要求为“普通高等学校全日制专科及以上学历或教育部认可的高等教育本科及以上学历”。小学教师学历要求为全日制本科毕业。招聘初中、高中教师时，单列具有研究生学历或硕士学位的毕业生的招聘计划，适当放宽其他方面的条件。二是调整部分低学历教师到教辅后勤岗位。三是与高校合作，选送部分优秀教师攻读在职研究生或教学专业硕士学位。

5. 改进成效：幼儿园段和小学段已经达到指标要求。初中段和高中段的研究生比例每年均有提升，但仍未达到指标要求。2022年招聘时，继续单列了研究生学历或硕士学位毕业生的招聘计划，预计2022年的监测数据仍会有提升。下一步将与高校合作，为在职培养研究生或专业硕士开通多条途径，期望能尽快达到指标要求。

（二）提升省二级及以上幼儿园覆盖面

1. 指标设置：省二级及以上幼儿园覆盖面达到60%以上。

2. 调整作用：在公办幼儿园还无法完全接纳适龄幼儿入园的情况下，民办幼儿园发挥了重要作用，解决了幼儿入园难的问题。但民办幼儿园不可避免地存在办园条件相对较差、办园质量不高的问题。在整治无证园、提高等级率等之后，本监测指标把工作重心调整为提高高品质幼儿园的比例。

3. 数据分析：先来看看奉化区近四年省二级及以上幼儿园覆盖面的监测数据（见表6）。

表6 奉化区近四年省二级及以上幼儿园覆盖面

	2018年	2019年	2020年	2021年
省二级及以上幼儿园覆盖面	40.89%	48.91%	55.52%	62.03%

从递增的数据中，可以看到奉化区学前教育的稳步发展。从2018年到2021年，短短几年，提高了二十多个百分点，奉化区为此付出的努力可见一斑。

4. 改进行动：一是大力发展公办园。2018年以来，新建投用公办幼儿园16所，并且全部按一级幼儿园标准建造，至少达到省二级园评估标准，符合办园年限的，通过省二级或省一级评估。二是撤并“低小散”民办园。2018年以来，撤并了22所民办园。三是监督现有省二级及以上幼儿园加大投入，改善办园条件，提升办园质量，积极争创省一级幼儿园，确保通过等级园复核。

5. 改进成效：新建投用的公办园均通过省二级评估或省二级预评。准办园已全部撤并，等级率达到100%。低水平的三级园正处于改造或者撤并过程中。达到复核年限的省二级及以上幼儿园100%通过省、市级等级复核和省级抽检。省二级及以上幼儿园覆盖面于2021年达到监测指标要求。

（三）提升义务教育段随迁子女在公办学校就读比例

1. 指标设置：义务教育段随迁子女在公办学校就读比例，2021年监测指标的要求是90%，包含政府购买学位、在民办学校就读的学生数。之前的监测指标要求是80%，不包含政府购买学位、在民办学校就读的学生数。

2. 调整作用：对人口流入地而言，要解决所有适龄随迁子女的教育问题是一大难题，最初破解入学难是首要任务，于是民办随迁子女学校应运而生。但民办随迁子女学校的办学条件、办学质量与公办学校存在较大差距，而且还需要缴纳学费，未享受免费义务教育的红利。本监测指标对随迁子女在公办学校就读比例提出了要求，工作重心调整为由公办学校接纳随迁子女。从2021年监测标准的变化可以看出，对一时没有办法由公办学校接纳的随迁子女，鼓励当地政府向民办学校购买学位，使其享受免费义务教育。

3. 数据分析：先来看看奉化区近四年义务教育段随迁子女在公办学校就读比例的监测数据（见表7）。

表7　奉化区近四年义务教育段随迁子女在公办学校的就读比例

	2018年	2019年	2020年	2021年
随迁子女在公办学校就读比例	71.83%	69.26%	71.96%	89.72%

与2020年相比，2021年在数据上有一个很大的提升，主要原因在于监测标准的变化，2018年至2020年未包含政府购买学位的学生数，2021年包含这类学生的数量。奉化区有3所民办随迁子女学校，另有1所以招收随迁子女为主的民办学校，4所学校均在城区。加上这4所民办学校，奉化区义务教育段的教育资源总量是足够的，也就是奉化区现有的义务教育段学位数能够满足所有随迁子女的入读需求，不管他们是否符合入读条件，这是奉化区这个指标监测数值偏低的主要原因之一。如果严格控制不符合条件的随迁子女入学，监测数值的分母会小很多，比例能提升不少。但在解决随迁子女入学问题与漂亮的监测数据之间，奉化区选择了前者，体现了当地政府的担当。解决了随迁子女入学难的问题后，奉化区根据监测指标的要求，着手提升义务教育段随迁子女在公办学校的就读比例。

4. 改进行动：一是学位有空余的公办学校向随迁子女完全开放，按照就近入学原则，接纳随迁子女入学。二是缩小民办随迁子女学校的办学规模。已经完成的工作包括把九年一贯制民办随迁子女学校降级为完全小学，撤消初中部，正在做的工作是进一步控制办学规模。三是在城区新建、迁建、改扩建部分公办学校，增加学位，尽力保障教育资源的供给。

5. 改进成效：2022 年，奉化区紧紧抓住开展规范民办义务教育发展专项工作的契机，完成了 1 所学校的民转公，4 所学校的政府购买学位合作，义务教育段学生在公办学校（含政府购买学位学校）的入学比例已经达到 99.18%，远远高于省平均值。奉化区教育局被推荐为浙江省规范民办义务教育发展专项工作成绩突出集体。如果监测标准不变，2022 年奉化区的监测数据将会有很大提升。

四、监测数据在微观层面发挥补短作用

这里的微观层面主要是指学校（幼儿园）层级的相关工作，即通过分析监测数据，精准找到未达标或者监测数据偏低的学校，分析其原因，制定整改方案，督促学校（幼儿园）立即整改到位，发挥数据监测的补短作用。

（一）加大普通高中教学仪器设备投入

1. 指标设置：普通高中生均教学仪器设备值的监测标准，2018 年是 5 500 元，2019 年起调整为 6 500 元。

2. 数据分析：先来看看奉化区近四年普通高中生均教学仪器设备值的监测数据（见表 8）。

表 8　奉化区近四年普通高中生均教学仪器设备值情况

	2018 年	2019 年	2020 年	2021 年
普通高中生均教学仪器设备值	5 794.23 元	6 250.87 元	6 498.38 元	7 785.73 元

2018 年的监测标准是 5 500 元，奉化区监测得分为满分。2019 年起监测标准调整为 6 500 元，每生增加 1 000 元，调整幅度比较大，各普通高中教学仪器设备值的增长速度没有及时跟上，结果 2019 年和 2020 年连续两年被判定为 0 分。2021 年达到标准要求，监测得分为满分。

3. 改进行动：一是经费支持。普通高中的生均公用经费标准提高到

2 600—3 200 元，要求新增部分用于添置现代化教学仪器设备。二是督促落实。各普通高中按不低于监测标准的要求，制定新增教学仪器设备计划，由区教育局下属教育技术中心统一招标采购，确保各普通高中生均教学仪器设备值达到标准。

4. 改进成效：各普通高中的教学仪器设备实现更新换代，现代化水平显著提高，智慧校园建设得到快速推进，更有利于教师的教和学生的学，进一步助推教育质量的提高。

（二）精准配置中小学校图书数量

1. 指标设置：中小学校生均图书目标值，2017 年的监测标准是小学 25 册、初中 35 册、高中 45 册，同时要求每年各新增 2 册。2018 年起调整为小学 30 册、初中 40 册、高中 50 册，要求各学段 100%的学校达到目标值。

2. 数据分析：先来看看奉化区近四年中小学校生均图书达到目标值的学校比例监测数据（见表 9）。

表 9　奉化区近四年中小学校生均图书达到目标值的学校比例

	生均图书目标值	2018 年	2019 年	2020 年	2021 年
中小学校生均图书达到目标值的学校比例	小学 30 册	75.76%	93.55%	100.00%	100.00%
	初中 40 册	58.82%	93.75%	93.75%	94.12%
	高中 50 册	100.00%	85.71%	85.71%	100.00%

小学段在 2018 年监测时，因为监测标准发生了变化，有 7 所学校未跟上节奏，造成监测数据偏低；2019 年监测时，还有 2 所小学仍未达标；2020 年起 100%达标。初中段在 2018 年监测时，有 7 所学校未跟上节奏，造成监测数据偏低；2019 年和 2020 年监测时，新增的 1 所初中未达标；2021 年监测时又新增了 1 所初中，图书量没有达标。高中段在 2018 年监测时全部达标；2019 年和 2020 年新增的 1 所高中图书量没有达标，2021 年监测时，已 100%达标。

3. 改进行动：首先是根据监测数据，确定未达标学校的数量，然后确定是哪几所学校没有达标，再分析研究这几所学校没有达标的具体原因，给予专项经费补助，督促学校尽快补齐。未达标的学校主要有两类，一类是新建学校在开学时，图书数量不足，之后把图书量作为新学校开学的基本条件之一，可以解决这个问题。另一类是九年一贯制学校，在拆分时会因为各学段学生数悬殊而造成某一学段图书量不足，特别是附设幼儿园的学校，图书拆分时，按比例拆分给了幼儿园，造成小学或初中图书量不足，需要引起特别关注。

4. 改进成效：2021 年监测时，小学段和高中段 100％的学校已经达标，初中段还有 1 所刚从小学升为九年一贯制的学校没有达标，已经安排专项经费，用于购买图书；2022 年监测时，100％的初中都能达标。

第三章　县域基础教育生态监测评价

2018 年 9 月，习近平总书记在全国教育大会上强调，要扭转不科学的教育评价导向，坚决克服唯分数、唯升学、唯文凭、唯论文、唯帽子的顽瘴痼疾。这为我国改革教育评价体制机制、优化基础教育生态、打造教育领域的“绿水青山”指明了方向。为贯彻落实习近平总书记关于“破五唯”的指示和“浙江生态文明建设要先行示范”的重要讲话精神，构建“立德树人、开放包容、均衡协调、轻负高质、人民满意”的理想教育生态，浙江省于 2019 年发布《浙江省中小学生减负工作实施方案》。该方案提出，从 2020 年开始，每年对区域基础教育生态情况进行监测评价，监测评价结果向社会公布，并纳入县（市、区）教育现代化水平监测指标。在这一背景下，浙江省教育现代化研究与评价中心于 2020 年启动了县域基础教育生态监测评价项目。至 2023 年，该项目已实施 3 年，在理论和实践方面也取得了一定的成果。接下来，我们将从教育生态相关理论、教育生态监测指标设计和教育生态监测的实施策略三个方面，对该项目的实施情况进行介绍。

第一节　理论概述

理论是实践的先导。开展基础教育生态监测评价，最重要的是要界定教育生态的内涵，明确教育生态的构面，把握不同构面之间及其与教育具体实践的联系，将抽象的概念转换成清晰、具体、可测量的指标。

本节对生态学、教育生态学、基础教育生态的具体内涵和相关理论进行系统梳理，对当前我国基础教育生态方面的问题及原因进行深度剖析。

一、生态学的相关理论

教育生态学是用生态学的基本原理和方法来研究教育领域的现象和问题的科学。它是教育学和生态学的交叉学科。要了解教育生态及教育生态学，首先应了解生态学的核心概念和基本原理。

（一）生态学中的核心概念

生态学研究领域有很多专门概念，如生态、生态学、生态系统、生态平衡、生态环境、生态因子、生态位、种群、群落、食物链、生态链等。其中，处于核心地位的是生态、生态学、生态系统，这三个概念是我们理解生态学的基础。

1. 生态

近年来，“生态”一词的使用越来越常见，如生态文明、生态环境、生态农业、社会生态、教育生态等。但“生态”到底是什么意思，很多人无法解释清楚。在我国古代文学中，这个词并不多见，偶有出现，表达的意思大多与“健康”“美好”“和谐”有关。例如，在南朝梁简文帝的《筝赋》中，就有“丹荑成叶，翠阴如黛。佳人采掇，动容生态”的诗句，意思是“显露美好姿态”。

在英语中，与“生态”对应的单词是“eco-”，该词源于古希腊的词根“οικοs”，原意指“住所”或“栖息地”，其与希腊文“logos”（意为“学问”）一起构成英语单词“ecology”，表示“探究生物栖息地的学科（即生态学）”①。《牛津英语词典》（*The Oxford English Dictionary*）对“ecology”的解释是“动植物之间及其与环境之间的关系”及“对这些关系的研究”。基于对西方文化概念的理解，《辞海》将“生态”一词解释为“自然环境系统中生物与生物之间、生物与生存环境之间相互作用建立的动态平衡关系”。

---

① 马振兴，胡泽，张伟，周长发. 中、外文“生态学”一词之最初起源及定义考证［J］. 生物学通报，2017，52（11）：9－11.

有学者认为，“生态”一词既可以作为形容词使用，又可以作为名词使用。当它作为形容词时，意思是“有利于生物体生存的、对一切生命持续存在有所帮助的”，如生态食品、生态肥料、生态城市等；当它作为名词时，意思是“环境总体以及包括人在内的物与物的相互关系”，如自然生态、社会生态、生态环境、生态保护等。①

2. 生态学

生态学作为一门科学，最早由勒特（Hanns Reiter）在19世纪下半叶提出。1866年，德国动物学家海克尔（Ernst Haeckel）将其定义为：理解有机体与其外部周围世界之间联系的全部科学。② 1895年，日本东京帝国大学植物学家三好学（Miyoshi Manabu）将“ecology”一词译为“生态学”，后经武汉大学张珽教授介绍到我国。③

国内对“生态学”比较普遍的界定是，运用层次观和系统观的方法，研究生物与生物之间、生物与环境之间相互关系的科学。④ 这里的“生物”是指自然界中具有生长、发育、繁殖等能力且能通过新陈代谢作用与周围环境进行物质交换的物体，包括动物、植物、微生物及人类自身等；这里的“环境”是指影响生物生存的外部时间、空间，以及能够直接或间接影响特定生物体生存的一切因素，包括非生命的自然环境（如光、热、水、土、气、风等）、有生命的生物环境和社会经济文化环境；这里的“相互关系”包括物理的、化学的和生物学的关系，这些相互关系会从生物大分子、个体、种群、群落、生态系统、区域景观、全环境等不同组织层次上对生物和环境系统的结构和功能产生各种影响。⑤ 因此，生态学主要研究种群的组成、分布、迁徙规律和稳定性等，以及生态系统的结构和功能、能量和物质转换与其发展和演化。

3. 生态系统

“生态系统”是生态学领域的核心概念，最早由英国植物群落学家坦斯利（Arthur G. Tansley）于1935年提出，指自然界任何群落并非孤立存

---

① 余治平.“生态”概念的存在论诠释［J］.江海学刊，2005（06）：6-11.

② 朱琳烨，包庆德.生态学：开启生物与环境之间内在深层关联——纪念生态学创始人恩斯特·海克尔逝世100周年［J］.鄱阳湖学刊，2019（06）：44-52+126.

③ 阳含熙.生态学的过去、现在和未来［J］.自然资源学报，1989（04）：355-361.

④ 章家恩.生态学常用实验研究方法与技术［M］.北京：化学工业出版社，2007：1.

⑤ 杜亚丽.中小学生态课堂的理论与实践研究［D］.长春：东北师范大学，2011.

在，而是通过与其所处环境相互作用、相互依存，形成一个统一体，在该统一体中，生物与环境进行着能量转换、物质循环代谢和信息传递。[①] 也就是说，生态系统是在一定时间和空间范围内，生物与生物之间、生物与非生物（如空气、水、土壤、各种有机物和无机物等）之间，通过不断的物质循环、能量流动和信息传递而相互作用、相互依存所形成的一个生态学结构和功能单位。

从结构上看，任何一个生态系统都包含生物和非生物两大部分，其中非生物部分主要由太阳辐射能、无机物质（如氧气、水、二氧化碳等）和有机物质（如核酸、蛋白质、碳水化合物等）组成，生物部分则包含生产者、消费者和还原者。在生态系统中，生产者、消费者和还原者通过与外部的自然环境相结合，不断地进行着物质、能量和信息的传递，并在交换过程中实现生态系统的平衡与稳定。

总体上看，生态系统具有以下重要特点：(1) 生态系统是一个开放的系统，为了保持系统的稳定，需要不断从外界输入能量，从而保证生态系统的能量流动和物质循环；(2) 生态系统是一个动态的可持续发展的系统，这不仅体现在能量和物质的输入与输出上，也体现在它是一个从简单到复杂、从不成熟到成熟的演变过程上；(3) 生态系统具有整体性，且具备自我调节能力，结构越复杂，物种数越多，自我调节能力就越强；(4) 生物多样性，包括动植物和微生物等物种的多样性，也包括物种的遗传与变异及生态系统的多样性。[②] 生态系统的这些特征构成了指导生态学研究的四大理论观点，即系统观、平衡观、动态观和整体观。[③]

（二）生态学的基本原理

生态学的基本原理涉及个体生态学、种群生态学、群落生态学和生态系统生态学四个方面的内容。[④]

1. 个体生态学基本原理

个体生态学以生物个体及其居住环境为研究对象，研究生物与环境之间的关系，探讨生态因子对生物个体的影响，以及生物个体对环境所

① 范国睿. 教育生态学 [M]. 北京：人民教育出版社，2000：21.
② 杜澄澄. 生态教学视角下的大学英语听力教学实证研究 [D]. 长春：吉林大学，2015.
③ 刘贵华，朱小蔓. 试论生态学对于教育研究的适切性 [J]. 教育研究，2007 (07)：3-7.
④ 杜亚丽. 中小学生态课堂的理论与实践研究 [D]. 长春：东北师范大学，2011.

产生的适应和生态适应的形态、生理及行为机制。[①] 个体生态学涉及个体生物与环境相互作用、协同进化和生物适应原理，包含：(1) 利比希最小因子定律，即低于某种生物需要的最小值的任何特定因子，是决定该物种生存和分布的根本因素。(2) 限制因子定律，即生态系统中某个因素的缺乏或过量会影响整个生态系统的平衡。(3) 谢尔福德耐性定律，即生物对其环境的适应有一个生态学最小量和最大量的界限，生物只有处于这两个限度范围（即生态幅）之间才能生存。(4) 趋同适应和趋异适应原理。趋同适应是指不同物种在相似的大环境条件下，可能在生理、行为和形态等方面会表现出相似性。趋异适应是指在不同环境条件下，同一个物种面对不同的生态压力和选择压力，在生理、行为和形态等方面可能会有不同的调节，如个体大小的变化、体温的变化、取食节律的变化等。

2. 种群生态学基本原理

种群是指一定时间、一定区域内同一物种的组合或形态相似个体的集合，是物种存在、繁殖和进化的单位。[②] 种群生态学主要研究种群大小或数量（如种群密度、出生率、死亡率、存活率、种群增长率）在时间和空间上的变动规律和调节机制。种群生态学涉及种类关系、种间关系、生态位、种群的调节内容，主要规律有：(1) 社会等级原理。指在一群同种动物中，各个体的地位有一定的顺序性，其基础是支配—从属关系，可分为独霸式、单线式、循环式。(2) 优势种理论。优势种是指在一个生态系统中具有显著竞争优势的物种，它们通常能够占据生态系统中的核心地位，并对其他物种产生重要影响。优势种理论认为，优势种的存在和活动可以对生态系统的结构和功能产生重要影响，例如控制其他物种的数量、影响生物多样性和能量流动等。(3) 集群效应和拥挤效应。集群效应是指同一物种在一起生活产生的有利作用，如提高捕食效率、共同防御敌害、改变小生境、促进繁殖等。拥挤效应是指种群增长过程中随着密度增加而使种群增长速度降低的现象。(4) 阿利氏规律（Allee principle of aggregation)。

---

①② 杨建. 生态学视野下的县级政府高等教育职能研究——以张家港市为个案［D］. 苏州：苏州大学，2015.

指动物种群有一个最适种群密度，种群密度过大或过小都可能对种群增长产生抑制性影响。（5）竞争排斥原理。指在一个稳定的环境内，两个以上受资源限制但具有相同资源利用方式的物种不能长期共存在一起，即完全的竞争者不能共存。（6）生态位理论。生态位是一个生物在其生态系统中占据的特定位置。生态位理论认为，生态位的大小和形状取决于环境中的资源和竞争，如果两个物种具有相似的生态位，它们将会在资源上竞争，这可能会导致一种或两种物种的灭绝。

3. *群落生态学基本原理*

群落是在相同时间内聚集在同一地段上的各物种种群的集合。群落生态学以生物群落为研究对象，研究群落与环境间的相互关系，群落中各个种群的关系，以及群落的组成、结构、分布、动态演替及群落的自我调节规律。[①] 群落生态学主要理论有：（1）边缘效应。指在两个或两个以上不同性质的生态系统交互作用处，由于某些生态因子或系统属性的差异和协同作用而引起系统某些组分及行为的较大变化。边缘效应在其性质上可分为正效应和负效应，正效应表现出效应区比相邻生态系统具有更为优良的特性，如生产力提高、物种多样性增加等。反之，则称为负效应。（2）生物多样性理论。生物多样性通常指生命形式的多样化，通常包括遗传多样性、物种多样性和生态系统多样性。该理论认为，生态系统的特性在很大程度上取决于生物多样性，即生态系统中存在的生物的功能特征以及这些生物在空间和时间上的分布和丰度。（3）岛屿效应。指岛屿上（或一个地区中）物种数目会随着岛屿（或地区）面积的增加而增加，最初增加十分迅速，当物种接近该生境所能承受的最大数量时，将逐渐不再增加。（4）空间异质性理论。指生态学过程和格局在空间分布上的不均匀性及其复杂性，空间异质性高，意味着有更加多样的小生境，能允许更多的物种共存。（5）演替理论。演替是指在某个地段上一个植物群落被另一个植物群落代替的过程，它通常由环境因素和物种相互作用的复杂过程驱动。演替理论认为，生态系统中的演替过程是一种自然的生态系统恢复机制，它可以帮助生态系统恢复到最初的状态，并维持生态系统的稳

① 杨建. 生态学视野下的县级政府高等教育职能研究——以张家港市为个案［D］. 苏州：苏州大学，2015.

定性和功能。

4. 生态系统生态学基本原理

生态系统生态学（ecosystem ecology）主要研究生态系统的结构、功能、平衡、稳定及其调控机制，其研究内容扩大到生态系统，使个体生态与群体生态在新的基础上更加紧密结合，同时又使植物生态、动物生态、微生物生态、人类生态、自然科学和社会科学更加紧密地相互渗透与联系起来，成为综合性最强的研究领域。① 生态系统生态学涉及研究生态系统的组成和结构、能量流动、物质循环、信息传递，生态系统主要规律有：(1) 相互依存与相互制约规律。指生态系统中同种生物相互依存和相互制约，不同种群之间也存在相互依存和制约关系。(2) 物质循环与再生规律。指物质的吸收、合成、分解再生、再吸收的循环过程。(3) 物质输入输出平衡规律。指对于一个稳定的生态系统，物质的输入和输出总是平衡的。(4) 环境资源的有效极限规律。指每一个生态系统对任何外来干扰都具有一定的忍耐极限，超过该极限，生态系统就会遭到破坏。

（三）布朗芬布伦纳的人类发展生态系统理论

生态学缘起于对自然生态的研究，但随着研究的深入，其研究对象已经由单一物种拓展到生态系统和人类社会，渗入人类的经济活动，成为自然科学与社会科学相接的桥梁之一。在生态学与其他学科的融合过程中，也产生了很多有价值的理论。其中，影响最大也是最著名的当属布朗芬布伦纳人类发展生态系统理论。

1979 年，俄裔美籍人类学家和生态心理学家布朗芬布伦纳（Urie Bronfenbrenner）在其著作《人类发展生态学》（*The Ecology of Human Development*）中全面阐述了人类发展生态系统理论。布朗芬布伦纳认为，人类发展的过程是由个人与其环境之间的相互作用塑造的，个人的行为不仅受社会环境中的生活事件的直接影响，而且受到发生在更大范围的社区、国家、世界中的事件的间接影响。② 在他的理论模型中，布朗芬布伦纳将人生活的环境以及与环境的交互作用称为“行为系统”，这个系统包

---

① 杨建. 生态学视野下的县级政府高等教育职能研究——以张家港市为个案［D］. 苏州：苏州大学，2015.

② Urie Bronfenbrenner. The Ecology of Human Development［M］. Cambridge：Harvard University Press，1979：21.

含四个层次，从小到大依次为微观系统、中介系统、外部系统、宏观系统（见图 3-3-1）。① 这四个系统就像层层嵌套的中空圆柱体一样，将发展的个体包围在中间，对儿童的发展有着重要影响。

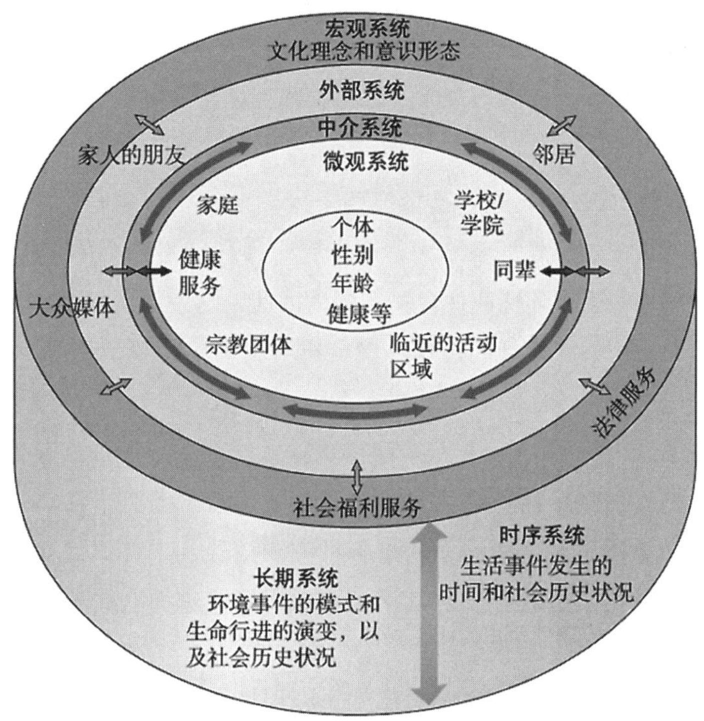

图 3-1-1　布朗芬布伦纳生态系统理论模型

微观系统（microsystem）是个体活动和交往的直接环境，包含直接作用于个体的各种行为的复杂模式、角色，以及家庭、学校、同伴群体、工作场所、游戏场所中个人的交互作用关系。在微观系统中，每个人都以面对面、直接交流的方式与个体进行交互作用。随着个体的成长，这种交互作用的范围也逐步拓展。例如，对大多数婴儿来说，微观系统仅限于家庭；对中小学生来说，学校是除家庭以外对其影响最大的微观系统；而对成人来说，微观系统会涉及家庭、工作场所、游戏场所等多个方面。通过对微观系统的研究，我们既可以清楚地了解儿童和父母的相互影响，也可

① ［美］约翰·W. 桑特洛克. 心理调适：做自己心灵的 CEO［M］. 王建中，吴瑞林，等译. 北京：机械工业出版社，2015：4.

以揭示公司领导与普通员工之间的相互关系。

中介系统（mesosystem）是指影响个体的两个及以上微观系统之间的联系或相互关系，如家庭与学校之间的联系、家庭和同伴群体之间的联系等。布朗芬布伦纳认为，如果微观系统之间有较强的积极联系，对个体的发展可能会实现最优化，否则会产生消极影响。例如，如果儿童在家庭中处于被溺爱的地位，这就有可能会影响到其在学校的同学关系和教师对其指导教育的方式。①

外部系统（exosystem）是指那些个体并未直接参与但对他们的发展产生影响的系统。在外部系统中，至少有一种环境不是个体直接参与的，比如儿童父母的工作环境或社会关系网。因此，这一系统对个体发展的影响是间接的，例如，父母的工作环境会影响父母的经济地位和生活态度，而这些情况又会影响他们对孩子的抚养和教育方式。

宏观系统（macrosystem）指存在于以上三个系统中的文化、亚文化和社会环境，包括个体所处国家、地域的价值观、信仰、法律、习俗以及经济和社会体系。这些因素通过各种方式渗透到个体日常生活中。例如，国家的文化价值观会影响其国家课程内容，进而会影响学生个体的成长。

此外，布朗芬布伦纳还强调将时间和环境相结合来考察个体动态过程的必要性，因此在其模型中纳入一个时序系统（chronosystem）。②时序系统是指时间变化对以上生态系统的影响。这些影响有些是个体内部产生的，如随着年龄的增长而产生的变化，包括入学、青春期、就业、结婚、退休等；有些是外部强加的，如重要的生活事件和社会事件，包括家庭结构、居住环境或父母就业情况的变化以及战争、经济危机和移民潮等。这些都将改变儿童和环境的关系，生成影响儿童发展的新环境。

二、教育生态学的相关理论

教育生态学是一门运用生态学原理与方法研究教育现象和问题，探寻

①② 刘杰，孟会敏. 关于布郎芬布伦纳发展心理学生态系统理论［J］. 中国健康心理学杂志，2009，17（02）：250－252.

教育规律的科学。该学科主张运用生态学的原理，以整体联动思维和系统平衡思维，从教育生态环境、教育个体生态、教育群体生态和教育生态系统的相互影响和制约机理入手分析解决教育问题。教育生态学的产生与发展、核心概念界定和主要规律的发现与生态学相关理论在教育领域的渗透有着密切关系。

（一）**教育生态学的发展脉络**

教育生态学源于20世纪40年代人类行为生态学研究。虽然当时还没有出现“教育生态学”这一术语，但研究者非常关注学校情境中个体行为与环境的关系。例如，德国学者布泽曼（Adolf Busemann）等人试图通过建立“教育环境学”来对教育和各种宏观要素进行研究。美国心理学家巴克（Roger Barker）和赖特（Herbert Wright）在堪萨斯大学成立密德威斯特心理学现场研究所，从生态学视角对儿童行为进行了深入研究，出版了著名的《一个男孩的一天》（*One Boy's Day*）一书。美国密歇根大学建筑研究实验室在1959年至1965年期间对学校物理环境开展了大量研究。①

从20世纪60年代中期开始，研究者开始将“生态学”和“教育”两个词进行连接，试图运用生态学的原理和观点研究教育领域的问题。例如，阿什比（Eric Ashby）等人在1966年出版的《英国、印度和非洲的大学：高等教育生态学研究》（*Universities: British, Indian, African—A Study in the Ecology of Higher Education*）一书中，运用生态学的方法分析了英国高等教育向印度和非洲英属殖民地输出后出现的问题和冲突。②费恩（Leonard J. Fein）在其1971年出版《公立学校生态学：社区调控的研究》（*The Ecology of the Public Schools: An Inquiry into Community Control*）一书中探讨了学校和周边环境的关系。③坦纳（R. Thomas Tanner）在其1974年出版的《生态学、环境与教育》（*Ecology, Environment, and Education*）一书中，从生态危机角度探讨了人类生存

① 任丽. 生态学视角下大学英语教学研究［D］. 上海：上海外国语大学，2013：41.

② Eric Ashby & Mary Anderson. Universities: British, Indian, African—A Study in the Ecology of Higher Education［M］. Harvard University Press，1966.

③ Leonard J. Fein. The Ecology of the Public Schools: An Inquiry into Community Control［M］. New York：Pegasus，1971.

的宏观环境及环境教育的问题。[①] 此外，埃格尔斯顿（John Eggleston）的《学校生态学》（*The Ecology of the School*）、金（Jonathan King）和马兰斯（Robert W. Marans）的《物理环境与学习过程：近期研究纵览》（*The Physical Environment and the Learning Process: A Survey of Recent Research*），也都从生态学视角对学校教育问题进行了研究。[②]

1976 年，美国哥伦比亚大学师范学院院长克雷明（Lawrence A. Gremin）正式提出了“教育生态学”（ecology of education）的概念。克雷明在其著作《公共教育》（*Public Education*）一书中设立专门章节对这一概念进行论述，认为教育研究者应该“把各种教育机构与结构置于彼此联系中，以及与维持它们并受它们影响的更广泛的社会之间的联系中来加以审视”。[③] 克雷明《公共教育》一书的出版标志着教育生态学的正式诞生。此后，古德莱德（John I. Goodlad）、鲍尔斯（Chet A. Bowers）等一大批学者基于生态学的综合、联系、平衡等观点，从宏观教育生态学、微观教育生态学、教育生态因子生态学三大方面开展了一系列研究。[④] 进入 21 世纪后，教育生态学研究的深度和广度得到进一步拓展，但总体而言，更加偏向微观的应用型研究。

从国内来看，对教育生态学的研究最先兴起于台湾地区。例如，方炳林对社会生态、文化生态、家庭环境、学校生态与教育的关系进行了深入研究，于 1975 年出版《生态环境与教育》一书。[⑤] 李聪明运用生态学原理反思了台湾的教育经营、幼儿教育、义务教育、科学与技术教育、职业教育、终身教育、特殊教育等的问题，于 1989 年出版《教育生态学导论：教育问题的生态学思考》一书。[⑥] 大陆对教育生态学的研究始于 20 世纪 80 年代末，初期主要侧重研究教育与生态环境的关系及教育生态系统结构等问题，中后期将研究对象和思路拓展至教育生态系统。早期研究以吴鼎福

---

① R. Thomas Tanner. Ecology，Environment，and Education［M］. Lincoln，NE：Professional Educator's Publications，1974.

② 潘光文. 课堂的生态学研究［D］. 重庆：西南师范大学，2004.

③ 劳伦斯·A. 克雷明. 公共教育［M］. 宇文利，译. 北京：中国人民大学出版社，2016：21.

④ 范国睿. 美英教育生态学研究述评［J］. 华东师范大学学报（教育科学版），1995（02）：84－89.

⑤ 方炳林. 生态环境与教育［M］. 台北：维新书局，1975.

⑥ 李聪明. 教育生态学导论：教育问题的生态学思考［M］. 台北：台湾学生书局，1989.

为代表，他先后发表了《教育生态学刍议》《教育生态的基本规律初探》等文章，并于1990年同诸文蔚合作出版了我国第一本《教育生态学》专著。后期研究以范国睿为代表，他围绕教育生态系统、学校生态系统开展了一系列研究，于2000年、2011年先后出版了《教育生态学》《共生与和谐：生态学视野下的学校发展》等专著。

（二）教育生态学的核心概念

教育生态是教育系统的生存样态和状态的表征，是由政府、学校、家长、学生、社会等多元主体交互作用而形成的复杂系统，体现了不同主体的教育价值和利益诉求。在教育生态学中，教育生态系统是最核心的概念，也是教育生态理论最为重要的组成部分。

1. 教育生态系统的内涵

如上所说，教育生态系统是教育系统中不同主体相互作用而形成的一个有机的、复杂的和统一的生态系统，其内涵十分繁富。[①] 粗略地讲，教育生态系统主要包含以下五方面内容：（1）两种关系，即人与人的关系、人与环境的关系；（2）三个阶段，即优生阶段、优育阶段、优教阶段；（3）四个场景，即家庭教育场景、群体影响场景、学校教育场景、社会教育场景；（4）五种因素，即生理因素、心理因素、环境因素、经济因素、政治因素；（5）六种需求，即生理需求、安全需求、社交需求、爱情需求、尊敬需求、创造需求。[②] 教育生态系统是一种有目的的系统，有系统内的生态功能和系统外的生态功能之分，其内在功能主要为育才，其外在功能主要包括传递文化、协助个人社会化、使人们建立共同的价值观等。[③]

2. 教育生态系统的特征

教育生态系统属于人工控制系统，其生态主体之间并不是简单的生产者—消费者—分解者的关系，而是更加多维、多因素共同影响的多元关系。因此，除了体现自然生态系统的一般规律外，教育生态系统还具有以下五个本质特征：一是系统性。教育是一种复杂的社会现象，学校教育、家庭教育、社会教育几大教育圈之间是相互影响的，因此在考察教育生态

① 吴鼎福，诸文蔚．教育生态学［M］．南京：江苏教育出版社，1990：96.

② 方然．教育生态的理论范畴与实践方向［J］．云南师范大学学报（哲学社会科学版），1997，29（01）：54-61.

③ 李化树．教育生态学探讨［J］．教学与管理，1995（01）：15.

时必须将它们作为一个系统整体进行思考。二是有机性。影响教育现象存在和运动的各个要素之间的关系是内在的、必然的、不可分割的，因此为儿童建构的教育成长环境需要具备安全、原生态、无污染等特点。三是互动性。教育系统各个要素之间是互相影响、互相促进的。四是自组织性。教育的变革与发展、儿童的成长与发展都具有内生性，教育不能违背儿童成长与发展的内在规律。五是多样性。每个儿童都是独一无二的个体，教育天然地具备多样性的特征，教育的多样性是教育的生机和活力所在，是满足每个儿童独特发展的必然要求。

3. 教育生态系统的结构

教育生态系统是有结构的。依据布朗芬布伦纳的人类发展生态系统理论，可以将教育生态系统划分为三个层次：一是宏观教育生态系统，即以教育为中心，综合外部自然环境（如地理位置、气候条件、自然资源等）、社会环境（如社会文化、经济发展水平、家庭背景）和规范环境（如教育政策、法律法规、教育评价体系）组成的单个的或复合的教育生态系统。其研究范围涵盖全球整个生态圈和国家大生态系统，主要分析系统的功能及其与教育、与人类的交互作用关系，以寻求教育发展的方向、教育应有的体制和应采取的对策。在具体研究内容上，主要包括生态环境、输入、转换过程和输出四个环节的研究。[①] 二是中观教育生态系统，即以单所学校或某一教育层次为中心构成的反映教育系统内部的相互关系。其研究重点集中在探讨学校内部各组成部分的关系及其教育效果上，同时还涉及学校以外各种具有教育影响的机构和家庭、社区等对教育、对学生成长的影响。三是微观教育生态系统，即以学生的个体发展为主线，整合学校、社会、家庭等诸多生态因素而形成的教育生态系统。其具体内容包括：学校、教室、设备、座位的分布对教学影响的分析；课程设置目标、智能、方法、评价等微观系统的分析；家庭亲属关系，学校师生关系、同学关系乃至学生个人的生活空间、心理状态对教育的影响分析。

（三）教育生态学的主要规律

教育生态规律是指以生态学观点来研究教育与外部生态环境之间以及

① 李化树. 教育生态学探讨［J］. 教学与管理，1995（01）：14-16.

教育内部各环节、各层次之间本质的、必然联系的基本规律。就已有研究而言，目前发现的教育生态学主要规律有整体关联规律、平衡与失调规律、迁移与潜移规律、共生与竞争规律、适应与发展规律。

1. 整体关联规律

整体关联规律指教育生态的整体关联性，具体包括教育生态系统与社会大系统的整体关联，以及教育生态系统内部各要素的整体关联。按照生态学的观点，任何生态因子总是与周围环境处于一种物质、能量、信息互换的过程中。教育与自然环境、社会环境、规范环境也处于不断的物质、能量、信息交互过程，与之相互依赖，相互适应。各因素的变化发展会对教育生态系统产生影响，并在交互作用下制约其内部结构的变化。①

2. 平衡与失调规律

在生态学中，平衡是指生态系统的结构与功能、物质和能量的输入与输出都处于相对稳定状态，失衡是指因外界干扰超过自身调节能力而引起的生态系统结构与功能的失调。总体而言，生态系统总是处于从平衡到失衡再到新的平衡的循环往复中，教育生态系统也不例外。②例如，教育资源供应不足和教育滞后会导致教育生态系统与环境的物质与能量交换失衡，产生教育系统与社会之间的矛盾冲突，进而导致教育自身的功能失调。

3. 迁移与潜移规律

教育生态系统的物质流、能量流和信息流在宏观上主要表现为径流，即较明显的迁移，在微观上则表现为潜流，即不明显的潜移。③ 例如，国家财政部门拨款给教育部门，教育部门通过银行转给各学校，这种经费流动形式就是径流。经费流入学校后，由学校分散到系、部，再到教研室乃至教职员工个人，这时就逐渐由径流变为细小的潜流。在整个流动过程中，能量逐渐耗散。

4. 共生与竞争规律

在生态学中，共生是指两种不同生物之间任何形式的共同生活，竞争是指当生物赖以生存的资源不足时，不同生物之间就会通过竞争的方式去

①② 周培植. 走进高品质教育生态［M］. 杭州：浙江教育出版社，2005：14.
③ 吴鼎福，诸文蔚. 教育生态学［M］. 南京：江苏教育出版社，1990：99.

获取资源。在教育生态系统中，共生与竞争主要体现在不同教育生态主体之间的相互关系中。其中，共生关系通常表现为单向度的依存，如低一层次的学校为高一层次的学校提供生源；而竞争关系通常发生在同类同级学校之间对教育经费、师资、生源等方面的竞争以及同级不同类学校之间对资源的争夺方面。① 此外，竞争除了存在于作为生态主体的教育组织之间，还存在于教育组织内部各成员之间，如教师、学生、职员之间。

5. 适应与发展规律

在生态学中，适应是指生物有机体对周围环境的适应，既包括有机体通过改变环境使其有利于自身生存，又包括有机体通过调整自身结构、生活习性、防卫机制等适应环境的变化；发展是指有机体在与环境的互动过程中，自身的大小、形态、功能等方面不断发生改变的过程。在教育生态系统中，不同教育生态主体也是在不断适应外部环境而获得发展的。② 例如，学校通过积极的变革来确保学生培养的质量、规格适应社会发展需求，以确保自身不被淘汰。

三、基础教育生态的相关研究

促进学生身心全面健康发展是基础教育的使命，而创设良好的基础教育生态环境是其基础和关键。改善基础教育生态环境，构建良好的基础教育生态，首先应当基于以人为本的核心理念和教育生态学基本规律，分析我国具体的基础教育生态特征，找到当前我国基础教育生态中存在的问题，剖析这些问题产生的原因，进而明确亟待关注和监测的要点。

（一）基础教育生态的内涵

与教育生态类似，基础教育生态表示的是基础教育的样态，即基础教育领域各主体之间的相互关系和作用。基础教育生态系统同样包含人与人之间、人与环境之间的关系，包含家庭教育、群体影响、学校教育、社会教育等多样化的场景和生理、心理、环境、经济和政治等多种因素。此外，基础教育生态也可以划分为不同的子系统或维度。具体而言，基础教育生态至少包含政策生态、系统生态、价值生态和社会生态四个维度。其

①② 范国睿. 教育生态系统发展的哲学思考［J］. 教育评论，1997（06）：21－23.

中，政策生态是办好基础教育的前提，也是办好基础教育的制度保障。地方政府应该根据实际情况在相应的治理体系中确立自己的治理行为。系统生态是办好基础教育的关键，也是办好基础教育的体制保障，政策生态要落实到位，需要系统生态形成新型教育管理体系。价值生态是办好基础教育的核心，也是办好基础教育的精神保障。

（二）我国基础教育生态的特征

作为教育生态系统的子系统，基础教育生态系统具有教育生态系统的普遍特征，也具有一定的自身特征。总体上看，多样性、复杂性、差异性为我国基础教育生态最明显的特征。

1. 多样性

多样性是生态系统的一个重要特征。作为整个社会生态系统的一部分，基础教育生态系统在外部环境和内部结构上同样呈现出多样性。就我国而言，基础教育生态呈现多样性的特征主要有两方面原因。一是外部环境的急剧变化。当前，我国经济社会处在高速发展变化期，为适应外部环境的发展需求和变化，基础教育在层次结构、类型结构、办学体制等方面也呈现更加分化、多样化、多元化的特点。例如，在办学体制方面，除公办、民办体制外，还有国有民办、教育集团等混合型办学体制等。二是我国地域和人口分布的差异大。我国地域辽阔，民族众多，不同地区在地形地貌、气候、语言、文化、经济发展水平上差异明显，多样化外部环境造就了不同区域基础教育生态内部结构上的独特形态。例如，农村重男轻女思想导致农村地区女性入学率低，“读书无用论”等思想的侵蚀导致农村义务教育阶段学生辍学率高于城市地区，城镇化发展导致大量留守儿童。此外，民族特色学校的建立、西部地区高考政策倾斜、人口稀少地区的复式班教学和寄宿制学校等都是地域性教育生态的产物。

2. 复杂性

基础教育生态系统是一个复合式生态环境，不仅涉及自然生态系统，还涉及社会生态系统和规范生态系统。[①] 每个系统又包含不同的生态因子组分，而每一组分本身又是一个相对独立的有机体，这些有机体随时

---

① 乔浩风. 生态学视域下教育机会均等与共同富裕研究［M］. 北京：中国农业出版社，2022：53.

都可能因为外界或内在结构与因素的变化而不断变化。这些错综复杂的关系导致基础教育生态系统的复杂性，这些复杂性主要体现在以下四个方面。

一是主体范围的复杂性。主体既包含个体也包含群体，这些个体或者群体又存在知识能力、家庭背景、种族、性别和宗教、民族之别。正是由于这些差异或差别，个体与个体之间、群体与群体之间必然存在矛盾与冲突，这也给施教者或教育管理者带来重重困惑和难题。

二是影响学生成长因素的复杂性。学生成长受家族遗传、民族风俗、内外环境、学校教育、个体人格等多方面因素影响，这些因素复杂多变，所起作用亦不相同，各因素综合影响、制约学生的发展。此外，相比于更高阶段的学生，基础教育阶段学生在思想认知、知识储备、心理环境、身体发育等各方面还不够成熟，这些因素使得基础教育生态更具复杂性。

三是学生身心发展的复杂性。心理学研究证明，人的身心发展具有顺序性、阶段性和规律性。但是，由于各种主客观原因的制约，其发展也呈现出不均衡性和个体差异性。尤其是对基础教育阶段学生而言，个体的身心发展处于不平衡阶段，存在发展关键期和敏感期。

四是外部环境的复杂性。基础教育生态系统的外部环境包括社会环境、制度环境、学校环境和家庭环境等，多层面、多维度的特点和外部整体政治经济环境的不断变化使得这些组成部分具有复杂性的特点。由于基础教育阶段的学生处于成长阶段，其对家庭、学校、社区的依赖程度更高，需要家庭、学校、社会三大教育子系统的相互沟通和合作。

3. 差异性

我国区域间、城乡间的经济社会发展等方面的差异，加上区域之间家庭居民收入、家庭文化习俗及对教育重视程度的不同，使得区域之间、城乡之间基础教育的资源配置和发展水平呈现差异性。同时，教育生态系统与环境生态系统的相互作用和相互长期适应，也使得教育生态系统的结构和功能具有了一定的区域特性。[①] 此外，不同的社会形势和阶段下，教育

① 周培植. 走进高品质教育生态［M］. 杭州：浙江教育出版社，2005：15.

生态系统内部结构在与外部环境不断沟通的过程中也会产生变化，尤其是互联网信息化时代的到来，带动了基础教育领域的大幅变革，进一步强化了城乡和区域间的差异性。

（三）我国基础教育生态的主要问题

改革开放以来，随着我国经济飞速发展，人民群众接受良好教育的期待不断加强，然而教育发展与改革的速度却未能及时跟上，因而造成一系列的教育生态问题。例如，基础教育阶段的生源大战、跟风择校、违规补课等现象屡禁不止；学校布局、结构不够协调平衡；教育活力不足，应试教育背景下“唯分数”“唯升学”的教育评价仍存在；学生负担过重，学生片面发展现象突出，“五育并举”成效不明显；等等。总体上看，这些问题主要体现在三个方面，即粗放型的教育外部生态、失衡型的教育内部生态和片面型的个体发展生态。

1. 粗放型的教育外部生态

从当前我国基础教育发展态势来看，基础教育外部生态总体呈现出“粗放型”的特征，具体表现在：一是教育观念存在“功利化”倾向。整个社会和学校过于强调教育的谋生功能和筛选功能，忽视教育促进个体成长的功能。二是教育风气存在“攀比化”倾向。“不能输在起跑线上”的心态使得家长的教育焦虑情绪愈演愈烈，也造成教育市场抢跑的“剧场效应”；“升学率政绩化”的风气加剧了校际恶性竞争，使得学校为了争夺优质生源招数百出。三是教育管理存在“政绩化”倾向。上级政府部门往往片面以中考升学率、高考一本率和上“清北”人数等考核下一级教育行政部门，教育行政部门则将升学情况与学校及个人的绩效挂钩。四是教育评价存在“片面化”倾向。评价过于注重均质发展，忽视评价主体的差异性；评价内容过于侧重学术指标，忽视儿童情感世界和性格的正常发展；① 评价方式偏重使用纸笔测验，忽视表现性评价、过程性评价。

2. 失衡型的教育内部生态

当前，我国基础教育的内部生态整体呈现出较为失衡的发展态势，具

① 刘志军，熊杨敬. 基础教育学校评价生态的失衡与重构［J］. 中国教育学刊，2017（09）：67－70.

体表现在：一是教育机会存在“不均化”倾向。包括校际基础教育就读机会不均等，随迁子女入城就读机会不均等，公办、民办学校办学条件不均衡和入学机会不均等、区域基础教育发展不均衡、城乡基础教育发展不均衡等。二是教育活动存在“应试化”倾向。以分数为导向的升学制度导致学校频繁考试、题海战术、压缩式“智力活动”的现象，也使得学生学习生态的窄化、割裂、封闭、终结性。① 三是教育结构存在“失衡化”倾向。包括普通中学和职业中学的发展失调、课程结构的生态构成不均衡、课堂教学模式单一等。

3. 片面型的个体发展生态

当前，由于我国教育风气存在“攀比化”倾向，教育市场存在“资本化”倾向，教育行业存在“内卷化”倾向等，我国基础教育的个体发展生态整体呈现出较为片面的发展态势。基础教育阶段学生的个性发展受到限制和压抑，课业补习负担过重，睡眠不足，出现心理异常率升高和高近视率现象，阻碍了素质教育的推行和学生的综合全面发展。

（四）我国基础教育生态问题的主要成因

从生态学的角度分析，可以发现，导致当前我国基础教育生态出现问题的原因大致有以下六点。

1. 教育生态系统内外部失衡

我国基础教育生态系统在外部输入和内部结构的平衡上存在失调现象，具体表现在：一是物质流输入不足。如基础教育与高等教育经费比例差距过大，呈现“倒金字塔”型；基础教育领域人均公共社会教育资源占比较低，县域公共图书馆、博物馆、科技馆、体育馆等总体数量不足。二是能量流的富集与降衰不合理。如发达地区和城市通过优渥的经济待遇吸引、挖掘中西部和农村地区的优秀教师，造成优质教师资源向富裕地区和城市富集，严重破坏了教师的“最适密度”。三是信息流产生歪曲现象。当前，历史遗留的通过读书获取功名的思想、市场经济下成功学等价值观及就业观念的固化和就业市场的内卷化导致“唯分数”“唯升学”等功利评价导向，进而导致教育生态环境的恶化。

① 宁本涛. “五育融合”与中国基础教育生态重建［J］. 中国电化教育，2020（05）：1-5.

2. 超出耐度与适度

美国生态学家谢尔福德（Victor Ernest Shelford）认为，一种生物能够出现，而且能够成功地生存下来，必然要依赖各种复杂条件的全盘存在，达不到或超过“度”，就会产生不利的或相反的影响。① 现阶段，我国基础教育阶段教育生态系统存在的超出适度和耐度的教育行为屡见不鲜，主要表现在以下三个方面：一是超出生理和心理耐度。我国中小学生课业学业负担长期处于高位水平，教育部2020年发布的数据显示，青少年平均睡眠时长为7.8个小时，其中小学生的平均睡眠时长为8.7个小时，初中生为7.6个小时，95.5%的小学生睡眠不足10小时，90.8%的初中生睡眠不足9小时。② 超负荷的学业任务占用了中小学生的睡眠时间，给他们的生理节律造成干扰和压力，也给正常的教学秩序和效果带来了不利影响。例如，近年来中小学生近视率、肥胖率一路攀高，心理异常率和自杀率也呈上升趋势，表明学生心理压力已经超出适度的范围。二是课业负担过重。我国不少中小学存在超纲超前教学、作业强度过大、考试频率和强度过高、试题过难、违规跨区域抢生源等现象。三是教育竞争过度。在很多地方，中小学生的成长往往被筛选功能弱化或者在竞争内卷的机制下被动处于次要地位，这种重筛选、轻成长的教育生态样式势必破坏整个教育生态系统的平衡。

3. 同一生态位中的协同进化力不足

不同层次和类型的教育系统之间存在竞争排斥关系，它们在同一生态位中的竞争产生的积极与消极作用并存。③ 良性竞争能够促进协同进化，恶性竞争则会导致发展不平衡。由于体制机制等方面的原因，当前我国基础教育系统各子系统之间以及各生态因子之间的竞争排斥力未能很好地转换为协同进化力，基础教育改革力度和基础教育结构活力度不够，各子系统之间存在割裂对立等现象。例如，公办教育与民办教育、普通教育与职业教育、正常儿童与特殊儿童等之间存在着相互竞争关系，但是这些基础教育子系统之间的沟通协调度不高，表现在普职融通度不高、公办学校与

① 吴鼎福，诸文蔚. 教育生态学［M］. 南京：江苏教育出版社，1990：161.
② 傅小兰，张侃，陈雪峰. 心理健康蓝皮书：中国国民心理健康发展报告（2019—2020）［M］. 北京：社会科学文献出版社，2021：143-163.
③ 吴鼎福，诸文蔚. 教育生态学［M］. 南京：江苏教育出版社，1990：187-221.

民办学校办学条件存在较大差异、特殊儿童在教育资源的争夺方面存在显著劣势等。

4. 能量耗散结构自组织力不足

耗散结构是系统的一种特殊结构，是系统在时间、空间和功能上靠外界作用维持有序的一种状态。最理想的状态是系统的各个要素能够形成相互协同作用，通过能量的耗散和内部的非线性动力机制形成和维持宏观时空有序结构，即通过自组织式的内涵发展路径来达成生态系统的平衡态发展。然而，当前我国基础教育生态系统的能量耗散结构自组织力不足，表现在：首先，近年来，国家学校数量建设取得长足进展，然而整体的发展偏向粗放型和应试教育；其次，当前我国基础教育生态系统结构较为固化，对外界环境的开放性和与其他生态系统的交互性不够，与社会政治经济发展相比存在一定的滞后性；最后，我国教育生态系统内部各个层次、各个类别学校的前后和上下的衔接还不够紧密，尤其是纵向沟通渠道不够畅通，导致各生态了系统和生态因子的合力不强。

5. 异常因子损害生态系统的良性发展

教育生态系统是一个需要较高道德水准和爱的浇筑才能发挥更大效力的系统。在基础教育生态系统的运转当中，如果存在异常因子损害生态系统的正常运转，将会对教育生态系统的良性发展造成巨大影响。当前我国基础教育生态系统仍然存在一些不正之风，如教师违规收受红包、学校违规收取补课费用和教辅材料费、校园存在欺凌和治安管理问题、中小学生（在园幼儿）出现非正常死亡等情况。这些破坏力巨大的异常因子会对基础教育生态系统的发展产生短暂的显性影响和长久的隐性影响，腐蚀生态系统良性发展的根基。

第二节　指标设计

设计监测评价指标体系是开展县域基础教育生态监测评价最基础最重要的环节。本节中首先对基础教育生态监测评价的内涵和意义进行全面阐述，然后对国内相关监测评价指标体系进行初步梳理，最后介绍浙江省县域基础教育生态监测评价指标体系的研制过程、具体内容和主要特点。

一、基础教育生态监测评价的内涵与意义

我国当前基础教育生态出现了一系列问题，迫切需要借鉴自然生态环境保护方面的经验，通过建立一套系统完善、科学有效的基础教育生态监测评价体系来窥视基础教育生态现状，查找基础教育生态发展中存在的问题，进而为基础教育的发展提供行动指南，确保基础教育生态良性发展。

（一）基础教育生态监测评价的内涵

生态监测，也就是生态环境监测，是指通过调查、布点、取样、测试、数据分析等过程获取数据和资料，依托可比性、定量分析、定性分析、系统的综合分析等方法，从时空上对特定区域范围内各类生态系统和组合体的结构、功能、类型、组成要素等进行系统的度量、观测、评定的一种手段和过程。① 生态监测的结果一般用于评价和预测人类活动对生态系统的影响，为合理利用资源、改善生态环境等提供决策依据。根据不同的标准，生态监测可以划分为不同的类型。从不同监测对象来看，生态监测可以分为城市生态监测、农村生态监测、森林生态监测、草原生态监测、荒漠生态监测等。从监测的基本空间尺度看，生态监测可以分为宏观生态监测和微观生态监测。其中，宏观生态监测涉及的区域范围较广，最大可扩展到全球；微观生态监测则只针对某一生态区乃至单一的生态类型。从监测的具体内容来看，生态监测又可分为干扰性生态监测、污染性生态监测、治理性生态监测、环境质量现状评价生态监测。②

顾名思义，基础教育生态监测评价是借鉴生态监测原理，通过收集、处理和分析基础教育系统的环境相关数据来了解基础教育生态环境质量，持续跟踪基础教育生态系统的变化情况。基础教育生态监测评价本质上是对整个基础教育系统的评价，旨在通过监测、评估对教育系统的各组成部分及内外部影响因素进行整体判断和分析，以获得能够反映基础教育生态

① 周华荣，马小明. 荒漠生态环境监测刍议［J］. 干旱环境监测，2000，14（02）：88-91.
② 马天，等. 生态环境监测及其在我国的发展［J］. 四川环境，2003（02）：19-24.

环境质量的现状及变化趋势的代表性数据和信息。通过基础教育生态监测，可以综合评判某一地区基础教育系统环境质量状况，检验基础教育环境遭受破坏的程度，找出基础教育生态环境中存在的问题和破坏因子，从而为政府部门理清基础教育生态环境的治理思路、构建良性循环和健康发展的基础教育生态环境提供依据。

（二）基础教育生态监测评价的特点

基础教育生态具有多样性、复杂性、差异性等特点，城市主城区的教育生态与边缘山区的教育生态存在巨大差别，这就决定了基础教育生态监测评价是一个复杂、庞大的体系。综合来说，我国基础教育生态监测评价主要具有以下三大特点。

一是综合性。基础教育生态监测评价涉及教育学、心理学、生态学、管理学、统计学、社会学等多门科学，在监测内容、监测技术处理上需要综合考虑或借鉴各学科的理论与方法。

二是长期性。基础教育生态监测评价具有很多软性层面的指标，许多数据依赖问卷调查等调研形式获得，在调研对象方面存在一定的样本局限性，而且这些指标的监测数据具有一定的主观性和片面性。因此，唯有通过长期的动态监测和对历年数据的纵向和横向分析，才能真正把握其中的问题和规律。

三是复杂性。教育是一个多重变量控制下、多要素竞争共生的复杂生态系统，这个系统从各个角度可以被划分出无限多的变量与要素。从关系群体角度，它可以被划分为社会、家庭、学校和个体等要素；从资源效率角度，可以被划分为教育投入、教育产出、教育效率与教育质量等要素；从个体需求角度，可以划分为教育优质与公平等要素；从影响变量角度，又可以划分为压力、动力、期望、攀比、效能、负担等。因此，基础教育生态监测评价需要从多维度、多个子系统构建立体化指标监测体系，对基础教育生态各个方面进行综合考量。

（三）基础教育生态监测评价的意义

如果将县域教育现代化水平比作经济发展中的GDP，那么基础教育生态就相当于环境空气质量。就像绿色GDP需要环境空气质量赋能一样，教育现代化也需要良好的教育生态做支撑。教育生态是从生态视角来看教育的样态的，以此判断教育系统内外部各要素之间的和谐平衡。良好的教育生态有利于学生的健康成长，不协调的教育生态则容易引发家长的教育焦虑，导致教育的畸形发展，最终损害学生的身心健康。开展基础教育生态监测评价是破除“五唯”顽瘴痼疾，深化教育评价改革的必然举措，对推动我国构建良好的县域基础教育生态具有重要作用。具体而言，开展基础教育生态监测评价主要有以下五个方面的意义。

一是推动国家各项教育政策的落实。首先，基础教育生态维护是基础教育现代化的前提条件，通过基础教育生态监测评价可以很好地推进我国的教育现代化建设。其次，基础教育生态监测评价是检验和评价中小学生学业负担和减负成效的重要途径，能够有效引导“轻负高质”的教育发展思路。最后，基础教育生态监测评价本身是教育评价的一种形式，是推进新时代教育评价改革的有力抓手。

二是为基础教育管理行政决策和法规制定提供科学依据。通过实施基础教育生态监测评价，可以构建区域性基础教育生态数据库，建立数学模型，进行预测预报，及时了解基础教育生态问题的变化规律及发展趋势，从而为政府部门进行教育评价和制定未来基础教育政策法规提供数据支撑和科学依据。

三是为精准把脉基础教育发展提供依据。基础教育生态监测评价具体指标的设定都是紧扣县域基础教育发展实际，对基础教育生态进行精细化监测，能够为精准把脉县域基础教育发展的状况和问题提供透视图。

四是为教育科研提供数据支持。基础教育生态监测评价可以为基础教育科研提供数据资料，能够方便科研人员通过与国外基础教育的比较，寻求符合我国国情的基础教育生态治理模式及途径，从而为政府和教育部门的决策提供治理支持。

五是具有社会价值导向功能。基础教育生态监测评价指标体系在检验和评价基础教育生态现状的同时，还能够通过公布数据和宣传政策向社会公众传播一种正确的教育生态观——教育要以人为本，教育发展是全面的、系统的、协调的和可持续的发展过程，可以在一定程度上扭转社会和家庭方面存在的不良教育观念和风气等，引导全社会树立正确的教育观、科学的成才观、包容的就业观。

二、国内基础教育生态监测评价相关指标体系

从已有文献资料来看，目前国内外没有专门以“教育生态”命名的评价指标体系，只有一些类似的考察区域教育环境质量和学生全面发展的指标体系。从国内来看，比较具有借鉴价值的指标体系有上海市中小学生学业质量绿色指标体系、上海市区域基础教育环境质量监测指标体系和广州市中小学教育质量智慧阳光评价体系。

（一）上海市中小学生学业质量绿色指标体系

上海市中小学生学业质量绿色指标体系由上海市教育委员会于2011年发布，旨在通过学科测试和问卷调查全面评价中小学生学业质量。最开始的指标体系（以下统称“绿色指标1.0”）包含学生学业水平指数、学生学习动力指数、学生学业负担指数、师生关系指数、教师教学方式指数、校长课程领导力指数、学生社会经济背景对学业成绩的影响指数、品德行为指数、身心健康指数和历年进步指数十项指标（见表3-2-1）。该指标体系最大的特点是突破了以往仅仅把升学率当作评判中小学生、教师及学校的单一准则的评价方式，更加关注学生身心健康发展和影响学生学业成绩的背景因素。2017年，根据前期评估过程中出现的问题和国家基础教育改革的新动向，上海市对“绿色指标1.0”进行了修订，形成“绿色指标2.0”（见表3-2-1）。同“绿色指标1.0”相比，“绿色指标2.0”的架构更完整和合理，内涵更丰富，数据信息采集更多元化，基于结论的提升更明显。

（二）上海市区域基础教育环境质量监测指标体系

2015年，为反映上海教育的新要求，适应新挑战，全方位综合评估区级政府在教育环境保障方面的工作进展与成效，上海市教育委员会委托上海市教育科学研究院普通教育研究所研制了《上海市区域基础教育环境质量监测指标》。该指标体系从教育环境视角入手，突出了对区域教育环境质量的评判，并引入系统评价基础理论，将所有评判对象都视作同一体系。[①] 通过区域教育环境质量测评，可以引导各区县完善教育治理体制机制，提高教育治理水平，为孩子的身心健康快乐发展提供更完备、更丰富的兼顾家庭、学校、社会的教育生态环境。

---

① 赵玉成．从“监测评估”到“治理优化”：解读上海区域基础教育环境质量监测指标［J］．上海教育，2021（28）：10-11.

表 3-2-1 上海市中小学生学业质量绿色指标框架①②

绿色指标 1.0	绿色指标 2.0	
一、学生学业水平指数 (一) 学生学业成绩的标准达成度 (二) 学生高层次思维能力指标 (三) 学生学业成绩均衡度 二、学生学习动力指数 (一) 学习自信心 (二) 学习动机 (三) 学习压力 (四) 学生对学校的认同度 三、学生学业负担指数 (一) 学业负担综合指数 (二) 学业负担分项指数 四、师生关系指数 五、教师教学方式指数 (一) 教师对教学方式的自评 (二) 学生对教师教学方式的评价 六、校长课程领导力指数 七、学生社会经济背景对学业成绩的影响指数 八、品德行为指数 九、身心健康指数 十、历年进步指数	一、学生学业水平指数 (一) 学生学业成绩的标准达成度 (二) 学生高层次思维能力指标 (三) 学生学业成绩均衡度 二、学生身心健康指数 (一) 学生体质健康指数 (二) 学生心理健康指数 三、学生品德和社会化行为指数 (一) 个人礼仪规范指数 (二) 亲社会行为指数 (三) 公民行为指数 (四) 国际视野指数 四、学生学习动力指数 (一) 学习自信心指数 (二) 学习动机指数 五、学业负担和压力指数 (一) 学业负担指数 (二) 学业压力指数	六、学生学校认同指数 (一) 师生关系指数 (二) 同伴关系指数 (三) 对学校的归属感指数 七、教师课程领导力指数 (一) 教师教学理念指数 (二) 教师教学方式指数 (三) 教师学业评价指数 八、校长课程领导力指数 (一) 课程规划指数 (二) 课程实施指数 (三) 课程评价指数 (四) 课程管理指数 九、教育公平指数 (一) 机会公平指数 (二) 过程公平指数 (三) 实质公平指数 十、跨时间的发展变化指数

与有关学业及教师素质的教育质量监测不同，《上海市区域基础教育环境质量监测指标》包含政府基本保障环境、学校办学制度环境、社会氛围与支持环境以及学生体验的学习与生活环境四项一级指标，细分为 13 项二级指标和 39 项三级指标。③ 其中，政府基本保障环境重点体现区域政府根据全国以及本地区有关法律法规和地方义务教育发展规划需要，为实现适龄常住人口公平享有地方义务教育，合理配置资源方面的条件；办学制度环境主要反映地方人民政府和学校教育主管部门在保证学校自主办学、调动学校积极性、提高区域学校办学质量方面形成的制度环境；社会氛围与支持环境重点反映学校所在地区的社会团体、利益集团及其他社会公共服务机构为

① 徐淀芳，纪明泽，汪茂华. 学业质量绿色指标：促进学生全面发展的利器——上海市中小学生学业质量绿色指标评价改革概况［J］. 人民教育，2013（18）：13-16.

② 徐淀芳，纪明泽，汪茂华，等.《上海市中小学生学业质量绿色指标》修订研究［J］. 上海课程教学研究，2019（01）：59-64+80.

③ 上海市教育委员会. 上海：改革教育质量评价 促进学生全面发展［N］. 中国教育报，2020-11-11（4）.

学习者自身发展创造良好环境的条件；学生体验的学习与生活环境重点体现的是学习者对地区教学与生活环境有关的主观体验。

（三）广州市中小学教育质量智慧阳光评价体系

为克服教育评价"唯分数"的顽疾，广州市于2013年启动中小学教育质量综合评价改革探索，并于2014年发布《广州市中小学教育质量阳光评价体系》。该指标体系涵盖品德与社会化水平、学业发展水平、身心发展水平、兴趣特长潜能、学业负担状况、对学校的认同六个方面的内容，共设计了22项关键性指标和82个监测点（见表3-2-2）。为确保评价的针对性，该指标体系还根据小学、初中、普通高中教育的不同性质和特点，细化了评价指标、考查要点和评价标准。

表3-2-2 广州市中小学教育质量阳光评价指标体系①

一级指标	二级指标
品德与社会化水平	道德品质、社会责任、国家认同、国际理解
学业发展水平	学会学习、知识技能方法、科技与人文素养
身心发展水平	身体健康、心理健康、自我管理
兴趣特长潜能	审美修养、爱好特长、实践能力、创新意识
学业负担状况	学习时间、课业质量、课业难度、学习压力
对学校的认同	文化认同、教学方式、师生关系、家校关系

2020年，广州市对原有的《广州市中小学教育质量阳光评价体系》进行了迭代升级，形成了《广州市中小学教育质量智慧阳光评价体系》。与原来的评级体系相比，新的评价体系主要有以下特点：（1）评价对象多元化。起初的阳光评价指标体系只针对中小学生，升级后的智慧阳光评价对象拓展到校长、教师和家长。（2）评价内容的多维化。根据教育形势的发展，在学业发展水平维度中增加了学科素养和劳动实践两部分内容。其中，学科素养分为数学素养、科学素养和阅读素养；劳动实践

① 胡志桥，朱华伟，杨健辉，等．推进区域中小学教育质量综合评价改革的实践与思考——以广州市首次阳光评价测试为例［J］．现代教育论丛，2016（03）：14-21.

包含劳动观念与态度、劳动技能与习惯、劳动情感与品质三项指标。①同时，新的评价体系还将社会交往、文化和自主性培养等核心素养纳入其中，并覆盖小学至高中三个学段。（3）评价技术智能化。新的评价体系融入大数据、云计算等新一代信息技术，实现了信息技术与教育评价改革的有机融合。

（四）国内相关指标体系的共性与启示

综合分析上海市和广州市有关教育生态的评价指标体系，可以发现，这些指标体系均体现了以下三个特点，这些特点对我们构建县域基础教育生态监测评价指标体系具有一定的借鉴意义。

1. 坚持以学生全面健康发展为中心

上海市和广州市的评价指标体系均能将学生的全面健康发展放在核心位置，着重强调学生的主观情绪体验对学生自身、学习以及学校生活产生的影响。例如，上海市区域基础教育环境质量监测指标体系将学生体验的学习与生活环境作为一级指标，广州市中小学教育质量阳光智慧评价体系将学生身心发展水平、兴趣特长潜能、学业负担状况等设为一级指标。因此，在设计指标体系时，必须贯彻以学生为本的思想，着眼于中小学生的情感感受与身心健康。

2. 重视外部因素对基础教育生态的影响

教育发展的成果往往是由个人因素、家庭因素、学校因素和社会因素关联的函数。上海市和广州市的监测指标体系均能坚持系统观点，较好地关注宏观、中观、微观教育生态的状况。因此，解读县域基础教育生态状况，需要全面关注学生个体的发展、家庭的影响因素、学校的教育教学过程因素以及政府为促进学生德智体美劳全面发展而提供的政策保障。

3. 善于借助第三方评估机构的力量

上海市和广州市均构建了以省、市教育行政部门为主导，教研部门或第三方教育评估机构具体实施的监测评价机制，较好地将教育监测评价理

① 屈哨兵. 好教育应有好的教育生态——基于广州市基础教育的实践研究［J］. 教育管理研究，2015（10）：46－49.

念转化为教育发展行动。因此，在基础教育生态监测评价过程中，要厘清教育行政部门、教育督导部门的职责与工作定位，充分利用第三方教育评估机构的力量，解决教育督导部门既当“裁判员”又当“运动员”的问题。

三、浙江省县域基础教育生态监测指标体系

2020年，我们在学习上海市区域基础教育环境质量监测指标与中小学生学业质量绿色指标等经验的基础上，立足浙江省县域基础教育实际，通过文献梳理、外出考察、实地调研、座谈研讨、试点监测等多种形式开展研究，完成了《浙江省县域基础教育生态监测评价指标体系》的研制工作。下面仅对该指标体系的研制过程、具体内容和主要特点做出说明。

（一）指标体系的研制过程

《浙江省县域基础教育生态监测评价指标体系》的研制过程主要历经五个阶段，分别是：建构理想教育生态概念模型、确定指标体系的基本框架、明确指标选取的原则、形成指标体系初稿、广泛征求意见与建议、开展试测工作和修改完善指标体系。

1. 建构理想教育生态概念模型

教育生态是指教育系统内部诸要素之间的交互作用及其与外部环境之间的物质、能量和信息的互动关系形成的状态，教育主体的存在与发展的状态。按照教育生态理论，从整体关联、动态平衡分析视角出发，结合“破五唯”教育评价改革要求，我们提出了理想教育生态概念模型，确定了“立德树人、开放包容、均衡协调、轻负高质、人民满意”五个关键词。

第一，理想的教育生态一定会把立德树人放在首位。党委和政府、教育行政部门和学校始终牢记“为党育人，为国育才”的使命，深入贯彻党的教育方针，认真落实立德树人的根本任务，努力把思想政治教育放在人才培养的首位，把德智体美劳全面发展贯穿于教育评价的始终。

第二，理想的教育生态应该是一个开放包容的系统。在这个系统中，家庭、学校、社会三方相互沟通、共同协作，形成一个以学生健康成长为

核心的良性循环；在这个系统中，教育管理者善于听取多种利益相关群体的意见和建议，学校积极与外部社会和教育同行进行交流互鉴，师生主动拥抱变化、接纳创新和包容多样性。

第三，理想的教育生态应该是均衡协调的。这不仅体现在公民办学校协调度、城乡校际的均衡度、教育机会均等度、普职教育融通度上，而且体现在教育体系活力度、办学行为规范度以及学前教育、义务教育、高中教育、高等教育和成人教育的协同发展上。

第四，理想的教育生态应该是轻负高质的。在这样的教育生态中，学生有充足的睡眠时间和较为自由的闲暇时光，作业负担在可承受范围内，能够根据自己的兴趣爱好选择着重发展的方向，在学校有较强的归属感、成就感和幸福感，师生关系亲密融洽，教师具有较强的自我效能感。如果一个区域的学生学业负担过重，家长焦虑重重，学校加班加点拼分数，那它一定不是好的教育生态。

第五，理想的教育生态还应该以人民满意为评判标准。人民对孩子当前教育质量和未来教育质量是否满意，直接决定了教育生态的好坏。要让人民对孩子当前教育质量满意，需要构建公平而有质量的教育秩序，办好每一所学校，教好每一个学生，满足“人人都能上心仪的好学校”的愿望。要让人民对孩子未来教育质量满意，则需要树立“为未来而教”的教育观，聚焦孩子的核心素养，为孩子一生发展打下坚实基础，让孩子一生都过得幸福美满。

2. 确定指标体系的基本框架

基于布朗芬布伦纳的人类发展生态系统理论，结合教育工作实际，我们将基础教育生态系统划分为宏观、中观、微观三个子系统，并以此作为县域基础教育生态监测评价指标体系的框架。其中，宏观教育生态是指影响教育发展的外部生态，主要考察政府、社会、家庭对教育的支持系统及影响状况；中观教育生态是指教育系统内部的教育样态，从生态学角度主要监测评价教育公平、教育秩序、教育活力等状况；微观教育生态是指学生发展水平，受到数据采集等限制，主要监测学生身体发展、心理感受等可以比较和量化的内容。总体来看，从以上三个维度来建构基础教育生态监测指标体系框架，既符合教育生态学的划分，也与教育实际情况相吻合，是一种比较容易接受的分类方法。三者之间既相互联系，又相对独立，各自形成一个小系统。

3. 明确指标选取的原则

通过前期的文献梳理、外出考察和实地调研，我们收集了很多关于基础教育生态的指标。在按照指标体系框架进行归类后，需要根据一定的原则确定哪些指标可以纳入指标体系当中。这些原则包括：一是导向性原则，即体现党和国家推进教育现代化的方向和具体要求，符合习近平总书记关于教育的重要论述和全国教育大会精神，对应《浙江省中小学生减负工作实施方案》的主要工作任务和要求，反映人民群众和社会各界关心的重点问题。二是操作性原则，即充分考虑监测评价实践的可操作性和现实数据的支持性，选择公开的可以获取的数据指标，体现经济上的现实性、主体能力上的可控性、技术上的可行性。三是系统性原则，即要全面反映基础教育生态的复杂性、多样性、差异性，既要涉及教育投入保障、师资队伍和教育生态环境建设成效等内容，也要包括多种形式的教育产出、贡献、影响力。四是可比性原则，即要能立足国情、省情、教情，反映现阶段浙江省县域基础教育生态发展的阶段性特点，指标数据可以用来进行横向比较。

4. 形成指标体系初稿

根据以上原则，我们初步架构了浙江省县域基础教育生态监测评价指标体系，最初版本包含教育外部生态、教育内部生态和个体发展生态三项一级指标，细分为13项二级指标和30项三级指标（见表3－2－3)。其中，教育外部生态属于影响性指标，主要对影响区域教育发展的外部环境进行监测，具体包含教育政策环境、就学环境、舆论引导环境和家庭教育环境四项二级指标，每项二级指标又设置了2～3个监测点。教育内部生态属于结构性指标，主要监测教育系统内部各类型教育的公平度和均衡度，具体包含公民办教育协调度、城乡校际均衡度、普职教育融通度、考试评价适切度、教育机会均等度五项二级指标，每项二级指标设置2个监测点。个体发展生态为结果性指标，主要监测学生身心发展状况和学习负担等内容，具体包含学习体验、学习负担、身体发展、心理发展四项二级指标，每项二级指标设置2～3个监测点。

表 3-2-3　浙江省县域基础教育生态监测评价指标体系（初稿）

一级指标	指标类型与功能	二级指标	监　　测　　点
教育外部生态	影响性指标：监测影响区域教育发展的外部环境。监测结果分为环境生态友好型、环境生态有序型、环境生态粗放型、环境生态劣质型四个等级类型。	教育政策环境	1. 教育政绩观及教育治理状况
			2. 中小学教师平均工资水平不低于当地公务员平均工资水平
			3. 社会公众对教育工作的满意度
		就学环境	4. 教师流失率情况
			5. 学生流失率情况
		舆论引导环境	6. 当地媒体炒作中高考状元、成绩排名或升学率
			7. 当地媒体推出中小学减负公益广告
		家庭教育环境	8. 家庭教育服务中心（站）覆盖面
			9. 数字家长学校比例
			10. 亲子关系及家长教育子女焦虑程度
教育内部生态	结构性指标：监测教育系统内部各类型教育的公平性和均衡性。监测结果分为结构生态协调型、结构生态完整型、结构生态失衡型、结构生态紊乱型四个等级类型。	公民办教育协调度	1. 公民办学校教师条件差异系数
			2. 义务教育段学生在公办学校就读比例
		城乡校际均衡度	3. 义务教育段学校办学条件差异系数
			4. 义务教育段学校校际学业均衡指数
		普职教育融通度	5. 普通中学与职业中学学生数比例
			6. 中职生升入高校比例
		考试评价适切度	7. 推行小学各学科期末最终等级评价制度的学校比例
			8. 中考难度系数，单个题型难度系数在规定区间内
		教育机会均等度	9. 优质示范高中招生名额分配到初中比例，并完全按此比例招生
			10. 随迁子女在义务教育公办学校就读比例
个体发展生态	结果性指标：监测学生身心发展状况和学习负担等内容。监测结果分为发展生态优秀型、发展生态良好型、发展	学习体验	1. 学校感受指数
			2. 师生关系指数
		学习负担	3. 作业指数
			4. 补习指数
			5. 睡眠指数

续表

一级指标	指标类型与功能	二级指标	监　测　点
个体发展生态	生态片面型、发展生态恶化型四个等级类型。	身体发展	6. 义务教育学生体质健康合格率
			7. 高校新生体质健康合格率与优良率
			8. 中小学生近视率比上一年下降
		心理发展	9. 中小学生心理异常率
			10. 中小学生自杀率（学生非正常死亡率）

5. 广泛征求意见与建议

为确保指标体系的科学性、有效性和可操作性，我们通过多种途径向广大专家、学者、政府官员和一线教育工作者征求意见与建议。一是书面征求专家意见。将指标体系初稿及其说明发送给上海市教育科学研究院、华东师范大学、浙江工业大学、江苏省教育评估院等单位的专家，邀请专家评判指标体系的科学性、完整性。二是举办指标体系论证会。先后举办三次论证会，邀请中国教育科学研究院、复旦大学、南京大学、浙江大学、华东师范大学、浙江工业大学、浙江师范大学、浙江外国语学院、《浙江社会科学》杂志社等单位的教育学、社会学、测量学专家探讨基础教育生态监测的内容、方法与技术。三是分区域召开指标体系意见征求会。由浙江省教育厅督导处领导带队，分赴宁波、温州、丽水、衢州、金华等设区市介绍指标体系的研制过程和意图，解答基层工作的问题与困惑，听取基层教育管理者、督学和校（园）长对指标体系的意见和建议，确保监测工作更具可操作性、可行性。通过汇总和分析各方意见与建议，进一步完善了指标体系初稿的指标说明、目标值、数据来源和赋分办法等。例如，在二级指标上增加了“尊师重教环境”“教育体系活力度”“异常指数”等内容；在具体监测点上，删除了“教师流失率情况”“学生流失率情况”等难以客观监测的指标，增加了一些更具前瞻性和引领性的指标。

6. 开展试测工作

指标体系是否可行、实用，仅凭专家的论证和基层意见的征询还难以做出准确评判，只有将其应用于实践中，才能够获得真实答案。因此，我们在2020年下半年选取杭州市拱墅区、衢州市开化县及台州市各县（市、区）开展试测工作。研究人员赴各试点县（市、区）详细解读指标体系，核实相关数据，同时对问卷调查工作进行周密部署。各试点县（市、区）教育局组织各相关科室和直属单位在理解指标内涵的基础上，根据要求客观填报数据，认真组织开展问卷调查工作。在数据全部收集上来之后，研究人员对各项数据进行了全面分析，得出以下结论：(1) 指标体系的结构效度良好；(2) 各项指标的评分与综合评分方向一致；(3) 各项指标对综合评价排名的影响和贡献相对均衡；(4) 单项指标的信度良好；(5) 各个区县在不同维度的评价中分层特征明显；(6) 低分区县失分指标明确。

7. 修改完善指标体系

在实际监测过程中，我们也建立了指标体系的迭代更新机制。在确保监测稳定性、持续性的基础上，每年根据实地调研情况及教育发展形势要求，对指标体系的指标内容、权重、目标值、赋分方式及数据来源进行微调。例如，2021年，考虑到社会用人制度对基础教育生态有深远影响，我们在教育外部生态维度新增“党政机关、事业单位、国企招聘是否存在‘唯名校’‘唯学历’‘唯文凭’现象”监测点；同时，因为通过爬虫技术无法监测到各类进校园活动，我们删除了教育内部生态维度下的“规范各类进校园活动、落实校园安全责任”监测点。此外，根据基层教育督导部门的建议，我们调整了“个体发展生态”一级指标的结构，改进了问卷调查方式。

（二）指标体系的具体内容

经过专家论证、意见征询、试点监测和两年的正式监测，《浙江省县域基础教育生态监测评价指标体系》日臻完善，监测指标及计算办法具有较强的合理性、科学性。现从教育外部生态、教育内部生态和个体发展生态三个维度对最新版指标体系（见表3-2-4）各项指标进行具体说明。

1. 教育外部生态指标

教育外部生态维度涵盖教育政策环境、尊师重教环境、舆论环境、家庭社会教育环境四项二级指标和以下九个监测点。

表 3－2－4　浙江省县域基础教育生态监测评价指标体系

一级指标	二级指标	监　测　点	目标值	监测办法	数据来源
教育外部生态	教育政策环境 30 分	1. 教育政绩观及教育治理状况	85	自编问卷	问卷调查
		2. 社会公众对教育工作的满意度	85	教育现代化发展水平监测	问卷调查
		3. 生均公共财政教育事业费比上一年度增长	>1	数据采集	教育经费年报
	尊师重教环境 30 分	4. 中小学教师平均工资收入水平与当地公务员平均工资收入水平之比	⩾1	教育现代化发展水平监测	督导处
		5. 教师工作状况	85	自编问卷	问卷调查
	舆论环境 20 分	6. 当地官方网络媒体炒作中高考状元、成绩排名或升学率	0	爬虫	网站等媒体、基教处等
		7. 党政机关、事业单位、国企招聘是否存在“唯名校”“唯学历”“唯文凭”现象	0	爬虫	网站等媒体
	家庭社会教育环境 20 分	8. 人均公共社会教育资源占比	优良水平	数据采集	统计年鉴
		9. 家庭教育状况	85	自编问卷	问卷调查
教育内部生态	公民办教育协调度 20 分	10. 义务教育公民办学校教师条件差异系数	<0.15（小） <0.1（初）	数据采集	教育事业年报
		11. 学前及义务教育段学生在公办幼儿园、公办学校的就读比例	⩾50% >90%	数据采集	教育事业年报
	城乡校际均衡度 10 分	12. 义务教育段学校办学条件差异系数	<0.4（小） <0.35（初）	数据采集	教育事业年报
	教育机会均等度 20 分	13. 优质示范高中招生名额分配到所有城乡初中学校比例及实际招生情况	⩾70%	教育现代化发展水平监测	教育事业年报
		14. 随迁子女在义务教育公办学校就读比例	>85%	教育现代化发展水平监测	教育事业年报
	普职教育融通度 10 分	15. 构建学分互认机制，中职毕业生高质量就业	优良水平	数据采集	统计数据
	教育体系活力度 20 分	16. 教育教学改革建设成效	优良水平	数据采集	统计数据、职能部门
		17. 教育信息化综合发展	优良水平	数据采集	统计数据
	办学行为规范度 20 分	18. 师德师风、补课、招生、收费、课程教材等教学管理规范	0	爬虫	职能部门、网站等媒体

续表

一级指标	二级指标	监　测　点	目标值	监测办法	数据来源
个体发展生态	体验指数 20 分	19. 学校感受、师生关系指数	优良水平	自编问卷	问卷调查
	压力指数 30 分	20. 作业、补习、睡眠指数	优良水平	自编问卷	教育质量监测中心、问卷
	质量指数 20 分	21. 学业水平结构质量优质均衡情况	优良水平	职能部门提供	教研室
	健康指数 20 分	22. 中小学生体质健康合格率与优良率	95%，25%	教育现代化发展水平监测	体卫艺处
		23. 中小学生近视率比上一年下降	1%	教育现代化发展水平监测	体卫艺处
	异常指数 10 分	24. 校园欺凌、重大舆情及群体事件等	0	爬虫	职能部门、网站等媒体
		25. 中小学生（在园幼儿）非正常死亡率	<0.37‰	职能部门提供	学校安全管理处

监测点 1：教育政绩观及教育治理状况。教育政绩观主要监测政府对教育政绩的看法和观点是否符合教育发展规律，是否与立德树人、全面发展保持一致；教育治理状况主要监测政府教育工作政策制定、执行落实情况以及教育规划与决策的水平。该监测点主要通过问卷调查获取数据。问卷分为教育发展、教育廉政、教育公平、教师素质、教育质量、教育政绩观、总体评价七个维度，共计 20 题，经统计检验问卷具有良好的信效度（克龙巴赫 α 系数为 0.936，KMO 检验为 0.973，Bartlett 检验达到显著性水平）。调查对象为每个县（市、区）的社会群众，按照县（市、区）常住人口 0.02%的样本量要求进行抽样，每个县（市、区）至少设置 5 个问卷采集点，涵盖城区、乡镇、农村。

监测点 2：社会公众对教育工作的满意度。即社会公众（含学生、家长、教师、校长、社会代表等）对教育的满意度调查分数。该监测点通过编制 9 套信效度良好的满意度调查问卷，收集了中小学生、家长、教师、校长、社会群众、人大代表、政协委员等社会群体对所在地区教育工作的主观态度与评价数据。按照不同群体满意度平均分及权重计算得出每个县

（区、市）的最终分数，具体计算公式为：（学生满意度平均分×0.25）+（家长满意度平均分×0.20）+（教师校长满意度平均分×0.25）+（群众满意度平均分×0.15）+（代表委员满意度平均分×0.15）。

监测点3：生均公共财政教育事业费比上一年度增长。教育投入是影响教育生态的重要因素，没有教育经费投入，势必影响教育的可持续发展与人民群众的获得感。生均公共财政教育事业费是指在年度内安排并划拨到学校或单位，列入《政府收支分类支出科目》第205类"教育支出"科目中的教育经费。该监测点数据来源于教育经费统计年报，按幼儿园、小学、初中、高中、中职学校五类进行分类统计，每一类生均经费如果比上一年度有增长即赋该段满分，未增长则赋0分，各类得分之和即为该监测点得分。无高中、中职学校地区按照该指标其他区县平均分赋分。

监测点4：在编中小学教师平均工资收入水平与当地公务员平均工资收入水平之比。教师是组成教育生态的重要主体之一，关注中小学教师工资待遇落实情况，既可以判断政府、社会对教师的重视程度，也可以推断教师的获得感与幸福感。在编中小学教师平均工资水平是指由公共财政安排的以货币形式对各级各类在职在编中小学教师的劳动所支付的税前报酬，包括基本工资、绩效工资和津贴补贴以及各种保险、福利和公积金在内的一切收入的平均水平；公务员平均工资水平是指由公共财政安排的以货币形式对公务员劳动支付的税前报酬，包括基本工资、奖金和津贴补贴以及各种保险、福利和公积金在内的一切收入的平均水平。该监测点数据来源于省人力资源与社会保障厅，权重分为15分，赋分方式为二分类绝对赋分（即达到目标值赋满分，否则赋0分，下同）。

监测点5：教师工作状况。教师的自我效能感、职业倦怠感、幸福感、工作满意度和对非教学负担等主观感受与外部客观环境相互依存，通过教师的主观感受，可以从一个侧面反映外部环境优劣。该监测点主要通过问卷调查获取数据，调查工具包括3个修订后的分量表和一份自编问卷，分别是教师自我效能感量表（克龙巴赫α系数为0.950，KMO检验为0.947）、教师职业倦怠量表（克龙巴赫α系数为0.909，KMO检验为0.900）、教师幸福感量表（克龙巴赫α系数为0.941，KMO检验为0.932）和教师非教学负担问卷（克龙巴赫 α 系数为 0.729），共计 34 题。问卷调查对象为各县（市、区）中小学教师，主要通过网络在线的形式填答问卷。

监测点 6：当地官方网络媒体炒作中高考状元、成绩排名或升学率。媒体舆论对教育生态具有重大影响，一定程度上左右着教育行为的选择。监测当地官方网络媒体炒作中高考状元、成绩排名或升学率的情况，目的在于引导各地树立正确的舆论环境。该监测点主要通过网络爬虫技术或网站公开 API 等方式从网站、政府公众号上获取近年有关炒作高考状元、高考录取等相关关键词的数据信息。赋分方式为二分类绝对赋分。

监测点 7：党政机关、事业单位、国企招聘是否存在“唯名校”“唯学历”“唯文凭”现象。该指标旨在监测社会舆论导向，扭转当地党政机关、事业单位、国有企业存在“唯名校”“唯学历”等错误的用人导向，引导各地树立正确的舆论环境。通过网络爬虫技术或网站公开 API 等方式从当地教育网站、政府网站、政府公众号上获取近一年有关招聘公告和实际操作中将毕业院校、国（境）外学习经历、学习方式（全日制和非全日制）作为限制性条件相关关键词的数据信息，赋分方式为二分类绝对赋分。

监测点 8：人均公共社会教育资源占比。该监测点旨在了解县（市、区）公共社会教育资源总量及生均拥有状况。具体包含四个数据点：(1) 生均体育类场馆（公共体育场、公共体育馆、公共游泳馆）数量；(2) 生均科技科普类场馆（科技馆、科普馆、科普教育基地）数量；(3) 生均博物馆（纪念馆）数量；(4) 生均拥有公共图书馆藏书量。其中，体育场馆数据来源于省体育局统计数据，博物馆、图书馆藏书量数据来源于省文化和旅游厅统计数据，科技馆、科普馆数据来源于省科学技术协会统计数据。四个数据点在该监测点中所占权重相同，均采取差异最大化相对赋分方法（即达到目标值赋满分，未达到按以下公式赋分：分数＝40＋60×［（最高指标值—指标值）/（最高指标值—目标值）。下同］。

监测点 9：家庭教育状况。家庭教育与学校教育密不可分，学校教育离不开家庭教育的支持与配合，良好的教育生态意味着家校充分沟通与合作。该监测点主要通过了解亲子关系、家庭环境、家长教育焦虑程度、家长参与、家庭教育资本等情况来判断评价家庭教育生态环境。该监测点主要通过家庭教育问卷调查获取数据，问卷包含亲子关系、家庭环境、教育焦虑、家长参与、教育资本五个分量表，共计37题，经统计检验问卷具有良好的信效度（克龙巴赫α系数为0.930，KMO检验为0.955）。调查对象为各县（市、区）中小学家长，调查方式为在线网络填答问卷。

2. 教育内部生态指标

教育内部生态维度包含公民办教育协调度、城乡校际均衡度、教育机会均等度、普职教育融通度、教育体系活力度、办学行为规范度六项二级指标和以下九个监测点。

监测点10：义务教育公民办学校教师条件差异系数。公民办教育协调发展是良好教育生态的具体表现，而教师配置差距是公民办教育失衡的重要方面。该监测点主要监测公民办学校教师条件差异的离散程度，以此判断公民办学校中教师配置的均衡性。这里的教师条件主要包含每百名学生拥有高于规定学历教师数、每百名学生拥有高职称教师数、每百名学生拥有县级以上骨干教师数、每百名学生拥有体育和艺术（美术、音乐）专任教师数和生师比五项内容。该监测点的数据采集自教育事业统计年报，小学和初中分开统计，要求小学差异系数不超过0.15、初中差异系数不超过0.1，小学和初中均采用二分类绝对赋分办法。

监测点11：学前及义务教育段学生在公办幼儿园、公办学校的就读比例。该监测点主要通过公办学校和幼儿园的规模比例来判断一个地区公民办教育的协调度。该监测点的数据采集自教育事业统计年报，学前教育段与义务教育段学生分开统计，两者目标值分别为50%和90%，均采取差异最大化相对赋分方法。

监测点12：义务教育段学校办学条件差异系数。差异系数也叫变异系数或离散系数，是一组数据的标准差与其均值之比。义务教育段学校办学条件差异系数是指县域内所有义务教育段学校每百名学生拥有高于规定学历教师数、每百名学生拥有县级以上骨干教师数、每百名学生拥有体育和艺术（美术、音乐）专任教师数、生均教学及辅助用房面积、生均体育运动场馆面积、生均教学仪器设备值、每百名学生拥有网络多媒体教室数7

项校际差异系数。该监测点数据采集自教育事业统计年报，分 14 项数据进行统计（小学、初中各 7 项），小学每项差异系数目标值设定为 0.4，初中差异系数目标值设定为 0.35，所有数据项均采取二分类绝对赋分法。

监测点 13：优质示范高中招生名额分配到所有城乡初中学校比例及实际招生情况。主要监测区域高中教育机会的均等程度，以此引导地方淡化中考竞争，促进教育公平，有效减轻学业负担。该监测点数据来源于教育事业年报，权重分为 10 分，赋分方式为差异最大化相对赋分。

监测点 14：随迁子女在义务教育公办学校就读比例。进城务工人员子女入学保障是衡量教育公平的重要尺度。该监测点指的是进城务工人员随迁子女在义务教育段公办学校就读人数占所有义务教育段随迁子女的百分比，主要监测弱势群体教育得到保障的程度。监测数据来源于教育事业年报，权重分为 10 分，赋分方式为差异最大化相对赋分。

监测点 15：构建学分互认机制，中职毕业生高质量就业。主要监测内容之一是当地职业教育发展状况和职业中学毕业生就业情况，包括中职毕业生就业率和起薪率（起薪与当地社会平均工资的比率）。该监测点数据主要来源于省教育厅每年发布的《中等职业学校毕业生就业情况》，指标权重为 10 分，采用差异最大化相对赋分办法。

监测点 16：教育教学改革建设成效。教育活力是教育生态的重要指标，教育教学改革建设成效可以从一个侧面反映出各地教育改革创新程度。该监测点指的是各个地区在教育教学改革建设方面取得的成效，包含省级精品课程门数、省级教研课题项目立项数、省级教科规划课题项目立项数、省级中小学劳动实践教育基地及研学实践教育基（营）地、省级以上教育教学成果奖五个数据项，每个数据项均采用差异最大化相对赋分办法。所有数据均从相应官网获取，涉及设区市直属单位、省属单位及高等教育单位的不做统计。

监测点 17：教育信息化综合发展。主要监测县域基础教育领域运用信息技术提升和变革教育的程度，以反映教育改革发展与信息时代社会发展进步协调一致程度。该监测点主要包含软硬件设施的建设情况与信息技术在教育教学中的应用情况两方面内容，涉及有效生机比、无线网络覆盖学校占比、创新实验室占比、交互式多媒体占比、省级网络同步课程开课数（门）五个数据项。所有数据项均来源于省教育技术中心每年发布的《浙江省普通中小学教育技术装备统计分析》，均采用差异最大化相对赋分办法。

监测点 18：师德师风、招生、收费、课程教材等教学管理规范。主要监测各地规范落实师德师风、学校阳光招生、教育收费、课程设置、教材征订与使用等方面文件政策的程度，引导各地构建规范有序的管理体系，树立良好的教育形象。该监测点主要统计各地在师德师风、学校阳光招生、教育收费、课程设置、教材征订与使用、违规补课等方面的举报和通报数，数据来源为中共浙江省纪委、省监委派驻省教育厅纪检监察组、省教育厅督导处和信访办。该监测点采取二分类绝对赋分和 K 均值聚类赋分相结合的赋分办法：对师德师风、招生、收费等违规数据项采取二分类绝对赋分，对违规补课等数据项采用 K 均值聚类赋分办法。

3. 个体发展生态指标

个体发展生态维度包含体验指数、压力指数、质量指数、健康指数、异常指数五项二级指标和以下七个监测点。

监测点 19：学校感受、师生关系指数。该监测点包含学校感受指数、师生关系指数两个数据项。其中，学校感受指数指的是中小学生对学校学习生活的整体感受，主要监测中小学生对学校的认同程度；师生关系指数指的是教师和学生在教育教学过程中结成的相互关系，主要监测学校师生关系是否和谐。该监测点主要通过学校感受问卷调查和师生关系问卷调查获取数据。其中，学校感受问卷包含学校生活参与感受、实现个人潜能机会、学校归属感三个维度 12 道题目，经统计检验问卷具有良好的信效度（克龙巴赫 α 系数为 0.944，KMO 检验为 0.965）；师生关系问卷包含亲密性、回避性、冲突性三个维度 10 道题目，经统计检验问卷具有良好的信效度（克龙巴赫 α 系数为 0.889，KMO 检验为 0.900）。调查对象为各县（市、区）中小学生，通过分层抽样和整群抽样抽取被调查者，采取线下纸质问卷调查的方式进行数据采集。

监测点 20：作业、补习、睡眠指数。该监测点包含作业指数、补习指数和睡眠指数三个数据项。其中，作业指数即中小学校教师布置的当天要完成的书面家庭作业所耗费时间在合理区间（小学 1 小时、初中 2 小时、高中 3 小时）内的比例；补习指数即参加校外学业类辅导的学生数占所有参与调查的中小学生总数的比例；睡眠指数即每天睡眠时间达到规定要求（小学 10 小时、初中 9 小学、高中 8 小时）的学生占所有参与调查的中小学生的比例。该监测点主要通过问卷调查获取数据，问卷共包括 3 道客观题，调查对象为各县（市、区）中小学学生及其家长，学生采取线下纸质问卷、家长采取在线网络调查的方式采集数据。

监测点 21：学业水平结构质量优质均衡情况。学业水平结构质量主要关注基础教育质量监测中的教育均衡度和教育公平度，以此引导地方政府重视教育质量的优质、均衡发展。该监测点数据源自省教育厅教研室组织开展的浙江省中小学教育质量监测结果，包括公民办教育差异度、城乡教育差异度、贫寒家庭子女与富裕家庭子女教育的差异度三个数据项，每个数据项采取差异最大化相对赋分办法。

监测点 22：中小学生体质健康合格率与优良率。指达到国家学生体质健康标准合格及以上等级、优良等级的学生数占县域所有参加学生体质健康测试学生总数的比例，主要监测各地区中小学生体质健康状况，从一个侧面反映学校体育工作生态。该监测点数据来源于省教育厅体卫艺处，权重分为 10 分，分小学、初中和高中三个阶段六个数据项统计，每个数据项采取差异最大化相对赋分的办法。

监测点 23：中小学生近视率比上一年下降。中小学生近视率是指中小学生视力不良检出率，主要监测青少年视力健康整体水平，从一个侧面反映学校教育生态。该监测点数据来源于省教育厅体卫艺处，权重分为 10 分，赋分方式为差异最大化相对赋分。

监测点 24：校园欺凌、重大舆情及群体事件等。教育异常、负面情况往往导致教育形象崩塌，对良好教育生态建设起着破坏性作用，必须严防该类事件发生。该监测点主要监测各地产生负面影响的校园欺凌或其他重大舆情及群体事件发生的情况，数据主要来源于省教育厅学校安全管理处，赋分方式为二分类绝对赋分。

监测点 25：中小学生（在园幼儿）非正常死亡率。指非正常死亡的中小学生（在园幼儿）数量在全体中小学生（在园幼儿）数量中所占比例。

偶然事件中反映出一定的必然性，监测中小学生（在园幼儿）非正常死亡率，目的在于引导学校健全、完善中小学生（在园幼儿）安全环境与机制，严格控制非正常死亡率。该监测点数据来源于省教育厅学校安全管理处，采用差异最大化相对赋分办法。

（三）指标体系的主要特点

《浙江省县域基础教育生态监测评价指标体系》是在借鉴上海市区域教育环境质量监测指标和上海市中小学生学业质量绿色指标成功经验的基础上，继承和整合浙江省在基础教育质量评价方面的既有经验、优势和做法①，着眼于推动浙江县域教育高质发展和中小学减负实效而构建的指标体系。整体上看，该指标体系具有以下六个特点。

1. 提出了理想教育生态概念模型

教育生态是指教育系统内部诸要素之间的交互作用及其与外部环境之间物质、能量和信息的互动关系形成的状态，教育主体的存在与发展的状态。按照教育生态理论，从整体关联、动态平衡分析视角出发，结合“破五唯”教育评价改革，提出了理想教育生态概念模型，确定了“立德树人、开放包容、均衡协调、轻负高质、人民满意”五个关键词。

2. 把教育生态划分为三个子系统

指标体系根据教育生态系统论及关系论，把教育生态分为宏观、中观、微观三个部分，既符合教育生态学的划分，也与教育实际情况吻合，是一种比较容易接受的分类方法。三者之间相互联系，但也相对独立，各自形成一个小系统。宏观教育生态主要是指影响教育发展的外部生态，主要考察政府、社会、家庭对教育的支持系统及影响状况，包括政府是不是存有发布、宣传、炒作中高考状元或者升学率现象，是不是存在设立升学率考核指标或将升学率与评奖评优等相关联的情形等；中观教育生态主要是指教育系统内部的教育样态，从生态学角度主要监测评价教育公平、教育秩序、教育活力等状况，如教育资源均衡状况，随迁子女公办学校就读比例等，从这些角度揭示教育系统内部生态状况；微观教育生态主要是指学生个体发展水平，重点监测中小学生体质健康合格率和优良率、近视率

① 季诚钧．从水平评价到生态评价：浙江省区域教育质量综合评价改革探索［J］．中小学校长，2020（11）：3－5．

防控、学校感受、师生关系、作业情况、睡眠情况、补习情况等内容，同时将学校欺凌、学生非正常死亡率等作为危害教育生态的异常因子列入监测系统。①

3. 指标编制采用 CIPP 模式

CIPP 作为通常最为常见的指标设计模型，从背景、输入、过程、结果四个方面进行指标设计，可以形成相对系统、完整的框架体系。就《浙江省县域基础教育生态监测评价指标体系》而言，外部环境就是背景与输入的指标，内部生态是过程方面的指标，学生发展是结果性指标。整体上看，指标体系的结构效度良好；各项指标的评分与综合评分一致；各项指标对综合评价排名的影响和贡献与指标重要程度一致；问卷调查指标的信效度良好；各个区县在不同维度的评价中分层特征明显；低分区县失分指标明确。

4. 具体监测点选择考虑了可操作性

指标设计致力于把概念理论转化为可以进行数据测量和横向比较的监测点。在可操作性基础上，一方面注重问题导向，对目前教育存在的问题给予积极回应，对《浙江省中小学生减负工作实施方案》的 40 条重要措施给予了充分关注；另一方面，对学校教育工作生态实施了精细化监控。指标体系在考察与评估教育环境问题的同时，对良好的教育生态做出了前瞻性引领，即教育必须以人为本，教育成长是整体的、全面的和可持续的成长问题。

5. 权重及赋分办法体现统计学思想

在指标权重的确定上，虽然对一级指标及二级指标的权重采取了专家咨询法与 AHP 层次分析法，但最终结果难以形成共识，为此，采取了三项一级指标均权计算办法，各二级指标按预先确定的权重。在各监测点的赋分办法上，通过对不同模型的模拟，按聚类分析方法将原始得分转化为等间隔赋分，最大程度上确保了区域之间赋分的公平性。

6. 监测技术上体现数字化赋能理念

按照“数字智治”的理念，依托省教育厅数字化改革专班力量，积极

---

① 莫晓兰，李望梅，董鑫，胡诗文. 基于监测视角的浙江省基础教育生态评价探讨［J］. 教学月刊·中学版（教学管理），2021（11）：22－27.

对接杭州师范大学等高校智库和台州市“区域教育生态监测平台”，不断完善“省级教育生态监测平台”。通过各职能部门提供，从统计年鉴、年报中提取，问卷调查采集等渠道获得数据，经过平台分析快速产出成果，提高工作时效。同时，平台还采用网络爬虫技术、网站公开 API 等方式获取数据信息，并针对“当地官方网络媒体炒作中高考状元、成绩排行或升学率”“党政机关、事业单位、国企招聘是否存在‘唯名校’‘唯学历’‘唯文凭’现象”等监测点开展了后端信息收集工作，确保监测信息收集的全面性、系统性、精确性。

第三节 实施策略

相比于县域基础教育现代化监测评价，县域基础教育生态监测评价虽然在指标数量上进行了“瘦身”，重点聚焦 25 个监测点，但是在具体操作上，由于有不少监测点的数据需要通过问卷调查的方式获得，且大部分监测均需要使用当年数据，所以县域基础教育生态监测评价过程更为复杂，对数据时效性的要求也更高。一般而言，我们会在每年 4—5 月修订监测指标体系并发布监测通知，6—9 月开展问卷调查，10—11 月采集各监测点数据，12 月对数据进行汇总统计并形成监测总报告，第二年 1—3 月撰写、反馈分县报告并指导开展改进行动。总体上看，整个监测过程可以分为四个主要阶段：监测方案的修订与发布、监测数据的采集与处理、监测报告的撰写与反馈、推进基于监测数据的改进行动。

一、监测方案的修订与发布

每年 4—5 月，由省教育厅督导处组织召开县域基础教育生态监测评价工作座谈会，邀请省教育厅相关处室及直属单位领导、设区市督导处领导、区县教育局领导、区县教育局督导科科长对监测指标体系、调查问卷、工作方案和具体流程提出意见和建议。浙江省教育现代化研究与评价中心基于座谈会情况汇总相关意见和建议，修订新一轮监测指标体系和调查问卷，拟定新一年的监测工作方案，并提交教育督导部门进行讨论。待方案通过后，发布当年度基础教育生态监测评价及相关问卷调查的通知，在通知中明确监测与调查的目的、对象、方式、工具和组织者，确保各地知晓并支持该项工作的顺利开展。

二、监测数据的采集与处理

基础教育生态监测评价是一种基于数据的评价方式。在确定好监测方案后，第二个关键环节就是监测数据的采集与处理。与以往督导评估基于访谈与现场查看、收集数据的方式不同，基础教育生态监测评价更多地通过基层填报、公开数据采集和问卷调查等方式获取数据。鉴于这项工作的复杂性，我们组建了专门的监测团队，力图借助专业力量落实专业的工作。在此基础上，按照预定方案和分工有计划地完成数据采集、指标赋分和汇总统计等工作。

（一）组建监测团队

在县域基础教育生态监测评价项目启动之初，我们就组建了一支由浙江省教育现代化研究与评价中心（以下简称“中心”）研究人员、杭州师范大学阿里巴巴商学院数理统计专家（以下简称“统计专家”）和专业的社会调查公司工作人员（以下简称“调查公司”）组成的监测评价团队。其中，中心研究人员主要负责各监测点原始数据的采集、清洗和问卷开发工作，每位研究人员对接3～5个监测点；统计专家主要负责各监测点的赋分和数据统计分析工作；调查公司则主要负责各类问卷的发放、回收和录入以及网络监测平台的开发工作。通过这种分工协作、专业性工作与事务性工作相结合的方式，很好地将复杂的监测工作分解成可操作、可落实的小目标，确保了监测工作的有序推进。

（二）开展问卷调查

在25个监测点中，有6个监测点需要通过问卷调查的方式采集数据。除社会公众对教育工作的满意度直接使用已有调查数据外，其他5个监测点（教育政绩观及教育治理状况；教师工作状况；家庭教育状况；学校感受、师生关系指数；作业、补习、睡眠指数）需要开发问卷进行数据收集，具体工作包括以下三个方面。

一是根据监测需要，编制社会群众、教师、家长和学生四套问卷。

其中，社会群众卷主要包含教育发展、教育廉政、教育公平、教师素质、教育质量、教育政绩观、总体评价七个维度；教师卷主要包含教师自我效能感、教师职业倦怠、教师幸福感、教师工作满意度等分量表；家长卷主要包含亲子关系、家庭环境、教育焦虑、家长参与、教育资本、学业负担等分量表；学生卷包含学校生活感受指数、师生关系指数、作业指数、睡眠指数、补习指数、学业负担等分量表。各个分量表或根据成熟量表修订，或由中心自主编制，经统计检验问卷具有良好的信效度（见表 3－3－1）。

表 3－3－1　教育生态监测各问卷/量表信效度检验结果

问卷类别	分问卷/量表	克龙巴赫α系数	KMO 检验	sig
社会群众卷	教育政绩观及教育治理状况	0.879	0.671	<0.01
教师卷	教师自我效能感	0.967	0.941	均<0.01
	教师职业倦怠	0.906	0.907	
	教师幸福感	0.948	0.94	
	教师工作满意度	0.881	0.806	
	问卷整体	0.954	/	
家长卷	亲子关系	0.901	0.921	均<0.01
	家庭环境	0.871	0.911	
	教育焦虑	0.852	0.935	
	家长参与	0.798	0.904	
	教育资本	0.86	0.911	
	学业负担	0.798	0.826	
	问卷整体	0.954	0.96	
学生卷	学校生活感受指数	0.959	0.969	均<0.01
	师生关系指数	0.944	0.958	
	作业指数	0.764	/	
	睡眠指数	0.833	/	

续表

问卷类别	分问卷/量表	克龙巴赫α系数	KMO检验	sig
学生卷	补习指数	0.739	/	均<0.01
	学业负担	0.876	0.906	
	问卷整体	0.973	/	

二是根据不同调查群体特点，设计不同的抽样方式和调查形式（见表3-3-2）。其中，社会群众按照偶遇抽样的方式，在每个县（市、区）选取常住人口0.02%的样本量进行现场纸质问卷调查。为保证样本代表性，要求每个县（市、区）设置至少5个数据采集点，且涵盖城区、乡镇、农村。教师、家长采取方便抽样的方式，基于样本可用性和被调查者参与意愿，利用微信企业号推送问卷进行网络调查。小学生采取分层抽样与简单随机抽样相结合的方式，当某个县（市、区）小学五年级学生总数达到8 000人时，则先在该县（市、区）抽取24所学校，然后在每所样本学校随机抽取30名学生进行纸质问卷调查；否则，先在该县（市、区）抽取16所学校，然后在每所学校随机抽取30名学生。初中学生采取分层抽样与整群抽样相结合的方式，先在每个县（市、区）根据城市、农村、公办、民办等学校属性分层抽取5所学校，然后在每所样本学校初二年级中随机抽取两个班的学生进行纸质问卷调查。高中学生采取配额抽样方式，每个县（市、区）只选择一所高中，并在样本学校高二年级中随机抽取两个班的学生进行纸质问卷调查。

表3-3-2　不同调查群体的抽样方式与作答形式

调查群体	抽样方法	具体对象	作答形式
社会群众	非概率抽样：偶遇抽样	各县（市、区）社会群众	现场纸质问卷作答
教师	非概率抽样：方便抽样	中小学教师	网络在线填答
家长	非概率抽样：方便抽样	小学五、六年级学生家长；初中二年级学生家长；高中二年级学生家长	网络在线填答

续表

调查群体	抽样方法	具体对象	作答形式
学生	概率抽样：小学先分层抽样再简单随机抽样；初中先分层抽样再整群抽样。 非概率抽样：高中采取配额抽样	小学五年级学生、初中二年级学生、高中二年级学生	现场纸质问卷作答

三是为使数据结果接近真实，对数据进行多阶段清理。第一，根据问卷填答时间，删除填答时间过短样本；第二，根据人工失误，删除问卷漏答或录入造成数据缺失的样本，删除录入失误造成的异常值样本；第三，根据问卷内逻辑一致性原则，删除前后冲突的样本；第四，根据刻意差评和社会赞许等答题倾向，对平均分为 1（最低分）或 5（最高分）的样本量超过一定比例的县（市、区）进行进一步核实。

（三）采集其他数据

除了通过问卷调查采集相应数据外，我们还根据不同监测点的特点，确定了其他四种数据采集的途径。

一是由省教育厅各职能部门提供。即省教育厅各职能部门根据平时掌握的情况进行数据统计。该途径主要涉及 7 个监测点，分别是：中小学教师平均工资收入水平与当地公务员平均工资收入水平之比；学业水平结构质量优质均衡情况；师德师风、补课、招生、收费、课程教材等教学管理规范；中小学生体质健康合格率与优秀率；中小学生近视率比上一年下降；校园欺凌、重大舆情及群体事件；中小学生（在园幼儿）非正常死亡率。

二是从统计年鉴或年报中提取。即从统计年鉴、教育事业统计年报、教育经费统计年报等公开数据库中提取相关数据。该途径涉及 7 个监测点，分别是：生均公共财政教育事业费比上一年度增长；人均公共社会教育资源占比；义务教育公民办学校教师条件差异系数；学前及义务教育段学生在公办幼儿园、公办学校的就读比例；义务教育段学校办学条件差异系数；优质示范高中招生名额分配到所有城乡初中学校比例及实际招生情况；随迁子女在义务教育公办学校就读比例。

三是由中心自行采集。即通过搜索各类公告、公示及其他公开出版物获取数据。该途径涉及 4 个监测点，分别是：人均公共社会教育资源占比；构建学分互认机制，中职毕业生高质量就业；教育教学改革建设成效；教育信息化综合发展。

四是采用爬虫技术采集。即通过网络爬虫技术或网站公开 API 等方式从网站、政府微信公众号上获取数据。该途径主要涉及 2 个监测点，分别是：当地官方网络媒体炒作中高考状元、成绩排名或升学率；党政机关、事业单位、国企招聘“唯名校”“唯学历”“唯文凭”现象。

（四）计算各监测点得分

当完成所有监测点原始数据收集和清理工作之后，统计专家便开始采用预定的赋分方式计算各监测点得分。在监测过程中，通过反复探索与验证，针对不同监测点的重要程度和数据特点，确定了如下三种赋分办法。

一是 K 均值聚类赋分。该方法主要针对通过问卷调查收集数据的监测点。具体方法是：首先采用 K 均值聚类算法将所有县（市、区）分为四组；然后根据每组的聚类中心进行赋分，聚类中心最小的那一组赋 45 分，聚类中心最大的那一组赋 90 分，其余组根据聚类中心排名情况等间隔赋分。采用该方法的目的是还原问卷调查对各个县区的等级测量目标。

二是差异最大化相对赋分。该方法主要根据各个县（市、区）在该指标数据分布中的相对位置赋分，主要针对那些属于连续型变量（在一定区间内可以任意取值的变量）的指标。具体方法是：首先设定一个指标待定目标值 x，以及最低值的赋分（40 分）；然后对指标值超过目标值 x 的县（市、区）赋满分，其余根据距离目标值的距离赋分，公式为：分数＝40＋［60×（指标值—最低指标值）/（目标值—最低指标值）］。最终目标值 x 由相应差异最大的评分结果给出；然后由此目标值计算最终评分。对于已有明确目标值的，不再计算待定目标值。而对于越小越好的指标，计算方法也类似，区别在于给指标值最高的县（市、区）赋 40 分，给小于目标值的赋 100 分，其余指标值的区县分数＝40＋［60×（最高指标值—指标值）/（最高指标值—目标值）］。

三是二分类绝对赋分。该方法适用于有政策性要求的、属于底线红线不能逾越的监测点。在具体赋分办法上，符合要求的赋满分，否则赋0分。

（五）开展数据统计分析和数据挖掘

通过前期几个步骤，我们得到了每个县（市、区）在每个监测点上的得分。为全面了解浙江省各地基础教育生态状况及相关影响因素，我们基于这样一个数据库开展了多种形式的数据统计分析与数据挖掘工作。一是开展数据描述性统计分析。通过数据统计，了解各县（市、区）监测总分，每项一级指标得分和监测点得分的集中趋势、分布情况、变异情况和相对位次。二是开展数据相关分析。通过各县（市、区）监测总分与当地国民生产总值、当地常住人口数等变量的相关分析，得出一个县（市、区）基础教育生态监测得分与当地经济发展水平以及当地常住人口数量都呈现微弱的负相关。三是开展问题归因分析。通过挖掘家长问卷数据，发现家庭教育资本负向影响家长教育焦虑，且家庭氛围和家校沟通在家庭教育资本与家长教育焦虑之间起到链式中介作用①；通过对教师问卷的分析，发现教师职业倦怠负向预测教师满意度，教师幸福感对教师满意度的中介效应最大②。

三、监测报告的撰写与反馈

监测作用的有效发挥离不开全面、客观的分析报告与及时、有效的反馈。为了最大化发挥县域基础教育生态监测评价的效用，中心研究人员认真撰写监测总部报告和县域分报告，并通过多种途径将监测报告反馈给相关部门。

（一）总报告撰写

总报告是基于全省各县（市、区）基础教育生态监测评价数据进行全面、系统分析后而撰写的报告，主要向省教育厅相关领导汇报监测基本情况、主要结果与发现及相关意见和建议。总体而言，总报告一般包含监测体系说明、监测结果分析、监测结论与建议、附件四部分。其中，监测体系说明包括监测的主要目标、内容、数据来源、赋分办法及当年度的重大

① 张墨涵，梁晶晶，张冉，季诚钧. 家庭教育资本与家长教育焦虑——家庭氛围和家校沟通的链式中介作用［J］. 浙江社会科学，2022（05）：142－150.

② 季诚钧，莫晓兰，周音子. 教师职业倦怠对工作满意度的影响机制研究——基于对浙江省中小学教师的调查［J］. 教师教育学报，2023（01）：11－17.

变化；监测结果分析主要呈现全省总体达成度、区域分布状况和全省总体优势与劣势；监测结论与建议主要总结当年监测的重大发现和针对监测中反映的问题而提出的宏观政策建议；附件部分主要呈现监测指标细则、各县（市、区）监测总分和等级等。

（二）县域报告撰写

县域报告是基于某个特定县（市、区）基础教育生态监测评价数据而撰写的报告，主要向相应县（市、区）政府领导和教育行政管理者呈现该县当年监测结果。目前的县域报告框架主要包含总体结果、各监测点得分情况分析、与上年监测结果的比较和附件四部分（详见本章第四节案例一）。其中，总体结果主要呈现该县（市、区）当年基础教育生态监测评价总分、在全省的相对位置和一级指标得分及其与省均值的比较；各监测点得分情况分析主要呈现该县（市、区）在每个监测点上的得分及其与省均值的比较情况；与上年的比较主要呈现该县（市、区）监测总分、一级指标得分及每个监测点得分与上年得分情况的比较情况；附件主要呈现该县（市、区）每个监测点的得分及原始数据。

（三）监测结果反馈

为充分发挥监测结果的作用，我们通过多种途径将监测结果反馈给各县（市、区）教育行政部门。一是平台反馈。监测统计结果审核后，我们及时将各县（市、区）监测总得分、一级指标得分、二级指标得分、监测点得分导入浙江省基础教育生态监测评价平台，并同步生成雷达图或柱状图，以便各县（市、区）及时了解监测结果，并结合全省均值和历年数据进行横向和纵向对比分析。二是书面报告反馈。在完成报告撰写之后，我们及时将报告寄送给各设区市和相应县（市、区）教育行政部门与督导部门，确保其更全面地了解本县（市、区）当年监测总体情况。三是召开监测结果对接会。我们还分赴各设区市，组织相应各县（市、区）教育局分管局长、督导科科长召开基础教育生态结果对接会，沟通监测结果，听取大家对监测工作的意见和建议，为更好地做好监测工作奠定基础。

四、推进基于监测数据的改进行动

为充分发挥监测结果的引领作用和导向功能，省教育厅一方面加大了基础教育生态监测评价结果的应用范围，将其作为县（市、区）年度教育工作业绩考核的重要依据，另一方面积极开展基于监测数据的改进行动研究。例如，针对2021年监测报告中反映的“教育发展不够均衡、教师队伍活力不足”等情况，省教育厅专题研究破题方案，并将其列入2021年全省教育目标工作清单。再如，针对监测中发现的亲子关系、教育焦虑、家长参与、教育资本方面的问题，省教育厅在“十四五”教育事业发展规划中明确“要办好数字家长学校、加强家校社协同，不断推进区域教育高质量发展”。各设区市和县（市、区）也高度重视基础教育生态监测评价结果，全面总结本市、县（市、区）的主要优势和薄弱环节，并积极针对薄弱环节开展整改行动，取得较好成效，湖州市就是一个典型例子（详见本章第四节案例二）。

第四节　相 关 案 例

本节提供两个案例。案例一是浙江省 ** 县 2022 年度基础教育生态监测评价反馈报告。① 案例二是浙江省湖州市基于基础教育生态监测数据开展改进行动的报告。

一、县级反馈报告案例

** 县 2022 年度基础教育生态监测评价反馈报告

一、总体结果

监测结果表明，浙江省2022年基础教育生态监测平均得分为79.49分，** 县得分为77.82分，低于省均分1.67分。

全省90个县（市、区）监测结果分为A、B、C、D四等。以全省平均分为中间值，平均分以上为A、B两等，平均分以下为C、D两等，其中85分以上为A等，75分以下为D等。据此，本次全省监测结果为A等13个，B等30个，C等29个，D等18个。** 县在全省90个县（市、

① 报告隐去了县名。

区）中处于C等。

在教育外部生态、教育内部生态、个体发展生态三个方面，全省平均得分分别为75.52分、85.45分、77.5分，**县得分分别为75分、85.19分、73.27分，分别低于平均分0.52分、0.26分、4.23分。具体见表1。

表1　**县2022年基础教育生态一级指标得分及省平均分的比较

一级指标	得　　分	全省平均分	与平均分分差
教育外部生态	75	75.52	−0.52
教育内部生态	85.19	85.45	−0.26
个体发展生态	73.27	77.5	−4.23

二、监测点得分情况分析

（一）教育外部生态方面

教育外部生态包括9个监测点，各监测点得分与全省平均分比较情况见图1。

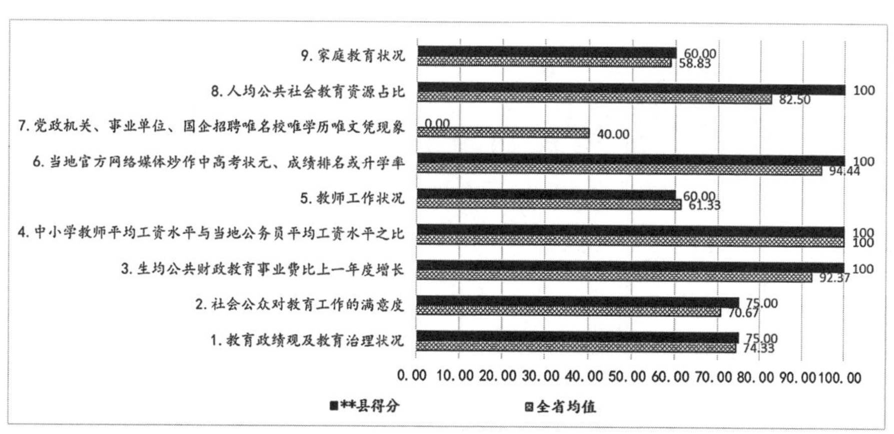

图1　**县教育外部生态各监测点得分与全省均值的比较

从图1可以看出，**县得分高于全省平均分的监测点有6个，分别是："1. 教育政绩观及教育治理状况""2. 社会公众对教育工作的满意度""3. 生均公共财政教育事业费比上一年度增长""6. 当地官方网络媒体炒作中高考状元、成绩排名或升学率""8. 人均公共社会教育资源占比""9. 家庭教育状况”。

∗∗县得分低于全省平均分的监测点有2个，分别是：“5. 教师工作状况”“7. 党政机关、事业单位、国企招聘是否存在‘唯名校’‘唯学历’‘唯文凭’现象”。

（二）教育内部生态方面

教育内部生态包括9个监测点，各监测点得分与全省平均分比较情况见图2。

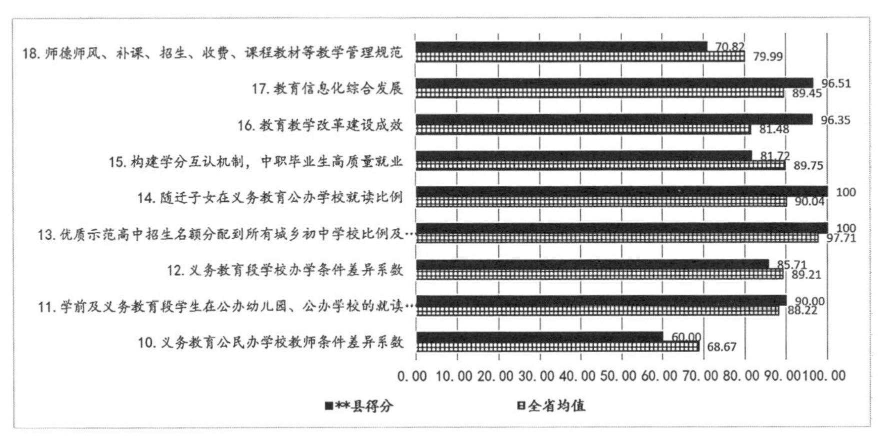

图2　∗∗县教育内部生态各监测点得分与全省均值的比较

由图2可知，∗∗县得分高于全省平均分的监测点有5个，分别是：“11. 学前及义务教育段学生在公办幼儿园、公办学校的就读比例”“13. 优质示范高中招生名额分配到所有城乡初中学校比例及实际招生情况”“14. 随迁子女在义务教育公办学校就读比例”“16. 教育教学改革建设成效”“17. 教育信息化综合发展”。

∗∗县得分低于全省平均分的监测点有4个，分别是：“10. 义务教育公民办学校教师条件差异系数”“12. 义务教育段学校办学条件差异系数”“15. 构建学分互认机制，中职毕业生高质量就业”“18. 师德师风、补课、招生、收费、课程教材等教学管理规范”。

（三）个体发展生态方面

个体发展生态包括7个监测点，各监测点得分与全省平均分比较情况见图3。

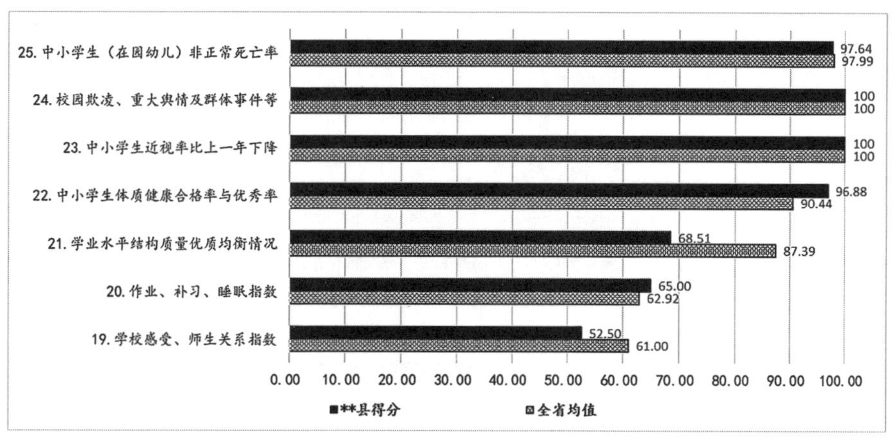

图 3　＊＊县个体发展生态各监测点得分与省平均分的比较

由图 3 可知，＊＊县个体发展生态得分高于全省平均分的监测点有 2 个，分别是："20.作业、补习、睡眠指数""22.中小学生体质健康合格率与优良率"。

＊＊县得分低于全省平均分的监测点有 3 个，分别是："19.学校感受、师生关系指数""21.学业水平结构质量优质均衡情况""25.中小学生（在园幼儿）非正常死亡率"。

三、与去年比较

＊＊县 2021 年基础教育生态监测得分为 84.32 分，2022 年基础教育生态监测得分较去年下降 6.5 分。其中，教育外部生态得分较去年下降 10 分，教育内部生态较去年下降 5.46 分，个体发展生态较去年下降 4.02 分（见表 2）。

表 2　＊＊县 2022 年基础教育生态一级指标得分与 2021 年比较

一级指标	2022 年得分	2021 年得分	分差
教育外部生态	75	85	－10
教育内部生态	85.19	90.65	－5.46
个体发展生态	73.27	77.29	－4.02

（一）教育外部生态监测点比较

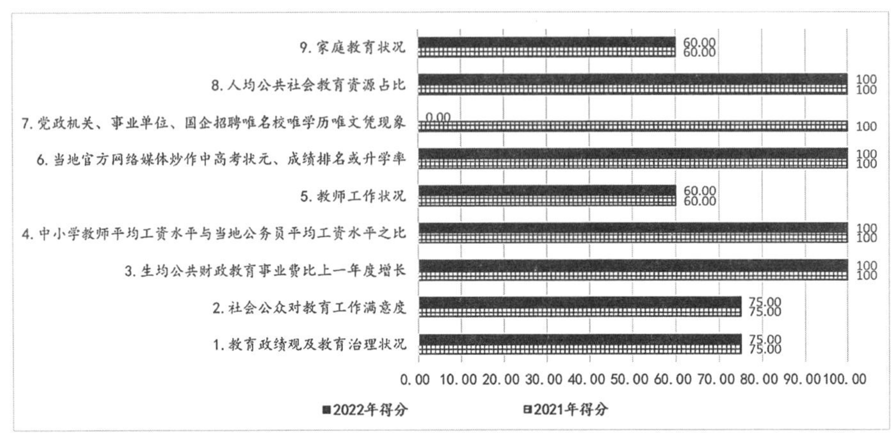

图 4　**县 2022 年教育外部生态各监测点得分与 2021 年的比较

（二）教育内部生态监测点比较

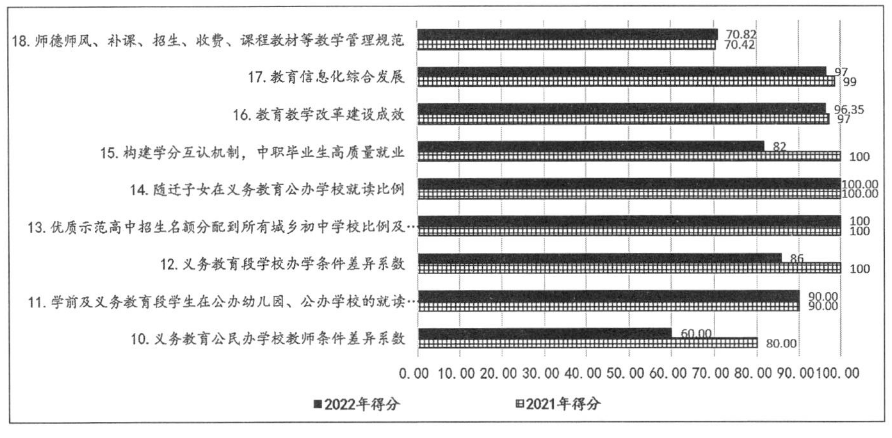

图 5　**县 2022 年教育内部生态各监测点得分与 2021 年的比较

（三）个体发展生态监测点比较

希望**县积极营造良好环境，落实“双减”政策，缩小城乡差异，提高教育质量，办好人民满意的教育，促进县域基础教育事业持续健康、优质均衡发展。

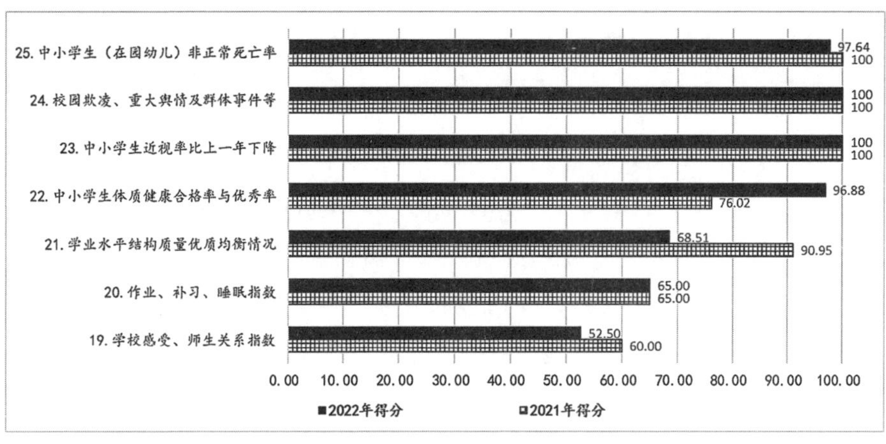

图 6　**县 2022 年个体发展生态各监测点得分与 2021 年的比较

二、湖州市改进行动案例

持续激发内生活力，优化基础教育生态①

一、湖州市教育情况

湖州市位于浙江北部、太湖南岸，是环太湖地区唯一因湖得名的城市，市域面积 5 820 平方公里。辖吴兴、南浔 2 个区，德清、长兴、安吉 3 个县和南太湖新区，常住人口 336.8 万。

截至 2022 年 8 月，湖州市有各级各类学校 519 所，在校生 49.01 万人，其中普通高校 4 所，成人高校 1 所，在校生约 5.14 万人；普通高中 29 所，其中省级特色示范高中 7 所，在校生 4.27 万人；中等职业学校（含技校）14 所，其中国家中等职业教育改革发展示范学校 4 所，省级中等职业教育改革发展示范学校 6 所，在校生 3.40 万人；初中 88 所，在校生 7.67 万人；小学 126 所，在校生 18.88 万人；特殊教育学校 5 所，在校生 442 人；幼儿园 252 所，在园幼儿 9.59 万人。全市形成了以义务教育为基础，学前教育、特殊教育、高中教育、职成教育、高等教育等协调发展，教育功能齐全、结构合理、管理规范的教育体系，城乡区域教育和各类教育均衡健康发展。

近年来，湖州市教育局始终走在全省教育改革的前列，先后荣获省教

① 案例作者：浙江省湖州市教育局党委委员、副局长施晓红。

育工作业绩考核“优秀单位”、省“普法与依法治理工作先进集体”等多项荣誉，各级各类教育发展精彩纷呈。在学前教育方面，全市学前教育入园率达到99.52%，“安吉游戏”知名度享誉国内外；在义务教育方面，全市义务教育段入学率、巩固率及完成率均保持100%，城乡义务教育共同体结对学校（校区）实现全市农村学校和公办镇区学校“两个全覆盖”，德清县入选“全国义务教育优质均衡先行创建县”，义务教育段学科类培训机构100%实现面上清零；在高中教育方面，全市高中段教育毛入学率为99.52%，普通高中平稳实施新一轮高考综合改革，中职教育连续10年获评省市县职业教育发展考核“优秀单位”，全市中职毕业生就业率连续12年保持98%以上。在高等教育方面，高等教育毛入学率为65.74%，湖州师范学院求真学院顺利转设为湖州学院，湖州师范学院、湖州职业技术学院办学水平稳步提升。

二、监测数据中发现的亮点和主要问题

2022年2月，浙江省教育现代化研究与评价中心公布了2021年全省基础教育生态监测评价结果，湖州市所辖三县两区所获等第分别为1A、3B、1C，其中最高得分为南浔区88.43分，最低为安吉县76.65分，市平均分82.58分，列全省第三。通过分析监测数据，我们发现，湖州市在基础教育生态建设上总体情况较好，亮点突出，但也存在县域之间表现不平衡，教育外部生态、教育内部生态和个体发展生态三项一级指标得分差异明显的问题。

（一）主要亮点

数据显示，湖州市所有县（市、区）在监测点1（教育政绩观及教育治理状况）、监测点4（中小学教师平均工资收入水平与当地公务员平均工资收入水平之比）、监测点7（党政机关、事业单位、国企招聘是否存在“唯名校”“唯学历”“唯文凭”现象）、监测点13（优质示范高中招生名额分配到所有城乡初中学校比例及实际招生情况）、监测点14（随迁子女在义务教育公办学校就读比例）、监测点23（中小学生近视率比上一年下降）和监测点24（校园欺凌、重大舆情及群体事件等）上的得分均为100分且均超过省均值。究其原因，主要是有四方面的举措保障。

一是切实保障教师待遇。近年来，政府高度重视教育工作，持续加大

教育投入，教师待遇得到稳步提升。截至2020年，全市各区县均实现了义务教育教师年均工资收入不低于当地公务员平均工资收入水平，并建立健全义务教育教师工资收入动态调整机制。截至2021年，各区县均已出台义务教育教师工资待遇长效联动机制，在对公务员发放绩效考核奖时同步统筹考虑义务教育教师，确保教师收入与公务员同幅提高。

二是有效规范招录工作。严格按照公平正义要求，对照相关法规结合实际优化公务员学历条件，坚持职位、条件、政策、程序、结果“五公开”和考官、考生、考场“三抽签”制度，主动接受各方监督。由市人力资源和社会保障局组织的市属事业单位公开招聘中不存在将毕业院校、国（境）外学习经历等作为限制性条件。

三是深入推进“阳光教育”。全市公办义务教育阶段学校新生入学100%按施教区免试就近入学。制定优质示范高中招生名额分配到所有城乡初中学校方案并落实到位。各区县高度重视，充分挖掘潜力，扩大公办学校招生规模，想方设法确保随迁子女平等接受义务教育。近三年，全市已新建（改扩建）幼儿园75所，新增学位21 660个；新建（改扩建）中小学41所，新增学位30 880个。2021学年，全市义务教育随迁子女入学共计81 855人，其中在公办学校就读的有66 546人，就读比例为81.3%。

四是全力维护校园平安。成立近视率下降专项工作市级领导小组，明确各部门职责，通过改善视觉环境、专家宣讲近视防控、组织护眼操和读写姿势比赛、选树培育特色校、落实联席会议机制等五大举措，确保近视率逐年下降1%。全市扎实推进四个“三年行动”（安全生产综合治理、全民安全素养提升、校园安全防范建设和食品安全守护三年行动），加强部门协作，深化校园周边综合治理，广泛开展校园安全宣传和消防安全培训，组织各项安全检查、评比和隐患排查工作，确保校园平安有序。2020年以来，全市中小学幼儿园案事件“零发生”，未发生有影响力的涉校网络舆情等。近年来主流媒体多视角、多维度刊播湖州市教育有关报道2 000余篇，新媒体总阅读量达300万余，营造了健康向上的氛围。

（二）主要问题

监测数据也显示，全市有2个及以上县（市、区）在以下9个监测点上的得分低于省均值，分别是：监测点5（教师工作状况）、监测点10（义务教育公民办学校教师条件差异系数)、监测点11(学前及义务教育段学生在公办幼儿园、公办学校的就读比例)、监测点12(义务教育段学校办学条件差异系数)、监测点16(教育教学改革建设成效)、监测点18(师德师风、补课、招生、收费、课程教材等教学管理规范)、监测点19(学校感受、师生关系指数)、监测点20(作业、补习、睡眠指数)和监测点22(中小学生体质健康合格率与优良率)。概括而言,目前湖州市基础教育生态主要面临如下四方面问题。

一是需进一步提升教师从教的获得感。湖州市在地理位置上与一线城市相近,人才引进方面还缺乏与大城市对等的虹吸效应。教师培养周期又相对较长,短时间内无法补齐名优教师数量短板。部分教师在长期从事教学工作过程中逐渐疲于完成任务,缺乏职业认同感,工作积极性不够高。有的教师对个人专业成长的重视程度不够高,教学能力和班级管理能力有待进一步加强。客观上,随着"双减"政策落地,课后服务等工作增加了义务教育段教师的工作量,"向课堂要效率"的要求更高,工作压力较大。尽管"进校园"非教学项目较过去减少不少,但各类检查评比考核、数据报表填报等任务仍比较多,无形之中加重了教师的负担。

二是需进一步加速教育优质均衡进程。我们在对县级政府履行教育职责实地督导中,结合全国学前教育普及普惠县、全国义务教育优质均衡县"两创"工作短板进行分析,发现湖州市下辖县(市、区)存在财政资金投入不足、资源配置短板明显等问题。如吴兴区现有学校中,既有校舍老旧的学校,也有近年投入新建的学校,办学条件差异明显。特别是个别民工子弟学校各项办学指标都很薄弱,却只能等待学生毕业后自然关停。此外,2021年全市有3个县(市、区)在监测点11(学前及义务教育段学生在公办幼儿园、公办学校的就读比例)上未达标。

三是需进一步深化新时代教育评价改革。新时代教育评价改革提出改进结果评价、强化过程评价、探索增值评价、健全综合评价等要求。结合实际,一些教师受传统教育评价观制约,还不能及时扭转"唯分数"等观念。客观上讲,党委和政府教育工作评价、学校评价、教师评价、学生评价、用人评价等教育评价制度还需进一步健全和体系化;教师培训、科研探究等还停留在传统范式上,形式和内容创新度还有待加强。

四是需进一步落实“五项管理”“五育并举”。落实“作业管理”“睡眠管理”等文件要求不扎实、不彻底，部分教师还没有真正转变观念，没有真正把握作业减负与质量提升的着力点和平衡点，学生作业时间没有严控到位，未特别注重培养学生良好的学习习惯，从而影响睡眠时间和质量。同时，学科类校外培训机构已全部清零，但家长未树立正确的育儿观，以私下“众筹”方式给孩子补课等“隐形”“变异”情况时有发生。此外，各学段学生体质健康数据不够均衡，特别是高中阶段学生体质健康合格率和优良率偏低。省教育厅《关于2021学年高校新生（浙江籍高中毕业生）体质健康测试情况的通报》显示，湖州市合格率列全省第9，优良率列全省第8，总分均值列全省第8。这些问题都表明，部分学校对体质监测工作还不够重视，对“五育并举”导向仍存在功利化、表层化的倾向。

三、针对问题实施的改进行动

就基础教育生态监测中暴露出的短板问题，市教育局和各区县教育局高度重视，通过专题分析会、邀请专家分析把脉、依托年度重点工作落地、政府履行教育职责督导、基础教育国家级“两创”等途径，从师资队伍、办学条件、教育治理、质量提升等方面开展了有针对性的改进行动。

（一）宽严相济，推进教师队伍建设

1. 增强教师职业认同感。常态化开展“守初心 铸师魂”师德教育，加强对名优教师的宣传力度，努力营造尊师重教的良好氛围。出台《严禁中小学校在职教师从事有偿补课和收受礼品礼金等师德失范行为的管理办法（试行）》，2022年以来党政纪处分教师22人，引导广大教师遵纪守法、廉洁从教。进一步健全教师工资待遇保障长效机制，确保义务教育教师平均工资收入水平不低于当地公务员的平均工资收入水平，同时完善各类绩效考核制度，实现能者多劳、多劳多得，让广大教师安心从教。

2. 推进教师专业发展。加强教师专业能力培训，依托名校长名师名班主任“三名”工程建设，大力培养在学科教学、班级管理和学校管理等方面的优秀人才，通过榜样示范发挥引领辐射作用，激励教师提升自身专业水平，切实提高教育质量，改善教学效果。

3. 关爱教师身心健康。借助“安心接”等数字化改革项目，切实减轻教师课后服务负担，减少人力投入。大力推广教育部第五批学校落实“双减”典型案例长兴县龙山中学《“四暖”“四有”构建教师关怀机制》经验，实行弹性上下班制度、强化心理疏导等，维护教师身心健康。对教师非教学负担进行深入调研和精准分类，不经教育局审批的一律不得“进校园”。利用大数据整合各类平台，减少数据填报工作量。

（二）部门协同，提升办学兴校条件

1. 依托“两创”，优化资源配置。湖州市在全省率先以市委办、市府办名义印发《关于进一步推进基础教育国家级“两创”工作的通知》，明确扩大教育资源供给、全力落实经费保障、切实保障教师工资待遇等六大重点任务16项具体工作，要求相关区县明确创建时间线，切实加强自评改进、全面强化组织保障。市政府教督委依托市级评估，以“高度重视、强化领导，完善机制、强化协同，突出重点、强化督导，广泛宣传、强化成效”四方面保障，全力确保“两创”成效。

2. 精准分析，改善办学条件。通过政府履行教育职责督导等，按学段、学校具体分析学校办学条件存在的差异情况，结合教育布局、学校新建（改扩建）计划及年度招生计划做出改进和提升。在教育外部生态方面，进一步提高学生、家长、教师、校长、人大代表、政协委员、社会群众等群体对教育的关注度和满意度，共同助推学校发展，切实提高人民群众对教育的获得感。

3. 突破创新，净化内部生态。深入推进“县管校聘”，加强义务教育段校长、骨干教师的流动。提高公民办教育中教师配置的均衡性，打造民办学校教师队伍，促进教育均衡发展。进一步提高学前及义务教育段学生在公办幼儿园、公办学校的就读比例，扩大公办优质教育资源。加强教育公务服务均等化，缩小校际差距，实现义务教育段学校办学条件七项差异系数保持在规定范围之内。积极办好职业教育，提高职业中学毕业生就业专业对口率与起薪率，推进普通高中与职业高中协调发展。

（三）强化治理，打响“学在湖州”品牌

1. 进一步加强对校外培训机构的监管。落实各级“双减”领导小组职责，通过联合执法，严厉查处违法违规培训行为，还社会一个风清气正的校外培训环境。政府部门进一步落实属地责任，压实网格员职责，加强隐形变异培训场所的排摸。为青少年学生成长成才广搭平台，切实扭转家长

“唯分数”“唯排名”等不正确的育儿观念，减轻学生校外培训负担，让教育回归校园。引导家长更多关注孩子身心健康，关注良好学习和生活习惯的养成，鼓励孩子多参加创新性、综合性学习活动，陪伴其健康成长。

2. 夯实“阳光教育”工程。进一步树立良好教育形象，在师德师风、招生招考、教育收费、课程设置、教材征订与使用等方面严格按照文件政策规定执行，推进“阳光教育”工程。“安吉‘招生安’大数据监督系统”等 4 个项目入选 2022 年教育领域数字化改革创新试点项目。

3. 进一步落实“五项管理”要求。通过开展综合督导、沉浸式调研、教共体建设、优秀案例推广等方式，一方面督查“五项管理”落实情况，一方面探索提高课堂教学效果，优化作业管理的新方法，严格控制学生作业量，注重培养学生良好的学习习惯和生活习惯。

（四）“三全”育人，提升教育教学质量

1. 深化教育教学改革。推进依法办学、依法治校、依法治教，强化学校内涵建设，提升现代治理能力。进一步提高师生参与教学改革及学科竞赛的积极性，在教育教学改革方面取得更大成效，提升教育活力。进一步提高教育信息化、数字化水平，紧跟教育改革发展步伐，确保教育改革发展与信息时代保持一致。

3. 构建健康师生关系。坚持两年一届开展湖州市“我最喜爱的老师”选树，以学生参与提名、教师事迹宣传、公众投票推广等多种形式，树立湖州市教育人积极向上形象。通过实施心理护航行动，开展文艺节、科技节、体育节等活动，提高学生在校学习生活的良好感受，为学生实现个人潜能提供更多机会，营造良好的师生关系。

3. 进一步提升学生体质健康水平。配齐配强体育教师，开齐开足开好体育课。加强师资培训，成立体育名师工作室，培育一批优秀体育教师，提高体育教学质量。市教育局把学生体质健康水平纳入对区县教育局、市属学校教育重点工作考核内容，将体质健康状况数据作为评优评先的重要依据。狠抓“大课间”体育活动，科学有效保证学生每天锻炼 1 小时，充实“课间操”内容，不断提高学生参加体育活动的兴趣。定期开展学生体质健康达标运动会和田径运动会，优化中考体育测试项目，整体提升学生体质水平。大力开展家庭亲子体育活动，以“运动任务”的形式，引导学生每天和家长一起开展居家或室外体育活动，树立“每天运动一小时，幸福生活一辈子”的理念，养成运动好习惯。

四、改进成效

以上改进行动铺开不久，相关工作举措成效即初步显现。主要体现在：吴兴区顺利通过全国学前教育普及普惠区省级评估；教育工作公众满意度测评连续两年列全省第二；通过转公、回购等方式，民办义务教育段学校减少9所（现存19所），在校生减少2.75万人，民办义务教育段学校在校生占比从13.76%降至3.24%；1万余名学生参与跳绳竞速赛，全市中小学生体质健康优良率达62%，呈逐年上升趋势等。更多成效，还有待以上举措的持续推进和下一年基础教育生态监测数据的验证。

第四章　县域基础教育公众满意度测评

随着我国现代化教育治理体系逐步确立，各利益相关群体在教育工作中发挥越来越重要的作用，“办好人民满意的教育”逐渐成为社会不懈追求的使命与目标。社会公众对教育工作的满意度不仅是描述我国基础教育发展状况的“晴雨表”，而且是推动政府和教育主管部门不断改进和完善自身工作的重要杠杆。调查一个地区各利益相关群体对教育的满意程度，能够客观了解公众对教育工作的期望值，反映公众关注的教育热点、难点问题，为教育现代化发展水平监测、教育综合督导评估和其他专项督导提供量化民意依据。同时，也有利于分析地区教育发展中存在的不足，明确教育发展的方向和改革的重点，进而提升地区教育现代化水平。自 2017 年开始，浙江省教育厅便委托浙江省教育现代化研究与评价中心组织开展县域基础教育公众满意度测评项目。通过每年一度的满意度测评，了解各县（市、区）学生、家长、教师、校（园）长、社区群众和人大代表、政协委员对当地教育的满意程度及意见建议，为推动全省各地教育治理现代化、促进各地教育高质量发展发挥了重要作用。接下来，我们将从理论基础、工具设计和实施策略三个方面对该项目进行全面介绍。

第一节　理论概述

开展教育满意度测评，首先需要了解什么是教育满意度，哪些因素会影响满意度，目前学术界典型的满意度测评模型有哪些。

一、教育满意度的具体内涵

教育满意度是公众将自己接受教育服务后的实际感受跟预期进行比较后得出的一种主观评价，它反映了公众对政府、教育行政部门和学校教育教学工作的满意程度，是对公众心理状态的量化与测量。① 自 2003 年我国明确提出“办好人民满意的教育”以来，各级政府和教育部门都把“办好人民满意的教育”作为自身的职责任务和工作目标，“教育满意度”逐步引起教育理论工作者和实践工作者的重视。

（一）满意度的理论溯源

满意度最早源于心理学研究，指的是一种满足的感觉，是人们基于自身期望和现实的对比而产生的对某一个或某一类对象的一种主观感受。1965 年，美国学者达多佐（Richard N. Dardozo）等人首次将心理学领域的“满意”概念引入商业领域，开启了顾客满意度研究的热潮。② 顾客满意度调查从此成为众多企业了解顾客对产品的总体主观感受状况，明确自身产品质量、服务改进方向和目标的一种重要手段。

20 世纪 80 年代，随着新公共管理运动的发展，满意度研究扩展到政府层面。很多研究者在政府工作研究中引入“顾客满意”的概念，要求政府充分考虑公众的满意度，以此作为评估政府服务质量的关键指标。美国学者奥斯本（David Osborne）和盖布勒（Ted Gaebler）认为，政府应该借鉴企业的精神和服务模式建设“企业型政府”，把公共服务对象当作顾客来对待，积极调查、了解顾客的需求，努力通过追求顾客满意度来提高自身的公共服务意识和水平。③ 休斯（Owen E. Hughes）等学者提出，政府绩效评估指标不仅需要关注工作目标的执行情况，而且需要经常关注公众满意度，要通过公众满意度调查了解公众对政府的预期，并有针对性地

---

① 徐志伟. 区域公众教育满意度的调查研究——以浙江省绍兴市区为例［J］. 教育测量与评价（理论版），2013（05）：13－17.

② Dardozo，Richard N. An Experimental Study of Consumer Effort，Expectation and Satisfaction［J］. Journal of Marketing Research，1965（08）：244－249.

③ ［美］戴维·奥斯本，特德·盖布勒. 改革政府——企业精神如何改革着公营部门［M］. 周敦仁，等译. 上海：上海译文出版社，1996：163－167.

改进和完善自身工作机制，由此更好地赢得公众认同。①

20 世纪 90 年代末，清华大学赵平教授首次将公众满意度的概念引入国内，开我国公众满意度研究的先河。进入 21 世纪以来，国内关于公众满意度的研究不断深入，重视程度不断提升。例如，朱国玮和郑培合作出版了《服务型政府公众满意度测评理论与实践》一书，将公众满意度引入政府绩效考核当中。② 蔡立辉认为，政府工作水平高低的评判，取决于被服务对象即公众，对政府绩效的考核，应该考虑公众对公共服务满意程度的评价，使政府的服务更加完善。③ 尤建新建议在城市管理绩效考评中引入公众满意度理念，认为公众满意度是对政府服务质量的测评，是公众感受是否受到公平对待、是否认同政府服务的量化。④ 高婵芝将公众满意度视为地方政府核心竞争力的重要影响因素，是公众对于政府及其工作人员的心理感知或差距，即公众真实的体验以及预期之间的距离，它包含认知情况、情感以及行为趋势三部分内容。⑤

（二）教育满意度的定义

这里探讨的教育满意度专门指教育工作公众满意度。从词义上分析，教育工作公众满意度包含“教育工作”“公众”和“满意度”三个子概念。“教育工作”的操作性定义可以从政府和学校两个层面来理解。从政府层面看，教育工作一般指区域在教育投入、教育生态、教育资源配置等方面的发展状况；从学校层面看，教育工作可以定义为学校在教育管理、教师队伍、教学质量、教学成果等方面的发展水平。“公众”作为一个广泛的概念，包括教育服务对象（学生、家长）、教育工作者（教师）和教育管理者（校长）以及社会公众，是整个社会群体的一个缩影。因此，“公众”既有教育利益直接相关者，也有教育工作非直接相关群体，但每个社会公众对教育工作都具有较为切身的实际感受。“满意度”是个体对事物的感受、印象与自己的期望、要求对比后的一种主观判断。

① ［澳］欧文·E. 休斯. 公共管理导论［M］. 北京：中国人民大学出版社，2001：219.
② 朱国玮，郑培. 服务型政府公众满意度测评理论与实践［M］. 北京：科学出版社，2010：18.
③ 蔡立辉. 西方国家政府绩效评估的理念及其启示［J］. 清华大学学报（哲学社会科学版），2003（01）：76－84.
④ 尤建新. 公共满意度理论与公共满意度评价［J］. 上海管理科学，2004（02）：59－61.
⑤ 高婵芝. 地方政府核心竞争力与公众满意度的关系研究——以地市级政府为例［J］. 重庆：社会科学 1 辑，2015（02）：15－16.

目前，国内学者对教育满意度的定义尚未达成共识，概括起来主要有以下三种观点：一是高度关注教育消费者，将教育满意度的主体看作学生及其家长，认为教育满意度主要是学生及其家长对教育服务的感受状况，应该重视这部分教育消费者的主观感受，将其作为优化提升教育服务水平的重要参考依据，对于教育消费者的一些不满情绪，更是需要作为改进自身教育服务工作的关键着眼点。①② 二是从教育提供者的立场进行释义，将教育满意度置于公共绩效评估维度里，认为教育具有公共服务的特性，学生、家长、教师对基础教育的满意度亦是对公共服务的反映，是检验政府承诺是否兑现、目标是否达到的重要指标。③④⑤ 三是对教育满意度的操作内容进行界定，认为教育满意度是公众对学校教育管理、教育质量、教育公平的判断，是对公众关于教育收费、教育腐败、学校差距、校园安全、家校合作等问题的看法与评价的搜集，是教育舆情的重要构成部分。⑥

综合上述观点，我们认为教育满意度是公众在接受教育服务后的主观感受和心理表达结果，一般具有以下特点：第一，主观性。满意度是公众自身对公共服务的主观评价，评价依据主要是自身的感受。受个体教育背景、生活阅历、从业状况、经济状况及自身预期水平的影响，不同个体的满意度往往会表现出较为明显的差异。也就是说，即使为公众提供相同的公共服务，不同个体形成的主观感受也是不一样的。第二，模糊性。个体很难针对公共服务形成非此即彼的评价，即很难针对公共服务形成满意或者不满意的具体评价，相应评价结果往往较为模糊和随机。第三，动态性。满意度往往并非一成不变，个体在不同时段、不同区域以及不同状态下，对公共服务的评价往往存在较为明显的差异，进而导致相应的公众满

① 张娜. 公众对区域基础教育满意度影响因素研究——基于北京市公众教育满意度调查［J］. 中国教育学刊，2012：22 - 24.

② 吉文昌. 教育满意度测评方法与原则［J］. 教育研究，2015（02）：82 - 85.

③ 胡平，秦惠民. 户籍、教育水平及社会职业等级对家长义务教育满意度的影响研究——以北京市为例［J］. 软科学，2011（10）：32 - 36.

④ 李伟涛. 基础教育公共服务满意度研究述评［J］. 上海教育科研，2014（01）：11 - 15.

⑤ “全国教育满意度测评研究”课题组. 基础教育满意度实证研究［J］. 教育研究，2016（06）：31 - 41.

⑥ 张天雪，祁营. 当前公众对教育满意度调查分析——以浙江省为样本［J］. 中国教育学刊，2011（08）：13 - 16.

意度出现变化。因此，满意度研究不仅需要进行横向对比分析，而且往往需要注重纵向对比。惟其如此，才能更好地明确公众满意度的变化趋势，引导政府不断改善自身服务以取得更高的公众满意度。

二、教育满意度的影响因素

研究和关注教育工作公众满意度，并不止于获得一个纯粹的满意度数据，更重要的是通过分析各利益相关群体的满意度数据，找到影响教育满意度的因素，进而基于实证研究结果开展改进行动。从已有研究来看，影响教育满意度的因素很多，国内外不同学者有不同发现，现就这些成果总结如下。

国外学者对教育满意度影响因素的研究起步较早，但由于社会制度和教育观念等方面的原因，相关研究大多聚焦于学校教育对家长教育满意度的影响上。比如，美国学者弗里德曼（Brad A. Friedman）等人的研究发现，家校交流即家长能否从学校得到足够的关于孩子的信息，以及家长参与学校活动的频率，是影响家长满意度的关键因素；同时，学校环境、安全、设施、师资、教学、管理等因素也会影响家长满意度，但这种影响作用机制相对比较复杂。[①] 塔克（Kathy D. Tuck）对哥伦比亚公立小学、初中家长的满意度调查发现，师资水平、学校氛围、课程设置、学生社交能力发展、课外活动及家长对学校活动的参与度是影响家长满意度的主要因素，且不同学历层次的家长对学校氛围和学生社交能力发展的满意度差异较大、不同收入水平的家长对师资水平满意度差异较大。[②] 芬兰的拉蒂（Harri Räty）等人同样研究了影响家长教育满意度的各方面因素，认为教学质量、家校合作、家长参与孩子教育机会、学校处事公平性、孩子个性发展、师资情况等均会对家长教育满意度产生直接影响，应该引起高度重视。[③]

---

① Friedman, B. A., Bobrowski, P. E., & Markow, D. Predictors of Parents' Satisfaction with Their Children's School [J]. Journal of Education Administration, 2007 (03): 278 - 288.

② Tuck Kathy D. Parent Satisfaction and Information: A Customer Satisfaction Survey [M]. District of Columbia Public Schools, Washington, D. C., 1995: 1 - 13.

③ Räty, H. & Kasanen, K. Parents' Perceptions of Their Children's Schools: Findings from a Five-year Longitudinal Study [J]. Educational Studies, 2007, 33 (03): 339 - 351.

综合分析国外相关研究可以发现，除了教学质量、师资水平等常规因素影响教育满意度之外，家校沟通与合作、学生个性发展成为家长感知学校教育质量的两大核心要点。随着我国教育现代化的发展，这两个要点也成为影响当下我国家长教育满意度的关键因素。

国内学者也就教育满意度的影响因素进行了深入研究。总体上看，已有研究主要通过以下途径来探索教育满意度的影响因素。

（一）基于满意度调查实践的分析

例如，李琼等人基于实证研究发现，公众的受教育程度直接影响教育满意度，通常情况下，个体受教育水平越高，对教育的理解越深刻，他对教育质量以及其他教育服务内容的要求就会越高，相比于那些没有受过高等教育的家长，其教育满意度明显更低。① 王蓉的研究表明，社会经济地位、户籍身份是影响公众教育满意度的重要指标。一般而言，高收入水平和本地户口群体可以享受到更高质量的教育服务，而低收入水平、外来人口群体享受的教育服务质量往往偏低，由此形成了明显的教育满意度差异。② 高兵、胡咏梅围绕家庭收入对教育满意度的影响进行了研究。结果表明，家庭收入并不是影响公众教育满意度的直接因素，但家长的受教育背景会影响其教育满意度，不同受教育水平和专业背景的家长往往会从不同角度做出满意度评价。③ 张忠山的研究表明，家长年龄会对教育满意度产生影响，随着家长年龄的增加，其对学校教育的理解和支持会更多，容易形成较高的教育满意度。④

当然，这些研究往往由于地域不同和经济发展水平差异等方面的原因，得出不一致的结论。比如，上述李琼和王蓉的研究同样针对高学历或者高收入家长群体，得出的满意度结果却截然相反。造成这一矛盾的主要原因在于样本来源的不同。在同等教育水平的条件下，受教育程度较高的家长对教育服务的要求也相对高，因此满意度偏低。但是，如果在教育资

① 李琼，韦小满，杜亮. 公众对北京市中小学教师的满意度调查［J］. 教师教育研究，2010，22（04）：47-52.

② 王蓉. “办人民满意的学校”——一个关于中小学校的民众满意度调查［J］. 北京大学教育评论，2006，6（04）：38-46.

③ 高兵，胡咏梅. 中小学学生及家长满意度的实证研究［J］. 内蒙古师范大学学报（教育科学版），2006（19）：73-76.

④ 张忠山. 小学生家长对学校的满意度研究［J］. 上海教育科研，2003（03）：8-11.

源布局不均衡的地区，受教育程度高或收入水平高的家庭，往往较其他家庭拥有更好的教育资源，所以满意度相对较高。由此可见，区域内经济发展水平是否均衡和教育资源布局是否合理，是影响教育满意度的重要因素。相较而言，林挺进等人通过调查分析了 32 个城市的 3 万多个样本，由此得到的研究结果更为充分，也具备更高的代表性。① 该研究从个体层面和城市发展层面对教育满意度的影响因素进行了分析，指出个体层面的收入水平、居住时间、学历等变量会对公众教育满意度产生影响，城市发展层面人均国内生产总值、人均财政教育经费支出会对教育满意度产生影响。

（二）基于多学科视角的分析

我国关于教育满意度影响因素的研究虽然兴起时间不长，但研究视角已呈现多学科特征。李伟涛分别从社会学视角、教育学视角、管理学视角归纳了公众教育满意度的影响因素。② 首先，社会学视角。教育是比较受重视的社会问题，社会层面的影响因素不容忽视。贫富差距、城乡资源分配不均等典型的社会问题，以及外来务工人员、白领以及农民工等特定群体，都会对公众教育满意度产生影响。其次，教育学视角。随着教育形势的变化，公众对教育的关注产生了新变化，家长的教育满意度已不再局限于学生的学习成绩方面，需要从更多元的角度分析教育满意度的影响因素。例如，在北京、上海等教育水平相对较高的地区，学生身体素质、心理素质等越来越成为家长评价教育的重要指标。最后，管理学视角。从管理学角度来研究公众教育满意度的影响因素，既要高度关注教育布局、教育设施、信息公开、教育环境等要素，又要重点考虑到教育政策方面的影响，尤其是面向特殊人群的教育政策对教育满意度的影响。

（三）基于不同学段特点的分析

张娜通过对北京市的调查，分学段研究了影响教育满意度的主要因素，为不同层级学校提升社会公众对自身的满意度提供了方向。③ 对幼

① 林挺进，吴伟，于文轩，王君. 中国城市公共教育服务满意度影响因素研究 [J]. 复旦教育论坛，2011 (09)：4.

② 李伟涛. 基础教育公共服务满意度研究述评 [J]. 上海教育科研，2014 (01)：11-15.

③ 张娜. 公众对区域基础教育满意度影响因素研究——基于北京市公众教育满意度调查 [J]. 中国教育学刊，2012 (08)：22-25.

儿园而言，影响满意度的因素主要有入园办法、教育设施、收费水平等。对小学而言，之前小学生家长比较关心的影响因素有小学生的睡眠时间及作业量，但随着“双减”政策的落地，作业和睡眠逐渐从问题因素化为优势因素，而家长对教育教学过程和素质教育质量的感知开始成为影响当下小学生及其家长教育满意度的重要因素，需要教育行政部门给予更多的关注。对初中学校而言，校园欺凌和学生体罚问题曾是比较受关注的因素，但随着社会文明程度的提高，以及法律法规的逐步健全，初中学生及家长更加注重教育公平和学生个性发展，这些成为未来初中学校必须重视的因素。对普通高中而言，教学质量、学生心理健康状况和家校沟通状况往往是最受关注的影响因素，如果学校不能为学生提供理想的学习环境，没有关注学生的心理健康状况或家校沟通不畅，必然会影响学生及其家长的教育满意度。就中等职业学校而言，教师工作态度和学生心理健康教育是两个值得关注的影响因素，这两个方面如果存在较为明显的问题，势必会影响公众教育满意度。总之，通过分析教育满意度的影响因素，可以发现，各学段既有共同的任务，也有各自亟待解决的问题。解决这些问题不仅需要学校提高办学水平，还需要教育行政管理部门和政府部门统筹规划，更需要整个社会共同努力。

三、教育满意度测评技术

教育满意度测评是一项非常复杂、技术性也很强的工作，不仅涉及测什么、怎么测和测评谁的问题，而且涉及选用什么样的理论模型的问题。接下来，我们将基于已有文献，对这些问题的相关观点进行梳理。

（一）教育满意度测评内容

从已有文献可以看出，不同研究者对教育满意度测评内容的看法大致相同。例如，21 世纪教育科学研究院将基础教育满意度划分为如下七个维度：教育公平、教育收费、教育过程、教育决策与参与制度、教育质量、教育选拔制度、教育的个人收益和效能感。① 孙焱建构的基础教育满意度

① 21 世纪教育研究院. 2005 年中国教育满意度调查［C］//杨东平. 教育蓝皮书：中国教育发展报告（2005）［M］. 北京：社会科学文献出版社，2006：433－441.

指标体系涵盖教育公平、教育过程、教育质量、教育制度和决策、教育收费、教育效能六个维度，涉及区域差异、入学机会、择校、政府改善教育措施、师资配备、课业负担、课程设置、学业成绩、教育收费等20多个项目。① 而2011年由北京师范大学教育学部主持的北京市公众基础教育满意度调查将调查内容分为宏观政策和学校管理两个层面，宏观政策层面主要关注国家和地方的教育政策、教育行政状况、课程改革、教育环境等内容，学校管理层面主要调查学校设施和教育环境、教学效果、家校交流和参与、校长领导水平、学校安全、教育公平六个维度。② 赵学勤从政府职责、学校管理、师资队伍、教育效果四个方面构建基础教育满意度测评指标体系。③ 从以上案例可以看出，研究者大多将教育公平、教育收费、教育过程、教育质量、教育决策与参与制度、学校管理水平作为教育满意度测评的主要内容。

（二）教育满意度测评对象

除了科学合理的评测指标，教育满意度调查对象的选择也决定着调查结果的信度与效度。越来越多的学者开始认识到仅从学生或家长角度来了解教育满意度还不够准确和全面，纷纷主张拓宽教育满意度的测评对象。例如，萨利斯（Edward Sallis）等人认为，教育满意度测评对象除学生和家长外，还应包括教师、企业主管、政府和社会代表。④ 张家宜将教育顾客分为内部顾客和外部顾客，内部顾客包括学生、教师和行政人员等，外部顾客包括家长、校友、捐资者、社区、学生未来的用人单位等。⑤ 吉文昌认为，应该从“人民满意的教育”中“人民”的意蕴来选取教育满意度测评的对象，除了学生、家长，教师、社会一般公众和人大代表、政协委员也应当纳入测评；同时，还要强调调查对象的针对性，如高中学校教师

---

① 孙焱. 满意度调查：基于教育视角的问卷分析与改善建议——江苏省L市基础教育满意度调查报告［J］. 江苏教育研究，2015（07）：40-44.

② 程黎，冯超，韦小满，杜亮，徐志勇. 北京市公众基础教育满意度问卷编制［J］. 教育学报，2011（06）：85-91.

③ 赵学勤. 北京市区县教育工作满意度调查的理论研究与框架设计［J］. 教育科学研究，2012（04）：5-11.

④ Sallis，E. Total Quality Management in Education（3rd ed.）［M］. London：Kogan Page，2002：112-113.

⑤ 张家宜. 高等教育行政全面品质管理：理论与实务［M］. 台北：高等教育文化事业有限公司，2002：173-197.

可以对初中教育满意度做出评价。① 此外，由中国教育科学研究院领衔的“全国教育满意度测评研究”课题组也将教育满意度测评对象分为四类，即教育服务对象（学生、家长）、教育工作者（幼儿园教师、义务教育学校教师、高中教师）、教育管理者（幼儿园园长、义务教育学校校长、高中校长）以及社会公众（网民）。②

全面系统地了解教育满意度现状，需要从多个维度和视角加以衡量，然而不同人群问卷设计、样本量选取、权重分配还需理论界深入研究。首先，不同群体之间权重的变化影响着整体综合测评的结果，其科学性很大程度上会影响调查结果的信度和效度。但目前关于不同群体抽样以及指标权重分配研究仍缺乏系统和科学的设计，由调查主体自主确定权重分配。其次，不同群体需要不同的调查问卷、调查方法与技术手段才能实现调查的针对性和有效性，这给调查带来了不少成本与难度。目前，很多调查研究对抽样对象没有严格要求和区分，任何有意填写问卷的人都可作答，忽视了抽样样本的代表性和不同经历带来的差异性。

（三）教育满意度测评的理论模型

为了让教育满意度测评更具科学性和针对性，我们可以借鉴经典的满意度测评理论模型来构建或解释各个维度指标之间的关系，并对各变量对满意度的影响进行归因分析，使测评脉络可视化、结果呈现学术化。总体上看，国内外比较具有代表性的满意度测评理论模型主要有马斯洛需求层次模型、美国顾客满意度指数模型、“吉文昌课题组”教育满意度测评理论模型和“全国教育满意度测评研究”课题组的理论模型。

1. 马斯洛需求层次模型

1943年，美国心理学家马斯洛（Abraham H. Maslow）在《人类激励理论》（*A Theory of Human Motivation*）一文中提出需求层次理论。他认为，人类需求呈阶梯状，从低到高可分为五个层次，分别是：生理需求、安全需求、社交需求、尊重需求和自我实现需求（见图4-1-1）。其中，

① 吉文昌. 教育满意度测评方法与原则［J］. 教育研究，2015（02）：82-85.

② “全国教育满意度测评研究”课题组. 基础教育满意度实证研究［J］. 教育研究，2016（06）：31-41.

前两项是基本需求，即因缺乏而产生的需求；后三项被概括为增长需求。马斯洛认为，需求层次越低，力量越大，潜力越大；随着需求层次的上升，需求的力量相应减弱；增长需求出现之前，必须先满足基本需求；增长需求在基本需求中起主导作用，顶层的自我实现需求对以下层次的需求具有潜在影响。①

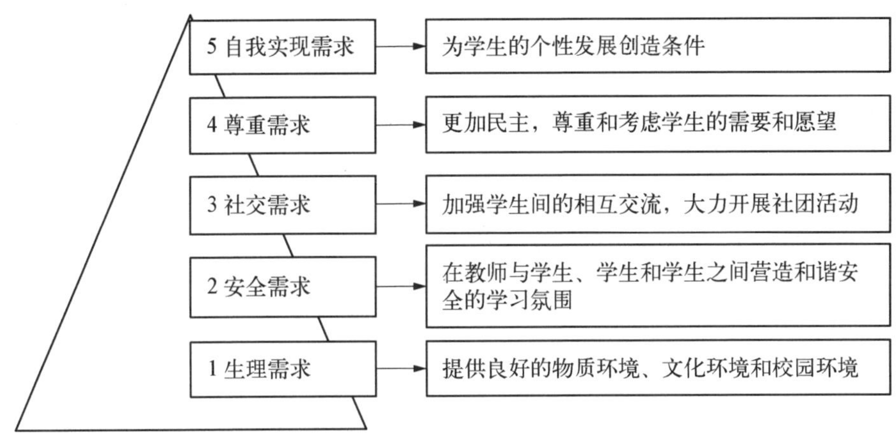

图 4-1-1　马斯洛需求层次图

该理论模型延伸到教育层面，可以理解为：教育行政部门或学校为满足学生的需要，一方面要关注满足学生学习的基本需求，即为学生学习提供良好的物质环境、文化环境和校园环境，在教师与学生、学生和学生之间营造和谐安全的学习氛围；另一方面要积极满足学生的成长需求，即要加强学生间的相互交流，培养学生的人际交往能力，要大力开展社团活动，培养并激发学生的兴趣爱好，为学生的个性发展创造条件，要坚持民主管理理念，尊重和考虑学生的需求和愿望。总之，马斯洛需求层次理论至今在教育领域都具有极高的应用价值，满意度测评应该以此为底层逻辑和价值导向。

2. 美国顾客满意度指数模型

1994 年，美国密歇根大学商学院质量研究中心福内尔（Claes Fornell）博士针对瑞典顾客满意度指数（SCSB）在应用中存在的局限性和适应性不足问题，提出了美国顾客满意度指数模型（ACSI），随后该模型在公共服

① 彭聃龄. 普通心理学［M］. 北京：北京师范大学出版集团，2003：329-330.

务领域得到广泛运用，成为世界上很多国家最受欢迎的顾客满意度指数理论模型。① 该模型主要借助多元线性回归计量模型解释顾客满意度，探讨相关顾客满意度的影响因素，包含预期质量、感知质量、感知价值、顾客抱怨、顾客忠诚和顾客满意度 6 个结构变量（见图 4－1－2）。其中，顾客满意度是最为关键的目标解释变量，感知质量、预期质量以及感知价值是解释顾客满意度的重要原因变量，顾客抱怨、顾客忠诚则是顾客满意度的结果变量。这些结构变量的选取以顾客行为理论为基础，每个结构变量又包含一个或多个观测变量，观测变量则通过实际调查收集数据得到。

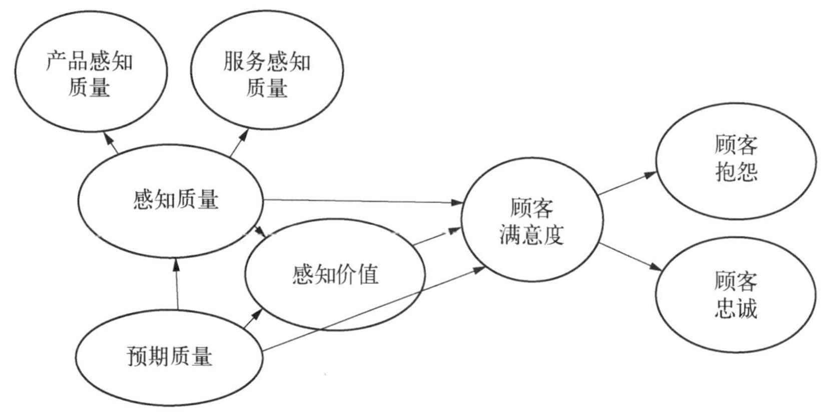

图 4－1－2 美国顾客满意度指数模型

教育服务是一种特殊产品。在分析评价教育满意度时，我们不能仅仅关注顾客的受教育结果，还应该关注整个受教育过程，如此才能形成较为全面、综合的评价。美国顾客满意度指数模型为我们更全面地考虑教育满意度的内容和影响要素提供了很好的分析框架。

3.“吉文昌课题组”教育满意度测评理论模型

2015 年，吉文昌团队结合中国国情和教育领域的具体情况，在借鉴美国顾客满意度指数模型的基础上，构建了专门的教育满意度测评理论模型（见图 4－1－3）②，为教育满意度测评指标的确定和结果的解释提供了理论

① 刘新燕，刘雁妮，杨智，万后芬. 构建新型顾客满意度指数模型——基于 SCSB、ACSI、ECSI 的分析［J］. 南开管理评论，2003，6（06）：5.

② 吉文昌. 教育满意度测评方法与原则［J］. 教育研究，2015（02）：82－85.引用时表述略有改动。

框架。这个模型包含感知、比较、满意度和行为结果四方面的内容，认为人们对教育的满意程度始于对教育机会、教育过程以及教育结果的感知，然后通过与自己的期望和他人情况的对比形成相应教育满意度结果（包含忠诚、抱怨等不同结果），而这种满意度结果又会影响人们的具体行为。因此，在研究公众的教育满意度时，往往需要高度关注个体感知到的教育水平与实际状况的对等效果，避免因为两者的落差影响教育满意度的可靠性，尤其是对于一些故意扭曲教育实际状况的现象，更需要重视。此外，教育满意度往往还会受到自身期望水平和对比内容的影响，这也需要我们全面权衡教育满意度的各方面因素，避免仅根据公众教育满意度结果简单下定论的倾向。

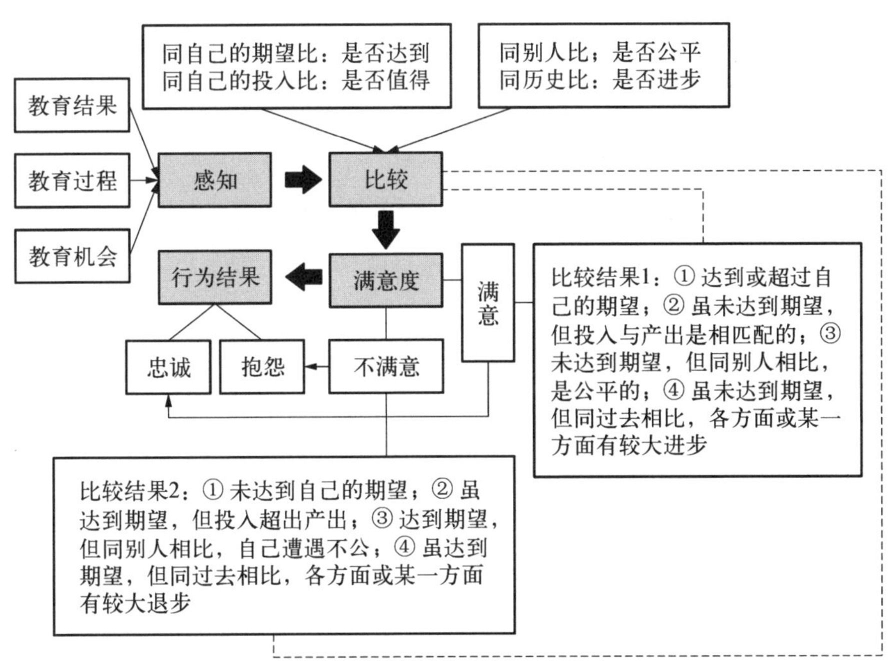

图 4-1-3　教育满意度测评理论模型

4.“全国教育满意度测评研究”课题组的理论模型

2015 年，由崔保师、曾天山领衔的“全国教育满意度测评研究”课题组也构建了一个包含教育期望、教育公平感知、教育质量感知和总体满意度四个变量的教育满意度测评模型（见图 4-1-4）。该模型假设，教育期望作为重要的自变量，会对教育公平感知、教育质量感知以及总体满意度产生正向影响，而教育公平感知和教育质量感知同样也会对总体满意度产生影响；此外，教育公平感知还会影响教育质量感知。① 鉴于模型中的四个变量均为潜变量，难以直接进行测量，因此，需要通过设置一些操作性强的观测指标，对这四个变量进行必要的转化。例如，对于总体满意度这一变量，往往需要解构成学校总体感受、对学校的信心以及期望对比结果等要素。此外，在问卷编制过程中，除了要重点考虑这四个潜变量的有效转化外，还应该注重调查学生的教育背景。

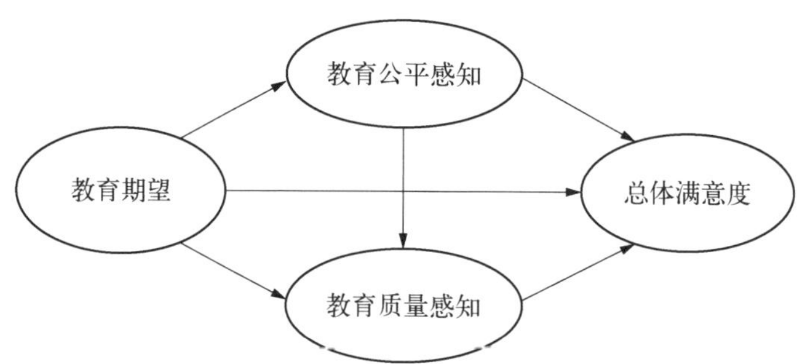

图 4-1-4 基础教育服务对象满意度模型

第二节 问卷设计

问卷设计是建立在知晓度、关注度这一重要基础之上的。如果被调查者没有能力回答问卷，那所得数据是欠真实和可靠的。因此，在设计问卷时，需要关注不同调查对象的特点和需求，针对不同角色设计不同的问题。基于这样的目的，本节首先梳理国内外基础教育阶段学生、教师、家长及社会群众等群体满意度问卷编制的相关文献及基本框架，然后介绍浙江省县域基础教育公众满意度测评问卷的设计过程、具体内容和信效度分析结果。

一、国外教育满意度问卷框架

国外研究者在讨论和研究教育满意度定义以及理论框架时，往往聚焦

① 崔保师，曾天山，刘芳，等. 基础教育服务对象满意度实证研究［J］. 教育研究，2019，40（03）：80-89.

于某一类群体。起初研究者侧重研究教师满意度，但随着研究的深入，也逐渐关注家长和学生对教育的满意度。

（一）学生满意度问卷框架

学生满意度调查最先兴起于高等教育领域，主要了解大学生对高校图书馆服务、信息化服务、食堂、住宿、课程组织与评估、教师和教学风格、学生负担、社交活动、自我发展、财务状况、校园环境等方面的满意程度。[①] 近几年来，也有越来越多的研究者对基础教育学生的满意度进行研究。

西蒙森（Inge-Ernald Simonsen）等人认为，学生对学校的满意度不仅是衡量教育质量的关键指标，而且可以预测学生学业成绩和效能感并防止辍学，学校有必要从学校、教师、教学和同学四个方面来衡量他们的学校满意度（school satisfaction）。[②] 在学生满意度的相关研究中，希布纳（E. Scott Huebner）编制的多维学生生活满意度量表得到许多研究者的引用和借鉴，该量表包含自我、学校、朋友、家庭以及生活环境五个维度。[③] 其中，学校满意度分量表主要评估学生对学校生活和经历的满意度[④]，一共7道题，具体如下：（1）在学校我感到很糟糕；（2）我很期待去学校；（3）在学校我学到很多；（4）我喜欢待在学校；（5）学校很有趣；（6）学校里有很多我不喜欢的地方；（7）我希望自己不用去学校。[⑤]

刘（Wang Liu）等人编制了基于小学生学校主观幸福感的学校满意度量表，该量表包含学业学习、学校管理、师生关系、学业成就、同伴关系、教学六个维度，各维度题目见表4-2-1。

---

① Harvey，L. Student Satisfaction [J]. New Review of Academic Librarianship，1995，1（01）：161-173.

② Simonsen，I. E. & Rundmo，T. The Role of School Identification and Self-efficacy in School Satisfaction among Norwegian High-school Students [J]. Social Psychology of Education，2020，23：1565-1586.

③ Huebner，E. S.，Laughlin，J. E.，& Ash，C.，et al. Further Validation of the Multidimensional Students' Life Satisfaction Scale [J]. Journal of Psychoeducational Assessment，1998，16（02）：118-134.

④ Whitley，A. M.，Huebner，E. S.，& Hills，K. J.，et al. Can Students Be Too Happy in School? The Optimal Level of School Satisfaction [J]. Applied Research in Quality of Life，2012，7（04）：337-350.

⑤ Suldo，S. M.，Thalji-Raitano，A.，& Hasemeyer，M.，et al. Understanding Middle School Students Life Satisfaction：Does School Climate Matter? [J]. Applied Research in Quality of Life，2013，8：169-182.

表 4-2-1 基于小学生学校主观幸福感的满意度量表①

维度	题目
学业学习	1. 我有充裕的时间完成老师布置的家庭作业。 2. 学校的课程内容符合我们的学习兴趣。 3. 我有充裕的时间参与课外活动。 4. 我能轻松地完成老师布置的家庭作业。 5. 我们学校的课程数量合理。
学校管理	1. 学校根据学生的需求制定规章制度。 2. 我们校园环境优美。 3. 学校的教学设备能满足我们的需求。 4. 学校组织的课外活动多种多样。
师生关系	1. 当我遇到困难时，老师能帮助我。 2. 老师是我们的朋友。 3. 老师关心我。 4. 我喜欢老师。
学业成就	1. 我擅长学习。 2. 我在学校表现很好。 3. 我在学校受到表扬或奖励。 4. 我是个好学生。
同伴关系	1. 同学们关心我。 2. 在学校我有很多朋友。 3. 同学喜欢和我交流。
教学	1. 老师能将游戏整合到课堂教学中。 2. 课堂作业量是适度的。 3. 老师的教学方法是灵活多样的。

（二）教师满意度问卷框架

教师工作满意度是指教师与其教学角色的情感关系，是教师期望得到什么与实际获得之间的关系，具体包括对工作条件（如工作本身、领导态度等）以及工作结果（薪酬、工作稳定性等）的满意度。② 总体上看，国外研究者主要从两个方面开展教师满意度研究：一是从感受本身入手，调查教师的生活满意度和幸福感；二是从影响因素入手，基于赫茨伯格（Frederick Herzberg）的双因素理论，将影响教师工作满意度的因素分为内在因素和外在因素、不满意因素和满意因素两大类。

① Liu W., Tian L., & Scott Huebner E., et al. Preliminary Development of the Elementary School Students' Subjective Well-being in School Scale [J]. Social Indicators Research, 2015, 120 (03): 917-937.

② Zembylas, M. & Papanastasiou, E. Job Satisfaction among School Teachers in Cyprus [J]. Journal of Educational Administration, 2004, 42 (03): 357-374.

在教师生活满意度和幸福感方面，霍（Chung Lim Ho）对迪纳（Ed Diener）等人的生活满意度量表进行了改变，形成了教学满意度量表（Teaching Satisfaction Scale）。该量表的目的在于测量教师对教师职业本身的主观感受，内容较简单，没有涉及教师工作满意度中的其他方面或影响因素，题目如下：（1）当一名教师与我的理想基本一致，我感到很满意；（2）作为一名教师，我的生活条件很好；（3）我对自己是一名教师很满意；（4）作为一名教师，我觉得我已经得到了生活中想得到的重要东西；（5）如果可以重新选择职业，我几乎没有什么想要改变的。①

过去的研究基于赫茨伯格的双因素理论，认为教师的满意因素主要与晋升有关，是内在的，包括学生成就、帮助改变学生行为与态度、积极的师生关系、自我成长、专业技能、归属感、支持的环境等；而不满意因素主要与教学任务、共事有关，是外在的，包括教育变革、学校日益见长的期待与责任、社区对教师明显恶劣的态度、媒体上教师的负面形象、变革与变革管理带来的问题、强加的责任、缺乏支持、晋升机会问题等。基于这些观点，迪纳姆（Stephen Dinham）等人编制了包含十大因子的教师工作满意度问卷，这十个因子分别是：（1）学校领导力、文化、决策；（2）晋升程度与机会；（3）基础设施；（4）学校名气；（5）教师地位与形象；（6）学生成就；（7）精神关怀；（8）工作量/负担；（9）变革与变革管理；（10）专业自我成长。② 此外，迪纳姆还拓展了影响因素种类，将影响满意度的因素分为教师外在的不满意因素、校本因素（既不是满意因素也不是不满意因素，他认为绝大多数的调查项目都集中在此因素）、教学的内在满足（满意因素）三类。

2005 年，扎莫拉斯（Michalinos Zembylas）等人同样基于双因素理论，从增权赋能的角度，开发了教师满意度问卷（见表 4-2-2），并用结构方程模型对各类因素进行探究。他们认为，教师内在的满意因素包括与孩子之间的课堂活动（喜欢与孩子一起工作）、促进孩子的生活发生积极改变的愿望、师生关系、教学的挑战、高水平的自主性、强有力的领导与支持等内容；与不满意相关的因素有超负荷工作、低收入、低工作地位以

---

① Ho, C. L. Teaching Satisfaction Scale: Measuring Job Satisfaction of Teachers [J]. Educational & Psychological Measurement, 2006, 66 (01): 172-185.

② Dinham, S. & Scott, C. Moving into the Third, Outer Domain of Teacher Satisfication [J]. Journal of Educational Administration, 2000, 38 (04): 379-396.

及教师职业在社会中的低地位等内容；影响教师满意度的外在因素包括收入、领导的支持、资源的可获得性、工作条件、学校政策、工作负担以及承担课外任务的预期等内容。

表 4-2-2 扎莫拉斯等人开发的教师满意度问卷①

维度/变量	题目
赋能（对改变的能力感受）	1. 你对自己影响学生成绩的能力满意吗？ 2. 你对自己促进学校进步的能力满意吗？ 3. 你对自己改变学生行为的能力满意吗？
成长（教师的专业成长）	1. 你对自己掌握教学内容的程度满意吗？ 2. 你对自己掌握专业技巧的程度满意吗？ 3. 你对自己完成职业目标的程度满意吗？
决策（参与决策的机会）	1. 你对自己锻炼领导力的机会满意吗？ 2. 你对自己参与学校决策的机会满意吗？
晋升（晋升机会的满意度）	1. 你对自己获得的晋升机会满意吗？ 2. 你对自己学校系统内的晋升与功绩评判满意吗？
地位（教师在学校和社区的被认可度）	1. 你对自己在学校通过努力而获得的认可度满意吗？ 2. 你对自己在学校行政系统内通过努力而获得的认可度满意吗？ 3. 你对自己在家长和社区中通过努力而获得的认可度满意吗？ 4. 你对教师在社会中的地位满意吗？ 5. 你对自己在学校/社区中的地位/名声满意吗？

（三）家长满意度问卷框架

国外家长满意度问卷框架的研制始于对家长满意度影响因素的分析。例如，戈尔德林（Ellen Goldring）等人研究发现，家长对学校课程的学术标准、教学的有效性、学校纪律和学校安全最为关心。② 库珀（Amy Cooper）在一项对 122 所小学 7 500 名家长的研究中发现，学校安全和校园积极氛围最能预测家长的满意度，同时学校是否告知家长其孩子在校教育情况、是否赋予家长权力以及学生人数、学校结构特征、家长参与、课堂学习支持和学生成就也是家长满意度的预测因素。③ 钱伯斯（Stefanie

① Zembylas, M. & Papanastasiou, E. C. Modeling Teacher Empowerment: The Role of Job Satisfication [J]. Educational Research and Evaluation, 2005, 11 (5): 433-459.

② Goldring, E. & Rowley, K. J. Parent Preferences and Parent Choices [C] //The Annual Meeting of the American Educational Research Association, San Francisco, 2006-8-8.

③ Cooper, A. & Letts, K. A Parent Report Card: Universal Prekindergarten in New York City [C] //What Parents Really Think, Early Childhood Strategic Group, New York, 2002: 1-24.

Chambers）认为，预测家长对学校满意度的因素还包括家长—教师联系机制、家庭和学校之间的沟通、学校资源的可用性、适当的学校领导以及负责任的预算实践等。①

在具体的家长满意度框架上，研究者也提出了很多不同的方案。迈耶（Corinne Meier）等人在对一所公立小学的案例研究中，从学校文化、家校沟通、课堂教学、课堂组织四个方面对家长满意度进行了调查。② 其中，学校文化包括广泛的组成部分，如影响学校运作的信仰、观念、关系、态度以及各种成文或不成文的规定；家校沟通包括依靠书面通知、大会以及个别的家长—教师访谈；课堂教学主要包含作业本、家庭作业、测试和考试结果、学校季度报告等；课堂组织则主要包含课堂纪律、对孩子的尊重、公平对待学习者、学习环境创设等内容。美国哈里斯民意互动调查组织（Harris Interactive Poll Organization）研究人员于1993年建构了一个包含教师、管理人员、课程、基础设施、参与、交通、预算等要素的家长满意度概念模型（见图4-2-1），并编制了家长满意度问卷，从13个方面了解不同种族背景的家长对学校的评价以及总体满意度情况（见表4-2-3）。

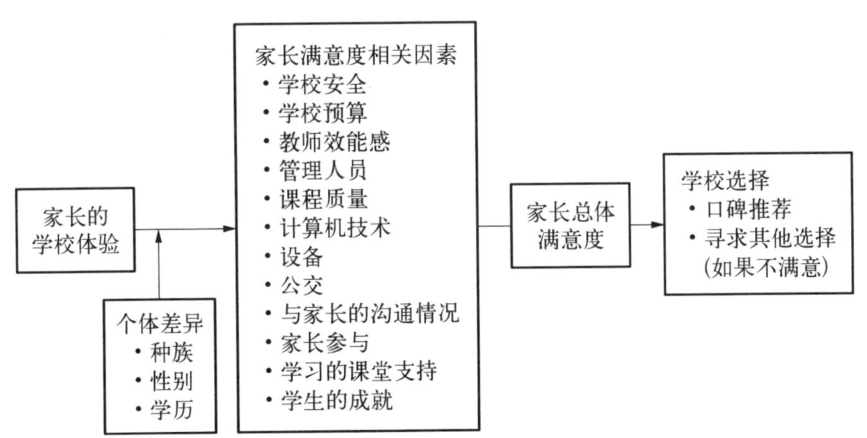

图4-2-1　哈里斯民意互动调查组织的家长满意度概念模型③

① Chambers，S. & Michelson，M. R. School Satisfaction among Low-income Urban Parents [J]. Urban Education，2020，55（02）：299-321.

② Corinne Meier & Eleanor Lemmer. What Do Parents Really Want? Parents' Perceptions of Their Children's Schooling [J]. South African Journal of Education，2015，35（02）：1-11.

③ Friedman，B. A.，Bobrowski，P. E.，& Geraci，J. Parents' School Satisfaction：Ethnic Similarities and Differences [J]. Journal of Educational Administration，2014，44（05）：471-486.

表 4-2-3 哈里斯民意互动调查组织的家长满意度问卷①

维　度	定　义	题目示例
设施与设备	学校设施、资源和土地，包括教科书、建筑、食堂、图书馆	学校图书馆是否满足您孩子的需求?
计算机技术	计算机满足孩子需求的程度	学校计算机是否能帮助您的孩子学习?
校　车	时间安排的合理性、便捷性以及学生在车上的表现	您孩子的校车是否通常都准时?
学校沟通	学校向家长通报学校活动、学生学业以及其他进展情况、组织家长会等的程度	学校在让您了解孩子的学习进展方面做得怎么样?
父母参与	学校允许家长参与子女教育和决策的程度	学校在决策时采纳家长意见方面做得怎么样?
教师效能	教师在向儿童提供个人关注、鼓励儿童学习、家庭作业、尊重父母等方面的效能	教师会鼓励您的孩子学习吗?
教师沟通	教师与家长的沟通程度，包括儿童成就、问题以及教师可及性	当您的孩子表现良好时，教师会和您沟通吗?
教育委员会	教育委员会在改进课程设置和提高教学质量等方面的表现	请评价教育委员会在提高整体教学质量方面的表现
监督和中央办公室	中央办公室在改进课程设置和提高教学质量等方面的表现	请评价中央办公室在提高整体教学质量方面的表现
校长	校长在解决问题和提供支持等方面的效能	您对校长提供的支持满意吗?
课程	学校课程在必修课程、高级课程、残障儿童课程、大学预科课程和标准化考试等方面的效能	您如何评价您孩子所需的学术课程?
培训	学校在毒品、艾滋病、犯罪和计算机使用等方面提供的家长培训	您如何评价在您计算机使用方面获得的培训?
学校预算	学校预算为税收提供的价值，学校对处理财务负责	学校是否为您的孩子提供了安全的环境?
总体满意度	1. 家长对学校的总体评价 2. 家长对学校的自豪程度 3. 家长是否向其他家长推荐学校	——

① Friedman, B. A., Bobrowski, P. E., & Geraci, J. Parents' School Satisfaction: Ethnic Similarities and Differences [J]. Journal of Educational Administration, 2014, 44 (05): 471-486.

二、国内教育满意度问卷框架

近年来，国内很多研究者也就不同群体教育满意度调查的内容展开研究，提出了多种满意度调查框架。这些框架为我们设计县域教育满意度问卷提供了很好的素材。

（一）学生满意度问卷框架

学生满意度是学生对服务期望和服务结果比较后的一种心理反应。[①]我国研究者对学生满意度的研究起步较晚，与国外一样，现有研究也大多集中于高等教育领域。即便如此，还是有部分研究者对基础教育段学生满意度展开了研究。例如，郑秀敏以上海市义务教育段学生为研究对象，提出了一个包含学生感知服务质量、学生期望服务质量、学生感知服务价值和学生满意度四个变量的义务教育服务质量学生满意度概念模型（见图 4 - 2 - 2）。[②] 其中，学生满意度维度涉及总体满意度、教学服务满意度、管理服务质量满意度、后勤服务质量满意度。

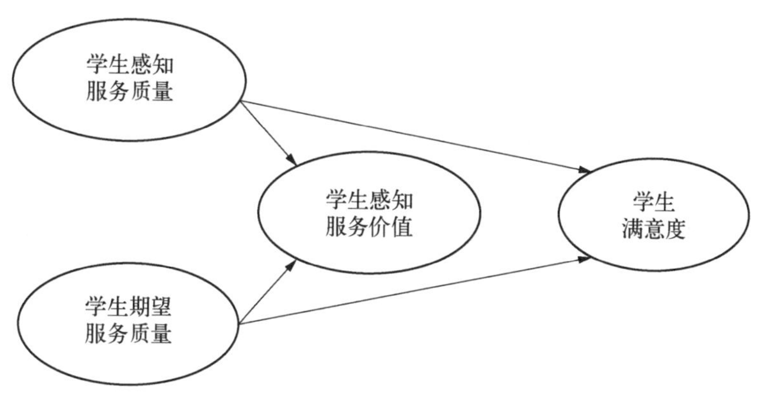

图 4 - 2 - 2　义务教育服务质量学生满意度概念模型

此外，李芳仪等人在借鉴国外满意度理论模型基础上，建构了一个包含环境设施、学校形象、教学过程、师资力量和感知公平五个维度的中学生教育满意度指数模型。[③] 何更生也从学校环境、同学关系、个人在班级

① 郭芳. 对教育服务质量和学生满意度的实证分析［J］. 天津师范大学学报（基础教育版），2014，15（03）：64 - 68.

② 郑秀敏. 义务教育服务质量学生满意度实证研究［J］. 上海教育科研，2015（06）：66 - 70.

③ 李芳仪，吴宏超. 基于结构方程的中学生教育满意度实证研究［J］. 山西师大学报（社会科学版），2017，44（05）：101 - 106.

中的表现、教师对自己的评价、课堂教学内容和教学方法、课外活动等方面，对小学生学校生活满意度进行了调查。①

（二）**教师满意度问卷框架**

由于教师是学校的员工，不同于作为教育服务“消费者”的家长群体，因此研究者在探讨教师满意度时，往往倾向于使用“教师工作满意度”这个概念。从心理学上讲，教师工作满意度是指教师对其从事的职业和工作条件与状况的一种总体的、带有情绪色彩的感受与看法②，一般包含对职业声誉、自我实现等的内在满意度和对工作条件、工作环境、薪资报酬、人际关系的外在满意度③。

国内对教师工作满意度研究起步较早，因而对教师满意度调查内容维度的观点也比较多元，以下以时间顺序梳理了几种有代表性的观点。1996年，冯伯麟通过项目收集、初选及因素分析，编制了《教师工作满意量表》，从自我实现、工作强度、工资收入、领导关系、同事关系五个维度考察教师工作满意度。④ 1998年，陈卫旗分析了中学教师工作满意度的因素组成结构，根据问卷数据抽取了十大因素，分别命名为领导与管理、工作成就、学生品质、教育体制与社会环境、社会地位、收入与福利、同事关系、社会认可、工作压力、工作环境与条件。⑤ 2000年，张忠山基于上海教师工作实际，从教师工作本身、领导、同事、晋升认可、收入和整体工作满意度等方面对上海小学教师的工作满意度进行了调查。⑥ 2007年，胡咏梅基于前人研究成果和教师访谈，自编了涉及教师工作强度、自我实现、领导与管理、人际关系、工资收入、发展环境等方面内容的教师工作满意度问卷，并抽取学校领导与管理、发展环境、付出—回报合理性、自我实现、同事关系、师生关系、学校声誉七个因子，建构了教师满意度模型（见表4-2-4）。有学者认为，虽然不同研究者从不同的研究角度出

① 何更生，葛爱莲，孙桂丽．小学生在学校的生活快乐吗——现状分析及教育对策［J］．教育科学研究，2010（05）：37-40.

② 陈云英，孙绍邦．教师工作满意度的测量研究［J］．心理科学，1994（03）：146-149+193.

③ 陈纯槿．中学教师工作满意度影响因素的实证研究——基于PISA 2015教师调查数据的分析［J］．教师教育研究，2017，29（02）：84-91+41.

④ 冯伯麟．教师工作满意及其影响因素的研究［J］．教育研究，1996（02）：42-49+6.

⑤ 陈卫旗．中学教师工作满意感的结构及其与离职倾向、工作积极性的关系［J］．心理发展与教育，1998（01）：38-44.

⑥ 张忠山．上海市小学教师工作满意度研究［J］．上海教育科研，2000（03）：39-42.

发，但教师工作满意度调查问卷涉及的内容基本相似，一般涉及社会及技术、自我实现、被他人承认等因素。①

表 4－2－4　胡咏梅的教师工作满意度问卷框架②

维　　度	题　　目
教师对领导与管理的满意度	您对学校领导的待人公平度感到…… 您对领导的亲和力和人格魅力感到…… 您对与领导的交往相处感到…… 学校的教师评价使您感到…… 您对学校现有的规章制度感到……
教师对发展环境的满意度	您对学校教学设施的配置感到…… 您对校园文化的氛围感到…… 您对学校的发展前景感到……
教师对付出—回报合理性的满意度	您对您的工资收入感到…… 您对目前的工作强度感到…… 您对学校福利感到……
教师对自我实现的满意度	您对自己的工作成就感到…… 您对学校提供的专业发展机会感到……
教师对同事关系的满意度	您对学校后勤人员的工作态度感到…… 您对与学校教师的相处感到……
教师对师生关系的满意度	您对自己与学生的关系感到……
教师对学校声誉的满意度	您认为家长对学校……

（三）家长满意度问卷框架

家长满意度是家长对教育服务的实际感知与期望值之间对比后的主观感受，是衡量基础教育公共服务的主观指标。③ 对于家长满意度调查的维度和具体内容，不同研究者有不同的看法。

胡平等人基于择校意愿的心理机制和对以往满意度理论研究的梳理，编制了《北京市义务教育家长满意度调查问卷》，问卷包括教育政策、学校资源和管理以及教师教学三个方面和教育政策、教育公平、教育支出、

① 孙汉银，李虹，林崇德，等. 中学教师的工作满意度状况及其相关因素［J］. 心理与行为研究，2008，6（04）：260－265.

② 胡咏梅. 中学教师工作满意度及其影响因素的实证研究［J］. 教育学报，2007（05）：46－52.

③ 李伟涛. 基础教育阶段学生家长满意度的影响因素：来自上海的调研证据［J］. 教育发展研究，2014，33（22）：76－81.

学校资源、学校管理、课业负担、师资水平、教学过程八个具体维度。① 与胡平等人的观点相似，吴宏超等人认为，家长实际感知的主要有政府教育服务、学校教育服务以及教师教育服务三方面内容。② 其中，家长对政府教育服务的评价主要涉及政府支持教育力度、收费行为规范、择校问题现状、促进教育公平举措、校际均衡情况等内容；家长对学校教育服务的评价主要涉及学校教育资源、学校管理水平、学生发展水平等内容；家长对教师教育服务的评价主要涉及教师职业道德、教师教学水平、教育教学过程等内容。此外，中国基础教育质量监测协同创新中心区域教育质量健康体检项目组也自编一套满意度问卷，包含家长对学校环境及硬件设施的满意度、家长对学校教师队伍的满意度和家长对学生发展的满意度三个维度（见表 4－2－5）。总体上看，该问卷更加注重家长对学校、教师等微观层面及其教育效果（学生发展）的评价。特别是，对学生发展的满意度评价涵盖学生学业成就、身心健康、兴趣爱好、学习兴趣、意志力、社会适应能力等智力与非智力因素。

表 4－2－5 中国基础教育质量监测协同创新中心的家长教育满意度问卷框架③

维　　度	题　　目
家长对学校环境及硬件设施的满意度	1. 家长对学校图书资源的满意度 2. 家长对学校多媒体教学设备的满意度 3. 家长对学校体育运动设施的满意度 4. 家长对学校实验仪器设备的满意度 5. 家长对学校学习氛围的满意度 6. 家长对学校校园风气的满意度
家长对学校教师队伍的满意度	1. 家长对班主任教师工作态度的满意度 2. 家长对班主任教师工作能力的满意度 3. 家长对任课教师工作态度的满意度 4. 家长对任课教师工作能力的满意度

① 胡平，秦惠民. 择校意愿的心理机制——义务教育服务满意度模型与实证研究［J］. 北京大学教育评论，2011，9（04）：118－132＋187.

② 吴宏超，冯梅. 城市义务教育家长满意度影响因素研究——基于 Ordered Logit 回归模型的分析［J］. 教育发展研究，2015，35（10）：26－31.

③ 冯娉婷，肖磊峰，周达，等. 家长教育满意度现状及其影响因素研究——基于对 S 省 140 所高中的调查［J］. 华东师范大学学报（教育科学版），2020，38（12）：99－108.引用时表述略有改动。

续表

维　　度	题　　目
家长对学生发展的满意度	1. 家长对孩子学习成绩发展的满意度 2. 家长对孩子身心健康发展的满意度 3. 家长对孩子社会适应能力发展的满意度 4. 家长对孩子兴趣爱好发展的满意度 5. 家长对孩子学习兴趣、意志力、自信心等品质发展的满意度

从以上综述可以看出，虽然不同研究者提出的家长满意度内容框架有所差异，但均包含宏观和微观两方面的内容，涉及家长对政府、学校、教师三个层面的满意度评价。

（四）社会群众教育满意度问卷框架

社会群众属于非明确身份的调查对象，可以是任何年龄、任何职业的公民，甚至是非利益相关群体公民。与设计家长、教师、学生这些明确身份群体的满意度问卷不同，社会群众教育满意度问卷的题目设计往往可以更加灵活、宏观和宽泛，其目的是反映当地居民对教育发展状况的一种整体感知。已有文献中也包括研究者就社会群众对教育满意度的问题进行的研究和实践。例如，2002 年天津市教育科学研究院教育舆情系列调查课题组开发了《天津市民教育满意度调查问卷》，问卷采取宏观与微观并重并兼顾各级各类教育设计原则，既设计了学校布局调整等宏观领域的题目，又设计了学科教育、师生关系、教师素质等微观方面的题目，既关注到基础教育，又涵盖职业教育和高等教育。① 再如，纪江明等人在对中国 34 个中心城市基础教育公众满意度的调查项目中，将社会群众对教育的满意度分解为教学设施、教学水平、公平程度三个方面。②

三、浙江省县域基础教育公众满意度问卷设计

在项目实施初期，我们基于国内外学者对教育满意度的研究和浙江省基础教育实际情况，按照问卷设计步骤，编制了针对学生、家长、教师、

① 亢晓梅. 关于天津市民教育满意度的调查与分析 [J]. 上海教育科研，2003 (03)：12-15.

② 纪江明，葛羽屏. 分层模型视角下中心城市基础教育满意度影响因素研究——基于“2012 新加坡连氏中国城市公共服务质量调查”的实证分析 [J]. 教师教育研究，2015，27 (02)：1-7.

校（园）长、社会群众、人大代表与政协委员六类群体的 9 套问卷，各问卷具备良好的信效度，达到教育测量学的要求。在此，对浙江省县域基础教育公众满意度问卷的设计过程、内容框架和信效度进行介绍。

（一）问卷设计步骤

在浙江省县域基础教育公众满意度问卷设计过程中，我们严格按照以下六个步骤开展相关工作，确保问卷的准确性、可用性和实用性。

1. 明确目的

不论做什么事，都应该对想要达到的目标有清晰的认识。调查问卷设计也一样，首先需要明确通过问卷收集哪些资料，如此才能确保问卷题目紧扣主题，确保所得到的答案是有价值的。通过与项目委托方反复沟通，我们确定了浙江省县域基础教育公众满意度调查的目的，即收集中小学生、家长、教师、校（园）长、社会群众、人大代表或政协委员等社会公众对所在地区教育工作的主观态度与评价，借助大规模数据分析，反映社会公众对当前全省教育工作的满意程度，以深入了解社会公众对全省和各地教育工作的意见和建议，为整体提升全省教育工作水平、办好人民满意的教育建言献策。

2. 界定内涵

我们按照当前的主流观点，把满意度看作人们对某一或某群对象的感受、印象与自己的期望、要求对比后的一种主观判断，将基础教育公众满意度界定为公众把对教育服务的综合感知与预期期望相比较后形成的感觉状态。为了进一步明确教育工作的具体内涵，我们将其分解为教育环境、教育资源、教育管理（政府管理、学校管理）、教师素质、教育质量五个维度，将公众界定为学生、家长、教师、校（园）长、社会群众、人大代表与政协委员六类群体。因此，教育工作公众满意度进一步具体化为学生、家长、教师、校（园）长、社会群众、人大代表与政协委员六类群体对本地教育环境、教育资源、教育管理（政府管理、学校管理）、教师素质、教育质量的发展状况和水平的感知与评价。

3. 编制题目

第一，我们通过文献回顾、访谈和开放式问卷三种方式，收集整理了大量备选题目。第二，按照前面对教育工作公众满意度的内涵界定，确立各群体问卷的初始结构和具体题目。第三，按照简洁性、通俗性、身份性和中立性原则对初始问卷进行完善。简洁性即尽量做到题干重点突出，题目简洁不繁杂、具体而不含糊；通俗性即避免大量使用技术性较强的、模糊的术语行话，做到通俗易懂；身份性即题目语言风格与用语做到与调查对象的身份相称，符合调查对象的用语习惯；中立性即题目中避免隐含某种假设或期望，避免诱导性。第四，通过专家咨询确定初始问卷的结构效度和内容效度，并进一步增加或删除题目。第五，编写问卷指导语，并按照由易到难、由浅入深、先封闭再开放的顺序，遵循人们对教育发展感知的逻辑规律对问卷题目进行排版设计，最终形成问卷试测稿。

4. 问卷试测

为考察各问卷结构的合理性和问卷题目的适宜性，我们选取杭州市相关群体作为被试，对问卷进行试测。通过对部分被试的访谈，向被试确认问卷题目的表述是否清晰易懂，题目数量是否合理，所设题目是否全面，各类题目比例是否合适等。通过基于试测数据的项目分析和探索性因素分析，剔除与总分相关较低的题目、因子载荷太小的题目和在多个因子上具有较大负荷的题目。根据抽取的因子，对问卷维度重新进行命名，同时根据被试访谈结果及其意见和建议进一步修改、完善问卷内容，形成正式问卷。

5. 正式施测

我们根据调查群体的不同，采取分层抽样和方便取用相结合的抽样方法，通过现场问卷、网络问卷和电话调查三种途径，在全省范围内进行大规模调查。通过收集、清理各类群体调查数据，以及描述性统计分析、验证性因素分析及信效度检验，得出问卷的质量数据和每个县（市、区）的满意度得分。数据分析结果表明，各群体问卷具有较好的信度和效标关联效度，达到教育测量学标准。

6. 迭代更新

我们建立了问卷定期修订机制，每年通过不同途径对问卷进行修改完善。一是根据上一年数据的项目分析结果，增删问卷题目或调整表述，进一步优化现有题目的信效度。二是开展基础教育公众满意度调查座谈会，听取省、市、区和学校相关代表对满意度调查的意见和建议，在此基础上微调问卷内容、实施技术、数据分析与结果呈现方式。三是开展专家咨询活动，根据教育形势的发展和政策要求增删问卷题目。

（二）各群体满意度问卷框架

按照以上步骤，我们完成了针对学生、家长、教师、校（园）长、社会群众、人大代表与政协委员六类群体9套问卷的编制工作。每个群体的问卷基本涉及教育环境、教育资源、教育管理（政府管理、学校管理）、教师素质、教育质量等方面的内容，但根据不同群体特点及对教育工作的了解程度，在调查问卷的维度和题目表述方式方面会有些差异（见表4-2-6）。

表4-2-6 各群体问卷维度框架（2022年修订版）

学生	家长	教师	校（园）长	社会群众	人大代表/政协委员
教育条件	教育条件	教育条件	教育条件	教育发展	教育条件
学校管理	学校管理	学校管理	—	—	—
—	—	政府管理	政府管理	教育廉政	政府管理
—	—	—	—	教育公平	教育公平
教师素质	教师素质	—	—	教师队伍	教师队伍
教育质量	教育质量	教育质量	教育质量	教育质量	教育过程
—	—	—	—	教育政绩观	—
总体感受	总体感受	总体感受	总体感受	总体感受	总体感受

1. 学生满意度问卷框架

学生问卷1套，适用于中小学学生。问卷包含教育条件、学校管理、教师素质、教育质量、总体感受五个维度，每个维度设置2～6个题目。具体题目涉及学生基本信息、校园环境、运动场地、设施设备、图书资料、食堂饮食、社团活动、学生兴趣培养与个性发展、教师师德修养、教师知识水平、教师教学方法、教师公平对待学生、学校安全管理、学校民主管理、学生在校情绪体验等内容。除基本信息题外，其他所有题目的答题方式均采用李克特五点量表，其中1分代表非常不满意，5分代表非常满意。除反向题、测谎题外，题目得分或维度得分越高，表明学生满意度越高。

2. 家长满意度问卷框架

家长问卷共计 2 套，分别适用于幼儿园家长和中小学家长。问卷包含教育条件、学校管理、教师素质、教育质量、总体感受五个维度，每个维度设置 2～7 个题目。幼儿园家长问卷题目涉及家长和幼儿园基本信息、园所环境、户外场地、玩具数量、安全状况、教师管理、活动安排、营养配餐、卫生保健、家园沟通与合作、教师工作态度、教师教学水平、教师平等对待学生、幼儿兴趣培养与个性发展、幼儿在园情绪体验等内容。中小学家长问卷题目涉及家长和学校基本信息、学校环境、运动场地、安全状况、教师管理、作息时间、家校沟通与合作、课后托管服务、教师工作态度、教师教学水平、教师平等对待学生、学生兴趣培养与个性发展、减负措施与成效等内容。除基本信息题外，其他所有题目的答题方式均采用李克特五点量表。

3. 教师满意度问卷框架

教师问卷共计 2 套，分别适用于幼儿园教师和中小学教师。问卷包含教育条件、学校管理、政府管理、教育质量、总体感受五个维度，每个维度设置 2～6 个题目。幼儿园教师问卷题目涉及教师及幼儿园基本信息、园所环境、办公条件、设施设备、教师收入、教师职称评聘、教师晋升与发展机会、教师研修与培训、教师考核与评价、教师非教学负担、教师参与决策机会、学校领导与关怀、学校民主管理、政府尊师重教程度、政府对学前教育重视程度、幼儿兴趣培养与个性发展等内容。中小学教师问卷题目涉及教师及学校基本信息、学校环境、办公条件、设施设备、教师收入、教师职称评聘、教师晋升与发展机会、教师研修与培训、教师考核与评价、教师非教学负担、教师参与决策机会、学校领导与关怀、学校民主管理、政府尊师重教程度、学生兴趣培养与个性发展、学校教育质量等内容。除基本信息题外，其他所有题目的答题方式均采用李克特五点量表。

4. 校（园）长满意度问卷框架

校（园）长问卷共计 2 套，分别适用于幼儿园园长和中小学校长。问卷包含教育条件、政府管理、教育质量、总体感受四个维度，每个维度设置2～8 个题目。园长问卷题目涉及园长及幼儿园基本信息、学前教育资源配置、园所环境、硬件设施、办园经费、政府对学前教育重视程度、师资配备、园长选拔与考核、廉政风气、园长培养力度、教师收入水平、政府对教师发展的重视程度、教师整体素质、幼儿兴趣培养与个性发展、幼小衔接工作、幼儿园办园水平等内容。校长问卷题目涉及校长及学校基本信息、学校风貌、办学条件、办学经费、学校布局、政府对教育重视程度、教师编制配备、政府对教师发展的重视程度、校长选拔与考核、廉政风气、教育评价改革、素质教育举措、学校整体办学水平、教师整体素质、学生兴趣培养与个性发展等内容。除基本信息题外，其他所有题目的答题方式均采用李克特五点量表。

5. 社会群众满意度问卷框架

社会群体问卷 1 套，适用于针对无固定身份的市（村）民代表的现场随机调查。问卷包含教育发展、教育廉政、教育公平、教师队伍、教育质量、教育政绩观、总体感受七个维度，每个维度设置 2～3 个题目。问卷题目涉及政府重视程度、办学条件、廉政风气、办学水平差距、师德师风、素质教育成效、减负效果等方面的内容。问卷中所有题目的答题方式均采用李克特五点量表。

6. 人大代表/政协委员满意度问卷框架

人大代表/政协委员问卷 1 套，适用于针对人大代表/政协委员的电话调查。问卷包含教育条件、政府管理、教育公平、教师队伍、教育过程、总体感受六个维度，每个维度设置 2～3 个题目。共 10 道题目，涉及学校数量、择校现象、招生政策、学生学业负担、教师素质、办学质量等方面的内容。同样，问卷所有题目的答题方式均采用李克特五点量表。

（三）问卷信效度分析

根据社会热点、区域教育发展实际及调查经验，浙江省县域基础教育公众满意度测评问卷自编制以来，经历了四轮修订，问卷的结构和质量不断趋于合理化。以下仅以 2022 年修订的问卷为例，对问卷信度和效度进行分析。

1. 信度分析

我们采用克龙巴赫系数分析各群体问卷的内部一致性信度，结果如表 4-2-7 所示。数据显示，除人大代表/政协委员问卷的信度为 0.891 外，其他各问卷的信度系数都在 0.9 以上。这表明，各群体问卷具备良好的内部一致性信度，达到教育测量学的要求。

表 4-2-7　2022 年各群体满意度问卷信度分析结果

问　　卷	信　度	问　　卷	信　度
学生问卷	0.958	中小学教师问卷	0.965
幼儿园家长问卷	0.958	校（园）长问卷	0.948
中小学家长问卷	0.943	人大代表/政协委员问卷	0.891
幼儿园教师问卷	0.959	社会群众问卷	0.949

2. 效度分析

我们分别采用效标关联效度和因素分析法，检验各群体满意度问卷的效度。效标关联效度的分析方法：以每份问卷总平均数为效标，问卷的某维度得分与总平均数的相关系数作为该维度的效标关联效度。从表 4-2-8 可以看出，各问卷各维度与总满意度的效标关联效度为 0.74～0.97，所有效标关联效度均达到显著水平，符合教育测量学要求。

表 4-2-8　2022 年学生、家长、教师及校（园）长满意度问卷效标关联效度

	教育条件	学校管理	政府管理	教师素质	教育质量	总体感受
中小学生	0.903**	0.749**		0.911**	0.892**	0.833**
幼儿园家长	0.868**	0.901**		0.907**	0.932**	0.852**
中小学家长	0.794**	0.876**		0.902**	0.928**	0.846**
幼儿园教师	0.796**	0.933**	0.910**		0.873**	0.782**
中小学教师	0.817**	0.942**	0.936**		0.881**	0.811**
幼儿园园长	0.801**		0.946**		0.908**	0.822**
中小学校长	0.841**		0.961**		0.907**	0.856**

续表 4-2-8　2022 年人大代表/政协委员满意度问卷效标关联效度

	教育条件	教育公平	政府管理	教育过程	教师队伍	总体感受
人大代表/政协委员	0.754**	0.802**	0.749**	0.830**	0.836**	0.821**

续表 4-2-8　2022 年社会群众满意度问卷效标关联效度

	教育发展	教育廉政	教育公平	教师素质	教育质量	教育政绩观	总体感受
社会群众	0.818**	0.818**	0.846**	0.835**	0.840**	0.928**	0.807**

从因素分析的结果（见表 4-2-9）看，各个问卷提取的维度可以解释的原始分数总变异均在 50%以上，达到教育测量学的基本要求。

表 4-2-9　2022 年各群体问卷因素分析方差贡献率

群　体	因素分析方差贡献率（%）	群　体	因素分析方差贡献率（%）
学　生	61.639	中小学教师	66.218
幼儿园家长	63.388	校（园）长	61.980
中小学家长	63.123	人大代表/政协委员	50.255
幼儿园教师	65.147	社会群众	58.429

第三节　实 施 策 略

截至 2022 年年底，浙江省县域基础教育公众满意度测评已经连续实施 6 年。通过 6 年的实践，我们除了开发出 9 套较为有效的满意度调查问卷外，还研发了教育工作公众满意度调查网络平台，总结出教育满意度调查实施流程，制定了满意度调查的各项制度，形成满意度报告撰写基本模板和反馈模式。本节将聚焦浙江省县域基础教育公众满意度测评的具体实施问题，从数据采集与处理、数据分析与挖掘、报告撰写与反馈三个方面对上述成果和经验进行介绍。

一、数据采集与处理

满意度数据采集与处理涉及调查对象的抽样、调查方法的选择、调查数据的清洗等任务。在实践中，我们针对不同群体特点采取不同的抽样方式和调查方法，并建立明确的规则对数据进行清洗，确保数据的真实性和有效性。

（一）抽样方法

1. 学生和家长抽样方法

学生和家长采用两阶段分层随机抽样的方法，先在每个县（市、区）中不同层次（如幼儿园、小学、初中、普通高中、中职学校）、区域（如城区学校、乡镇中心学校、农村学校）、规模（如大型学校、中型学校、小型学校）和性质（如民办学校、公办学校）的学校中抽取12所学校，然后再从每所学校各抽取一个年段的学生和家长进行网络问卷调查。一般而言，家长问卷抽取的年段为幼儿园大班、小学五年级、初中二年级和高中二年级；学生问卷抽取的年段为小学五年级、初中二年级和高中二年级。

2. 教师和校（园）长抽样方法

校（园）长采取全样本调查的方式，各县（市、区）所有正校级干部（含园长、校长、书记）都需要参与校（园）长满意度问卷。教师则主要采取分层抽样和整群抽样相结合的方法，先按照学生和家长第一阶段抽样的原则抽取12所学校，然后每所样本学校的所有教师原则上都纳入调查范围，但在具体实践中也兼顾了样本的可用性和教师的参与意愿。

3. 社会群众抽样方法

社会群众采用非概率抽样中的偶遇抽样方法，要求样本量达到各县（市、区）常住人口总数的0.02%（最低不少于60人）。为保证样本的代表性，要求每个县（市、区）设置至少5个问卷数据采集点，且涵盖城区、镇、村等不同区域，每个采集点均匀分配调查样本数。

4. 人大代表/政协委员抽样方法

人大代表/政协委员采用随机抽样的方法。首先，由各县（市、区）

提供不少于 120 人的本地人大代表/政协委员名单，然后从每个县（市、区）的名单中随机抽取 35 人进行调查。

（二）调查方式

浙江省县域基础教育公众满意度测评主要通过网络调查、现场调查与电话调查三种方式进行。为整合三类调查方式获取的数据并尽可能地规避人工误差，项目组搭建了专门的满意度调查网络平台，通过网络平台实现问卷的精准分层推送和数据的自动化统计，使问卷发放更精准有效、收集过程更快速迅捷、统计结果更客观科学。

1. 网络调查

该调查方式主要应用于学生、家长、教师、校（园）长四个群体。网络调查依托微信企业公众号平台，线上调查时间主要集中在每年 11 月和 12 月。在确定好样本学校后，我们利用企业微信平台将问卷推送至各类被调查群体，并定期查阅样本量回收进度。针对样本量较小的学校，我们会向相关群体推送问卷并提醒填答。网络问卷调查结束后，平台会根据内置的算法实时生成各项满意度得分。为更具体地了解人民群众对教育的看法，我们还在家长问卷中设置了留言通道，网络问卷调查结束后，平台可导出全省家长的意见与建议。网络调查实现了问卷的精准推送和数据的即时分析与处理，避免了教育行政部门和学校的过度干预，提高了工作效率。

2. 现场调查

该调查方式主要应用于社会群众，采取纸质问卷的方式收集数据。社会群众现场调查一般在每年 7 月启动，持续 2～3 个月。每个县（市、区）安排 3～4 名调查员，在至少 5 个数据采集点随机邀请社会群众现场填答问卷。在问卷填答之前，调查员需问清楚被调查者是否为本地人口、是否了解本地教育、是否有小孩在本地就读，并尽量让被调查者留下真实的联系方式。问卷完成后，工作人员需在每份问卷上填写问卷编号、调查时间、采样点、调查员，并委托专门人员进行数据录入。同时，中心还会组织专门人员对现场问卷进行抽查，通过电话核实问卷的真实性，通过数据比对核对数据录入的准确性。对于涉嫌弄虚作假或数据录入误差较大的问卷，会及时采取补测或重新录入等措施，并对相关人员进行处理。

3. 电话调查

该调查方式主要应用于人大代表/政协委员群体。委托电信公司实施电话调查，调查员在经过严格培训后，按照我们事先拟好的话术和调查名单，逐个开展电话访谈。在调查过程中，如果遇到拒绝接受调查的现象，则重新在各县（市、区）提供的总名单中选取替补人员，确保每个县（市、区）样本量达到 35 人。为保证接听率和规范性，调查电话号码统一显示，并全程电话录音。电话调查结束后，工作人员同样需在每份问卷上填写问卷编号、调查时间、调查员，并委托专门人员进行数据录入。中心则会对电话录音进行抽查，核实调查的真实性和规范性。

（三）数据清洗

在所有问卷收集完成后，需要对数据进行清洗。数据清洗最重要的工作是甄别并删除废卷。所谓废卷，是指因各种原因而无法纳入统计分析的问卷，包括：（1）数据缺失，如漏答、习惯性跳答或者因过度谨慎而刻意留白；（2）恶意作答、说谎与欺瞒，如全部勾选一个答案或者胡乱勾选；（3）明显的反应心向，如过度极端的回答、社会赞许反应明显等。①（4）其他异常情况，如非目标样本、单选以多选作答、作答者能力不足以回答问卷等。在历年调查中，我们通过以下方式进行多阶段数据清洗。

一是根据问卷填答时间，删除填答时间过短样本。对于针对学生、家长、教师和校（园）长的网络问卷，根据每套问卷的题量与试测情况，设置某个时间值（如 60 秒）作为有效问卷的答题时间。若答题时长小于该时长则视作无效样本，原因是被调查者填写时很可能未认真阅读、理解题项。

二是核查人工失误情况，删除问卷漏答或录入造成数据缺失的样本和因录入失误造成的异常值样本。对于社会群众问卷和人大代表/政协委员问卷，数据为人工录入。被调查者在作答过程中会出现漏答现象，人工录

① 邱皓政. 量化研究与统计分析［M］. 重庆：重庆大学出版社，2009：138.

入过程中会出现误录现象。因此若样本出现漏答或少录造成数据缺失情况，视作无效样本。

三是剔除反向题答题错误的样本。学生、家长、教师问卷中均设置了反向题，其题干与问卷其中某个正式题目意思相似，但是选项设置相反。反向题不做计分使用，主要用于判别作答者是否对问卷题目作出真实反应。当统一作答者的反向题与正式题目赋分后相减的绝对值大于等于3时，则判定该问卷样本为废卷。

四是根据刻意差评、社会赞许等答题倾向，对平均分为1或5的样本数量达到一定比例的县（市、区）进行进一步核实。题目不相同的情况下，如果作答者全部连续选择“最好”或“最差”的选项，不排除存在刻意差评、社会赞许或形式主义的答题倾向，尤其是当同一个县（市、区）这类样本比例较高时，就需要特别关注。

二、数据分析与挖掘

通过数据采集与处理，我们获得各群体对各县（市、区）教育工作评价的原始数据。接下来的工作就是对这些数据进行统计和分析，一方面要通过统计和分析各群体满意度评分来获得县域教育的总体满意度，更直观地呈现各个县（市、区）的满意度水平；另一方面，也需要借助数据统计技术，挖掘相关数据，探索各群体满意度特点及其相符关系，总结规律，为政府政策决策提供量化数据支撑。

（一）满意度总分计算

由于调查包含多类群体，而为了科学、直观呈现各县（市、区）的教育满意度，我们采用专家咨询法与层次分析法相结合的办法，确定了各群体满意度评分在总体满意度中的权重，并根据权重计算出每个县（市、区）总体满意度。

1. 开展专家咨询

专家咨询法要求遴选的专家在教育领域具有权威性、较高的理论水平和丰富的实践与管理经验。据此，我们制订了本次调查的专家选择标准：（1）在教育管理研究领域具有较高的学术水平；（2）中级职称以上；（3）从事教育工作时间超过10年；（4）长期从事教育督导工作。同时，我们编制《浙江省教育工作满意度调查群体评分权重调查问卷》，该问卷包含三部分：第一部分请专家提供基本信息；第二部分是对五大群体①评分重要性的两两比较；第三部分是对五大群体评分权重的逐一分配，要求专家根据自身专业知识和实践经验，逐一评定各个群体评分的重要性，将 100 分权重分配给五大群体。第三部分的逐一权重分配起到参照作用，它与第二部分的两两比较相互印证，以此检验专家的重要性判断是否有效。利用每位专家的群体两两重要性比较原始矩阵，得到每位专家的群体权重和一致性指标。通过向专家发放问卷，我们获得关于各群体指标权重的相关数据。

2. 确定各群体权重

根据群体评分重要性的两两比较数据，计算出各群体权重的平均数、标准差、专家判断矩阵一致性和专家协调系数。步骤如下：

第一步，将群体重要性两两比较的 7 点原始评分转换为 7 级比例标度分数。

第二步，建立判断矩阵，利用该矩阵，可以显示群体重要性两两比较结果，并计算各群体评分权重。

第三步，利用判断矩阵进行 AHP 层次分析，得到各群体权重。

第四步，将五群体的比例标度矩阵（A_i）与权重矩阵（W_i）相乘，得到矩阵 AW_i。AW_i（表示矩阵 AW 中的第 i 个元素）与 W_i 的商的平均数，即为矩阵的最大特征值 λmax。

第五步，矩阵一致性检验。要知道权重分配是否合理，还需要对判断矩阵进行一致性检验。

利用每位专家的群体两两重要性比较原始矩阵，重复上述步骤，得到每位专家的群体权重和一致性指标。采用多元方差分析，检验三组专家的各群体权重评定的差异性，结果表明，三组专家的权重判断结果不存在显著差异（$\lambda=0.903$，$F=1.220$，$p=0.289$）。评价指标的总体一致性为0.06，即总体判断矩阵有满意的一致性（见表 4-3-1）。

---

① 说明：问卷设计之初，我们确定了学生、家长、教师、校（园）长、社会群众、人大代表/政协委员六大群体，后经统计分析发现，教师和校（园）长满意度结果没有明显异质性，因而在权重分析时，将这两类群体合并为一个群体，即教师（含校长、园长）。

表 4-3-1　三类专家的平均权重与平均一致性指标

专家来源	指　标	学　生	家　长	教　师	人大代表/政协委员	社会群众	CI
兼职研究员 n=18	权重	0.25	0.20	0.27	0.16	0.12	0.04
	标准差	0.07	0.05	0.05	0.07	0.06	0.04
县区教育局 n=68	权重	0.26	0.22	0.24	0.16	0.12	0.07
	标准差	0.09	0.06	0.07	0.08	0.05	0.07
设区市教育局 n=13	权重	0.23	0.19	0.25	0.21	0.11	0.06
	标准差	0.08	0.05	0.08	0.12	0.06	0.04
全样本合计 N=99	权重	0.26	0.21	0.25	0.16	0.12	0.06
	标准差	0.09	0.06	0.07	0.09	0.05	0.06

专家的协调程度显示了他们对群体重要性两两比较结果的一致性，由协调系数表示。协调系数采用肯德尔和谐系数计算，其取值范围为 0～1。三组专家的协调系数为 W=0.911，该系数的卡方检验 p 值小于 0.01，具有统计学意义，可以认为专家咨询的协调程度好。专家对五大群体评分的权重进行分配，总权重为 100。三组专家和全体专家的权重分配结果如表 4-3-2所示。

表 4-3-2　专家对五大群体权重逐一分配的结果

专家来源	指　标	学　生	家　长	教　师	人大代表/政协委员	社会群众
兼职研究员 n=18	权重	27	20	29	15	10
	标准差	9.84	4.84	4.38	7.34	4.28
县区教育局 n=68	权重	25	22	25	16	12
	标准差	11.81	7.64	8.72	8.11	7.35
设区市教育局 n=13	权重	24	18	26	19	13
	标准差	9.07	3.73	6.58	8.21	7.51
全样本合计 N=99	权重	25	21	26	16	12
	标准差	11.09	6.87	7.91	8.02	6.93

采用斯皮尔曼（Spearman）等级相关法，得到五大群体评分重要性两两比较结果和权重逐一分配结果的相关系数，两种权重分析结果高度一致，兼职研究员和设区市教育局专家两种权重分析结果完全一致，县区教育局和全样本专家的两种权重分析结果相关性也达到 0.9（$p<0.05$）。说明专家评分具有良好的可靠性。

3. 确定满意度总分计算公式

依据专家的权重判断结果，确定浙江省教育工作满意度五大群体的评分权重：学生评分占 25%，家长评分占 20%，教师评分占 25%，人大代表/政协委员评分占 15%，社会群体占 15%。县（区、市）满意度的计算公式为：（学生满意度平均数×0.25）＋（家长满意度平均数×0.20）＋（教师满意度平均数×0.25）＋（群众满意度平均数×0.15）＋（人大代表/政协委员满意度平均数×0.15）。

（二）数据挖掘

为更充分发挥调查数据的作用，我们每年都对原始调查数据进行进一步挖掘，深入研究、分析各群体教育满意度特点及相关关系，为教育政策的制定建言献策。

1. 学生满意度研究

通过分析全省 473 所中学的学生满意度调查数据，我们发现，初中生的满意度显著高于高中生，民办中学学生的满意度显著高于公办中学学生，城市中学学生的满意度显著高于乡村中学的学生。① 通过建构以教育条件和学校管理为自变量、以教育素质和教育过程为中介变量、以教育质量为因变量的多重中介效应结构模型进行分析，发现教育不公平是影响学生满意度的关键因素。由此，我们提出如下建议：教育部门应积极采取有效措施，减小城乡教育水平的差距，减小优质学校和普通学校的差距，减小本地学生和外来务工人员子女的求学环境差异，解决好外来务工人员子女入学问题，加快推进教育优质均衡发展，进而提升学生的满意度。

---

① 傅亚强，江洁. 中学生教育满意度的形成机制与匹配模型——基于浙江省的调查实证研究[J]. 教学月刊·中学版（教学管理），2021（04）：24－30.

2. 教师满意度研究

我们将县域基础教育生态监测评价中教师问卷调查的数据和教师满意度数据进行链接，以全省 5 753 名乡村教师为研究对象，基于全面薪酬理论，探讨了工作环境、工作氛围和职业尊严感等在内的非货币化薪酬对乡村教师工作满意度的影响机制。研究表明，作为内在薪酬（员工由工作本身而获得的精神满足感，包括参与决策权、自由分配工作时间与消费方式、较多的职权、较有兴趣的工作和活动范围的多元化等）的工作条件和工作氛围显著影响乡村教师工资满意度，职业尊严感在工作条件与乡村教师工资满意度之间存在完全中介作用，在工作氛围与乡村教师工资满意度之间存在部分中介作用。① 此外，我们通过研究教师职业倦怠与教育工作满意度的关系发现：教师职业倦怠负向预测教师工作满意度，其中情绪耗竭对满意度影响最大；教师幸福感对工作满意度的中介效应值最大，即教师幸福感越强，工作满意度越高；自我效能感的中介作用不显著，但与教师幸福感产生链式中介作用，可通过提升幸福感来提高工作满意度。② 基于此，我们建议学校致力于促进个体内驱力，即从“工作要求”与“资源供给”方面着手缓解教师职业倦怠，以激励因素为导向提升教师幸福感，通过成功体验等方式增强教师自我效能感，进而提升中小学教师工作满意度。

3. 家长满意度研究

通过分析全省 32 万多名中小学家长满意度调查数据，我们发现，家长对学校教育的满意度较高，城乡学校、不同规模学校、不同学历与收入水平家长的教育满意度差距较大。具体而言，小学家长的教育满意度略高于中学家长；民办学校家长对资源环境、教育质量的满意度略高于公办学校家长，而公办学校家长对学校管理的满意度略高于民办学校家长；高收入家长的各项满意度略高于中低收入家长；主城区学校家长的满意度略高于乡村学校家长；高学历家长的满意度略高于低学历家长；大规模学校家长对资源环境和教育质量的满意度略高于中小规模学校家长；有稳定工作的

---

① 张墨涵，周林芝，季诚钧. 内在薪酬对乡村教师工资满意度的影响机制研究［J］. 教育科学研究，2022（08）：78－84.

② 季诚钧，莫晓兰，周音子. 教师职业倦怠对工作满意度的影响机制研究——基于对浙江省中小学教师的调查［J］. 教师教育学报，2023，10（01）：11－17.

家长的各项满意度略高于从事自由职业的家长。① 此外，家长对学校的了解程度、家校联系度、是否体罚学生、家长的期望达成度与满意度的相关度较高。其中，家长对学生期望的达成度是影响中小学家长对学校教育满意度的主要因素。基于研究结果，我们建议政府和学校在宏观和微观两个层面上制定政策和完善措施，促进基础教育优质均衡发展，密切家校联系，以此提高家长对学校教育服务的满意度。

三、报告撰写与反馈

在完成调查数据的分析和统计后，我们组织研究人员撰写全省总报告和县域分报告。其中，全省总报告主要提交给教育厅领导作为参考，县域分报告则主要寄送给各县（市、区）教育局和教育督导部门。

（一）全省总报告的撰写

全省总报告是基于对全省所有县（市、区）的满意度调查数据的统计分析而形成的报告。报告包含调查基本情况说明、结果分析、调查结论和政策建议四个部分。其中，基本情况说明主要介绍调查背景、调查工具、调查实施过程、调查主要的变动和数据统计方法；结果分析主要呈现全省县域满意度得分总体分布情况、全省各群体满意度得分情况、11 个设区市满意度得分情况、各群体满意度得分及各维度满意度得分比较分析、各群体最不满意的题项分析、满意度影响因素（如家校联系情况）及群体（如家长不同职业群体）差异检验等内容；调查结论则主要是汇总调查结果分析中得出的重要的、值得关注的结论；政策建议是基于调查结果的分析，从省域层面提出的政策建议。

（二）县域分报告的撰写

鉴于县（市、区）数量众多，为减少人工撰写报告的负担，我们利用信息技术手段实现报告自动生成，然后通过专家校对和修订，形成每个县（市、区）完整的教育满意度报告。

---

① 张墨涵，季诚钧，田京. 家长满意度与基础教育均衡发展——基于浙江省的调查与思考 [J]. 浙江社会科学，2019 (03)：146－151＋133＋160.

1. 设计报告模板

为保证县域教育满意度报告格式的统一性和规范性，我们设计了报告模板，并将其导入满意度调查网络平台。报告模板包含总体情况、各群体得分、政策建议和附件四个部分。其中，总体情况主要呈现各县（市、区）教育工作公众满意度总均分与百分等级、各群体满意度得分和百分等级、全省总体满意度和各群体满意度均值等；各群体得分呈现各县（市、区）不同群体各维度具体得分、全省均值和标准分数等；政策建议主要是根据调查结果提出的政策建议，为提高工作效率，我们针对不同群体不同得分点设计的相应评语和建议，网络平台可以根据各县（市、区）的得分分布情况自动生成相应建议。附件主要包含两方面内容：一是各群体最满意和最不满意题目；二是教师、校（园）长和家长对本地教育行政部门的意见和建议。

2. 生成初始报告

我们通过固定的编码，将各县（市、区）的满意度数据库和报告模板及评语库建立对应关系，只要输入某个县（市、区）的编码，就会按照报告模板自动生成该县（市、区）的教育满意度报告。

3. 修订初始报告

在初始报告全部导出来之后，研究人员对这些报告进行审核、校对和修正，具体工作包括：一是核对表格数据和完善文字描述；二是根据报告中的数据分析结果和附件内容，补充完善政策建议；三是开展交叉审校工作，尽可能减少报告的错误率。

4. 反馈调查报告

确定报告最终文本后，文印室工作人员设计报告封面以及报告内容的版式，经过多次调整，确定报告最终呈现形式（详见本章第四节案例一）。然后，分别给省教育厅督导处、各设区市教育局、各县（市、区）教育局和教育督导部门寄送该年度教育工作公众满意度调查报告。

四、推进基于测评数据的改进行动

在实践中，各县（市、区）高度重视教育满意度测评数据的使用，通过纵向和横向比较查找测评数据反映的问题，深入分析问题背后的原因，并在此基础上开展改进行动研究。例如，杭州市拱墅区坚持师生为本的理念，每年深度分析教师和学生满意度测评数据，总结优势，查找问题，整改问题，取得不错的成效（详见本章第四节案例二）。

第四节　相关案例

本节提供了两个案例。案例一为其中一个县（市、区）① 的《2021年基础教育公众满意度测评反馈报告》。案例二为杭州市拱墅区基于满意度测评数据的改进行动案例。该区高度重视师生满意度数据分析，通过挖掘数据寻找区域教育改进方向，通过教育管理改革创新，不断擦亮“学在拱墅”教育品牌。

一、县级教育满意度测评反馈报告案例

＊＊县2021年基础教育公众满意度测评反馈报告

根据省教育厅要求，浙江省教育现代化研究与评价中心组织开展了“2021年浙江省县域基础教育公众满意度”调查。按照各地区人口规模及群体特征，确定了抽样方法和抽样数，采取微信企业号调查、现场调查、电话调查等方式，对学生、教师、家长、社会群众、人大代表/政协委员五类群体进行了满意度调查，并分别按0.25、0.25、0.20、0.15、0.15的权重进行赋分，现把结果反馈如下。望各地区认真研读满意度调查分析报告，深入查找存在问题，采取针对性举措提高人民群众的教育满意度，办好人民满意的教育，加快推进教育现代化。

一、＊＊县教育满意度总体情况

表1　＊＊县被调查群体的教育满意度平均分与全省教育满意度平均分的比较

	学　生	家　长	教　师	社会群众	人大代表/政协委员	满意度总平均分
样本量	2 111	6 462	1 753	98	35	
＊＊县平均分	8.790	8.698	8.288	9.036	9.010	8.716

① 案例隐去了县名。

续表

	学　生	家　长	教　师	社会群众	人大代表/政协委员	满意度总平均分
全省平均分	8.636	8.558	8.084	8.492	8.764	8.480
百分等级	80%	78%	75%	73%	73%	87%
说明：百分等级指低于该调查分数的区县的百分比。						

由表1可知，**县教育总满意度为8.716分，高出全省平均分0.236分。其中，学生满意度为8.790分，高出全省平均分0.154分；家长满意度为8.698分，高出全省平均分0.140分；教师满意度为8.288分，高出全省平均分0.204分；社会群众满意度为9.036分，高出全省平均分0.544分；人大代表/政协委员满意度为9.010分，高出全省平均分0.246分。

二、**县不同群体教育满意度状况分析

（一）学生教育满意度状况分析

表2　**县学生教育满意度各维度分析

群　体	小　学　生			中　学　生		
地　域	本　地	全　省	标准分数	本　地	全　省	标准分数
样本量	1 732	247 895		379	47 049	
教育条件	8.700	8.528	0.735	8.789	8.496	0.663
教育质量	8.439	8.296	0.621	8.474	8.256	0.437
教师素质	9.056	8.944	0.739	8.989	8.984	0.015
学校管理	9.020	8.908	0.722	9.069	8.934	0.478
总体评价	8.368	8.320	0.267	8.335	8.210	0.300

由表2可知，小学生对“教育条件”的满意度为8.700分，高出全省平均分0.172分，高出全省0.735个标准差；对“教育质量”的满意度为8.439分，高出全省平均分0.143分，高出全省0.621个标准差；对“教师素质”的满意度为9.056分，高出全省平均分0.112分，高出全省0.739个标准差；对“学校管理”的满意度为9.020分，高出全省平均分0.112分，高出全省0.722个标准差；对教育工作的“总体评价”为8.368分，高出全

省平均分 0.048 分，高出全省 0.267 个标准差。

中学生对“教育条件”的满意度为 8.789 分，高出全省平均分 0.293 分，高出全省 0.663 个标准差；对“教育质量”的满意度为 8.474 分，高出全省平均分 0.218 分，高出全省 0.437 个标准差；对“教师素质”的满意度为 8.989 分，高出全省平均分 0.005 分，高出全省 0.015 个标准差；对“学校管理”的满意度为 9.069 分，高出全省平均分 0.135 分，高出全省 0.478 个标准差；对教育工作的“总体评价”为 8.335 分，高出全省平均分 0.125 分，高出全省 0.300 个标准差。

（二）家长教育满意度状况分析

表 3　** 县家长教育满意度各维度平均分分析

群　体	幼儿园家长			中小学家长		
地　域	本　地	全　省	标准分数	本　地	全　省	标准分数
样本量	2 704	241 982		3 758	436 858	
教育条件	8.609	8.614	−0.019	8.651	8.440	0.812
学校管理	8.778	8.762	0.076	8.778	8.618	0.993
教师素质	9.212	9.168	0.263	8.982	8.826	0.910
教育质量	8.964	8.940	0.119	8.223	8.114	0.475
总体评价	8.511	8.534	−0.106	8.027	7.890	0.578

由表 3 可知，幼儿园家长对“教育条件”的满意度为 8.609 分，低于全省平均分 0.005 分，低于全省 0.019 个标准差；对“学校管理”的满意度为 8.778 分，高出全省平均分 0.016 分，高出全省 0.076 个标准差；对“教师素质”的满意度为 9.212 分，高出全省平均分 0.044 分，高出全省 0.263 个标准差；对“教育质量”的满意度为 8.964 分，高出全省平均分 0.024 分，高出全省 0.119 个标准差；对教育工作的“总体评价”为 8.511 分，低于全省平均分 0.023 分，低于全省 0.106 个标准差。

中小学家长对“教育条件”的满意度为 8.651 分，高出全省平均分 0.211 分，高出全省 0.812 个标准差；对“学校管理”的满意度为 8.778 分，高出全省平均分 0.160 分，高出全省 0.993 个标准差；对“教师素质”的满意度为 8.982 分，高出全省平均分 0.156 分，高出全省 0.910 个标准差；对“教育质量”的满意度为 8.223 分，高出全省平均分 0.109 分，高出全省 0.475 个标准差；对教育工作的“总体评价”为 8.027 分，高出全省平均分 0.137 分，高出全省 0.578 个标准差。

（三）教师教育满意度状况分析

表 4　**县教师教育满意度各维度平均分分析

群　体	幼儿园教师			中小学教师		
地　域	本　地	全　省	标准分数	本　地	全　省	标准分数
样本量	237	27 378		1 460	130 216	
教育条件	9.373	9.112	1.060	8.835	8.594	0.788
政府管理	8.782	8.364	1.045	7.939	7.760	0.459
学校管理	8.778	8.564	0.678	7.860	7.668	0.591
教育质量	9.285	9.012	0.965	8.317	8.166	0.450
总体评价	9.333	8.908	1.247	8.195	7.944	0.625

由表 4 可知，幼儿园教师对“教育条件”的满意度为 9.373 分，高出全省平均分 0.261 分，高出全省 1.060 个标准差；对“政府管理”的满意度为 8.782 分，高出全省平均分 0.418 分，高出全省 1.045 个标准差；对“学校管理”的满意度为 8.778 分，高出全省平均分 0.214 分，高出全省 0.678个标准差；对“教育质量”的满意度为 9.285 分，高出全省平均分 0.273分，高出全省 0.965 个标准差；对教育工作的“总体评价”为 9.333 分，高出全省平均分 0.425 分，高出全省 1.247 个标准差。

中小学教师对“教育条件”的满意度为 8.835 分，高出全省平均分 0.241分，高出全省 0.788 个标准差；对“政府管理”的满意度为 7.939 分，高出全省平均分 0.179 分，高出全省 0.459 个标准差；对“学校管理”的满意度为 7.860 分，高出全省平均分 0.192 分，高出全省 0.591 个标准差；对“教育质量”的满意度为 8.317 分，高出全省平均分 0.151 分，高出全省 0.450 个标准差；对教育工作的“总体评价”为 8.195 分，高出全省平均分 0.251 分，高出全省 0.625 个标准差。

（四）园长/校长教育满意度状况分析

表 5　＊＊县园长和校长教育满意度各维度平均分分析

群　体	幼儿园园长			中小学校长		
地　域	本　地	全　省	标准分数	本　地	全　省	标准分数
样本量	14	1 467		42	4 668	
教育条件	9.107	8.832	0.524	8.786	8.550	0.515
政府管理	9.607	8.916	1.087	8.720	8.556	0.361
教育质量	9.514	9.080	0.726	8.705	8.630	0.172
总体评价	9.714	9.178	0.797	8.810	8.654	0.314

由表 5 可知，幼儿园园长对“教育条件”的满意度为 9.107 分，高出全省平均分 0.275 分，高出全省 0.524 个标准差；对“政府管理”的满意度为 9.607 分，高出全省平均分 0.691 分，高出全省 1.087 个标准差；对“教育质量”的满意度为 9.514 分，高出全省平均分 0.434 分，高出全省 0.726 个标准差；对教育工作的“总体评价”为 9.714 分，高出全省平均分 0.536 分，高出全省 0.797 个标准差。

中小学校长对“教育条件”的满意度为 8.786 分，高出全省平均分0.236 分，高出全省 0.515 个标准差；对“政府管理”的满意度为 8.720 分，高出全省平均分 0.164 分，高出全省 0.361 个标准差；对“教育质量”的满意度为 8.705 分，高出全省平均分 0.075 分，高出全省 0.172 个标准差；对教育工作的“总体评价”为 8.810 分，高出全省平均分 0.156 分，高出全省 0.314 个标准差。

（五）社会群众教育满意度状况分析

表 6　＊＊县社会群众教育满意度各维度平均分分析

群　体		社会群众	
地　域	本　地	全　省	标准分数
样本量	98	13 731	
教育发展	9.014	8.562	0.713

续表

群体		社会群众	
地域	本地	全省	标准分数
教育廉政	9.408	8.806	0.729
教育公平	8.476	8.090	0.502
教师素质	9.449	8.668	0.871
教育质量	9.163	8.558	0.855
教育政绩观	9.163	8.540	0.819
总体评价	8.469	8.234	0.310

由表6可知，社会群众对“教育发展”的满意度为9.014分，高出全省平均分0.452分，高出全省0.713个标准差；对“教育廉政”的满意度为9.408分，高出全省平均分0.602分，高出全省0.729个标准差；对“教育公平”的满意度为8.476分，高出全省平均分0.386分，高出全省0.502个标准差；对“教师素质”的满意度为9.449分，高出全省平均分0.781分，高出全省0.871个标准差；对“教育质量”的满意度为9.163分，高出全省平均分0.605分，高出全省0.855个标准差；对“教育政绩观”的满意度为9.163分，高出全省平均分0.623分，高出全省0.819个标准差；对教育工作的“总体评价”为8.469分，高出全省平均分0.235分，高出全省0.310个标准差。

（六）人大代表/政协委员教育满意度状况分析

表7　**县人大代表/政协委员教育满意度各维度平均分分析

群体		人大代表/政协委员	
地域	本地	全省	标准分数
样本量	35	3 185	
教育条件	9.057	8.816	0.556
教育公平	8.571	8.100	0.803
政府管理	9.829	9.496	1.249

续表

群　　体		人大代表/政协委员	
地　　域	本　　地	全　　省	标准分数
教育过程	8.000	8.006	−0.013
教师队伍	9.286	9.042	0.643
总体评价	9.314	9.118	0.511

由表 7 可知，人大代表/政协委员对“教育条件”的满意度为 9.057 分，高出全省平均分 0.241 分，高出全省 0.556 个标准差；对“教育公平”的满意度为 8.571 分，高出全省平均分 0.471 分，高出全省 0.803 个标准差；对“政府管理”的满意度为 9.829 分，高出全省平均分 0.333 分，高出全省 1.249 个标准差；对“教育过程”的满意度为 8.000 分，低于全省平均分 0.006 分，低于全省 0.013 个标准差；对“教师队伍”的满意度为 9.286 分，高出全省平均分 0.244 分，高出全省 0.643 个标准差；对教育工作的“总体评价”为 9.314 分，高出全省平均分 0.196 分，高出全省 0.511 个标准差。

三、提升教育满意度的建议

在对 ** 县各群体教育满意度调查数据分析结果的基础上，现就 ** 县进一步提升人民群众对教育工作的满意度提出以下三点建议。

（一）树立新的教育理念，扎实推进教育创新

从“** 县各群体调查的较高得分题与较低得分题汇总”情况来看，中学生和小学生认为学校没有达到自己的期望值，人大代表和政协委员认为学生学业负担重。教育理念现代化是教育现代化的灵魂，只有教育观念转变了，才有制度的转变和内容方法的改革。浙江省目前正在实施现代化学校督导评估认定工作，现代化办学的重心已经逐步从硬件建设向内涵发展转移，更加关注核心素养、教育过程和减负提升等软性目标的达成。因此，要坚持立德树人根本任务，反对过于强调智育、重视分数，“分数至上”“分分计较”，防止教育内卷化。要坚持推进教育创新，以学生为主体，改革传统的人才培养模式，让学生成为课堂的主人，充分调动学生学习的主体性、主动性和创造性；充分尊重学生

的多样化个性，因材施教，为每个学生提供适合的教育，充分发挥学生潜能。

（二）推进教育优质均衡发展，保障教育公平

总体上看，＊＊县幼儿园家长对“教育条件”还不太满意，社会群众对幼儿园数量不足有一定的反响。幼儿园数量的不足势必导致“入园难”。学前教育是老百姓特别关注的领域，也是基础教育中的短板。＊＊县要继续大力推进学前教育补短提升工程，集中力量办新园、强师资、创特色。要出台、完善并落实相应政策，加强对小区配套幼儿园专项整治，对未按规定建设、移交的幼儿园和没有办成公办园或普惠性民办园的幼儿园进行整改。教育行政部门要在大力引进人才的基础上，更加重视培养本地幼儿教师，同时要把规范办园作为提升学前教育质量的重要突破口，加强幼儿园内部管理，密切家校联系，畅通家校沟通合作渠道，完善学校、家庭、社会三位一体的教育体系，营造良好的教育环境。通过搭平台、强管理、引资源等举措，推进学前教育城乡一体化发展，打造具有本地特色、在一定区域内乃至全国有影响力的学前教育品牌。

（三）全面优化教育生态，实现教育可持续发展

健康的教育生态是教育可持续发展的重要条件。样本中反映比较突出的问题有学校非教学任务过多、尊师重教程度不高、对教师收入待遇不大满意等方面。＊＊县要加强科学谋划，合理教育布局，加快推进教育事业优质均衡发展，协调解决教育改革发展的重大问题，不断提升群众对教育的获得感和满意度。深化涉校非教学任务清理工作，要深入贯彻落实省委办、省政府办《关于进一步减轻中小学教师负担营造教育教学良好环境的实施意见》精神，从严规范社会事务进校园，从严规范督查检查评比考核，从严规范抽调借用中小学教师，从严规范精简报表填写工作，强化教师减负工作组织保障、机制保障和督导保障，切实减轻中小学教师不合理的工作负担，让教师的精力更专注于教书育人。同时要深化学校内部治理，赋予学校更大的自主权，更好地激发教师工作的积极性，让教师能安心教书，营造健康的教育生态。

二、杭州市拱墅区改进行动案例

师生满意度视角下“学在拱墅”创新路径①

一、杭州市拱墅区教育情况简介

杭州市拱墅区是杭州市的中心城区，位于杭州市区中北部、京杭大运河最南端，北拥半山国家森林公园，南临美丽的西子湖滨，总面积119平方公里。全区下辖18个街道、54个村（经合社）、174个社区，户籍人口约88万，常住人口约118万。拱墅区具有深厚的文化底蕴，“千年运河·繁华武林”是其最鲜明的城市标识。同时，拱墅区也是杭州最具活力的城区之一，“动能转换活力区、未来城市先行区、数字变革实践区、运河文化示范区、幸福生活典范区”是其真实的写照。

在教育方面，截至2022年底，拱墅区共有各级各类学校207所（其中中小学95所，幼儿园112所），在校学生近14万名；共有教师12 529名，其中正高级职称24人、省特级教师56人、省市教坛新秀744人、省市领军教师1 100余人；拥有卖鱼桥、安吉路、长寿桥、华师附、十四附、青蓝、文澜、育才、观成、启正、长江实验、大关小学等一大批知名基础教育品牌。

近年来，拱墅区委、区政府高度重视教育优先发展，紧密围绕“学在拱墅”的愿景和“四区一窗口”教育目标，奋力打造杭州现代化国际大都市美好教育样板区、国家县域基础教育优质均衡发展示范区、国内基础教育改革创新引领区、国内县域智慧教育先行区，努力成为运河沿岸教育名区和打造共同富裕示范区拱墅样本的重要窗口，取得了不错的成绩。全区成功创建全国首批义务教育发展基本均衡区、全国学前教育普及普惠区、浙江省首批教育基本现代化区，教育现代化发展水平连续四年列全省第一梯队；从2018年开始连续四年获省教育工作业绩考核优秀。

二、监测数据中发现的主要问题

《杭州市拱墅区2020年基础教育公众满意度调查分析报告》显示，拱墅区的学生满意度、教师满意度、人大代表/政协委员满意度分数均高于全省平均分，但在部分维度上还存在不足，具体表现在以下三个方面。

---

① 案例作者：浙江省杭州市拱墅区教育局副总督学叶百水、督导科专职督学罗晓莉。

（一）小学生对“教师素质”“学校管理”“总体评价”等维度的评分不高

小学生对“教师素质”的满意度为8.812分，低于全省平均分0.060分，低于全省0.256个标准差；对“学校管理”的满意度为8.834分，低于全省平均分0.026分，低于全省0.112个标准差；对教育工作的“总体评价”为8.104分，低于全省平均分0.102分，低于全省0.407个标准差。中小学生评分较低题目是：(1)你觉得学校有没有达到你的期望值（平均分7.575）；(2)你觉得在学校里自己的兴趣、特长得到培养了吗（平均分7.919）；(3)你觉得学校关心你的个性发展吗（平均分7.980）。

（二）幼儿园教师对“教育条件”“政府管理”“学校管理”“总体评价”等维度的评分偏低

幼儿园教师对“教育条件”的满意度为8.692分，低于全省平均分0.114分，低于全省0.270个标准差；对教育工作的“总体评价”为8.828分，低于全省平均分0.076分，低于全省0.161个标准差。幼儿园教师评分较低的题目是：(1)您对学校非教学任务的感受（平均分6.384）；(2)您对本地区政府在增加教师收入方面采取的举措满意吗（平均分7.414）；(3)您认为本地区政府配置幼儿园教师编制充裕吗（平均分7.899）。

（三）区域基础教育优质均衡度还有待提升

在问卷中，各类群体提出了区域教育均衡发展的问题，包括：(1)入学难。外来务工人员随迁子女上学难，幼儿园数量不足导致“入园难”；(2)公办教育与民办教育、区域内同类学校之间办学条件和教育质量差距大等；(3)在城市化不断推进、人口不断增加的背景下，城区教育资源供给趋于饱和状态，城区学校的建设跟不上教育发展的需要，优质教育资源总体还不足；(4)学校办学经费预算有待提高，增加教师收入举措有待加强；(5)学前教育教师编制不足。

三、针对问题实施的改进行动

在认真研究分析教育满意度监测反映的问题后，拱墅区实施了“三个加快”策略，即聚焦“学在拱墅”战略愿景，加快推进优质教育资源全域覆盖进程，加快完善公平且高质量的教育体系，加快深化新时代教师队伍建设，努力办好人民满意的教育。

（一）加快推进优质教育资源全域覆盖进程

1. 高标准推进学校建设。坚持适度超前发展的战略定位，坚守教育现代化、品牌化发展方向，通过高标准设计、高质量施工、高水准配备，确保新建公建配套中小学、幼儿园在功能布局上能充分满足现代化学校的办学需求，把每一所学校都建成标志性建筑。“十三五”期间，全区累计投入教育经费126.94亿元，新建高品质学校48所。2021年，新投用10所学校。未来五年，还将有80所新建中小学、幼儿园陆续投入使用。

2. 深化名校集团化发展战略。深入推进“名校引领”计划和“名校培育”计划，出台《“拱·有优学”运河新名校集团化2021行动计划》，新筹建杭州华附教育集团等10所名校集团和优质学校，优化提升杭州文澜教育集团等15所集团。深入推进与中国教育科学研究院、华东师范大学、浙江音乐学院、浙江师范大学、浙江大学城市学院等科研院校合作，开展“拱·优”成长共同体建设。进一步提升卖鱼桥、安吉路、长寿桥、青蓝、华师附、十四附、文澜、育才、启正、观成、长江实验、大关小学等知名基础教育品牌，拓宽区域原有名校品牌辐射范围，促进区域名校组团化发展。

3. 推进义务教育段提质强校工程。围绕“综合施策、优化环境、拓展内涵、提升质量”的工作思路，开展公办中小学提质强校工作。重点深化北部教育提振行动，以北部学校课堂教学与校本研修转型为抓手，促进学校开展新教学设计、学为中心的课堂实践，力促南北教育均衡。与杭州师范大学合作，扎实开展拱墅现代优质学校第三方评价，为学校优质发展指明方向。

4. 加快南北教育资源均衡发展。科学研判拱墅南北部各地块入学人口基数和发展趋势，合理调整学校布局。实施老旧学校整体改造专项行动，重点针对20世纪八九十年代投用的南部老校分步进行整体改造，推动老旧校舍有机更新。2021年以来，完成青春中学、长寿桥小学、现代实验小学、青蓝小学、卖鱼桥小学湖墅校区等多所老旧学校的整体改造工程。

（二）加快完善公平且高质量的教育体系

1. 推进学前教育优质普惠。坚持政府主导，牢牢把握公益普惠基本方向，建立普惠性民办幼儿园认定和生均经费补助扶持机制。围绕“运河边的幸福童年”主题，以培育爱游戏、会思考、乐运动、善交往的“拱墅幼儿”为核心，构建拱墅学前教育文化。以课程建设为依托，区域性推进品牌项目建设，完善幼儿园等级评定和质量监测体系。以名园集团化为途径，实施优质幼儿园培育计划，形成品牌幼儿园集群。加快新建小区配套幼儿园建设，基本满足“10分钟就近入园”需求，实现公办幼儿园服务区全覆盖。

2. 推动义务教育优质均衡发展。一是深化教育减负改革。创新课后服务管理机制，分段分类启动学后托管、晚自习、暑托班，连续丰富“1+X”课后服务内容，推进营利性学科类校外培训机构转型工作。二是深化五项管理工作。将作业指数、补习指数、睡眠指数、近视率等与学生学业负担密切相关的因素纳入评价体系，推进落实“三增三减”减负行动。三是深化学校德育品牌培育。以培育“运河五好少年”为核心统筹全区德育工作，积极构建“运河五好少年”评价体系，丰富“运河公民节”等载体建设。四是深化学校体艺工作。抓好学生体能素质达标工作和学校特色体育发展工作，打造“武林杯”区域体育竞技品牌。

3. 加大教育教学改革探索的力度。深入推进与中国教育科学研究院的深化教育综合改革实验区建设合作，继续推进新时代集体主义教育的区域实践研究及相关成果提炼推广，进一步实施区域整体推进教师职业美学提升的研究与实践等项目。深化与华东师范大学课改提升工程的合作，建立学生减负提质长效机制，全面提升义务教育教学质量。继续实施多元评价，探索采集多种数据，综合评价教师的教与学生的学。

（三）加快深化新时代教师队伍建设改革

1. 完善各类教师梯队培养机制。继续完善“学科带头人—运河名师—省特级教师—领军教师”四层次纵向发展体系和新苗、新秀、绿荫、丹桂学科教师垂直成长发展平台，让“塔尖”的人越来越多、越来越尖，形成长江后浪推前浪的庞大气势和持续动力。实施“运河名师名校长培养工程”、教育卓越人才发展计划、教育人才“星空计划”和“新苗”“红烛奖”“新时代教育终身成就奖”等系列推优项目。

2. 吸引优秀人才扎根拱墅。每年增设“拱·有优学”教育卓越奖5 000万，将9月28日设为杭州拱墅区“班主任节”。持续深化校级干部职级制、班主任职级制、名师工作室考核和激励机制、青年教师公寓保障机制，让教师安居乐业、扎根拱墅，不断提升获得感和幸福感。

3. 围绕“全员培训·梯度培养·全域提升”开展教师培养工作。实施新教师“运河青蓝工程”、队伍建设标杆工程、教师专业成长国际化行动计划等专项行动，持续开展名师智慧空间站、新锐系列培训、海外研修等区域特色培训，举办运河赛课节、课堂节，五年教龄“慧教”比赛等，为教师成长展示搭建平台。

四、改进成效

从 2021 年至 2022 年底，拱墅教育迈出了坚实的发展步伐：“学·有优教”取得重大进展，教育重要领域、关键环节改革取得重大突破，人民群众关心的教育热点、难点问题得到及时有效解决，资源供给不断扩大，优质教育共建共享的新局面正在形成。这一系列举措让老百姓的获得感不断加强，“学·有优教”品牌深入人心。

（一）教育满意度显著提升

《杭州市拱墅区 2021 年教育工作满意度调查分析报告》显示，全区教育满意度总分比 2020 年提升 0.164 分；小学生对“教育质量”的满意度较 2020 年提升 0.085 分，对“教师素质”的满意度较 2020 年提升 0.203 分，对“学校管理”的满意度比 2020 年提升 0.128 分；幼儿园教师对“教育条件”的满意度比 2020 年高 0.324 分，对“学校管理”的满意度比 2020 年高 0.165 分。

（二）区域教育影响力与日俱增

近两年来，拱墅区先后荣获多项国家级和省级荣誉，“学·有优教”品牌进一步被擦亮。2021 年，拱墅区顺利通过教育部“国家级普及普惠县”实地评估，关心下一代工作委员会被评为“全国教育系统关心下一代工作先进集体”，教育帮扶工作先进事迹和经验被刊登于国家级刊物《中国民族教育》，并荣获 2021 年度全省教育工作业绩考核优胜奖。2022 年，拱墅区先后成为首批省中小学生劳动实践教育基地、省义务教育阶段作业改革实验区，省数据驱动教育教学改进试点和省小学生综合评价改革试点区。《中国教师报》第 897 期头版头条刊发题为《让“红色信仰”在青少年心中扎根》报道文章，点赞拱墅区红色信仰教育。

（三）学校发展成果丰硕

一是学校特色建设优势明显。全区拥有全国足球特色学校（幼儿园）25 所、省级特色校园 11 所、市级特色校园 27 所；拥有全国中小学中华优秀传统文化传承学校 5 所、浙江省非遗进校园传承教学基地 5 个、区非物质文化遗产传承保护基地 18 个。二是教科研成果显著。全区有 3 个项目入选 2021 年省教学成果奖名单，其中青蓝小学的《变革育人方式：经历伴随学习的 19 年探索》和育才教育集团的《党在我心中：中小学信仰教育的育才新模式》获得特等奖。三是经验推广辐射力度大。拱宸桥小学课外读物进校园管理工作经验、卖鱼桥小学的“开学第一天”活动、现代实验小学的劳动教育经验、启航中学的体育课程改革经验、江心岛小学卫星班工作经验等先后亮相国家和省级平台。

（四）师生实现跨越发展

近两年，拱墅区教育人才如雨后春笋般冒芽。2022 年，全区有 7 位教师入选第十三批省特级教师名单，5 位教师在杭州市中小学班主任基本功大赛获奖。同时，通过开展面向人人的主题教育、体育竞赛、美育和劳动教育实践活动，学生体艺水平全面提升，学生体质合格率为 99.19%，小学音乐素养监测合格率达 95%。景成实验学校勇夺浙江省运动会女子足球丙组冠军，区校园足球队在杭州市“市长杯”校园足球精英挑战赛中夺得 B 组冠军。杭州第十四中学附属学校女子篮球队收获中国初中篮球联赛东部赛区第四名、全国十六强的好成绩。

第五章　现代化学校督导评估

学校现代化是教育现代化的主体内容，区域教育现代化只有通过区域内每所学校的现代化来实现。从某种意义上说，没有学校的现代化就没有教育的现代化。① 然而，以往关于教育现代化的督导评估与监测项目，无论是国家的义务教育优质均衡督导评估和学前教育普及普惠县督导评估，还是浙江省的教育基本现代化评估、浙江省县域基础教育现代化监测评价和基础教育生态监测，都是将学校作为区域层面的一个要素加以考查，忽视了对学校个体（尤其是义务教育段学校、幼儿园和社区学校）的全面评估和动态监测。为弥补这一不足，浙江省教育厅于2020年启动浙江省现代化学校评估项目，力图通过现代化学校评估来培育和打造区域教育现代化样本学校，树立标杆，打通区域教育现代化建设的“最后一公里”。在浙江省现代化学校评估指标体系的研制及现代化学校实地评估过程中，浙江省教育现代化研究与评价中心负责中等职业学校现代化评估工作，因而对该项目的来龙去脉和现代化学校的本质有着较为深入的了解。本章将基于中心研究人员参与该项目的经历和感受，从理论概述、指标设计和实施策略三个方面对现代化学校评估的理论基础和操作要领进行分析，并在第四节奉上三个案例。

第一节　理论概述

学校评估在本质上是一种教育评价活动，是一种以学校工作为对象的

① 陈国良. 着眼现实问题推进教育现代化［N］. 人民日报，2016-01-31（05）.

教育评价活动。[①]本节主要结合教育评价的相关理论，梳理学校评估的内涵、学校评估的主要模式、学校评估的国际新趋势与新发展。

一、学校评估的内涵

20 世纪初，随着世界范围内的课程开发与教育实践的推进，教育评价开始受到重视，并在 20 世纪 30 年代成为一个相对独立的研究领域。20 世纪 50—60 年代，教育评价获得蓬勃发展，并在 70 年代后呈现出研究流派多元复杂的特点。随着教育评价流派越来越多元，研究的问题越来越深入，作为教育评价领域下的学校评估开始进入人们的视野。当人类阔步迈入信息时代，学校评估各流派间日益进行着复杂会话时，学校评估的含义成为该领域首要的基础问题。

（一）学校评估的含义

纵观教育评价研究史，人们在不同历史时期对评价有着不同的理解。评价理解的时代性、历史性决定了学校评估含义的发展性、多元性，这意味着试图对学校评估做出具有普遍性的内涵界定是徒劳的。学校评估的含义首要取决于学者对评价的理解。从评价内涵研究的历史看，评价（evaluation）的含义主要有以下三种典型观点：第一，评价即测验。该观点主要存在于评价研究的早期阶段。由于早期研究者将测验作为评价的唯一方式，因此出现了“评价即测验”的观点。第二，评价即目标达成度。该观点以“课程评价之父”泰勒（Ralph W. Tyler）为主要代表。泰勒将评价视为监测课程目标实现程度的活动，由此开创了“目标达成模式”。该模式无论对理论界还是对实践界均产生了长远影响。但 20 世纪 70 年代末开始兴起的“课程重建运动”使人们渐渐了解到，评价不是简单地测量目标达成度，人们开始反思泰勒模式，由此产生了更多的评价理解观。第三，评价即价值判断。该观点认为，评价不可能做到价值中立，任何评价均是基于一定价值观的活动，评价者的价值取向也不可避免地渗入其中，评价是人们基于一定价值观对评价对象优缺点等方面的考查。上述是评价内涵的三大典型观点，在长远的评价研究历史中，还有诸多评价内涵研

① 赵德成. 学校评估：理论、政策与实践［M］. 上海：华东师范大学出版社，2015：3.

究，这里不一一概述。

在评价内涵研究的复杂会话中，人们日益明晰：评价不是一个价值中立的活动，它渗透着评价者的个人价值观以及社会文化的主流价值观。因此，当下来看，“评价即价值判断”的观点颇为流行，且日趋得到认可。如是，在价值判断视域内，所谓学校评估，就是评估者遵循一定规则，采取一定方法，对学校目标计划、课程教学等内容做出价值判断的过程。该含义从整体上界定了学校评估的内涵，但尚需回答以下几个具体问题才能准确把握和理解学校评估的内涵，这些具体问题主要包括：第一，学校评估的对象。倘若不明确学校评估的对象，学校评估就会沦落为空中楼阁，抽象而脱离实际。第二，学校评估的价值判断问题。既然学校评估不是价值中立的活动，那么学校评估的价值观又有哪些，不同的价值取向塑造不同的学校评估理念。第三，学校评估的方法问题。对这些问题的研究回答既体现着对学校评估内涵具体而深刻的理解，也决定着学校评估的模式与实践探究。

（二）学校评估的对象

如上所述，在价值判断视域内，学校评估是评估者遵循一定规则，采取一定方法，对学校目标计划、课程教学等内容做出价值判断的过程。该定义明确了学校评估的对象，即“学校目标计划、课程教学等内容”。详细来说，学校评估的对象包括学校的目标计划等整体性规划、课程与教学等各方面活动以及对学校各类人员（如教师、学生）的评价。学校评估在不同价值取向引导下会侧重评估不同的对象与内容。国际视域内，20世纪中期以前，学校评估主要以学业质量为评估对象，旨在提升学校教学质量。20世纪中期以后，学校评估对象更加丰富、多元。从国内当下来看，学校评估主要是结果取向评估。结果取向评估将学校办学成效、育人效果作为主要评估目标，突出强调学校对学生的培养，因此，无论是否意识到，学生都是学校评估的主要考量对象。围绕学校的办学质量、育人成效，学校评估对象逐渐由教学目标计划等扩展到学校硬软件建设、服务态度等各方面。由此看出，学校评估根植于学生，并不断延伸出丰富的评估对象与内容。

学校评估的价值取向是影响学校评估对象的重要原因。学科结构运动的主要代表之一施瓦布（Joseph J. Schwab）认为，课程开发要统筹考虑四个要素，即教师、学习者、教材以及环境。这四大要素既是课程开发的关键，也是学校教育最主要的四个考量指标。因此，学校评估任何时候都要考虑这四个要素。从一般意义上说，这四个要素在学校评估中都是必要的，但在迥异的学校评估价值取向引导下，这四个要素受重视的程度明显不同，由此导致具体的指标设计与关注重点也大相径庭。因此，学校评估的价值取向影响评估对象的选择。例如，当学校评估以诊断与发展作为价值取向时，学校评估的重点在于反思，与之相适的评估对象也更加开放、多元，实际评估效果也更佳。学校评估的价值取向一经确定，就要开始设计相关指标与搜集评估对象信息。

评价观是影响学校评估对象的又一重要原因。国际视野下，评价研究领域通常有三个词汇在实际使用中或直接或间接地指向评价，分别是evaluation、assessment和measurement。具体来说，“evaluation”通常译为“评价”，它在教育领域往往指课程与教学评价。泰勒在《课程与教学的基本原理》一书中便用该词表达课程评价。“assessment”一般译为“评估”。在国际视野中，评估常常指对人的评估，意即评估的对象是教育中的人。当评价重点指向教师、学生时，往往使用“评估”这一概念。例如，哈佛大学零点项目提出“持续性评估”的理念，指向评价学生的高阶思维。“measurement”往往译为“测量”。测量的过程意即评价过程，它直接表明评价方法，通过标准化测验实现学校评价。这种评价理解观不仅主导20世纪初的美国，也在我国当下的学校评估实践中占据主流。因此，评价理解观深深影响学校评估对象、评价方法。

（三）学校评估的价值判断

学校评估是价值中立的活动吗？这是学校评估研究的重要问题。价值问题在评价领域日趋得到重视是20世纪中期以后的事情。尽管在此之前人们并未直接提出此问题，但人们在学校评估实践中长期受到此问题的困扰。“课程评价之父”泰勒就试图在学校评估中避免价值预设，竭力主张学校评估要做到价值无涉。他采取的方法是预设目标，评估仅仅是对目标达成程度的客观测量。这种客观测量就是客观描述，人作为描述者需剥离自己的价值观，并且采用测量工具辅助完成目标测量。这种观点试图为广大教师提供普适有效的评价方式，进而客观公正地评价课程、学生，因而广受欢迎。但20世纪中期后的评价研究显示，任何评估都不可能摆脱价值预设，也无法做到价值中立。正确的评估观应该是先确定评估的价值取向，在评估价值取向的引领下，设计评估标准与方法，并展开评估。于是，研究者纷纷展开评估价值取向的研究。这些价值取向与价值判断在漫长的理论与实践研究中，凝练形成学校评估理念。

时至今日，学校评估理论和实践领域比较推崇的评估理念或价值取向主要为发展性评估。发展性评估是以学校的日常教育教学、管理和学习生活为内容，以促进学校发展和自主发展能力形成为目的的评估。[①]发展性评估的本质是过程性评价，它旨在发现学校在一段时间内的办学问题并寻求解决。因此，“以评促建”是发展性评估的显著特点。发展性评估的评价主体既可以是学校自身，也可以是第三方，具有多元化、开放性的特点；评估内容既包括学校文化（理念、制度、管理等），也包括人（主要是师生）的发展。

发展性评估之所以得到广泛运用，是因为其能够促进学校的高质量发展。首先，发展性评估尊重每所学校的既有现状，既评估学校的优势与特色，又找出发展问题并寻求解决。因此，发展性评估根植于每所学校的发展特点，并旨在促进每所学校的特色发展。它拒绝用统一的标准评估所有学校的办学质量。发展性评估通过诊断学校发展过程的问题，进而反思、解决这些问题来促进学校发展。它有效促进了学校的持续发展。其次，发展性评估的开放性、低利害性有效促进了评估的真实性。发展性评估不以追求评估背后的功利为旨趣，低利害性是发展性评估的显著特点。低利害性与评价主体的开放性相结合，可以确保被评价者表达真实诉求，因此保证评价结果的真实性、有效性。尽管发展性评估存有诸多优势，但其缺点同样不容忽视：发展性评估建基于评估学校的主动性，只有学校有发展诉求，发展性评估才能发挥其应有的作用。因此，倘若学校没有发展诉求以及评估内驱力，那么发展性评估极易蜕化为形式主义。

（四）学校评估的方法

信息时代，学校评估技术日新月异，人们借助科技实现学校评估。但不管技术如何发展，它们始终作为评估方法的一部分出现。进一步说，人们往往将技术融入方法，进而使技术成为方法的工具。因此，在技术与方法的关系上，评估方法决定技术的选择与使用。理解评估方法也是理解学校评估内涵的内在要求。纵观评价研究史，量化评价（quantitative evaluation）与质性评价（qualitative evaluation）构成学校评估的两大基本方法。不同的评价观念决定了不同的评价方法。

量化评价力图把复杂的教育现象简化为数量，进而从对数量的分析与比较中推断某一评价对象的成效。哲学视域下，科学实证主义的兴起与繁盛推动了量化评价的出现与发展。量化评价的基本假设是只有将纷繁复杂的教育现象转化为量化的数据才是科学的教育研究，也唯有通过量化研究才能得出可靠、有说服力的结论。自评价正式诞生，量化评价一直占据主导地位。在信息时代的今天，伴随着信息技术的高速发展，量化评价方法非但没有式微，反而继续成为颇受关注、应用广泛的评价方法。尽管有学者指出，在教育领域实施量化评价方法，无异于在公交站等待火车的出现。但不可否认的是，量化评价确实直观、有说服力。

质性评价力图通过自然的调查，全面充分地揭示和描述评价对象的各种特质，以彰显其中的意义，促进理解。质性评价伴随着哲学领域对科学实证主义的批判而形成。质性评价反对量化评价将纷繁复杂的教育世界简化为冷冰冰、抽象的数字，认为量化评价的这种主张只会遗失教育中最重要的信息，因为教育中的人根植于鲜活的生活。由此看出，质性评价是20世纪中期以后在对量化评价的批判反思基础上产生的。质性评价对量化评价的批判与反思在某种程度上揭示了量化评价的不足，它是对量化评价的有效补充。

无论量化评价还是质性评价，均存在优势与不足。因此，学校评估实践应该根据评估价值取向以及评估内容的特点，将两者有效整合起来，既获取客观有效的信息，也能保证学校评估的效度与信度。

二、学校评估的主要模式

如前所述，学校评估是一种教育评价活动，学校评估的模式也遵循教育评价的基本模式，是教育评价模式在学校评估领域的运用。20世纪70

年代之前，教育评价研究领域已形成诸多流派，不同的评价理论作用于实践，一方面丰富了教育评价活动，另一方面却给实践界带来了很多困惑。此外，丰富的教育评价实践反过来形塑了一些新的评价方式。由此，实践的困惑亟需理论界加以解决，新的评价方式又需要总结。这种实践产生的诉求让评价理论家以一种系统化、整体化的观点看待评价问题，教育评价模式研究由此繁盛。早在20世纪80年代，美国教育评价专家斯塔弗尔比姆经统计指出："80年代初期已经出现了40多种评价模式，这些评价模式大抵描述了如何开发和实施评价活动。"[①] 时至今日，评价理论家根据理论研究与实践需求又开发了诸多评价模式。在这里，我们重点介绍三种具有里程碑式意义的评价模式。

（一）目标达成模式

1934年，美国开始了"八年研究"，至1942年结束。"八年研究"的重要结果之一就是诞生了评价领域广为人知的目标达成模式（goal-attainment model）。目标达成模式是泰勒在"八年研究"基础上提出的评价模式。该模式建基于泰勒原理，又是泰勒原理的有机组成部分。泰勒在1949年出版了《课程与教学的基本原理》（*Basic Principles of Curriculum and Instruction*）一书，系统阐明了泰勒的课程思想（又称"泰勒原理"）。泰勒认为，任何课程开发均需回答以下四个问题：第一，学校要实现什么样的目标；第二，哪些经验能够帮助实现该目标；第三，如何组织这些教育经验；第四，如何有效确定目标的实现程度。在泰勒看来，评价就是衡量预设目标的达成程度。由此，泰勒围绕目标达成而建构提出"目标达成模式"。目标达成模式认为评价的本质是目标预设与达成，因此评价的两大核心要素是目标与评价工具。目标是课程开发与实施的首要前提，具有预设性。目标还要明确行为体现与变化，因此泰勒的目标是行为目标。评价工具的编制与使用就是衡量学生行为的前后变化。泰勒多次指出，评价的目的在于检测学生行为是否发生变化以及在多大程度上符合目标。评价方法要能够收集学生行为变化的证据，并能够有助于建构常模。那么，目标达成模式如何实施呢？

① 张华. 课程与教学论［M］. 上海：上海教育出版社，2001：377.

泰勒将目标达成模式的实施概括为前后相继的三方面：第一，明晰教育目标。明晰教育目标是实施目标达成模式的前提与关键，它决定着评价的方向。如前所述，目标一定关乎学生行为，并且以可测量的语言表达。倘若目标无法测量，那么此目标是不明晰的，需进一步修改完善。第二，设计评价情境。设计评价情境是实施目标达成模式的中间环节。泰勒非常重视评价情境，认为评价情境可以让学生表现出自身行为，从而实现与目标规定行为的比较。第三，编制评价工具。在完成上述两步之后，目标达成模式的实施还需设计评价工具。评价工具的设计要体现客观性、把握信度的原则。评价工具的编制要经历反复修正与验证，这样才能确保评价的准确性。评价工具的编制也需考虑目标，使目标与评价工具相适应，两者的统一确保评价的效度与信度。

目标达成模式旨在衡量课程开发与实施后预设目标的实现程度。作为一种评价模式，目标达成模式的唯一评价标准是行为目标。当课程将学生行为视为目标并追求可测量时，评价也就具备了可操作性。通过该评价模式，评价者可以清晰地判断目标达成的情况。简单、直观是目标达成评价模式的优点。通过判断目标达成程度，教师也可以反思与优化课程设计。由于上述优势，该模式在实践界一直广受欢迎。但泰勒模式自诞生之日起同样备受质疑。20 世纪 70 年代末开始，派纳（William F. Pinar）主导的“课程重建运动”深刻批判了泰勒模式。该运动指出泰勒模式的主要问题在于：一是机械性。目标达成模式将评价分为前后相继的三个步骤，明显具有程序性、机械性、线性化的特点。该模式试图寻求一种普适有效的评价方式，这显然是不正确的。二是拒斥过程性。目标达成模式以目标为出发点和落脚点，评价仅是对目标达成度的测量，这显然排斥了更有意义的学习过程，也否认了学习的生成性。

（二）CIPP 评价模式

20 世纪 60 年代，美国掀起了新一轮课程改革运动。该课程改革运动批判了泰勒的目标达成模式，认为课程评价不能仅仅关注目标的达成程度，还应关注目标本身的合理性；课程评价也不能只关注目标，还应重视过程。但此次课程改革运动也遇到了一系列问题，比如课堂效率问题、评价问题等。基于上述背景，斯塔弗尔比姆等人于 1966 年正式提出 CIPP 评价模式。整体上看，CIPP 评价模式包括背景评价、输入评价、过程评价以及成果评价四部分。较之目标达成模式，CIPP 评价模式一方面更加注重反思目标确定过程以及目标本身的合理性、科学性，另一方面更加强调评价的过程性。这意味着 CIPP 评价模式既重视结果的评价，也强调评价过程。

具体而言，CIPP 评价模式的首要阶段是背景评价。背景评价阶段的主要任务是调查评价对象的相关信息，以做出针对性评价设计。该阶段注重了解评价对象，通过深入调查研究评价对象的现状、需求等，反思课程目标是否满足评价对象的要求。CIPP 评价模式的第二个阶段是输入评价。输入评价阶段的主要任务是反思评价目标本身的合理性与科学性。当获得评价对象的信息后，评价者需结合专业知识设计完整的评价方案。需指出的是，根据 CIPP 评价模式要求，评价方案要有备案。输入评价就是要针对各个评价方案进行反思与评估，以获得最佳评价方案。输入评价需考虑课程评价方案的可行性、适切性、科学性等。CIPP 评价模式的第三个阶段是过程评价。过程评价的主要任务是评价实施过程，即在评价方案实施过程中根据具体情况随时反思与改进方案，使评价方案符合实际状况，确保评价的有效性。该阶段需及时跟进评价方案的实施过程，并向相关人员提供反馈，让他们及时完善实施。过程评价阶段不仅要在实施过程中反思与调整评价方案，更重要的是，评价者和执行者在该阶段可收集所需评价信息。这些评价信息对整个评价具有至关重要的作用。CIPP 评价模式的最后一个阶段是成果评价。成果评价阶段的主要任务是评价方案的实施成果。通过评价实施成果，了解收集到的评价信息与评价方案中目标的达成度，以判断是否满足评价对象的需求；反思实施过程的优势与不足，为进一步完善评价过程提供参考；向相关人员及时提供反馈，提高评价的有效性。总的来看，CIPP 评价模式的四阶段既相互区别、相互独立，又彼此存在内在联系。在学校评估的具体实践中，CIPP 评价模式的四阶段是前后相继、相辅相成的关系，这意味着学校评估要从背景评价阶段开始设计。

CIPP 评价模式特别强调反思在评价过程中的作用，它有如下优势：首先，CIPP 评价模式具有可操作性，能够提高课堂评价的效率。CIPP

评价模式的四个阶段前后有序，依次进行，构成一个封闭的循环评价模式。四阶段是一个规范的操作程序，可操作性较强，从而能够清晰地指导教师进行课堂评价。教师可以有目的、有针对性地在课堂中使用CIPP评价模式，提高课堂评价的效率。其次，CIPP评价模式注重过程性、反馈性，有利于增强课堂育人的实效性。教师在课堂中运用CIPP评价模式进行评价，可以及时收集所需信息，发现课堂教学中的问题，从而为有针对性地解决教学问题提供帮助。教师运用CIPP评价模式不仅能有效提升学生的学习效率，也能及时反思改进自身的课堂教学，从而提高教学水平。因此，CIPP评价模式能够促进师生共同进步，提升课堂育人的实效性。CIPP评价模式的上述优势并不意味着该评价模式是完美无缺的，它也有缺陷，主要体现在两方面：一是程序性。CIPP评价模式遵循背景评价、输入评价、过程评价与成果评价的顺序进行评价，这种顺序性意味着实施过程中的程序性与机械性。二是忽视情境性。CIPP评价模式试图超越目标达成模式，追求另一种普适有效的评价模式。这种追求试图使该模式适用于所有评价情境，但这恰恰忽视了评价的具体性，不可避免地影响评价效度。

（三）建构主义评价模式

建构主义评价模式是由美国学者古巴（Egong G. Guba）和林肯（Yvonna S. Lincoln）基于对传统评价模式的批叛而提出来的。建构主义评价模式认为，无论哪一代评价模式均存在明显缺陷，这些缺陷概括起来就是拒斥多元价值、崇尚科学实证主义以及权威主义倾向。总的来说，建构主义评价模式认为传统评价模式均以科学实证主义为理论基础，并具有科学实证主义的典型缺点。建构主义评价模式超越科学实证主义，并以心理学领域的建构主义为理论基础。建构主义作为时至今日仍广被认可的理论，在教学观、学习观、真理观等诸多方面重建了人们的教育认知。建构主义认为学习是自我建构的过程，而不是刺激—反应的简单行为。在真理观层面，建构主义理论主张真理的发展性、多元性。世界不存在唯一、永恒的真理，真理具有相对性，真理随情境、时代的变化而不断更新变化。建构主义评价模式秉持上述课程观点，并认为评价要坚持多元价值取向。评价一方面要关注学生知识建构的过程，另一方面要统筹评价教师等相关利益者。这些观点都对评价理论与实践有重要影响。

共同建构是建构主义评价模式的本质。建构主义评价模式认为，评价是关涉各利益相关群体的特殊活动。各利益相关群体由于拥有各自的视角与诉求，在具体评价活动中会产生诸多冲突。在建构主义评价模式看来，评价是各利益相关群体通过协商而达成共识的过程。这一过程本质上也是各利益相关群体通过不断对话、协商，解决利益分歧，妥协达成结果的过程。

建构主义评价模式的形成是评价研究领域自我批判、自我超越、自我发展的结果。建构主义评价模式正视并尊重评价中的各方利益群体，奉行多元价值主义。面对利益冲突，建构主义评价模式突出协商的重要性。因此，建构主义评价模式本质上是一种民主的评价模式。恰因如此，“它代表了评价发展的方向”。① 尽管如此，建构主义评价模式也不可避免地具有自身问题，其主要问题是由于追求共同利益而忽视了重要的个体利益。

通过梳理教育评价主要模式，我们至少能够得出如下基本结论：一是学校评估在理论上存有多种范式；二是不同学校评估模式之间存有显著差异。它们相互独立、相互超越。正因为不同的评估模式各有优缺点，因此学校评估走向实践时，应自觉采取“融合取向的评估模式观”。融合取向的评估模式观是指在学校评估实践中将多种评估模式结合在一起以满足评估需要。融合取向的评估模式在具体评估实践中可表现为多种模式的任意组合，因而既能够满足评估需求，又能创造性地解决评估问题。

三、学校评估的国际新趋势与新发展

如今，人类社会已迈入信息时代，用美国社会学家贝尔（Daniel Bell）的话来说，人类正处于“技术轴心时代”。日新月异的科技不断冲击着既有的学校评估理念与模式，时代发展需要并改变学校评估。学校评估理念在实践中不断完善与修正，形成了诸多新理念与新模式。这意味着学校评

① 张华. 课程与教学论［M］. 上海：上海教育出版社，2001：416.

估研究领域在自我反思、实践中不断丰富与发展。总之，时代发展与评估实践正促使学校评估形成诸多新趋势、新发展。这些新趋势、新发展概述如下。

（一）学校评估模式的多元化取向

纵观学校评估研究史，学校评估的研究发展实现了重要的范式转换。这种范式转换首要是理论基础的转变，即由科学实证主义转向建构主义。这一巨大转向丰富了评估理念和模式，由此实现了学校评估模式的多元化发展。斯塔弗尔比姆等人在《评估模型》（*Evaluation Models*）一书中指出："国际联合委员会按照《方案评估标准》排列了21世纪最佳的九种评估模式：决策/绩效问责模式、消费者导向模式、认可制度模式、实际利用为焦点模式、委托人中心模式、民主审议模式、建构主义者模式、个案研究模式、成果监控附加价值模式。"① 这九种评估模式是当今最为流行的评估模式，它们各有优缺点，这要求人们在实践中综合几种模式进行学校评估。在多元化的评估模式中，"CIPP模式和认可制度为代表的决策/绩效问责模式是当代教育和学校评估的主要模式"。② 如今，学校评估可选择的模式日益多元，各种评价模式的可操作性强，这有助于推动学校评估实践。

（二）学校评估标准的效能化取向

学校评估标准是专家实施并利用评估来测量学校价值或质量时共同遵守的一套衡量准则，也称评价指标。评价指标是学校评估的必要要素，在学校评估中发挥着不可替代的作用。评价指标是判断学校质量的主要标准。倘若学校评估缺失评价指标，评估者就无法进行客观评估，评估的效度与信度也会大打折扣。评价指标也是克服评估者主观性的有效工具。它的制定往往需要专业人员的参与，专业性、科学性等是其一般特点。随着学校评估研究的深入，评价指标日趋效能化。

所谓评价指标效能化是指学校评估标准着眼于高位焦点，即学校评估在判断学校质量和效能的基础上制定评价指标。国际上区分了低、中、高

---

① ［美］Daniel L. Stufflebeam, George F. Madaus, & Thomas Kellaghan. 评估模型［M］. 苏锦丽，等译. 北京：北京大学出版社，2007：94.

② 张东娇. 学校评估发展的国际趋势及其对中国的启示［J］. 比较教育研究，2009（03）：72-75.

三类学校评估焦点，“低位焦点和学校办学条件、物质环境等生存条件联系在一起，中位焦点与师资队伍、管理与领导等综合校务或规范化建设项目等专项评估联系在一起，高位焦点是把评估定位在学校质量和效能的整体判断上”。① 纵观如今丰富多彩的评估实践，学校评估明显更加注重评估高位焦点，即学校评估已由传统的关注学校办学条件、物质环境转向重点评估学校质量与效能。这一明显趋势引导评估标准定位于高位焦点，围绕学校质量和效能制定相应评价指标。

（三）学校评估机制建设的专业化取向

纵观国际学校评估实践，机制建设日益专业化成为学校评估的又一主要趋势，这主要体现在以下两个方面：第一，评估机构专业化。随着对学校评估要求的升高，学校评估机构也日趋专业化，很多国家都成立了独立的评估部门，做到了行政部门与评估机构的相对独立。第二，评估人员专业化。如前所述，学校评估日益关注高位焦点，这意味着学校评估的重点是质量与效能，这需要评估人员具有很高的专业能力。为着力提高评估人员的专业能力，世界各国纷纷提出相应政策引领评估人员的专业发展，如各国均强化评估人员的培训。评估人员的专业化发展越来越被视为学校评估的核心。总之，学校评估越来越注重机制建设，也日益走向专业化。

第二节　指标设计

为揭示教育系统的特征或运作情况，需要将不同教育指标加以组合来构建教育指标体系。在现代化学校评估指标体系的设计过程中，有必要先了解国内外已有的比较典型的学校评估指标体系，以便借鉴更多的备选指标。本节首先梳理了以美国和英国为代表的国外学校评估指标体系，然后介绍以上海和江苏为代表的国内学校评估指标体系，最后阐述浙江省现代化学校评估指标体系的设计背景、研制过程和具体内容。

---

① 张东娇. 学校评估发展的国际趋势及其对中国的启示［J］. 比较教育研究，2009（03）：72－75.

一、国外学校评估指标体系

20 世纪 90 年代后期，随着经济、社会全球化的不断发展，社会变革与发展速度不断加快，各国为谋求更强的国际竞争力，在世界范围内开展了一场教育重心下移的运动，学校改革首当其冲。随着“以学校为本”的改革力度不断加深，学校产生了自我评价、自我改进的动力，但缺少自我评价的工具与能力。因此，学校评估指标逐渐由幕后走向前台，成为学术界研究的重要问题之一。[①] 梳理相关文献可以发现，国外学校评估指标体系研究大多源自美国、英国、新加坡等发达国家，其中尤其以美国的“蓝带学校”认证指标、波多里奇国家质量奖评估指标、先锋教育学校评估指标以及英国教育标准局的学校督导评估指标最具代表性。

（一）美国“蓝带学校”认证指标

“蓝带学校”认证项目（Blue Ribbon Schools Program）是美国为提高教育质量、表彰先进学校而设立的学校评比项目。该项目始于 1982 年，是在学校改进运动的影响下发起的选拔全国最优质中小学的奖励项目。项目通过“自主申请—评审—实地考察—授予蓝带学校荣誉称号”等流程，按照一定的标准将参评学校分为模范、优秀、合格、薄弱和不合格五类，并对获得模范和优秀等级的学校授予“蓝带学校”称号，以此激发学校持续改进和创新。“蓝带学校”是卓越教育与平等教育的典范，学校若能获得表彰，则必须展现其典范作用并兑现为所有学生提供卓越教育的承诺。[②]

“蓝带学校”认证的指标分为定性指标与定量指标两类，每年会根据需求进行调整，但通常包含以下八大方面的内容：（1）学生核心与支持；（2）学校文化与组织；（3）挑战性的课程与标准；（4）主动的学习与教学；（5）专业共同体；（6）教育活力与教育领导力；（7）家庭、社区与学校的关系；（8）成功的结果指标。自 2002 年美国颁布《不让一个孩子掉队法》以来，“蓝带学校”认证指标突出了学生学业表现的重要性，通过设置“增值评估”指标，不仅关注学生的学业水平，而且关注学业水平提高的

---

① 邬志辉. 学校教育现代化指标体系的建构设想（上）[J]. 中小学管理，2004（05）：20-23.

② 徐昌和. 中美学校评价比较研究：组织、标准与实施［D］. 上海：华东师范大学，2014：28-29.

部分。

总体上看，被授予“蓝带学校”称号的学校一般具有以下特点：(1) 清晰的愿景与共同的使命；(2) 课程具有挑战性与适切性；(3) 推动并建立利于学生学习的校园安全策略；(4) 家长高度支持与参与；(5) 帮助所有学生达到高标准的承诺。“蓝带学校”的认证一方面肯定学校办学绩效，另一方面让各校收到见贤思齐之效。在当下国内学校教育评价改革的热潮中，“蓝带学校”认证指标给我们的启示是，学校评估要促进学校真正投入到“为每一个学生的卓越发展”的使命中来。

（二）波多里奇国家质量奖评估指标

1987 年，美国颁布《马尔科姆·波多里奇国家质量改进法案》(The Malcolm Baldrige National Quality Improvement Act)，旨在提升全球化背景下美国商业竞争力。1999 年，波多里奇国家质量奖（Baldrige National Quality Award，BNQA）评选范围扩大到教育领域，并制订了《教育绩效优异标准》(Criteria for Performance Excellence)。可参加评选的教育组织范围甚广，包括中小学、大学、职业学校、社区学校等。

波多里奇国家质量奖《教育绩效优异标准》以促进教育质量和学校的持续改进为宗旨，整个标准建立在相互联系的核心价值观和理念上，包括：有远见的领导；学生优异的绩效；学校与个人学习；重视教职工与家长的关系；灵活性；聚焦未来；为创新而管理；社会责任；创造性；基于事实的管理等。该奖项的评选流程为：申请—审查—初次评审—获选—实地考察—二次评审—获奖。在初次评审和二次评审中，评审小组会为参评学校（尤其是落选学校）提供反馈报告，以便学校进一步改进工作。值得一提的是，波多里奇国家质量奖所有的评估最终都指向结果，包括：学生学习及过程的结果，教育利益相关各方的结果，预算、财政和市场结果。这表明，该奖侧重评估结果，反映了美国对教育结果重要性的认识。

波多里奇国家质量奖《教育绩效优异标准》包含 7 项一级指标、17 项二级指标和 38 项三级指标，总分值为 1 000 分（见表 5－2－1）。从表中可以看出，前六项一级指标均为过程性指标，最终指向的是第七项结果性指标，且结果指标的权重高达 45%。

表 5-2-1　波多里奇国家质量奖《教育绩效优异标准》①

<table>
<tr><th>类别
（一级指标）</th><th>项目
（二级指标）</th><th>领　　域</th><th colspan="2">分　值</th></tr>
<tr><td rowspan="5">领　导</td><td rowspan="2">高级领导</td><td>愿景、价值观和使命</td><td rowspan="2">70</td><td rowspan="5">120</td></tr>
<tr><td>交流和组织绩效</td></tr>
<tr><td rowspan="3">管理和社会责任</td><td>组织管理</td><td rowspan="3">50</td></tr>
<tr><td>合法行为和道德行为</td></tr>
<tr><td>社会责任和支持</td></tr>
<tr><td rowspan="4">战　略</td><td rowspan="2">战略制定</td><td>战略制定过程</td><td rowspan="2">45</td><td rowspan="4">85</td></tr>
<tr><td>战略目标</td></tr>
<tr><td rowspan="2">战略执行</td><td>行动计划的制定与部署</td><td rowspan="2">40</td></tr>
<tr><td>绩效预期</td></tr>
<tr><td rowspan="4">顾　客</td><td rowspan="2">顾客需求</td><td>倾听学生和其他顾客</td><td rowspan="2">40</td><td rowspan="4">85</td></tr>
<tr><td>判断学生和其他顾客满意度与参与度</td></tr>
<tr><td rowspan="2">顾客参与度</td><td>项目和服务供应，支持学生及其他顾客</td><td rowspan="2">45</td></tr>
<tr><td>与学生和其他顾客建立关系</td></tr>
<tr><td rowspan="5">测量、分析和知识管理</td><td rowspan="3">学校绩效的测量、分析和改进</td><td>绩效测量</td><td rowspan="3">45</td><td rowspan="5">90</td></tr>
<tr><td>绩效分析和评论</td></tr>
<tr><td>绩效改进</td></tr>
<tr><td rowspan="2">知识管理、信息和信息技术</td><td>组织知识</td><td rowspan="2">45</td></tr>
<tr><td>数据、信息和信息技术</td></tr>
<tr><td rowspan="5">劳动力</td><td rowspan="2">劳动力环境</td><td>劳动力能力与容量</td><td rowspan="2">40</td><td rowspan="5">85</td></tr>
<tr><td>劳动力氛围</td></tr>
<tr><td rowspan="3">劳动力参与度</td><td>劳动力绩效</td><td rowspan="3">45</td></tr>
<tr><td>劳动力参与度测量</td></tr>
<tr><td>劳动力与领导发展</td></tr>
</table>

① 巫倩雯. 美国基础教育学校评价指标体系研究［D］. 南京：南京师范大学，2015.

续表

类别（一级指标）	项目（二级指标）	领　　域	分　值	
运　营	工作过程	项目、服务和过程设计	45	85
		过程管理		
	运营效能	成本管理	40	
		供给链管理		
		安全和应急准备		
		创新管理		
结　果	学生学习结果和过程结果	以学生为关注焦点的结果	120	450
		工作过程有效性结果		
		供给网络管理结果		
	以顾客为关注焦点的结果	学生及其他顾客结果	85	
		学生和其他顾客参与度		
	以员工为关注焦点的结果	劳动力结果	85	
	领导和管理结果	领导、管理和社会责任结果	80	
		战略执行结果		
	预算、财政和市场结果	预算、财政和市场结果	80	
总　　分				1 000

此外，《教育绩效优异标准》还针对过程性指标和结果性指标设计了不同评分标准。对于过程性指标，主要根据方法、部署、学习和协调一致四个因素，采用百分比来给学校打分。其中，方法是指学校运营方式的适合性、有效性，以及该方法基于数据和信息的程度；部署是指学校采用的方法与标准中各条款要求的契合程度、方法使用的频率和学校各部门运用该方法的程度；学习是指学校在经历评价与改进周期之后对方法所做的改进，包括鼓励通过创新方法取得突破和在学校各部门间分享进步之处；协调一致是指学校采取的方法与标准中提到的学校需求的一致性。

根据上述四个因素，学校的每个过程性指标均可以划分为回应问题、初级的系统方法、均衡的方法和协调一致的方法四个档次，每个档次设置了相应的评分等级（见表5-2-2）。回应问题是指出现问题便想方设法做出应对解决问题，表明学校没有明确的目标；初级的系统方法则表示学校有内部合作，有了一定的量化目标和发展战略；均衡的方法是指学校使用定期评估进行改进，各部门合作中强调发展目标；协调一致的方法是指学校各部门合作使用定期评估改进，并且过程可重复，学校跨部门分享交流与创新，过程与措施注重关键战略目标的发展状况。

表5-2-2 波多里奇国家质量奖过程性指标评分依据与档次①

过程		
评价依据	分数档次	
方法	1 回应问题	0%，5%
		10%，15%，20%，25%
部署	2 初级的系统方法	30%，35%，40%，45%
学习	3 均衡的方法	50%，55%，60%，65%
协调一致	4 协调一致的方法	70%，75%，80%，85%
		90%，95%，100%

对于结果性指标，主要根据水平、趋势、比较和协调一致四个因素，采用百分比来给学校打分（见表5-2-3）。水平是指学校当前的已有成果；趋势是指学校发展的表现；比较是指与同类学校的成果比较；协调一致则是学校各部门相互合作、分享创新，关注共同的战略目标。

表5-2-3 波多里奇国家质量奖结果性指标评分依据与档次②

结果		
评价依据	分数档次	
水平	1	0%，5%
趋势	2	10%，15%，20%，25%

①② 巫倩雯. 美国基础教育学校评价指标体系研究［D］. 南京：南京师范大学，2015.

续表

结 果		
比较	3	30%，35%，40%，45%
协调一致	4	50%，55%，60%，65%
	5	70%，75%，80%，85%
	6	90%，95%，100%

总之，波多里奇国家质量奖《教育绩效优异标准》具有聚焦结果、高适应性、高协调性、满足学校教育的需求、支持基于结果的诊断等特点。其评价不仅是一个评奖过程，更是一所学校为实现卓越绩效而不断改进的过程。七项一级指标相互影响成为一个整体，以“领导”为“指挥棒”，以“结果”为“成绩单”，以数据为支撑，评价目的在于告知学校的不足之处，从而提高学生成绩与领导绩效，促进教育质量的可持续改进与发展。

（三）美国先锋教育学校评估指标

先锋教育（Advance ED）是由美国中北部与南部院校联盟 2006 年合并而成的一个涵盖学前到高中学校的非营利性教育认证机构。先锋教育将促进学校改进作为最终目的，确立了六项职责与六个核心价值观。六项职责分别是：（1）被评学校要严格执行机构的评价指标与政策；（2）至少每五年对所有学校开展一轮外部评估；（3）对每所学校的自评报告及进展报告进行评估；（4）授予被评学校认证的身份；（5）处理学校的各类投诉等问题；（6）保留完整的外部评价过程记录。六个核心价值观分别是：（1）要有远大理想，处理好当前环境的限制因素；（2）为学习者发声，促进公平与争议；（3）勇于担当；（4）团队合作与个人创新相结合；（5）坚持不懈；（6）加强与机构的内外部联系。

先锋教育的学校认证必须满足至少正常运营两年的前提条件。总体流程包含学校准备评估（申请者）、确定“候选者”身份、正式评估三个环节。其中，“学校准备评估”要求学校在三个月内主持开展，先锋机构会对学校的准备评估情况进行评估检查，判断该学校是否可以成为“候选者”。被认定为“候选者”身份后，如果学校两年内没有制订自评计划，则要退回到前一步的申请者身份。在成为“候选者”的两年内，评估机构会组织外部评估小组在进校评估前四周至六个月内，审核学校的自评报告并观摩学校教学等情况。评估结束后，评估小组会将书面报告传达给学校，并提交给先锋教育机构与先锋教育认证委员会决定是否授予被评学校认证身份。被授予认证身份的学校要在两年内向先锋机构提交保障质量的相关举措；未被授予认证身份的学校重回“候选者”身份，且要根据评价报告进行改进，如果在一年内达到评估小组的相关要求，可重新进行正式评估，否则要退回到“申请者”身份。在整个评估过程中，学校的内部评估与先锋机构的外部评估是有机结合的。评估的过程既是学校持续不断的发展、改进过程，也是先锋机构推进质量保障的过程。

先锋教育学校评估指标体系包含宗旨与方向、管理与领导、教学与学习评价、资源与支持系统和持续改进使用结果五个维度和 33 项二级指标（见表 5－2－4）。从对二级指标的陈述可以看出，先锋教育学校评估指标体系具有以下特点：（1）突出学生本位。先锋教育评估的重点放在改善学生学习与提高学生的学习效能上，认为一所学校的发展目的在于促进学生的成就与发展。（2）促进学校改进。指标体系特意将“持续改进使用结果”设置为一级指标，旨在通过评价帮助学校共同体反思并共同促进学校的改进，让学生受益。（3）以四个水平的描述性标准为每项指标打分。指标体系将每项二级指标的具体表现由低到高分为四个水平的描述，便于评估小组打分。（4）重视教学与学习评价。指标体系不仅将教学与学习评价的要求贯穿于整个指标体系当中，还专门将“教学与学习评价”作为一级指标，下设 12 项二级指标，涉及学校课程、教师教学、教师专业性发展、评价与报告等多方面的要求。（5）重视数据的运用。先锋教育学校评估使用了大量的调查问卷、自评表，开发了学校改进支持工具的自适应系统（ASSIST），要求学校和评估人员通过收集、解读和利用数据来判断影响学生进步的因素。

（四）英国学校督导评估指标

英国学校督导评估指标的探索与实践始于 20 世纪 90 年代初。1993 年，英国教育标准局依据《1992 年教育（学校）法案》［Education（Schools）Act

表 5-2-4　先锋学校认证评价指标体系①

一级指标	二　级　指　标
1. 宗旨与方向	1.1　学校拥有一套系统的程序可以反思、修正并传达为学生成就而制定的宗旨 1.2　学校领导与教职工致力于营造一个基于共同的教与学价值观和信念的校园文化，提供有挑战性的、公平的、面向所有学生的教育计划和包括学习、思考与人生经历在内的学习体验 1.3　学校领导实施持续的改进程序，从而为支持学生学习而改善条件提供明确方向
2. 管理与领导	2.1　理事会制定政策和措施来保证学校的有效管理 2.2　理事会对自己的操作负责，高效运作 2.3　理事会确保学校领导有自治权实现成就与教学目标，并有效地管理日常经营 2.4　学校领导与员工培养一种与学校宗旨和方向一致的文化 2.5　领导者使利益相关者有效参与学校管理，以实现学校的宗旨与方向 2.6　学校领导和员工的监督、评估过程，能促进专业实践发展，促使学生获得成功
3. 教学与学习评价	3.1　学校课程提供公平、有挑战性的学习经历，这些经历保证所有学生拥有足够机会发展在下一阶段获得成功所需要的学习、思考和生活技能 3.2　监控并系统调整课程、教学和评价，对监测数据做出回应，而这些数据源于对学生学习的评估和教学实践 3.3　教师通过能够保证达到学习预期的教学策略使学生努力 3.4　学校领导者监控并支持教师教学实践的改进，从而保证学生的成就 3.5　教师参与合作性学习共同体来促进教学和学生学习 3.6　教师执行学校的教学过程来帮助学生学习 3.7　指导、辅导和入职培训的项目有利于教学的改进与学校的教与学的价值观和信念保持一致 3.8　学校通过有意义的方式让家庭参与到学生的教育中，并告知他们学生的学习进展 3.9　学校通过正式的人员结构，让每个学生在学校都被至少一位成年人熟知，他们帮助学生获得教育经验 3.10　评分和报告基于明确的标准，这些标准代表学科知识与技能的获得，在各年级和学科间保持不变 3.11　所有学校职工参与专业学习的持续项目 3.12　学校提供、协调学习支持服务，来满足学生学习的特殊需要
4. 资源与支持系统	4.1　拥有足够数量的、合格的专业人员和支持人员来完成他们的职责与使命，这些职责与使命对于实现学校宗旨、方向和教育计划十分必要 4.2　有充足的教学时间、物质资源和财力资源来支持学校的宗旨和发展方向 4.3　学校保养设施、服务和设备，为所有学生和学校职工提供一个安全、干净和健康的环境 4.4　学生和学校员工使用一系列媒体和信息资源来支持学校的教育计划 4.5　技术基础满足支持学校的教、学和操作需求 4.6　学校提供支持服务来满足被服务学生的身体、社交、情感需求 4.7　学校提供服务来满足所有学生咨询、评估、介绍、教育和职业规划方面的需要

①　巫倩雯. 美国基础教育学校评价指标体系研究［D］. 南京：南京师范大学，2015：22-23.

续表

一级指标	二　级　指　标
5. 持续改进使用结果	5.1　学校建立并维持一个清晰明确、综合全面的学生评价系统 5.2　专业人员和支持人员持续收集、分析大范围数据，并从中学习，包括对学生学习、教学、计划评估和组织条件以及趋势数据的比较 5.3　专业人员和支持人员在评价、解释和数据使用方面受到训练 5.4　学校使用一个持续的过程来确定影响学生学习进步的变量，所谓进步，包括对下阶段学习的准备和学业成就 5.5　学校领导监控并向利益相关者传达全面的信息，包括学生学习、学生学习的支持条件以及学校改进目标的达成

1992]，制定并颁布了《学校督导框架》(Framework for the Inspection of Schools)，开启了大面积、全覆盖的中小学学校教育督导评估。[①] 该框架设置了学生学习的水准和质量、学校的效率、学校的总体质量（包括行为与纪律、出勤、学生的社会和文化发展、学生的精神和道德发展）等结果性指标和课程、教学、评价、规划、组织管理、资源管理、对学生的支持与指导、对外联络和社区联系等过程性要素，并对每一项指标的评估标准、评估证据和报告要求进行了详细界定。[②] 在此后的近 30 年里，英国教育标准局多次对该框架进行修订和完善，以不断回应实践需求的变化。其中，近三次修订分别在 2010 年、2016 年和 2019 年。

2010 年，英国教育标准局颁布并实施《学校督导评价指标——英国学校督导指南和等级分类说明》(The Evaluation Schedule for Schools: Guidance and Grade Descriptors for Inspecting Schools in England)。该指标体系以高质量的、卓越的、公平的教育为目标，从学生的成果、学校教育效能、学校领导与管理的效能三大维度考察不同类型学校的办学绩效（见表 5 - 2 - 5）。整个指标体系重点关注学校的整体效能及学生的全面发展和成长，其中有 18 项三级指标指向学生成长和成就。

2010 年修订的《学校督导评价指标》还对各维度的等级分类进行了说明，将每个维度的等级分为“优秀”“良好”“一般”和“不合格”四档（见表 5 - 2 - 6）。同时，依据“个人和学生群体的成果”和“学校持续改

---

① 赵德成. 英国学校督导体系变革的特点及其启示 [J]. 外国教育研究，2011，38 (02)：66 - 71.

② 石伟平. 英国学校督导工作指南 [J]. 外国教育资料，1994 (03)：16 - 25.

进的潜能”两大维度确定学校总体评定等级，并给出是否需要采取特殊措施或改进的评价结论。

表 5-2-5 英国《学校督导评价指标》(2010 年修订)①

1. 学生的成果	**评定等级**
1.1 学生的成就以及乐学的程度	
1.1.1 学生成绩（学校提供的 16 岁学生的成绩，如：测试、考试成绩及其他，也应考虑不同学生群组之间、课程、学科、发展趋势中任何重要的变量）	
1.1.2 学习质量和进步，包括特教生和残障生	
1.1.3 成就及乐学的程度（学生学习质量、进步及成就，包括学前教育和大学预科取得的成就。不能只用一年的数据，除非是新校）	
1.2 学生的安全感程度	
1.2.1 学生在校安全感以及对安全的认识	
1.2.2 学生感到不安全时，能向学校寻求保护	
1.3 学生的行为表现程度	
1.3.1 学生的课堂表现和在校期间的表现	
1.4 学生采用健康生活方式的程度	
1.4.1 学生（特别是高危生）了解伤害他们的生理、心理健康的因素以及他们对待这些因素的态度	
1.4.2 学生（特别是高危生）在学校通过努力改善身心健康	
1.5 学生对学校和社区的贡献程度	
1.5.1 学生愿意为学校或社区承担一份责任并发挥作用	
1.5.2 学生参与影响他们学习和福祉问题的决策与咨询	
1.5.3 学生对社区和学校贡献所产生的影响	
1.6 学生的出勤	
1.6.1 出勤	

① 孙河川，刘文钊，王小栋，郝玲玲. 英国最新教育督导评价指标述评 [J]. 比较教育研究，2011，33 (03)：55-59.

续表

	评定等级
1.7 学生掌握适应未来工作的能力和保障经济无忧的技能程度	
1.7.1 学生的语言、识字、数字、信息、沟通能力水平与年龄相适应	
1.7.2 扩展知识和增强理解力，精通技术和提高素质，对未来的学习、培训、工作和生活有所帮助	
1.7.3 学生对他们未来的选择和愿望有所了解	
1.8 学生的精神、道德、社交和文化发展的程度	
1.8.1 学生的见解和生活目的，以及他们对社会认可的主流价值观的理解	
1.8.2 学生发展生活和工作中必备的技巧和个人素质，以及他们对自身文化和其他不同国度、不同地区和不同地域文化的理解	
2. 学校教育效能	
2.1 教学的质量（包括以评促学的运用）	
2.1.1 教学促进全体学生的学习、发展和兴趣提升的程度	
2.1.2 以评价满足学生需求的程度	
2.2 通过合作课程满足学生需求的程度	
2.2.1 对学生个体与学生群有所需求的相关课程，以及对其成果的影响	
2.3 有效的关爱、指导和支持	
2.3.1 对促进学生的学习、个人发展以及福祉的关爱和支持	
2.3.2 信息、建议、指导学生的质量	
3. 学校领导与管理的效能	
3.1 领导与管理的效能，包括对改进的志向与推动力、对教与学的领导与管理	
3.1.1 领导者与管理者如何有效地在交流中看到学校的未来，他们对学校怀有较高的期望，并确保能从其他方面获得支持和帮助	
3.1.2 学校如何较好地使用战略目标，以提高学生的水平，排除特殊学生群中的低效状况	
3.1.3 领导和管理者能有效使用学生成绩中反映出的信息，去设计、执行、监督、调整计划和政策，以加快改进速度，获得改进成果	

续表

	评定等级
3.2　校董事会激励和支持学校攻克难关、履行法定职责的效能	
3.2.1　上级主管帮助学校确立方向的效能	
3.2.2　处理学校董事会和监委会面临的挑战，支持领导者和管理者，帮助他们克服不足，并进一步提升所有学生的学习成果	
3.2.3　学校董事会、监委会和其他相关委员会履行其法律职责的程度	
3.3　让家长和监护人积极参与学校改进的效能	
3.3.1　学校参考父母与监护人的意见去决定全校事务并做出贡献的程度	
3.3.2　学校让父母和监护人对孩子的学习、福祉和发展给予支持，让他们自己做出决定的程度	
3.3.3　学校与父母和监护人沟通的质量	
3.4　促进学生学习和其福祉的合作效能	
3.4.1　在促进学生的学习和身心健康方面，学校与其他供应机构、组织机构和服务机构合作的程度及效能	
3.4.2　合作行为创造经济价值的效能	
3.5　促进公平消除歧视的效能	
3.5.1　学校如何有效地提供公平的机会，消除歧视	
3.6　实施监管的效能	
3.6.1　学校部署学生安全保障的有效性	
3.7　促进社区和谐的效能	
3.7.1　在社区、国家、全球范围内，学校对宗教、种族、社会经济形态的理解	
3.7.2　学校分析自身所处环境，设计出合理的规划和评估自身的工作	
3.7.3　学校的行为对社区合作有着良好的影响	
3.8　获取资源和有效使用资金的效能	
3.8.1　有效地使用和管理可支配资源，满足学生的需求，获得高效的成果	

表 5-2-6　英国普通中小学校督导评价等级表（2010 年版）①

（等级：1. 优秀 2. 良好 3. 一般 4. 不合格）	
项　　目	评定等级
学校的整体效能	
个人和学生群体的成果	
学校持续改进的潜能	
建议与需要采取的行动	
这所学校是否需要采取特殊措施或是否需要改进？	不需要
	需　要
	部分需要

2016 年，英国教育标准局基于学校督导评估实践中的问题，再次对学校督导评估框架进行修订，并发布了《英国优秀学校督导评估指标》(Inspectorate Evaluation Indicators for Outstanding Schools)。该指标共包含五大维度，分别为：维度 1“学校整体效能”、维度 2“领导和管理的效能”、维度 3“教学、学习和评估的质量”、维度 4“个人发展、行为和福祉”、维度 5“学生成就”（见表 5-2-7）。这五大维度涵盖学校教育的基本方面，包含管理者、教师、教学辅助人员、各类学生等。整体上看，2016 年出台的指标体系强调学校整体效能和卓越的文化氛围、注重教师的高效能和专业素养、关注学生个人发展和核心素养的养成。值得一提的是，该指标体系在“学生成就”维度中强调“虽然起点不同，但学生在语文和数学中取得的进步高于全国数据。尤其是，不同起点的学困生和社会经济地位处于弱势的学生，他们取得的进步与全国同类学生相比大致相当或者趋近”，体现了增值性评估的思想。

2019 年，英国教育标准局再次对学校督导评价指标体系进行修订，并颁布《学校督导手册》(The Schools Inspectorate Handbook)。该手册将

① 孙河川，刘文钊，王小栋，郝玲玲．英国最新教育督导评价指标述评［J］．比较教育研究，2011，33（03）：55-59.

学校督导评价指标体系分整体效能、教育质量、学生态度与行为、学生个体发展以及领导与管理五个维度，并对每个维度确定了“优秀”“良好”“需要改进”和“不合格”四个等级及其具体的衡量标准（见表5-2-8、表5-2-9）。与2016年的《英国优秀学校督导评估指标》相比，2019年修订后的指标体系得到明显简化，减轻了被评单位和个人的负担。同时，《学校督导手册》以教育质量为核心内容，重视学生丰富的教育体验。

表5-2-7　《英国优秀学校督导评估指标》（2016年版）一级指标①

评估维度	指标数目
1. 学校整体效能	4
2. 领导和管理的效能	12
3. 教学、学习和评估的质量	12
4. 个人发展、行为和福祉	13
5. 学生成就	8
总计	49

表5-2-8　“优秀”等级的评估指标②

一级指标	二级指标
1. 整体效能	1.1　教育质量为优秀等级
	1.2　其他一级指标均为优秀，或者只能有一个为良好
	1.3　学校安全有保障
2. 教育质量	2.1　课程实施连贯有序，教师理解并充分践行学校的课程目标
	2.2　学生任务与课程目标相匹配，为未来的学习和就业积累足够的知识和技能
	2.3　学生跨学科学习的质量高
	2.4　学生尤其是弱势的学困生保持优异成绩

① 孙河川，金蕊，黄明亮. 英国2016年优秀学校督导评估指标研究［J］. 湖南师范大学教育科学学报，2017，16（06）：78-86+96.

② 汤丽娟. 英国中小学教育督导评估指标体系研究［D］. 杭州：杭州师范大学，2020.

续表

一级指标	二　级　指　标
3. 学生态度与行为	3.1　学生尊重他人，积极创造学校环境，弘扬共同价值观，保护个别差异性，杜绝欺凌、骚扰和暴力
	3.2　学生学习态度端正，勇于克服困难，积极参加社会活动
	3.3　学生学习自律，学校可及时发现学生的不足并予以纠正
4. 学生个体发展	4.1　学校提供机会与经验引导学生全面发展
	4.2　学校提供给学生多样学习途径，并对学生尤其是贫困生产生积极影响
4. 学生发展	4.3　学校连贯一致地设置课程和课外活动，提供指导，加强学校课程实施能力
	4.4　学校有效塑造学生良好的性格，值得学习
5. 领导与管理	5.1　领导确保教师得到高效的专业发展。教师的学科知识、教学知识和学科内容知识不断积累，不断改进教学
	5.2　领导确保与教职工进行高效且有意义的沟通，了解工作量，解决问题
	5.3　工作人员满意学校给予的福利

表 5-2-9　“良好”等级的评估指标①

一级指标	二　级　指　标
1. 整体效能	1.1　教育质量至少是良好
	1.2　四个主要评估指标需要达到良好或以上，或只能有一个是需要改进
	1.3　学校安全有保障
2. 教育质量	2.1　领导者制定学生所需的多样课程，注重学困生的课程目标制定
	2.2　学校的课程规划和安排连贯，为学生未来的学习和就业打好基础
	2.3　设计或开发学生特别是学困生所需课程，发展学生的知识水平和学习能力
	2.4　小学拓展课程（以国家课程为例）在关键阶段 2 开设。中学拓展课程（以国家课程为例）在关键阶段 3 开设

① 汤丽娟. 英国中小学教育督导评估指标体系研究［D］. 杭州：杭州师范大学，2020.

续表

一级指标	二　级　指　标
3. 学生态度与行为	3.1　学校规范学生行为，学生自觉遵守纪律。领导支持员工管理学生的方式。工作人员保障学生的课堂和日常生活规范
	3.2　领导、教职员和学生们创造和谐的校园环境，杜绝恃强凌弱现象，迅速且有效地处理欺凌、侵犯、歧视和贬损性语言，禁止传播
	3.3　特殊学生在行为和出勤率方面有明显的改善
	3.4　学生学习态度端正，专注于学习，学会有效地学习，灵活应对挫折，并为自己的成就感到自豪
	3.5　学生出勤率高，按时到校，上课准时。如果情况并非如此，学校能采取适当、迅速和有效的行动
	3.6　恰当使用定期内部开除惩罚法。学校应接纳被罚后返校学生，并有效地管理他们的行为。慎用长时间开除惩罚法
	3.7　师生之间的关系积极和谐；学生是安全的且充满安全感
4. 学生个体发展	4.1　课程的范围比学术、职业或技术领域更广，为学生提供了更广阔的发展空间。加强学生的精神、道德、社会和文化发展工作
	4.2　课程设置和学校工作提高学生自信、灵活性和独立性，发展个性
	4.3　学校提供学生优质生活的指导：学生知道如何健康饮食，保持积极的生活方式，保持身心健康，培养良好的人际关系
	4.4.　学生认可并充分利用学校提供的机会培养、发展才能和兴趣
	4.5　学校有效地为学生适应当代英国社会做准备，培养对国家基本价值观的理解，包括民主、法治、个人自由、宽容和尊重
	4.6　学校保障学生机会平等和多样。学生理解、欣赏并尊重世界及其人民的差异，在文化、宗教、种族和社会经济中学会求同存异
	4.7　学生包容不同的观点、信仰和观念。尊重法律规定的不同的受保护群体，杜绝歧视
	4.8　学校为学生提供了有意义的学习机会，培养责任感、有礼貌、积极主动的品质和批判性思维品质，鼓励为社会做出积极贡献
	4.9　中学为学生将来在教育、就业或培训方面的成功做准备。利用盖茨比基准（Gatsby Benchmarks）引导学生做好职业规划，帮助学生获取高质量就业指导信息，学校为学生提供了优质机会接触实际的工作环境
5. 领导与管理	5.1　学校领导通过共同的价值观、政策和实践有规划地为所有学生提供高质量教育
	5.2　学校领导注重提高教师的学科、教学法和教学内容的专业水平，以提高课程教学和评估。教师（包括新任教师）的实践不断进步，学科知识不断增长

续表

一级指标	二　级　指　标
5. 领导与管理	5.3　学校领导确保所有学生顺利完成学业，为教师提供支持，创造包容的文化，不允许“无故开除”和“无故退学”
	5.4　学校领导与学生和社区的其他人——包括学生父母、照顾者和当地服务机构——进行有效交流
	5.5　学校领导与教师定期交流，了解并考虑到他们面临的主要压力和工作量。在管理教职工的方式上具有现实性和建设性
	5.6　学校领导保护教职工免受欺凌和骚扰
	5.7　教育行政官员确保学校有一个清晰的愿景和战略，资源得到很好的管理与利用，领导者要对教育质量负责
	5.8　教育行政官员确保学校履行其法定职责，例如 2010 年《平等法案》（The Equality Act）规定的职责，以及其他职责，例如预防职责和保护职责
	5.9　学校安全保障有效：识别可能需要早期帮助的学生或有被忽视、虐待或剥削风险的学生；帮助学生减少他们受到伤害的风险，获得支持，或及时将他们转介给那些有专业知识的人；管理招聘安全和防范可能对学生构成危险的成年人

二、国内学校评估指标体系

近年来，国家日益重视学校评估工作，国内很多教育理论研究者对学校评估指标体系进行了深入研究。如教育部基础教育质量监测中心于 2013 年编著《如何开展中小学学校督导评估》一书，分析了国内 122 个和国外 11 个学校评估方案的内容要素。北京师范大学赵德成 2015 年出版了《学校评估：理论、政策与实践》一书，在梳理国际和国内典型的学校评估指标体系的基础上，详细解读了“以学生发展为本”的学校办学质量评估体系。沈阳师范大学孙河川 2017 年出版《教育督导与评估指标》，从国际视角介绍和述评了英国、法国、荷兰、美国、德国和中国香港地区的学校评估指标体系。杭州师范大学张墨涵、季诚钧编著《教育现代化与优质学校评估》一书，基于浙江省教育现代化评价经验，全方位解析了现代化优质学校评估的理论和实践。在实践领域，很多地方都基于本地实践，结合最新的现代化学校研究理论与区域教育评价改革要求，研制了各级各类学校评估指标体系，并在实践中不断完善。其中比较典型的案例有江苏省星级学校评估指标体系和上海市特色普通高中评估指标体系，这两个地区的学校评估实践代表了我国东部经济发达地区的学校评估改革前沿，值得我们分析与借鉴。接下来，我们重点介绍北京师范大学课题组的“以学生发展为本”的学校办学质量评估体系、江苏省星级学校评估指标体系和上海市特色普通高中评估指标体系。

（一）“以学生发展为本”的学校办学质量评估体系

2007 年 11 月，教育部国家教育督导团办公室（后改为教育部教育督导局）委托教育部基础教育质量监测中心和北京师范大学开展“我国中小学督导与评估研究”。在历时两年多的研究中，课题组对国内外学校督导评估的理论与实践进行了深入考察，在国际学校评估方案比较研究、国内学校评估方案元分析、国内相关政策分析、各种利益相关群体调研的基础上，形成了《以学生发展为本的学校办学质量评估体系构建》① 等一系列研究成果。

“以学生发展为本”的学校办学质量评估体系由 4＋1 项一级指标和 17 项二级指标构成（见表 5－2－10）。其中，“4”即学生发展、教育教学、教师队伍、领导与管理四项一级指标，“1”指的是由地方教育督导部门根据地方实际来确定的机动指标。

表 5－2－10 北京师范大学课题组“以学生发展为本”的学校办学质量评估体系②

一级指标	二 级 指 标	三 级 指 标
A1 学生发展	B1 身心发展	C1 身体素质 C2 健康意识与习惯 C3 情感态度 C4 交流与合作
	B2 品行表现	C5 道德品质 C6 行为习惯
	B3 学业表现	C7 学业成绩 C8 学科共通能力 C9 艺术素养
	B4 生活技能与实践能力	C10 生活技能 C11 社会实践

① 赵德成. 以学生发展为本的学校办学质量评估体系构建 [J]. 教育研究，2012，33（06）：49－55.

② 教育部基础教育质量监测中心. 如何开展中小学学校督导评估 [M]. 北京：教育科学出版社，2013：5－9.

续表

一级指标	二级指标	三级指标
A2 教育教学	B5 德育工作	C12 全员育人　C13 德育活动
	B6 课程开设	C14 课程设置与执行　C15 校本课程开发
	B7 教学工作	C16 教学常规　C17 课堂教学
A3 教师队伍	B8 教师培养	C18 师德建设　C19 教学研究与教师培训 C20 骨干教师培养　C21 班主任培养
	B9 教师考核与激励	C22 教师考核　C23 教师激励
	B10 教师表现	C24 师生关系　C25 良好风气　C26 教师表现与成就
A4 领导与管理	B11 依法规范办学	C27 办学宗旨与目标　C28 发展规划与措施 C29 规范办学行为
	B12 管理队伍建设	C30 管理机构　C31 管理队伍　C32 干群关系
	B13 常规管理	C33 管理制度　C34 安全管理　C35 后勤服务
	B14 校园文化建设	C36 和谐校园　C37 班集体建设 C38 为有特殊需要的学生提供支持
	B15 办学资源开发与利益	C39 经费使用　C40 设施设备使用率　C41 争取多方支持
	B16 与家庭及校外联系	C42 家校沟通　C43 与社会（社区）的联系 C44 校际合作
	B17 自我评估与改进	C45 自我评估　C46 改进与发展
A5 机动指标	由地方教育督导部门根据地方实际来确定	

总体上看，“以学生发展为本”的学校办学质量评估体系具有以下特点：(1) 把学生发展放在首位。该评估体系将“学生发展”作为首项一级指标，既关注学生的学习成绩，又重视学生的学习态度、品行表现、艺术表现、健康生活意识及习惯等方面的发展。其他一级指标也都以学生发展为中心，直接或间接地服务于学生的发展。(2) 给地方留出自主空间。该评估体系考虑到不同地区之间的发展差异，不仅在一级指标中设计“机动

指标”，给地方教育督导部门在评估中留出一定空间，还在部分指标的具体标准上明确要求“符合当地规定的标准”。(3) 淡化办学条件，强化资源的使用与管理。办学条件属于外部指标，主要职责不在学校而在政府，学校办学质量评估体系目的在于评估学校办学水平，将办学条件指标转换为“办学资源的开发与利用”能更好地扭转片面强调外部影响而忽略自身改进的现象，引导学校将注意力放在现有资源的开发与利用上。

（二）江苏省星级学校评估指标体系

为积极培植普通高中优质教育资源，调动各方面积极性，促进高中教育均衡发展，2003 年江苏省教育厅发布《江苏省普通高中星级评估标准及评价细则》，在全省范围内启动普通高中星级评估，以此替代原有的省级重点中学验收项目。

江苏省将普通高中星级鉴定标准分为五个等级，命名为一星级、二星级、三星级、四星级和五星级。其中，一星级为最低级别，强调办学合格性；二星级强调基础发展性；三星级强调主体骨干性；四星级强调示范引领性；五星级为最高级别（暂未开始评估），强调国际可比性。① 在评估主体上，江苏省实行分级评估制度。其中，一星级、二星级高中委托设区市组织评估，三星级以上高中由江苏省教育评估院组织评估。自 2009 年起，江苏省启动了每五年一轮的星级高中复审机制，其中四星级高中复审由江苏省教育评估院组织，三星级高中复审委托设区市组织。在评估程序上，普通高中星级评估需要历经学校申请、县（市、区）和设区市教育主管部门推荐、组织评估、专委会审核、省教育厅审批五个流程。其中，组织评估流程具体分为材料评审、现场考察、整改复核三个主要环节，均由省、设区市评估机构组织专家开展。截至 2022 年 8 月，全省共评出三星级高中 159 所、四星级高中 328 所，占普通高中总数的 79.97％，超过 90％的普通高中学生在三星级及以上优质高中就读。②

江苏省普通高中星级评估标准一共有五套。每个星级对应一套标准，每套标准由办学绩效、素质教育、管理水平、办学条件与队伍建设五项一级指标和 25 条标准组成。不同星级标准的一级指标相同，但评估标准在内

①②　江苏省教育厅. 省普通高中星级评估项目［EB/OL］. https://jyt.jiangsu.gov.cn/art/2022/8/4/art_62648_10563784.html，2022-8-4/2023-08-28.

容和程度上呈现一定差异。2003 年以来，江苏省对普通高中星级评估标准进行了多轮修订，现行标准是《江苏省普通高中星级评估标准及评价细则（2020 版）》。受篇幅所限，本书仅按照一级指标的顺序，对比呈现三星级与四星级高中的部分评估标准。

1. 办学条件

办学条件主要评估学校各类硬件及基础设施条件、校园环境、经费投入是否达到标准。对比三星级和四星级学校办学条件的要求可以发现（见表 5-2-11），三星级标准对办学基本条件提出的要求更多，四星级则在硬件设施达标的基础上对资源高效运用、校园和谐氛围等提出了更高要求。

表 5-2-11　三星级与四星级高中“办学条件”标准对比①

对比内容	具体评估要求
办学规模与校舍面积	**三星级：** 1. 学校独立设置。农村完全中学的高中班级需占一半以上。高中规模不少于 24 个班，平均班额达标。生均占地面积不少于 30 平方米（老城区学校不少于 25 平方米）。生均校舍建筑面积（不含宿舍）不少于 15 平方米 **四星级：** 1. 学校独立设置。规模在 30 个班以上，平均班额达标。生均占地面积不少于 30 平方米（老城区学校不少于 25 平方米），新建学校不少于 66 667 平方米。校园校舍满足师生学习、生活的需要
教学设施设备	**三星级：** 1. 有足够的理、化、生等实验室，能按课程标准开齐全部实验。实验器材充足，能开出 2 人一组的分组实验。按标准配齐配足音乐室、美术室等专用教室，设施设备齐全 2. 按标准配备专用计算机教室，电脑数量能满足学生使用需求。数字化教育教学资源丰富，多媒体设施设备充足。智慧校园建设有规划，有实施，成效明显 3. 图书馆、阅览室开架借阅。生均藏书量及期刊种类达二级馆要求，年生均购书不少于 1 册。有较丰富齐全的与现行教材配套的数字化教学资源。阅览室座位不少于学生数的 1/10 4. 学校生均宿舍建筑面积不少于 4.5 平方米，卫生设施齐全方便。食堂整洁卫生，厨房面积达标，设施良好，食堂餐位满足师生就餐需求 5. 学校有 300 米以上跑道（农村学校有 400 米）的田径运动场和 4 片以上的篮球场，体育设施齐全，器材充足。有卫生室，常用医疗器械及药品齐全 **四星级：** 1. 学校教学、生活各类设备设施齐全，配置先进。建成智慧校园，信息技术、人工智能运用水平较高。信息技术等先进技术对学校个性化发展形成支撑

① 江苏省教育评估院. 省教育评估院关于做好 2020 年省普通高中晋星申报工作的函［EB/OL］. https://jyt.jiangsu.gov.cn/art/2020/7/31/art_62647_9335494.html，2022-8-4/2023-08-28.

续表

对比内容	具体评估要求
校园布局与环境	**三星级：** 1. 环境建设卓有成效。校园布局合理，美观整洁。绿化面积充足，人文气息浓郁 **四星级：** 1. 校园布局合理，环境优美。环境设计独特，内涵丰富。人文气息浓郁，文化品位高，形成和谐、健康、积极向上的氛围
经费投入与使用	**三星级：** 1. 学校办学经费满足办学需求。生均教学仪器设备值不低于6 000元。生均公用经费超过省定标准。学校经费收支平衡，无负债，或负债在合理范围内且债务化解成效显著 **四星级：** 1. 学校办学经费满足办学需求，生均教学仪器设备值不低于8 000元。学校经费收支平衡，无负债，或负债在合理范围内，且债务化解成效显著

2. 队伍建设

队伍建设指标主要有学校领导力、教师学历与职称结构、教师业务水平、教师培训经费与机制等。三星级标准强调校长有先进的办学理念、教师学历达标、有一定数量的名师和满足基本的教师培训；四星级则对上述方面提出了更高要求，如要求校长有独特的办学思想和改革创新意识、硕士学位及以上教师占比不低于20%、有特级教师或正高级教师、有畅通的出国进修渠道等（见表5-2-12）。

表5-2-12　三星级与四星级高中“队伍建设”标准对比①

对比内容	具体评估要求
学校领导力	**三星级：** 1. 校长有先进的办学理念，深入教学一线，对教育教学和学校管理有较为深入的研究。学校领导班子及管理队伍整体素质好，团结协作，有前瞻的理念、服务的意识、实干的精神，在师生员工中有较高威信，师生员工评议良好。 **四星级：** 1. 校长有先进的办学理念、独特的办学思想，改革创新意识强，精于管理，深入教学一线，对教育教学有较为深入的研究。主持过省级以上课题的研究或改革项目的实施，科研成果在设区市范围内有较大影响。 2. 学校领导班子及管理队伍结构合理，素质优良，团结协作，有前瞻的观念、服务的意识、实干的精神，在师生员工中有较高威信，满意度高。

① 江苏省教育评估院. 省教育评估院关于做好2020年省普通高中晋星申报工作的函［EB/OL］. https://jyt.jiangsu.gov.cn/art/2020/7/31/art_62647_9335494.html，2022-8-4/2023-08-28.

续表

对比内容	具体评估要求
教师学历与职称结构	**三星级：** 1. 教师师德高尚，敬业爱生。生师比不超过 11∶1。教师专业水平较高，专任教师学历达标，中、高级专业技术职务的教师占比不低于 50%。校外兼职教师队伍稳定，基本适应新课程改革需要。图书馆、实验室、卫生室工作人员均具备上岗资格要求，并胜任工作 **四星级：** 1. 教师师德高尚，敬业爱生，专业水平高。生师比不超过 11∶1。专任教师学历达标，硕士学位及以上占比不低于 20%，中、高级技术职务占比不低于 60%。校外兼职教师队伍稳定，符合学校课程实施的要求。图书馆、卫生室、实验室等工作人员胜任工作，有中级及以上职称
教师业务水平	**三星级：** 1. 学校有一定数量的优秀教师。1/5 以上学科有设区市学科带头人或骨干教师。3/5 的学科有 2 名教师在县级享有声誉，具有引领教师专业发展、实施课程改革的能力 **四星级：** 1. 重视骨干教师的培养，优秀教师数量充足。有特级教师或正高级教师。3/5 以上学科有 2 位及以上教师在设区市及以上范围内享有声誉，具有引领教师专业发展、实施课程改革的能力。1/5 的教师在省级以上教育教学和教育科研成果比赛中获奖
教师培训经费与机制	**三星级：** 1. 教师培训机制基本健全，培训形式多样，针对性强，成效显著。校本培训规划科学，目标明确，实施有效。教师专业水平不断提升，基本适应课程改革要求。每年用于教师学习、培训的经费占学校教师工资总额 1.5%以上 **四星级：** 1. 教师培训机制健全，形式多样，效益显著。校本培训目标明确，主题鲜明。支持骨干教师、青年教师专业发展制度完备，教师自主发展与组织帮扶结合好，专业发展水平提升较快。积极开展校际交流，赴校外挂职锻炼、出国进修渠道畅通。学校每年用于教师学习、培训的经费占学校教师工资总额的 2%以上

3. 管理水平

管理水平主要考察学校发展规划、学校治理、“三风”建设、教育资源开发与利用等内容。该维度四星级标准和三星级标准在具体内容上差异较大。总体上看，四星级标准在办学目标上要求更高的实现程度，在管理机制上更强调校长负责制和开放办学，在校外资源利用方面多了对设施设备利用率的要求（见表 5 - 2 - 13）。

4. 素质教育

素质教育主要考察学校德育工作、课程建设、学教变革、评价改革、教育科研、对外交流等方面的工作。三星级标准更多强调基本规范的落实，但四星级标准在德育活动的形式、课程的选择性和示范性方面提出了更高要求（见表 5 - 2 - 14）。

表 5－2－13　三星级与四星级高中“管理水平”标准对比①

对比内容	具 体 评 估 要 求
发展规划	**三星级：** 1. 学校办学目标明确，发展规划科学合理。中长期发展规划内容全面，重点突出，措施扎实，具有前瞻性和适切性。规划施行顺利，成效明显 **四星级：** 1. 学校办学目标明确，规划科学合理。发展规划涵盖全面，重点突出，措施扎实，保障有力，具有前瞻性、适切性和可行性。规划施行顺利，实现程度高
学校治理	**三星级：** 1. 实行校长负责制，充分发挥党组织政治领导和组织保障作用。积极推进人事、分配和后勤等方面的管理改革。规章制度健全，岗位职责明确。积极推行校务公开，努力提升科学管理、规范管理的水平。大力推进信息技术与学校管理的融合，教育管理信息化水平逐步提高 2. 坚持依法治校，办学行为规范。严格执行国家课程计划，规范招生管理，严禁公开考试成绩排名和下达高考升学指标，未发生具有重大影响的安全稳定责任事件和违法违纪案件 **四星级：** 1. 坚持依法治校，办学行为规范。严格执行国家课程计划，规范招生管理，严禁公开考试成绩排名和下达高考升学指标，未发生具有重大影响的安全稳定责任事件和违法违纪案件 2. 坚持与时俱进，大力推进学校管理制度和治理方式的改革创新。规章制度健全，岗位职责明确，为师生员工普遍认可，执行情况较好。信息技术与学校管理深度融合，学校管理信息化水平较高 3. 全面推行校长负责制，充分发挥党组织政治领导和组织保障作用。推行校务公开，民主管理，各部门职能作用充分发挥，师生参与度高。教职工权益得到尊重与保障，形成了团结奋进的良好局面。学校与家庭、社会沟通合作机制健全，注重听取学生、家长的意见，自觉接受社会监督
“三风”建设	**三星级：** 1. 学校校风、教风、学风优良。“三风”建设坚持以人为本，促进师生发展，提高管理水平，取得良好效果，为广大师生自觉践行和社会广泛认同 **四星级：** 1. 学校校风、教风、学风优良。“三风”建设坚持以人为本，促进师生发展，提高管理水平，取得良好效果，为广大师生自觉践行和社会广泛认同
教育资源开发与利用	**三星级：** 1. 积极开发、利用校内外教育资源。图书馆、实验室、课程基地、艺体场馆、信息中心等设施设备充分开放，管理规范，利用率较高，为师生提供有效服务 **四星级：** 1. 充分利用校内外教育资源，积极服务于发展素质教育和师生的学习与研究。图书馆、实验室、课程基地、艺体场馆、信息中心等充分开放，设施设备利用率高

① 江苏省教育评估院. 省教育评估院关于做好 2020 年省普通高中晋星申报工作的函［EB/OL］. https://jyt.jiangsu.gov.cn/art/2020/7/31/art_62647_9335494.html，2022－8－4/2023－08－28.

表 5-2-14　三星级与四星级高中“素质教育”标准对比①

对比内容	具体评估要求
德育工作	**三星级：** 1. 全面贯彻党的教育方针，落实立德树人，不断增强德育工作的时代性、科学性和实效性。德育工作机构、队伍制度健全，形成学校、家庭、社会协调一致的育人合力。积极实施课程育人、文化育人、活动育人、实践育人、管理育人和协同育人，成效明显 **四星级：** 1. 全面贯彻党的教育方针，落实立德树人。建成内容完善、年级衔接、载体丰富、常态开展的德育工作体系。积极实施课程育人、文化育人、活动育人、实践育人、管理育人和协同育人，形成全员、全程、全方位育人的局面。德育工作针对性强，成效明显
课程建设	**三星级：** 1. 学校课程发展规划体现学生核心素养和关键能力培养要求，课程开设、开发和更新机制完善。严格执行国家课程方案，开齐开足规定课程。学校建有选课指导制度，帮助学生形成个性化的课程修习方案。努力提高课程质量，建成一批受学生欢迎的优质课程 **四星级：** 1. 学校课程发展规划遵循国家课程改革要求，体现学生核心素养和关键能力培养要求。课程开发、开设和更新机制完善。严格执行国家课程方案，开齐开足上好规定课程。学校建有选课指导制度，学生拥有个性化的课程修习方案。课程资源丰富，满足学生多样化选择的需求。建成一批深受学生欢迎、为兄弟学校示范的优质课程
学教变革	**三星级：** 1. 大力推进教与学方式的改革，积极探索适合的教学模式。推行讨论式、启发式、参与式等教学方式，引导学生自主、合作、探究学习。推进信息技术与学科教学的融合，不断提高教育教学效率 **四星级：** 1. 大力推进教与学方式改革，积极探索适合的教学模式。普遍运用启发式、讨论式、参与式等教学方式，有效提高教学效率。注重引导学生自主、合作、探究学习，推进以学习者为中心的教学改革。积极推进信息技术与学科教学的深度融合，探索网络环境下的教学改革
评价改革	**三星级：** 1. 坚持素质教育导向，积极开展评价制度改革与研究。科学实施学生、教师、课程等“三项评价”，全面实施高中学生综合素质评价，充分发挥评价促进学生成长、教师发展和改进教育教学的积极作用。积极创新评价手段，丰富评价内容，成效明显 **四星级：** 1. 坚持素质教育导向，学生评价、教师评价、课程评价体系完备。健全学生综合评价制度，完善考试评价机制。充分发挥评价的积极作用，助推学生成长、教师发展和教育教学的改进。评价科学规范，成效明显

① 江苏省教育评估院. 省教育评估院关于做好 2020 年省普通高中晋星申报工作的函［EB/OL］. https://jyt.jiangsu.gov.cn/art/2020/7/31/art_62647_9335494.html，2022-8-4/2023-08-28.

续表

对比内容	具体评估要求
教育科研	**三星级：** 1. 着力提升教师专业能力与育人业绩，建立以校为本的教科研制度。教科研工作有规划，有措施，有保障，有成效。引导教师围绕教育教学实践开展研究与实验，注重学科教学研究。有设区市及以上的研究课题与实验项目，3/5以上教师有研究项目与成果，教师教科研水平不断提高 **四星级：** 1. 立足提升教师专业能力与育人业绩，注重围绕学科建设，结合教育教学实践开展研究。教科研工作有规划，有措施，有保障，有成效。有多项省级及以上研究课题和实验项目，有一批高水平的论文在省级及以上刊物发表
对外交流	**三星级：** 无 **四星级：** 1. 重视国内外教育交流与合作，不断拓宽办学视野。学校多次主办或承办国内外教育交流活动，积极组织师生参与国内外教育交流。主动与区域内兄弟学校分享与交流发展经验，促进教育教学质量共同提升。注重借鉴国外同行先进的教育教学理念、方法，优化人才培养方式

5. 办学绩效

办学绩效主要考察学校各项工作的成果，包括学生发展、特色建设、社会认可等。总体上看，四星级标准比三星级标准更加强调学生校园生活幸福感、学校的办学特色和社会声誉及示范辐射作用（见表5-2-15）。

表5-2-15　三星级与四星级高中“办学绩效”标准对比①

对比内容	具体评估要求
学生发展	**三星级：** 1. 学生身心健康，全面发展。学业成绩良好，学习负担合理。学业质量水平提升明显。学生广泛参与丰富多彩的社团活动，积极参加社会实践。学生在学科竞赛和艺术、体育、科技等活动中成绩良好，个性得到充分发展 **四星级：** 1. 学生全面发展，综合素质好。学业成绩优良，学习负担合理，创新精神、实践能力和社会责任感强。积极参加科技创新大赛等各项活动，在设区市及以上各类竞赛中多次获奖。学生社团类型多样，活动内容丰富，参与面广，学生校园生活幸福感强
特色建设	**三星级：** 1. 学校积极推进特色建设，定位准确，思路明晰。经多年实践与凝练，初步形成办学特色与优势

① 江苏省教育评估院．省教育评估院关于做好2020年省普通高中晋星申报工作的函［EB/OL］．https://jyt.jiangsu.gov.cn/art/2020/7/31/art_62647_9335494.html，2022-8-4/2023-08-28.

续表

对比内容	具体评估要求
特色建设	**四星级：** 1. 积极践行先进的办学理念，经多年积淀与凝练，形成本校特有的传统优势、办学特色和良好的办学声誉 2. 学校是所在区域实施素质教育的典范、教育教学改革的先行者、教师专业发展和教育科研的基地，其经验在设区市及以上范围内推广
社会认可	**三星级：** 1. 学生、家长、毕业生满意度高，教育同行、社会各界对学校评价较好，认可度较高。学校生源数量稳定，每年能完成招生计划 **四星级：** 1. 充分发挥学校优势，服务社区，多渠道为兄弟学校发展提供支持。学生、家长、毕业生满意度高，同行及高等学校评价好，认可度高

（三）上海市特色普通高中评估指标体系

2011 年，为推动普通高中特色化、多样化发展，上海市启动特色普通高中建设与评估项目。在评估内容上，上海市研制出台了《上海市特色普通高中评估指标》。整个指标体系包含定位与管理、课程与教学、条件与资源、成效与示范、创新与亮点五项一级指标，细分为 14 项二级指标和 39 个监测点，权重分共 110 分（见表 5－2－16）。在每年的评估过程中，指标体系会根据实际情况进行微调。学校评分只有达到如下条件方可获得“通过”：评估总分须达 93.5 分，其中指标 A1—A4 总分须达到 85 分，指标 A5 总分须达到 8.5 分，且 B3 等五项带“★”的重点二级指标得分须达到权重分的 90%。

表 5－2－16　2020 年上海市特色普通高中评估指标①

一级指标	二级指标	评估要素
A1 定位与管理 （15）	B1 目标定位 （10）	1. 学校办学理念正确、先进，办学目标和特色定位明晰、科学、适切；学校整体发展规划凸显特色发展，特色与学校整体发展相融合，且具有可检测性（5） 2. 学校坚持“立德树人”，注重学生全面素养的发展，凸显普通高中基本育人价值，并形成校本化的、具体的、科学的，与特色相呼应的学生成长目标体系，对学校课程教学改革和特色发展具有指导性；学校有证据说明所呈现的目标体系适合本校学生的实际特点和发展需求，并能够实现（5）

① 上海市教育评估院. 关于开展 2020 年上海市特色普通高中评估的通知［EB/OL］. http://www.seei.edu.sh.cn/default.aspx?tabid=133&ctl=details&mid=556&itemid=2567，2020-09-16/2023-08-28.

续表

一级指标	二级指标	评 估 要 素
A1 定位与 管理 (15)	B2 组织管理 (5)	1. 校长主管特色高中建设，有清晰的特色高中建设目标、总体思路和重点策略，并引导全校师生形成共识(1) 2. 学校有特色高中建设的组织保障，不同部门和成员职责明确；学校有健全的、促进特色建设的管理制度、运行机制和支持系统，管理文本规范、齐全，实施情况良好(2) 3. 严格执行教育法律、法规及有关政策，严格按照《上海市普通中小学课程方案》和有关规定开展教学活动，办学行为规范(2)
A2 课程与 教学 (30)	★B3 课程规划 (10)	1. 围绕特色育人目标制定整体课程规划，已形成相互关联、比较完善，并经实践检验证明是有效的特色课程群；课程结构能全面回应特色高中的育人目标(4) 2. 学校特色课程年级分布横向合理、纵向衔接，能惠及全体学生，鼓励兴趣发展，支持拔尖人才培养(3) 3. 学校建有完善的、能持续提高课程品质的保障机制；聚焦特色，关注课程—教学—评价的一致性、整体性(3)
	★B4 课程实施 (10)	1. 学校特色课程在基础型课程中有效渗透，并与基础型课程相关学科之间形成有效的、系列化的结合点(4) 2. 校本特色课程能有效实施，学校特色全面贯穿拓展型、研究型课程，并有充足的、可靠的数据和事实检验成效(4) 3. 学校注重特色课程实施的载体建设，如创新实验室、特色活动场馆、实践基地等，并能保持较高的利用率(2)
	B5 教学常规 (5)	1. 教学常规制度健全，教学规范有效，学业负担合理可控(1) 2. 已建构出落实学校特色培育目标的学习辅导系统，为学生学习提供有效支持(2) 3. 学业评价能覆盖学生学习的多元结果，评价标准客观且体现特色要求(2)
	B6 教学改革 (5)	1. 针对特色课程的实施，组织开展教研活动，注重教研共同体建设(1) 2. 教学方法能够促进学生深度学习和特色课程学习；教学技术手段体现信息化和现代化，优化特色课程教学(2) 3. 培育教学改革载体，建立符合特色建设的教学模式，打造特色科目教学品牌(2)
A3 条件与 资源 (25)	B7 物质条件 (6)	1. 学校的校舍场地、设施装备、专用教室等建设完备，并已投入使用，图书资料等能够满足特色学校的发展需求(3) 2. 学校确保每年有一定的特色建设经费投入，支持和保证特色学校建设与发展的需要；特色发展经费做到专款专用(3)
	★B8 师资队伍 (10)	1. 学校有一批专职特色教师队伍和来自相关专业领域的兼职教师队伍，能够满足特色课程教学的需要(4) 2. 学校教师队伍中有一定数量的、在特色相关领域内具有较高专业地位和影响力的专职特色骨干教师(3) 3. 学校有促进教师专业发展建设机制，能支持教师在职进修和专业发展，不断提升全校教师与特色教育相关的素养和技能，确保全校教师具有较高的教育教学水平(3)

续表

一级指标	二级指标	评　估　要　素
A3 条件与 资源 (25)	B9 社会资源 (4)	学校拥有一批支持特色课程建设的校外资源和合作关系，如家长、社区、大学、科研机构、企业等，并能充分、合理利用，形成相对稳定而有效的工作机制。
	B10 区域支持 (5)	上级教育主管部门对特色学校建设所需的师资、经费和督导评价以及相关政策等给予必要的支持，并初见成效。
A4 成效与 示范 (30)	★B11 学生发展 (12)	1. 与特色相关的学生社团的门类及数量能满足学生选择的需求，学生社团参与率及相关特色活动的学生参与率不断提升（3） 2. 学生在特色领域的核心素养普遍高于同类学校学生，培育出有个性特长的个体和群体，与特色相关的学习成果获得社会肯定和赞誉（3） 3. 近三年学生学业水平考试合格率保持在平均 98%以上（3） 4. 学生生涯发展辅导有成效，学校建立起学生发展长期跟踪与反馈数据库（3）
	B12 教师发展 (5)	1. 学校特色课程成为市、区级共享课程，或市、区级师资培训课程（2） 2. 教师参与并承担的相关特色教育科研成果显著，有与特色建设相关的优秀研究成果（2） 3. 学校特色领域教师在区域内外发挥了一定的示范、引领和辐射作用（1）
	★B13 学校发展 (8)	1. 学校将特色元素融入到校园环境的布置和改造之中，直观且具个性化和吸引力（1） 2. 学校形成了相关的、具有持续性的、学生广泛参与的特色文化活动载体（如文化节、文化周等），得到师生的广泛认同（2） 3. 学校形成了自主发展机制，特别是在课程开发、师资队伍建设和相应的评价能力等方面取得显著进步（2） 4. 学校特色鲜明，对同类学校发挥了示范、辐射作用，且获得同类学校的认可，在全市具有一定的知名度（1） 5. 学校在特色相关领域开展课题或项目研究，并取得一定研究成果，学校特色建设获得市区级及以上荣誉或奖项（2）
	B14 满意度 (5)	1. 学校师生对学校特色的知晓度达 100%，对特色发展认同度达 90%以上（2） 2. 学生对学校课程与教学的满意度，以及学生、教师和家长对学校发展的整体满意度达 90%以上（3）
A5 创新与 亮点 (10)	以学校自我阐述为主，主要是指学校在特色建设过程中在课程、教学、管理等方面具有新颖性、突破性的经验，应具有首创性且效果好，能为其他学校借鉴、运用	
注：评分须达 93.5 分，其中指标 A1—A4 总分须达到 85 分，指标 A5 总分须达到 8.5 分。且 B3、B4、B8、B11、B13 五项带"★"的重点二级指标得分须达到权重分的 90%。以上评分要求为通过评估的最低标准。		

在实施过程中，上海市坚持“评估过程和学校发展过程相统一”的理念和实行多轮评估设计原则，通过“创建—市级展示—初评—复评—确定并命名—示范引领”六个阶段，引导学校在5～10年内完善自主发展机制、打造学校特色，并最终成为特色学校。其中，创建阶段需要1～5年的时间，在这段时间内，学校需要自主设计学校规划、自主邀请专家指导、自主组织同类特色学校间的交流，通过特色项目驱动的方式，从一个到多个、从局部到整体打造学校特色。[①] 待学校自我感觉创建成熟后，可申请参与市级展示，市级展示一年后方可进入初评阶段。初评后获得“基本通过”的学校，需要经过2～4年的整改和发展后才能参加复评（获得“通过”的学校可免于复评），复评通过可以进入命名环节。这种重目标导向、重实践运用、重自主评估、重学校改进、重评估引领的评估模式[②]，有效促进了学校的自主发展和特色建设，值得学习和借鉴。

三、浙江省现代化学校评估指标体系

2020年4月，浙江省教育厅发布《浙江省现代化学校评估细则》，即浙江省现代化学校评估指标体系（以下简称“指标体系”），正式启动浙江省现代化学校评估工作。该指标体系是基于教育现代化相关理论和浙江省学校教育实际，综合省内外相关专家、教育评估机构、一线督导人员和知名校（园）长等各方面的智慧建构而成的。整个指标体系站在教育家办学的高度，关注学校基于学生发展的顶层设计思维、实践创新程度、办学实效性与影响力，对现代学校的高质量发展具有重要引领作用。接下来，我们将重点阐述指标研制的背景、定位和具体内容。

（一）现代化学校评估指标研制的背景

2012年开始，浙江省在全省范围内启动“浙江省教育基本现代化县（市、区）”评估。至2020年，全省近90%的县（市、区）通过了基本现代化县（市、区）评估。在评估中，专家们发现，虽然浙江各地区在基础教育投入、体制机制改革、弱势群体教育等方面取得不小的成绩，但也存

① 朱丽. 特色普通高中建设中的道、势、术融合——基于上海市特色普通高中创建实践的分析［J］. 中国教育学刊，2020（10）：41-46.

② 郭朝红. 评估是如何促进学校发展的——上海市特色普通高中评估分析［J］. 上海教育科研，2019（09）：38-42.

在优质教育总量偏少和学校评价滞后的问题。一些地区的部分校长办学思想落后，缺乏现代化的教育理念，现代化学校建设与评估势在必行。同时，尽管全省在2009年就推行了学校发展性评价，但各地实施力度不一，走样现象比较严重。

在这样的背景下，浙江省教育厅提出了在全省中小学、幼儿园和社区学校中开展现代化学校评估的设想，力图通过有效的学校评估推进学校现代化。评估的具体目标包括：(1) 提升学校办学条件现代化水平。引导学校积极推进校园信息化、智能化，将“互联网+”理念运用到学校发展中。(2) 提升办学理念现代化水平。坚持德育为先、能力为重，不断促进学生全面而有个性的发展，不断探索办学特色，实现人才培养理念、教育质量的现代化。(3) 提升教师队伍现代化水平。提高教师德育意识和能力、教学创新意识和能力、教师职业道德水平，引领校长不断凝练学校特色办学思想，引领教师形成各自的教育教学风格。(4) 提升学校治理现代化水平。引导学校积极完善现代学校制度，努力提高学校依法管理、民主管理、开放管理、自主管理水平。为更好推进这项工作，浙江省教育厅专门成立了以分管厅长为组长的现代化学校评估领导小组，并组建了幼儿园、小学、初中、普通高中、中职学校和社区学校六个指标体系开发与试测研究团队。

（二）现代化学校评估指标的定位

什么样的学校是现代化学校？这是现代化学校评估首先需要回答的问题。在指标研制初期，各研究团队对此展开了深入讨论和研究。基于现代化的相关理论、当前国家的教育政策和一线调研结果，研究团队最终确立了浙江省现代化学校的基本定位，即体现五个特性、关注四个结构、突出十个重点。

1. 体现五个特性

现代化学校是相对传统学校而言的，其最重要的特点是能够体现“现代性”。所谓现代性，就是现代化的价值观念、文化精神和思维方法。现代性是一个动态发展的概念，不同时代有不一样的表现。在当前社会，现代性的内涵主要表现在五个方面：(1) 民主，即人人参与、人人享有、人人监督；(2) 科学，即理念、内容、制度和方法合乎规律和常理，不迷信、不盲从；（3）法治，即严格按照法律法规处理人与人之间的关系；（4）公平，即权利、资源和机会合理而平等地分配；（5）开放，即对内对外的公开与接纳，尊重不同的个性与价值观。因此，现代化学校首先应该是民主的、科学的、法治的、公平的和开放的学校。在这里，师生享有平等的权利，积极参与学校决策和管理工作，能够按照法律规章办事，严格遵循儿童身心发展规律和教育教学规律，乐于接受新的事物并积极拥抱变化，能够了解和尊重别人的尊严并积极、开放、得体地与他人互动。

2. 关注四个结构

结构决定功能，有什么样的结构就会有什么样的功能。因此，现代化学校需要有体现现代性的结构支撑。在学校场域中，有四个结构特别值得关注：一是文化结构。现代化学校需要有现代化的办学思想体系，这不仅包括精神层面使命、愿景和价值观的科学界定，还包括学校物质层面的环境打造和制度层面的章程、规划与各项行为准则的制定。只有做到精神文化、物质文化和制度文化相互统一，才能够真正实现文化的价值导向功能。二是治理结构。治理即协同共治，与传统的管理不同，它强调管理主体从一元主体走向多元共治，管理方式从自上而下走向上下协同，运行动力从行政权威走向价值共识。① 学校只有在组织架构、管理制度和工作机制上实施改革创新，才能更好地推进学校治理现代化。三是师资结构。优质的学校一定拥有一支年龄、学历、职称和专业结构合理的教师团队，有一套系统的教师梯队建设机制和专业共同发展机制，能够引领教师自主发展、培养教师团队精神、激发教师研究热情。四是课程结构。教育现代化的本质是包括学生在内的人的现代化，而学生的现代化需要通过课程来实现。学校能否聚焦学生核心素养架构国家课程、地方课程、校本课程三级课程体系，能否让学生具备面向未来的创新能力、问题解决能力、信息素养、终身学习能力和全球胜任力，直接决定了学校教育现代化的程度。

3. 突出十个重点

现代化是一个指向未来的概念。因此，现代化学校应该是区域教育发展的质量高地，体现学校发展的示范性和时代性，具备教育改革的领导力

① 谌涛. 现代学校需从管理迈向治理 [N]. 浙江教育报，2021-11-3 (2).

和执行力。从更微观、更具操作性的角度来看，现代化学校应该突出以下十个重点：(1) 有独特的学生活动平台与空间；(2) 有别致的校园文化；(3) 有一批实力派教师；(4) 有一批有影响力的精品课程；(5) 做着一些前沿研究（如脑科学、大观念和大单元教学、跨学科学习、大数据和人工智能、创新实验室、创客教育、STEM 等）；(6) 办学特色比较明显；(7) 学校治理结构有特色；(8) 学生成长精彩纷呈；(9) 区域影响力、大辐射力强；(10) 社会各界评价高、口碑好。这十个方面不是现代化学校的全部，但应该是其最核心的内容，不仅契合了现代化学校的五个特性，而且体现了现代化四大结构的要求。

（三）现代化学校评估的申报条件

哪些学校可以参加现代化学校评估？这也是现代化学校评估提前需要回答的问题。在指标研制过程中，各研究团队不约而同地将办学规范和条件作为现代化学校的申报条件。一方面，办学规范是学校的办学底线，现代化学校首先是规范化学校；另一方面，办学条件是现代化学校的基础，没有办学条件的现代化，现代化的内涵也就无从谈起。将两者作为申报条件，既可以引导学校规范办学，又可以通过办学条件的指标杠杆，倒逼政府重视学校基础建设，提升政府在学校硬件及师资方面的保障水平。

在研究过程中，各团队依据近年来国务院出台的《中共中央 国务院关于深化教育教学改革全面提高义务教育质量的意见》、教育部出台的《县域义务教育优质均衡督导评估办法》和浙江省教育厅出台的《浙江省义务教育标准化学校基准标准》《九年制义务教育普通学校建设标准》《浙江省中小学教育技术装备标准》等文件，提出了包含规范办学、硬件投入、师资队伍和教育技术装备四方面的内容，涉及违规补课、违规收费、违纪违法、校园安全、教材教辅、作息安排、减负工作等基本的办学规范和生均经费、学校班额和规模、校园面积、设施设备、师生比、教师结构、教师工资收入水平、教师心理健康教育资格证持有率、生均仪器设备值等可量化指标。每个学段都包含上述四方面的内容，但不同学段在具体条件的数量和指标方面有所差别。申报条件属于刚性要求，所有参评学校必须每一条均达标，凡未达到申报条件的，一律不进行后续工作。受篇幅所限，下面仅呈现小学申报浙江省现代化学校的前提条件。

1. 办学规范

(1) 近三年学校无违规补课情况（公休日、节假日、寒暑假、课余时间等无课外补课）；无违规招生和违规收费情况；无举办各类学科竞赛辅导班，未组织或变相组织学生参加校外培训机构举办的文化课补习班；在职教师无涉及有偿补课等行为；在廉政建设上，无违法违纪事件；平安校园建设达到4A级以上，无重大安全责任事故和教学事故，近三年师生违法犯罪率为零，当年未发生侵害学生案件和学生欺凌事件。

(2) 学校供学生使用的教学用书只能在目录规定范围内，严格按照年级学科教辅材料使用要求向学生推荐使用。没有未经批准举办中外合作办学项目、引进境外课程、使用境外教材等问题。

(3) 学校严格实行平行分班；严格按照课程计划开足开齐基础性课程，开足开全拓展性和综合实践活动课程。无阴阳课表现象。

(4) 教学时间总量严格控制在规定范围内，保证学生每天10小时睡眠时间，每天锻炼一小时。

(5) 学校严格按照《中共中央 国务院关于深化教育教学改革全面提高义务教育质量的意见》《浙江省中小学校教育教学工作相关政策要求摘编》等要求开展教育教学工作。

2. 硬件投入

(1) 公办小学生均日常公用经费高于全省上一年度平均值，并逐年增加。

(2) 学校班额不超过45人；2010年后新建学校（校区）学生数不超过2 000人，2010年前建成的学校学生数不超过2 400人。

(3) 学校生均体育运动场馆面积达到7.5平方米以上；生均教学及辅助用房面积达到4.5平方米以上。

(4) 学校每12个班级配备音乐、美术专用教室各1间以上；其中，每间音乐、美术专用教室面积分别不小于96平方米和90平方米；2016年前建成的学校，每间音乐、美术专用教室面积分别不小于73平方米和67平方米。

(5) 学校生均占地面积、生均建筑面积、生均集中绿地面积、各类教室面积等不低于浙江省《九年制义务教育普通学校建设标准》(2005年版)

中的Ⅱ类学校及以上标准。

3. 师资队伍

(1) 学校能按规定确保教师工资总额的2.1%(基础工资中的基本工资+绩效工资中的70%)和日常公用经费总额的10%用于教师培训经费。

(2) 学校师生比达到1∶19;每百名学生拥有体育、艺术(美术、音乐)专任教师数达到0.9人以上。

(3) 学校专任教师专科及以上学历100%,其中本科率90%及以上。

(4) 学校每百名学生拥有县(区)级以上骨干教师1人以上,80%的学科有县(区)及以上骨干教师。

(5) 学校教师心理健康教育资格证持有率不低于80%;有出国(境)学习、研修、交流经历的专任教师。

4. 教育技术装备

(1) 学校教育技术装备符合《浙江省中小学教育技术装备标准》,且生均教育技术装备值达到上一年全省平均值。

(2) 学校符合智慧校园建设要求,有拓展性课程教室,教师网络学习空间人人通。

(四) 现代化学校评估的评估指标

浙江省现代化学校评估指标力求以现代化的办学内涵引领学校教育质量的提升,实现办学价值的引领。整个指标体系包含的各系列指标体系均分为申报条件和评估指标两部分。

评估指标是正式评估的依据,主要体现了现代化学校的内涵要义和以学生为本的办学质量观,彰显了现代教育所关注的教育人本化、教育个性化、教育多样化、教育社会化、教育信息化、教育国际化,引导学校"坚持立德树人、指向现代教育、促进教育公平、凸显信息化思维"。整套评估指标同样包含幼儿园、小学、初中、普通高中、中等职业学校和社区学校六个系列。除社区学校外,其他系列的评估指标均设计了办学思想、育人模式、队伍建设、学生发展和学校发展五项一级指标,细分为15项二级指标和31项三级指标(观测点)。所有学段评估总分均为100分,不同学段各级指标权重因侧重点不同而有所差别(见表5-2-17)。具体而言,幼儿园在"育人模式""幼儿发展"方面权重较高;小学与初中、普通高中在"育人模式"

"学校发展"上的权重有细微差别；中职学校在"学校发展"上的权重高于其他学段；社区学校则主要以"育人模式"为核心，权重分高达40分。

表5-2-17　浙江省现代化学校评估指标体系一级指标及权重

学　段	一级指标及权重
幼儿园	办园思想（16分）、育人模式（34分）、教师队伍（20分）、幼儿发展（22分）、幼儿园发展（8分）
小学	办学思想（20分）、育人模式（30分）、队伍建设（20分）、学生发展（20分）、学校发展（10分）
初级中学/普通高中	办学思想（20分）、育人模式（25分）、队伍建设（20分）、学生发展（20分）、学校发展（15分）
中职学校	办学思想（20分）、育人模式（25分）、队伍建设（15分）、学生发展（20分）、学校发展（20分）
社区学校	办学思想（24分）、育人模式（40分）、队伍建设（14分）、办学成效（22分）

接下来，仅以普通高中评估指标为例，从办学思想、育人模式、队伍建设、学生发展和学校发展五个方面解读浙江省现代化学校的具体评估指标。

1. *办学思想*

办学思想是学校管理层基于"办什么样的学校"和"怎样办好学校"的深层次思考的结晶，是"理想学校模式"的系统构想。在五项一级指标中，办学思想是学校的灵魂，渗透学校的方方面面，具体包含办学理念、党建引领、治理结构和开放互融四项二级指标（见表5-2-18）。其中，办学理念是引领学校发展的灵魂，是对学校办学指向和办学文化的高度提炼和概括，追求的是全体师生的认同度和在学校各个层面的文化渗透度；党建引领旨在确保学校办学方向的"政治正确性"，突出党的领导地位与核心地位，关注党建活动的实效性及其与学校教育教学工作的融合度；治理结构要求建立以章程为核心、以发展规划为基础的现代学校制度体系，形成决策、执行和监督三位一体的学校管理机制和计划、执行、反思、改进的主动发展机制；开放互融要求学校拆除校园围墙，打破学科边界，强调学段衔接、校际合作、行业互通和国际交流，注重师生多主体互动和全球化意识的培养。

表 5-2-18 普通高中“办学思想”维度指标

二级指标	三级指标	权重
1. 办学理念	1. 理念认同。办学理念符合党的教育方针和社会主义核心价值观，概括科学精当，并落实到教育教学活动中	2分
	2. 学校文化。学校文化建设有顶层设计，体现中华文化精髓，贯穿学校教育教学活动全过程，结合学校实际形成独特的教育内涵，并内化为全体师生共同的价值观，确立文化自信	3分
2. 党建引领	3. 组织领导。坚持党对学校工作的全面领导，充分发挥党组织的核心作用，机构设置合理，党建工作机制规范完善。党建工作经费纳入学校预算，加强清廉学校建设，党风廉政建设责任制落实到位	3分
	4. 党建活动。党组织活动开展有序，活动丰富，方式创新，实效明显，有机融入学校教育教学各项工作中，充分发挥党员先锋模范作用	3分
3. 治理结构	5. 依法治校。学校章程规范，制度健全，执行到位	3分
	6. 发展规划。制定符合学校实际的发展规划，充分体现素质教育要求和现代教育发展趋势，体现开放、共享、人本的互联网思维，探索从“分层发展”走向分层与分类相结合的发展之路。目标合理、举措可行，达成度高	2分
4. 开放互融	7. 开放办学。综合利用多种社会和地方特色资源办学。加强校际合作与交流，共同发展。充分利用高校院所资源，优化育人模式	3分
	8. 国际交流。加强国际理解教育，建立国际交流合作机制。具有较广泛的国际交流渠道，开展有特色的国际交流活动，培养师生跨文化意识和交流能力	2分

2. 育人模式

育人模式是学校对“培养什么人”和“怎样培养人”等问题的校本化诠释和解答，是教育者在教育过程中采用的教育方式和方法，它直接影响着学生的成长和发展。在浙江省现代化学校评估指标中，育人模式主要体现为德育、课程、教学和评价等学校教育教学过程中的关键要素，具体包含立德树人、课程建设、学教方式和评价机制四项二级指标（见表 5-2-19）。其中，立德树人是学校教育的根本任务，要求学校坚持“德育为首，五育并举”的理念，构建有学校特色的德育工作体系，落实体育、艺术、科技和劳动教育方案，开展丰富多彩的校园文化和社会实践活动，促进学生的全面发展；课程建设要求学校首先基于现有的资源和学生实际系统架构学校课程体系，在全面落实国家课程的基础上，做好国家课程的校本化实施、拓展性课程的开发开设工作和学生生涯指导工作，并通过建立定期修订机制和一系列保障措施，确保课程的有效落实；学教方式以工业 4.0 时代的人才培养规格为指向，要求学校变革传统的学教方式，建立以学为中心的课堂行动模式，并充分利用信息技术、大数据和人工智能重塑学校教学理念、教学组织形式、教学方法和手段、教学空间概念；评价机制主要聚焦学生评价与激励、学校质量监控两个方面，目的在于引导学校树立全面、立体、科学的评价观，形成有效的教育质量、学业负担监控机制，为学生的健康成长保驾护航。

表 5-2-19　普通高中"育人模式"维度指标

二级指标	三　级　指　标	权重
5. 立德树人	9. 德育为先。德育体系完整，立德树人融入学校教育教学工作各个环节，体现全员、全过程、全方位的育人思想；机制健全，载体多样，特色鲜明；心理健康服务完善	6 分
	10. 五育并举。加强学生核心素养培养，德智体美劳教育贯穿学生学习过程；校园文化和社会实践活动丰富多彩	4 分
6. 课程建设	11. 课程体系。具有符合本校实际和促进学生个性化发展的课程规划与课程体系；形成优势学科和特色课程群；选修课程丰富，特色明显且满足学生多样化发展的需要；整合校内外、国内外课程资源，建立内容丰富的网络课程	2 分
	12. 学生指导。建立学生发展指导制度，明确指导机构，建立专兼结合的指导教师队伍。有适合学生的生涯规划教育课程和发展辅导。构建学校、家庭、社会多方参与和协同配合的指导机制	2 分
	13. 课程保障。建有完善的课程开发和课程开设，教材或讲义的审核、实施、评价、监控、奖励等一系列保障机制。完善学校课程管理，加强课程实施监管和学分认定管理，确保开齐开足各类课程	1 分
7. 学教方式	14. 教学改革。关注学生成长的机制和途径，积极推进课堂改革，落实学科核心素养。以学生为中心，坚持教为学服务，建立以学为中心的课堂行动模式，培养学生自主学习能力	3 分
	15. 智慧学习。构建校园智慧学习空间。推进信息技术与教育教学的深度融合，实施精准教学，实现学生差异化学习，促进高中生形成鲜明的学科兴趣和专业倾向	2 分
8. 评价机制	16. 评价体系。有促进学生核心素养发展的评价体系；科学使用评价信息，促进学生发展；有学困生助学、特殊学生教育的评价与支持机制	3 分
	17. 监测机制。建有校内课业负担监测与公布机制，课业负担得到有效控制。建立校内教育质量监控机制，教育教学质量得到提升	2 分

3. 队伍建设

在现代化学校中，人始终是最关键的要素。只有学校领导和教职员工都具备现代化观念，积极拥抱变化、接纳创新、包容多样性，才可能运用现代化的手段与方法架构良性的育人模式。浙江省现代化学校评估从师德师风、专业成长和教师评价三项二级指标来考察学校师资队伍现代化的程度（见表5-2-20）。其中，师德师风主要体现为教师的职业理想、道德情操和仁爱之心，关注学校师德师风建设机制和教师的日常教育教学行为，注重考察学校师生关系、家长和学生对教师满意度。专业成长包含校长和教师两个层面，校长层面主要对标《普通高中校长专业标准》中的六项专业职责，关注校长的价值领导力、教学领导力、组织领导力；教师层面不仅聚焦教师个体教学能力、科研能力、信息技术能力、反思能力的发展，而且关注学校在教师专业发展规划、校本研修、专业共同体建设等方面的具体工作；不仅要了解"做了没有、做了什么"，而且要诊断"做到什么程度"。教师评价主要考察学校的教师绩效考核与奖励制度、教师梯队发展机制的合理性，旨在引导学校通过建立科学合理的分配机制和多样化的教师成长与支持路径，激发教师内在发展动力，提升教师的生活幸福感和事业成就感。

表5-2-20 普通高中"队伍建设"维度指标

二级指标	三级指标	权重
9. 师德师风	18. 教书育人。落实教书育人的使命和责任，教师有理想信念、道德情操、扎实知识、仁爱之心。师生关系融洽，关爱每一个学生	5分
	19. 关爱学生。尊重学生个性差异，重视学生身心健康与自主发展，平等对待每个学生；关注学困生和特殊儿童教育；师生关系融洽，满意度高	3分
10. 专业成长	20. 校长成长。校长具有现代学校的专业领导力，符合《普通高中校长专业标准》；道德修养、政策水平和管理能力高；具备较强的改革意识和较高的创新能力	3分
	21. 教师成长。学校有教师专业发展规划和教师培养体系；教师教学研究能力强，具备一专多能和跨学科教学能力；能有效应用信息技术进行教学、研究和管理	4分
11. 教师评价	22. 考核制度。有科学合理的教师绩效考核评价制度和激励机制，运作有序，方式多样	3分
	23. 发展机制。有健全的评先评优和教师梯级发展评价机制。实现教师个性化、多样化发展	2分

4. 学生发展

如前面所述，现代化学校应该是高质量发展的学校。而这个“质量”，不仅体现在学校发展的过程性指标上，而且体现在学生的发展上。我们秉持全面发展的质量观，在学生发展维度中关注学生在身心发展、学习能力和个性发展等方面的表现（见表 5 - 2 - 21）。首先，身心发展是一个综合概念，涵盖道德品质、身体素质、心理素质等多方面内容。现代化学校不仅关注学生是否具有良好的思想素质、道德品质和行为习惯，是否拥有良好的卫生和锻炼习惯、健康的体质和较好的运动技能，具备健康的人格特征、积极的心理品质和较强的情感与社交能力，而且关注学校在促进学生身心发展方面的举措。其次，教学质量是学校的生命线，也是现代化学校的内在要求。一所教学质量低下的学校，无法承担起促进学生全面发展的重任，也就不可能是一所现代化学校。因此，在学习能力方面，我们首先关注学生的学业成绩。当然，学业成绩不是学生学习能力的全部，学习能力还包括学习态度、学习习惯、学习兴趣和创新能力。最后，个性特长是学生基于自身特点和兴趣而展现出来的与众不同的能力或行事风格，是教育现代化最本质的要求，也是素质教育的核心要义所在。该指标旨在引导学校充分关注学生的个体差异，从人的终身成长出发，给予学生力量和支持，让每一位学生都能得到应有的发展。

表 5 - 2 - 21　普通高中“学生发展”维度指标

二级指标	三　级　指　标	权重
12. 身心发展	24. 品德修养。学生具有良好的思想素质、道德品质和行为习惯。热爱祖国和人民；敢于担当，自强不息	4 分
	25. 身体素质。学生具有良好的卫生和锻炼习惯、健康的体质和较好的运动技能，有一定的自救自护能力。学生每天锻炼一小时。近视率得到有效控制；学生体质健康测试合格率和优秀率高	3 分
	26. 心理素质。学生具备积极健康的人格特征和良好的心理品质，具有较好的情绪调节、承受挫折、适应环境和人际交往意识和能力	3 分
13. 学习能力	27. 学业水平。学生学科学习表现与学业成绩总体状态良好，近 3 次学业水平考试必考科目合格率每次都达到 95%（以考试院提供数据为准）	4 分
	28. 创新能力。学生在科技创新、研究性学习、劳动实践活动中表现出创造性，科技创新活动和研究性学习活动，学生参与率高；高一级学校和社会反映良好	2 分

续表

二级指标	三　级　指　标	权重
14. 个性发展	29.个性特长。学生综合素养良好，个性特长鲜明，知识结构多元化。音体美劳比赛中获奖人数占在校生总数3%以上；90%的学生掌握一项经系统选修课培养的职业技能。为高一级学校输送特长生	4分

5. 学校发展

“全面发展+特色鲜明”是现代化学校的重要标识。浙江省现代化学校评估指标体系把学校发展聚焦在特色发展上（见表5-2-22），是为了更好地体现学校个性化的发展趋势，体现学校的办学思想，使学校主动适应社会需要，自我发展，自我选择，办出优势和个性。从概念上看，办学特色是指学校在办学过程中表现出来的有别于其他学校的独特的办学风格、独到的办学理念以及在人才培养、教学研究、校园文化等方面的特色。从实践来看，学校的办学特色可以分为特色学校、学校特色和特色项目三个层次。其中，特色学校是有整体个性或风格的学校，这种个性或风格主要体现为学校由办学理念不断深化而形成的一种独特的文化；学校特色通常表现为学校在制度、模式、结构等行为方式以及物质环境、办学条件上的特色，通过个性化的教育教学模式反映出来；特色项目一般指学校的优势项目，主要表现在办学目标、活动形式、组织形式、教育和教学方法、课程和活动内容、师资建设和以学生质量为核心的办学成果等方面。办学特色与办学理念、学校文化、特色课程、师生及家长认同度、社会影响力和辐射力有着密切联系，要衡量一所学校是否体现了办学特色，需要对这些方面的表现进行综合考量。

表5-2-22　普通高中“学校发展”维度指标

二级指标	三　级　指　标	权重
15. 办学特色	30. 特色发展。从自身条件出发，形成办学特色。体现科技高中、人文高中、传媒高中、艺术高中、体育高中、综合高中等类高中鲜明的办学特征	10分
	31. 社会影响。整体办学水平高；示范辐射作用突显；学生、家长和社会满意度高	5分

第三节　实 施 策 略

有效的学校评估需要一套完备的、精细的、科学的评估流程作为保障。在实践中，浙江省建立了以学校自主申报为前提、以多级教育行政部门联动为抓手、以第三方评估机构为主体、以网络审核和实地抽查为手段的评估模式。整个评估分为学校申报、地方教育局审核、第三方机构评估、省教育行政部门终审、整改与复评五个阶段。接下来，我们将对这五个阶段的具体工作进行说明。

一、学校申报

这一阶段主要包括学校自我评估和填写申报材料两个环节。各学段学校网上申报时间有差异，其中幼儿园和小学需要在每年3—4月完成网上申报，其他年段需要在7—8月完成网上申报。

（一）学校自我评估

学校自我评估是为了学校、基于学校和由学校自己实施的一种评估形式，是当前国际学校评估的主要趋势①，对学校自身发展具有重要意义。具体而言，学校自我评估可以提高自我改进和自主发展的意识，加深学校管理者和教师对学校表现和发展需要的了解，提升学校领导与管理质量，提高外部评估的质量与效率。此外，学校自我评估还是增强民主管理、凝聚人心的有效载体，能够促进学校更有效地分配和运用资源。浙江省充分重视学校自我评估，将其作为整个评估的起始环节。同时，省教育厅专门研制“浙江省现代化学校申报表”“浙江省现代化学校督导评估工作用表”等评估工具，引导学校基于评估细则充分利用相应工具开展自我评估工作。浙江省现代化学校评估非常注重学校顶层设计，在自我评估过程中，学校首先需要完成学校发展规划、学校课程方案、学校文化建设方案、学校德育工作方案、学校教师队伍建设规划等核心文本的编制或修订工作。

① 李凌艳，李勉，张东娇，等. 基础教育阶段学校评估的国际比较［J］. 北京师范大学学报（社会科学版），2010（02）：11－19.

（二）填写申报材料

学校完成自我评估后，需要登录浙江省现代化学校网络评估系统，通过以下五个步骤进行网络申报。一是网络注册。学校需要在网络评估系统中注册学校基本信息，确认学校的名称、管辖地、具体地址和联系方式。二是填写申报条件。学校需要按照网络中的表格及要求，在相应条目后面填写“是”或“否”或相应数字（如每年生均教育经费）。三是填写自评材料。学校需要对照网络系统的评估指标，根据前期自我评估情况，对31条三级指标逐条填写自评等级、自评陈述，并上传佐证材料。自评材料要求尽可能清晰、简练和有针对性，并尽量转换成PDF格式上传。四是上传附件材料。要求学校上传浙江省现代化学校申报表、浙江省现代化学校督导评估工作用表、学校发展规划和学校课程方案（或课程建设规划）四份关键性材料。五是提交申报。学校完成所有申报环节并确认无误后，可点击“提交”，完成网络申报。

二、地方教育局审核

设置地方教育局审核阶段的目的，是让地方教育局参与到省现代化学校创建活动当中，充分发挥地方教育局的主动性，突出地方教育局在管理属地学校上的主体责任。这一阶段也包含两个环节，即县级教育局初审和地市级教育局复审。

（一）县级教育局初审

县级教育局初审一般由教育督导部门负责，更多带有指导的性质。督导人员通过网络资料查阅和现场走访，确认学校是否符合申报条件。对于符合申报条件的学校，督导人员会耐心、细致地指导学校修订学校发展规划和学校课程方案，完善自评陈述和佐证材料，在学校修改完善之后将材料提交至地市级教育局，帮助学校顺利通过地市级教育局的审核。对于不符合申报条件的学校，督导人员会撤回申报材料，督促学校制订创建规划，并向教育局和政府相关部门反映学校硬件建设和师资配备方面的问题，协助学校逐步达到申报条件。

（二）地市级教育局复审

地市级教育局复审即由地市级教育局督导处对本市所有申报学校进行

审核，并确定参加省级评估的学校名单。每个地市审核的方式各不相同，有的地市仅由督导人员进行网上审核，然后直接确定通过名单。有的地市则按照正式评估的流程，组织专家对每所申报学校进行网络审核和现场评估，不管学校是否通过地市级审核，都会给出书面评估反馈报告，肯定优势，指出问题，并提出改进建议。

三、第三方机构评估

为推进教育管办评分离改革，确保教育评估的专业性、客观性和独立性，浙江省教育厅每年将省现代化学校评估项目分包委托给不同的第三方评估机构。目前，幼儿园和义务教育段学校均委托浙江省教育考试院组织评估，普通高中、社区学校和中职学校则分别委托浙江外国语学院教育治理研究中心、浙江开放大学终身教育研究院、杭州师范大学浙江省教育现代化研究与评价中心组织评估。在地市级教育局审核结束之后，通过审核的学校便交由对应的第三方评估机构进行评估。这一阶段同样包含三个环节，即网络评估、问卷调查和实地评估。

（一）网络评估

网络评估（以下简称“网评”）即组织专家通过查阅学校网上申报的材料进行评估和打分。通过网评，可以筛选出明显不合格的学校和需要进一步通过实地评估来判断的学校及其指标，能够大大减轻实地评估的负担，提升评估的效率。网评主要分五个步骤进行。

一是抽取网评专家。即在省纪委的监督下，从专家库中抽取专家。专家抽取要坚持申报校人员回避、设区市专家回避、评估质量较差专家淘汰等原则，兼顾学科、岗位、区域、专业性等的平衡，每年抽取的名单向督导处备案。

二是分配评估任务。专家名单确认后，根据专家所在地区、专业特长组建评估小组，分配评估任务。每所学校均由 A、B 两组专家进行评估，其中 A 组专家由 4 人组成、每人负责 1～2 项一级指标的评估，B 组专家由 1 人组成，负责同一所学校全部指标的评估。

三是一对一培训。为避免专家信息泄露，不组织集中开会培训，不建专家群。各委托方对抽取专家进行一对一培训，通过在线方式确认任务分工、发送评估工作材料、收集专家保密承诺书等材料。

四是背对背打分。专家在规定时间段内自行登录评估系统进行评估。在网评期间，委托方工作人员在线解答专家评估中的所有问题，宏观把握专家评估尺度和进度。

五是汇总网评成绩并确定实地评估学校名单和重点抽查项目。在网评结束后，各委托方对专家的评分进行统计，并汇总各校的问题清单，确定需要进行实地评估的学校和重点抽查项目。其中，普通高中、中职学校和社区学校100%要参加实地评估，小学和初中由于申报的学校数量巨大，不逐一进行现场评估，仅在每个地市按照一定的规则抽取一定比例的学校进行现场评估。学校抽取规则相对复杂，但主要抽取那些评分靠后、校区复杂、两组专家评分差异较大的学校，没有被抽中的学校免于现场评估且直接进入现代化学校认定名单。

（二）问卷调查

现代化学校需要有广泛的师生认同度，需要民意测验数据做支撑。因此，在网评之后，各委托方需要对通过网评的学校开展民意测验。各委托方根据各学段的特点，围绕指标涉及的相关问题，开发了结构和维度大致相同的学生问卷、教师问卷、学校管理者问卷。问卷采用网络调查的方式进行，调查对象为相关学校全体管理者、专任教师和部分年段学生。问卷调查结束后，通过统计分析技术将调查结果归入相关指标得分，对存在明显作假、违反调查要求等的学校，数据作无效处理。

（三）实地评估

实地评估的主要任务为核实网评中发现的问题与困惑，评定各三级指标得分情况，通过现场的了解综合判断学校现代化程度。同网评一样，实地评估也需要从专家库中抽取专家、组建评估小组并对专家进行培训。不同的是，实地评估培训一般为集中培训，评估的安排也会提前一周通知专家和各地市。每个实地评估小组由5人组成，其中组长1人、组员3人、联络员1人（一般为委托方工作人员），评估小组需要提前组建微信群，确定行程安排和专家分工。

一般而言，每校实地评估的时间为1天，具体流程为：(1) 材料评审。在评估前一天，评估专家审阅待评估学校相关材料和学校自评表，了解被评学校的自评情况。(2) 评前会议。进入学校正式评估的前一天晚上，评估组召开预备会议，学习有关评估的指标内容和流程，落实责任，明确分工。(3) 学校汇报。由学校负责人（一般为校长）简要汇报学校自评情况，时间不超过 30 分钟，汇报结束后，专家组成员根据分工和需要进行问询。(4) 校园考察。评估组全体成员察看学校建筑风貌、各类场所、校园文化、实训基地、实验室设施设备等情况，进一步了解学校办学亮点与特色。(5) 信息收集。评估组成员按各自分工，通过资料查阅、课堂巡视、听课、师生访谈、参与学生活动等方式收集评估信息，评定与审核各监测点得分。(6) 小组评议。由评估组组长召集成员讨论、评议各项指标得分情况，确定学校总体优势、不足与改进建议。(7) 口头反馈。各项评估工作结束后，由评估专家就各自评估的指标进行分项反馈，最后由评估组组长代表评估组向学校领导班子、教师代表整体反馈评估情况。

实地评估完成后，评估小组还需要完成两项工作：一是汇总和整理各类评估数据。在实地评估中，校长汇报、问答、校园考察及信息收集、小组评议等环节产生的相关数据比较繁杂，需要进行后期整理。二是撰写评估报告。评估报告是专家对被评学校优势和不足的归纳与总结，也是省教育厅进行现代化学校认定的一个重要参考依据。评估报告要求简明扼要、逻辑清晰、结构完整、针对性强，一般包含以下要素：一是评估概述。简要概述本组评估的学校情况、评估组专家成员、评估的方法与过程。二是学校整体优势与亮点。即对本组被评学校做得比较好的方面进行综述。三是评估中发现的问题。即对本组被评学校存在的问题进行综述。四是对评估学校的建议。即结合评估中发现的问题，从现代化建设的角度为学校提出改进建议。

四、省教育行政部门终审

网络评估和实地评估结束后，各委托方汇总所有评估资料，确定现代化学校建议名单，撰写总结性材料，提交给省教育厅督导处审核。督导处汇总各方数据和材料，形成更全面的建议名单和评估报告，提交给省教育厅厅长办公会讨论，确认现代化学校名单并进行公示。通过公示期后，省教育厅发文公布浙江省现代化学校最终名单。

五、整改与复评

通过省现代化学校评估认定，并不代表学校就已经实现了现代化。因此，浙江省教育厅决定从2024年开始，对前三轮通过评估的学校开展复评工作，进一步检验学校整改提升情况。为确保学校能够顺利通过复评，各相关学校和县级教育局也针对第三方评估机构反馈的问题，积极开展改进行动研究，努力提升学校现代化水平。例如，浙江省义乌市、诸暨市均针对前期现代化学校评估暴露的问题，采取了一系列提升举措，有力推进了区域学校现代化的进程（详见本章第四节案例二、案例三）。

第四节 相关案例

本节提供了三个案例。案例一为评估专家提供给浙江省 ** 技师学院的现代化学校评估反馈报告，案例二为浙江省诸暨市基于现代化学校评估结果开展改进行动的案例，案例三为浙江省义乌市基于第三方评估机构提供的现代化学校评估总报告开展区域改进行动的案例。

一、学校评估反馈报告案例

浙江省 ** 技师学院现代化评估反馈报告①

根据《浙江省人民政府教育督导委员会办公室关于开展2022年浙江省现代化学校督导评估工作的通知》（浙政教督办函〔2022〕6号）和《浙江省现代化学校督导评估管理办法》等文件精神，省人民政府教育督导委员会办公室委托浙江省教育现代化研究与评价中心组成评估组一行5人，于2022年11月15日对 ** 技师学院进行现代化学校督导评估。本次评估主要通过听取学校领导汇报、听课巡课、走访校园实验实训基地、召开师生座谈会、个别访谈、查阅资料、问卷调查等方法开展。在此基础上，对照《浙江省现代化学校评估细则（中等职业学校）》的33条指标条目和有关

① 该报告由杭州师范大学继续教育学院副院长金岳祥教授执笔完成，参与评估的成员还有万小峰、刘辉、陆志松、莫晓兰。报告隐去了案例中技师学院的名称。

评估工作的要求，形成以下评估意见。

一、办学成效

**技师学院于1979年建校，先后获得全国技工学校“职业活动导向”教学改革试验学校、国家重点技工学校、首批省职教数字化资源建设基地学校、省技工院校第二批“思政课建设引领校”、省科学家精神教育基地等8项省级以上荣誉称号。

（一）办学理念有创新

学校以习近平新时代中国特色社会主义思想为指导，全面贯彻党的教育方针，落实“德技并修，止于至善”办学理念，坚持德育为先，健全“三全”育人机制，落实“五育并举”措施，形成了“沈鸿精神励志教育”“仿真企业班级管理”“职业活动导向教学”三大学校特色文化。通过加强党建与教育教学深度融合，推动沈鸿精神融入一体化教学过程，培育具有学院特色的新时代工匠，效果较为明显，“培育当代沈鸿”党建品牌入选“浙江省中职优秀党建品牌”。

（二）育人模式有落地

学校以沈鸿纪念馆为育人阵地，推进“一体三翼”德育模式，构建“三阶四层”德育体系，开展名优班主任梯队建设工程，落实学生职业生涯培训计划，学校育人模式立体化、科学化显现。人才培养方向结合当地产业发展需要，通过现代学徒制、“教学做一体化”等创新教学方式落实育人目标。学校通过实施运行二级管理，推进ISO 9001质量管理体系，实行跟踪验证制度，向社会公布学校质量年度报告接受监督评议，进一步完善育人质量评价体系。根据数据，企业和家长对学校办学质量认可度及满意度总体较高。

（三）产教融合有实效

学校与地方产业、企业、政府的开放融合良好，产教融合育人有特色。目前，学校在产教联盟、教育联合体、平台合作等方面产生部分标志性成果；校外实训基地、“同频迭代”订制培养等高技能人才培养基地取得了一定成效。学校在探索“政企校”联合参与的产教融合模式、“产教融合联盟＋学校”的双主体协同育人机制、“三高”人才培养品牌、国际化合作办学示范样板等方面积累了一定经验，在高素质技能人才培养、产品研发、技能认定、技术服务等方面取得了较好的社会效益。

（四）教师发展有思路

学校师资队伍建设有思路，评价机制合理，考核制度完善，整体培养机制较为科学。学校已形成“1369”师资队伍培养工程，通过县管校聘、名师引领、高端培训、以赛促教、校企共建等多路径培养教师，“双师型”教师团队在自律、人格、学养、视野、素质等方面发展良好，教师教科研、技能比赛成果比较丰硕。学校兼职教师引进力度大，通过聘请国内知名专家担任专业教师及发展顾问，完善兼职教师资格认定和聘请管理制度，促进能工巧匠进校传技，实现技术共享，兼职不兼薪有深度有亮点。

（五）学生成长有特色

通过打造优质德育资源、创建“沈鸿精神”德育品牌的路径，学校的育人优势突显，社会影响力日益攀升。通过创建党建基地、红旗思政工作室、曙光社团、建立德育学分制等形式，丰富德育内涵，强化德育外延，学生品德修养良好，职业素养较高。学校第二课堂社团开设较为丰富，文化节、艺术节、职业能力展演等专项活动丰富多彩，为学生个性化多元发展奠定基础，学生成长比较明显。心理健康建设工程、阳光体育运动等活动的推进对学生心理健康、近视、肥胖等的干预效果明显，学生对学校管理满意度整体较高。

二、存在的问题

（一）学校文化品牌不够突出

学校通过优化顶层设计，制定学院五年发展规划，虽然形成了“沈鸿精神励志教育”“仿真企业班级管理”、“职业活动导向教学”三大学校特色文化，但校园文化建设特色还不够突出，文化软实力打造不够全面，校园文化与学科教学互融性不够深入。

（二）教师培养机制不够完善

虽相较于大部分中职学校，学校教师团队有本校特色，如教师整体素养较高，但通过考察和访谈发现学校名师、特级教师的示范引领作用不够明显，教师高端培训缺乏系统性和前瞻性。硕士研究生学历数量尚显不足，教师研究生学历比例不足10%，且原有师资学历结构不合理。各专业教师虽个人职业能力各有特色特长，但团队合作不足，教师对企业的技术服务能力还不强。

（三）选择性课程改革不够彻底

学校建立了“2＋4＋X＋N”贯通一体化课程体系，但选修课开设数量不够充足，选修课类型不够丰富。根据评估要求，自由选修课程每周至少有6节，但学校开设的自由选修课每周只有2节。学校通过校企合作开发了专业课程，但课程调整机制不完善。学生职业生涯规划课程未单独开课，主要由班会课、素质教育课兼设，开设不够规范。学生学科考试成绩偏低，学校体育特色项目还需进一步深化，学生体测优秀率不达标。

三、建议

（一）加强顶层设计，推进校园文化建设

学校需重视文化品牌的提炼，创新和丰富校园文化内涵，将校园文化品牌建设融入学校“十四五”发展规划，制定校园文化建设顶层规划。学校应突出学校文化的传统性、地域性、时代性，将网络平台、文化传播、人文社科建设三者相互结合，发挥对社会文化的引领和服务作用。在具体操作上可开展一院一品建设；创新校园人文环境建设，如建好校史陈列室，生动反映学校发展历程；加大学校文化平台的宣传，扩大学校文化的社会影响力。

（二）创新教学改革，推进教学效果提升

学校需创新“五育并举”融合式教育，建立专业课、文化课融通机制。学校应推进课程教学模式改革，深化职业活动导向教学。建立普职互转机制，拓展同等层次学历的学生转学通道。要完善终身教育模式，加强与高校合作，打开学生升学通道。学校需进一步落实体育健康教育，开展体育锻炼，丰富阳光体育活动，调动学生参与体育活动的积极性，营造人人参与体育运动的浓厚氛围，增加学生每日体育锻炼时间。

（三）深化研培双融机制，推进教师团队建设

学校需加强对教师教育理念、育人理念的高端引领，推进教师团队建设。具体措施：一是健全管理制度，积极推进强师工程战略，提升教师专业技能水平和实践教学能力，满足一体化教学的要求；二是有规划地加大引进力度，在结合学校现有四大专业群和发展新专业的基础上，加大研究生学历的师资引入；三是加强校内师资的学历进修；四是加强师资培训，制定个性化师资培训长期计划，增加教师外出培训交流机会，提升培训层

次，丰富培训形式；五是创新教师团队建设，发挥特级教师、高级教师的示范引领作用，提升专业教师的融合性、创新性、团队合作性。

（四）契合区域经济，加强专业亮点提炼

发挥学校优势专业的品牌引领效应，加强在区域经济建设中的辐射服务功能，探索未来职业教育新模式：一是健全专业动态调整机制，专业设置和人才培育高度契合区域重点产业；二是深化技能人才培养研究，对标大赛标准重构培养方案，提升学校专业群建设目标；三是做强特色专业发展，稳步提升高技能人才培养规模、输出质量；四是优化工学结合人才培养模式，坚持岗位引领，打造高端品质课程体系；五是深化产教融合，深挖中法合作国际化办学的潜力。

四、扣分点

1. 校园文化建设特色需要进一步提升。文化软实力打造不够全面，校园文化与学科教学互融性不够深入。

2. 学校质保体系、监控机制、改进机制等不完善。

3. 学科教学质量有待进一步提升。

4. 生涯规划课程实施不够规范，选修课程开设不足，参与普通高中课程教学改革还不够。

5. 教育教学信息化、现代学徒制等指标体现不足。

6. 教师专业培训及高水平名师培养力度有待加强。

7. 学生体育测试优秀率偏低，学生个性化发展有待加强。教师对专业成长目标认识和行动存在一定偏差。

二、诸暨市改进行动案例

区域推进省现代化学校创建的实践与探索①

一、诸暨教育基本情况

（一）经济社会发展状况

诸暨是越国古都、西施故里，位于浙江中北部，东接绍兴，北邻杭州，南临义乌，是杭州都市圈紧密层核心城市，市域面积 2 311 平方公里，

① 案例作者：浙江省诸暨市教育体育局督导科陈文汉。

现辖23个镇乡（街道），常住人口121.8万。诸暨经济发达，有“中国袜业之都”“中国珍珠之都”“中国香榧之都”“中国五金之乡”的美誉，共有规模以上企业和限额以上商贸企业2 300多家，各类市场主体近18万家，经济综合竞争力居全国百强县第11位，全面小康指数居全国县级市第10位。2020年实现生产总值1 362.4亿元，财政总收入145.5亿元，其中一般公共财政预算收入90.3亿元，城镇居民人均可支配收入70 740元，农村居民人均纯收入42 296元。

（二）各类教育发展状况

诸暨历来耕读传家、文教昌盛，“诸有优学”已成为一张享誉省内外的教育金名片，基本形成了学前教育优质普惠、义务教育优质均衡、高中教育优质多元、职业教育优质融合、民办教育规范有特色的高质量发展新格局。先后被命名为“全国基础教育先进市”“全国特殊教育先进市”“全国幼儿教育先进市”“全国义务教育发展基本均衡市”“浙江省首批教育强市”“浙江省教育基本现代化市”，教育现代化达成度连续五年位居全省第一方阵。2022年顺利通过全国义务教育优质均衡发展市、全国学前教育普及普惠市省级督导评估。截至2022年底，全市共有中小学、幼儿园271所，其中普通高中17所，中职学校4所，初中35所，小学90所，幼儿园124所，特殊教育学校1所；在校中小学生151 512人，其中普通高中学生32 741人，中职学校学生10 550人，初中学生35 441人，小学学生72 512人，特殊教育学生268人；在园幼儿30 962人；在职教职员工17 000余人。

（三）现代化学校创建情况

诸暨市的现代化学校创建始于2018年。2019年，诸暨市店口镇弘毅小学被确定为绍兴市唯一一所省现代化试点学校。2020年，诸暨市创成首批省现代化学校7所，其中幼儿园2所，小学3所，初中2所。2021年，创成第二批省现代化学校8所，其中幼儿园1所，小学3所，初中2所，中职学校1所，社区学校1所，创成总数处绍兴市前列。

二、创建中发现的主要问题

在市教育局各职能科室和创建学校的共同努力下，诸暨市现代化学校创建取得了不小的成绩，创建学校的校园面貌焕然一新，管理能力不断提升，课程建设全面深化，教育质量普遍提高。但从整体上来看，仍存在不少问题，如不加以重视和改进，势必影响诸暨市教育现代化建设的进程。具体表现如下。

（一）财政资金投入不足

首先从市级财政投入来看，随着二胎政策放开后入学高峰的到来，这几年财政资金投入相对集中在热点区域学校的新建和扩建上，很难再拨出大笔资金用于创建。其次从地方政府资金配套来看，受三年的疫情影响，地方财政遭遇空前压力，当前地方政府主要精力集中在企业的复工复产和解决老百姓的生计问题上，创建项目按县镇财政5∶5的配套资金难以足额到位。最后从学校资金自筹来看，学校自筹资金主要来源于学生公用经费，而极大部分学校的公用经费只能维持学校水电费、办公费等日常支出，留给创建的费用是少之又少。经费投入的相对不足导致创建项目上不了，或者勉强上了但严重缩水。

（二）科室业务指导不够

一是科室认识出现偏颇。由于省现代化学校创建的发文单位是督导处，所以各地教体局默认督导室为创建的牵头科室，导致其他科室产生与己无关的认识偏颇。但现代化学校创建是一项系统工程，仅靠督导室明显人力不足、专业不全。二是专业人员相对匮乏。省现代化学校创建类型繁多，从幼儿园、小学、初中到普通高中、中职学校、社区学校，横跨所有学段，而职能科室中很少有全学段的专业人员配备，难以对各类学校创建工作给出全面精准的业务指导。三是指导时间发生冲突。按惯例，省现代化学校的督导评估常常集中在6月或9月，而这两个月正值期末或期初，是科室最繁忙的时候，创建指导与日常工作时间上出现冲突，导致各科室不能及时派人，指导的针对性、专业性、连贯性严重不足。

（三）学校创建认知不全

一是创建意愿不强。受教育功利性影响，好多校长将目光聚焦在学习成绩和升学率等硬性指标上，认为教学质量是学校的生命线，抓住教学质量就能赢得群众口碑，而创建对学校和教师没有多少实惠，所以很少有校长主动要求创建。殊不知省现代化学校的创建是提升学校内涵、深化课程改革、推进教育现代化建设的重要载体。二是创建效果不显。面对上级创建指示，有些学校领导虽勉强接受，但因担心创建工作影响到教育质量和绩效考核，执行起来往往避实就虚、求稳怕乱，做做表面功夫，只求过得去，不肯深挖掘，最后错失创建契机，无论是学校教学质量还是学校核心竞争力都在原地停留，止步不前。三是创新能力不足。有些校长缺乏创新意识，依仗学校原有口碑与师资力量，放任管理工作停留在粗线条阶段，对学校的办学理念、育人目标、课程设置、教育模式等缺乏系统梳理和调整，对现代化设施设备也难以做到合理高效利用，尤其在信息化教育建设的当下，不能发挥其应有的效益。

（四）教师现代意识明显不强

一是教育观念落后。部分教师的教学理念和方法难以跟上时代发展，只按照原有以教师为中心的思维进行教育，忽视培养学生全方位的能力，忽视了现代教育中对创新能动性的提升要求，忽视了新媒体技术在教育教学中的实践应用。二是教学手段单一。受环境、设备、思想意识、教育理念等的影响，部分教师不愿进行现代教育思想的实践与探索，认为现代教育技术手段复杂、成本高，不如传统教育的“一支笔、一块板”方便有效，甚至对使用现代化的设施设备有抵触情绪。三是教学方法陈旧。部分教师在应用现代教育教学手段时易走向两个“极端”，要么停留于低水平使用，把投影设备当幻灯机用，要么一味追求多媒体课堂大容量教学，化“人灌”为“电灌”，并未真正运用技术为学生减负提质。

三、针对问题实施的改进行动

只有对症下药，方能药到病除。为了进一步抓好诸暨市的省现代化学校创建工作，针对以上四个问题，我们着重从以下五个方面加以改进。

（一）搭班子，压责任，付行动，抓好工作落实

一是成立领导班子。为加强诸暨市省现代化学校创建工作，尽快创成全国义务教育优质均衡发展县和学前教育普及普惠县，诸暨市教体局成立了以局长为组长的创建工作领导小组，成员由各科室长和直属单位负责人组成，召开专题会议，梳理、解剖、研读操作标准，制订出台《诸暨市创建浙江省现代化学校三年（2020—2022 年）规划》，统一领导创建工作。二是压实相关责任。领导小组下设办公室，由分管局长兼任主任，负责创建日常工作，同时下设经费保障组、设施设备组、基建维修组、队伍建设

组、德育体卫组、课程建设组、督查综合组七个职能工作组，并按《浙江省现代化学校评估细则》逐项分解，将指标责任落实到各职能工作组，由督导室牵头，计财科负责项目审核、资金安排，党建室负责队伍建设和搭建国际校际交流合作平台，教育技术中心负责现代化教育装备配置，普教科负责办学思想、校园文化、德育工作，教育研究中心负责课程建设。三是分头付诸行动。各工作组以创建标准为基础，以服务指导为宗旨，以提高学校内部管理整体效能为目的，明确工作重点，分步抓好落实。第一步要求各校根据学校实际，对照评估细则开展自查自纠，找出问题和不足。第二步各职能组深入学校进行预评估，开展一对一帮扶，帮助学校逐项整改，进一步提高创建质量。第三步动员全校师生以高昂的精神状态迎接评估验收。

（二）出制度，健机制，重运用，提升创建动力

一是出台奖励制度。对申报学校，一经确定就预拨校园文化建设专项经费，创成以后再给予一大笔奖励，同时在年度基建维修项目确定上优先安排创建学校。二是健全考核机制。把省现代化学校创建作为班子集体工作考核的一项重要内容，凡是创成“省现代化学校”的学校，在班子集体年度工作考核中加 2 分，并且在同等条件下，创成省现代化学校的乡镇优先评为优秀，而对因学校创建不力导致未通过的，要实施倒扣分。三是注重结果运用。把省现代化学校创建作为干部提拔任用的一项重要内容，记入干部业绩档案，把踏实干事、勇于担当、无私奉献的干部提拔到更重要的岗位上，真正让有作为的干部有地位，有地位的干部更有作为。

（三）增投入，保项目，扩规模，加快创建进程

一是想方设法增加投入。受疫情影响，在经费短缺、项目紧缩的情况下，努力争取各级政府支持，拨出费用安排相应项目，其中2020年、2021年和2022年分别投入1 084万元、1 368万元和1 536万元，2023年计划投入1 800万元。二是千方百计保障项目。2020年、2021年、2022年分别安排创建项目15个、17个和25个，2023年计划立项32个。另外，为了提升学校的现代化水平，专门设立了数字化改革攻坚项目，仅2022年就投入了2 556.5万元，完成桌面云扩容、“互联网＋义务教育”、未来社区智慧教育线下学习空间、智慧课堂、数字化体测中心五个硬件建设项目和课后服

务、校园资管家两个软件建设项目。三是全面挖掘创建潜力。采取“创建期”和“培育期”相结合的办法，按“培育一批，达标一批；申报一批，创成一批”的原则，大力挖掘创建潜力。2022 年，诸暨市创成第三批省现代化学校 7 所，其中幼儿园 1 所，小学 3 所，初中 2 所，社区学校 1 所；2023 年计划申报幼儿园 3 所，小学 5 所，初中 3 所，中职学校 1 所，社区学校 5 所，争取有更多学校创成省现代化学校。

（四）严标准，促整改，补短板，提高创建质量

一是严格落实标准。要求各创建学校组织干部认真学习《浙江省现代化学校评估细则》，在确保生均占地、生均建筑等硬性指标必须达标的基础上，更加注重办学思想、育人模式、队伍建设、学校减负等软性指标的要求，开足开齐各项课程，配足配齐专用教室，并按照评估各观测点精准做好创建资料。二是全面督促整改。督导室作为牵头科室，要协调好创建中的各项工作，特别是确定基建维修项目和设施设备添置项目，并组织各线专家对创建学校开展专项督导。其他科室要从办学思想、育人模式、队伍建设、学生发展、学校发展等方面对学校进行全面指导，对发现的问题要督促学校及时整改。三是尽力补齐短板。对个别未达标的指标，诸如教师学历职称、各级精品课程、课题获奖情况等，要求各学校明确时间点、清晰路线图、做好新规划，努力创造条件达到标准，短时间内难以达到的，也要通过各种方式展示自己的积极姿态，给评估组以好的印象。

（五）强学习，重引领，求实效，增强现代意识

一是加强理论学习。组织教师认真学习有关文件，深刻领会会议精神，让广大教师认识到创建现代化学校不仅是教育自身发展的需要，也是学校发展的需要，更是造福百姓的惠民工程，从而形成共识，即学校现代化不仅仅是教育设施设备的现代化，更是教育思想、教育管理、师资队伍的现代化，其根本宗旨是促进人的现代化，办好人民满意的教育；同时确立一个目标，即抢抓机遇，保质保量完成创建任务。二是注重专家引领。通过“专家报告、考察学习和现场实践”相结合等方法，让教师树立现代教育思想观，不断提高教育教学能力，成为师德高尚、素质优良、结构合理、教学风格鲜明、具有创新精神和创新能力、能够适应新时代教育需要的高素质教师，真正实现教师整体素质和学校综合办学能力同步提升。三

是追求培训实效。通过现代远程教育，充分利用网络平台的功能，让教师在职在岗进修，系统学习现代化的知识与技能，引导教师运用现代教育技术手段革除传统教育弊端，创建新型的教育教学模式，实现轻负高质、师生同乐的最终愿景。

四、创建工作改进成效

“知者行之始，行者知之成。”创建工作持续改进，得有成效才是硬道理。通过不断的实践改进，再实践再改进，诸暨市的现代化学校创建呈现出前所未有的良好态势。

（一）创建热情更加高涨

一是学校争着申报。新的激励政策出台后，校长普遍端正了创建态度，各校从办学理念、育人目标的顶层出发，重新梳理，办学理念更明晰，育人目标更明确，校园文化和课程设置的切合度更高。为争取班子集体工作考核优秀，许多学校主动申报，2023 年要求创建的学校达 25 所。二是校长主动对接。申报创建的学校，为了 2023 年能顺利通过省市验收，校长主动与科室对接，全力争取基建维修项目和现代化设施设备补助项目，即使是条件尚不具备的学校，也积极创造条件，争取尽早创成。三是及时咨询。为了精准准备网评资料，各申报学校迅速召开动员会，进行科学分工，明确工作职责，制订时间表，各资料员及时咨询职能科室，弄清指标要求，力求精准做好资料。

（二）课程改革更加深入

一是多管齐下，不断深化品质课堂。通过组织中小学（幼儿园）课堂教学评比活动、“名师云课堂”、中小学教学调研等活动，优化学习全过程，聚焦问题关键点，重塑课堂新样态，构建研究新机制，落实学科核心素养，全面提高课堂教学质量。二是多元推进，全面加强课程育人。通过义务教育（幼儿园）精品拓展性课程评选、高中和义务教育阶段“新课程、新教材”培训、高中学生学科竞赛和初中学生学科素养展示等活动，围绕育人的核心素养与总体目标，规划和开发切合校情、师情、生情的拓展课程，全面推进课程建设，促进学生全面而有个性地发展。如城东小学在原有课程的基础上，根据“道美”课程体系开发了 40 多门拓展性课程；浣江初中开发了九大类 50 多门拓展性课程，极大地丰富了学生的学习内容。三是多样施策，充分发挥评价作用。建立更加科学、规范、合理的评价体系，通过组织初三、高三学生适应性考试、义务教育段学业水平质量监测，召开教学质量分析会议，加强教学过程性管理，落实落细各项评价工作，充分发挥评价的检查、导向和促进作用。

（三）数字化改革更加给力

一是信息化环境持续改善。坚持“顶层设计、整体推进”原则，完成桌面云扩容等五个硬件建设项目和课后服务等两个软件建设项目，推进“学在诸暨”教育公共服务平台建设；拓展大数据精准教学系统应用，强化“双减”课后综合服务实效；利用“教学研一体化平台”，探索学生综合素质评价改革，促进信息技术与教育教学的深度融合。如弘毅小学、行知小学、城东小学已经通过微信企业号实现了自主拓展课程的在线报名、网络选课、课程评价，对教师在岗在勤情况的实时监控，还在移动终端环境下实现了教学方式的转换和学生学情的数据分析、梳理。二是校园智治系统基本成型。利用“智安校园、消防预警、安全教育、智慧食安”四大系统，构建“枫桥式”平安校园智治系统，实现保安巡逻每天不少于5次，区域教师日检超过7.5万人次，安全隐患有效整改率超过95%的目标。三是公权力运用得到监督。2022年上线“校园资管家”多跨协同应用场景，累计完成262个工程项目、2 112项采购管理、303万元学生资助款、4 758次劳务用工监督，实现了校舍维修的网上报备，强化了对公权力运用的监督。“校园资管家”入选教育部教育管理信息化优秀案例，并被评为2022年绍兴市数字化改革“最佳应用”。

（四）队伍建设更加多元

一是长效机制得以健全。坚持师德第一标准，通过教育质量奖励制度，切实发挥高层次教育人才奖励补助、农村名优教师津贴、校长考核奖、“新莲奖”“风荷奖”“风范奖”、班主任专项考核奖等的导向作用、激励作用。扎实开展一年一主题师德专题教育，深入推进有偿家教、酒（醉）驾、赌博等问题的专项整治，制定实施教师行为负面清单和违规行为通报制度，行风、师德师风呈现向上向好态势。二是培养体系得以构建。通过深入实施队伍建设“1+4+X”工程（“1”即全市教师专业素养“大练兵大比武大提升”活动，“4”即校长领航发展工程、“三名”工作室培养工程、机关年轻干部“两会一能”素质提升工程、高层次教体人才引育工程，“X”即基于省培平台的教师全员培训），全面构建梯式“金字塔型”的教师培养发展新体系。三是多种意识得以提升。通过培训活动，教师在习近平新时代中国特色社会主义思想指导下，更加注重以德为先，面向人人，全面发展，更加注重终身学习、因材施教、知行合一、融合发展、共建共享，提升了时代意识。在传授知识的活动中，以饱满的热情和高尚的情感，去触摸学生成长的脉搏，让学生的心灵在浸润中受到滋养，提升了育人意识。深刻领悟到自己的一言一行都会影响学生的学习、发展和成长，自己的不当言行会被无限放大，从而影响职业的发展和教师的形象，提升了修德意识。

（五）创建效果更加突显

一是治理能力得到提高。各校十分重视民主管理，强化制度执行，进一步端正了办学思想，规范了办学行为，提高了管理水平。如诸暨市实验初级中学，虽然2022年未创成省现代化学校，但是学校的管理有了明显加强，作为新设立的教体局直属的农村初中，它在原乡镇初中合并的基础上，重新制定完善了学校章程、规章制度，逐渐形成学校内部治理框架。二是校容校貌得以改观。各校普遍重视校园文化建设，凝练校园文化内核，并将其贯穿于校园环境、德育工作、课程建设、课堂教学和学校管理之中，突出了文化在办学过程中的引领作用，提升了学校发展内涵。如陶朱小学，学校成立15年来，新投入资金120万元，以“实施七彩教育，奠基七彩人生”为办学理念，以“和而不同 异彩纷呈”为校训，形成“各美其美，多元多彩”的校风、“融爱于心，精湛精彩”的教风、“涵养生成，出新出彩”的学风，出台与之相呼应的制度汇编，融入显性的物质文化与教育教学活动，彰显学校独特气质、品格和精神内涵。三是育人模式得到创新。各校都能坚持立德树人理念，建立健全德育工作机制，根据学校和学生实际情况，构建具有特色的德育体系，并强调德育生活化、活动化、课程化，不断提高德育的实效性，提高学生的核心素养。如山下湖镇中心小学结合“珍珠小镇”地域特色，提出“做最闪亮的自己”的办学理念，以“砺学 立人”为校训，以“培养具有明曜、明雅、明智、明丽品质的明珠少年”为育人目标，形成“追求卓越 走向成功”的校风、“甘于孕育润泽协同”的教风和“乐学多思 知行合一”的学风。

三、义乌市改进行动案例

以第三方发展性评估促进学校现代化建设①

一、背景介绍

义乌市地处浙江中部，金衢盆地东缘。截至2022年底，全市市域面积1 105平方公里，本地户籍人口87.2万，常住人口188.5万。在教育方面，全市共有各级各类学校472所，其中幼儿园338所，小学81所，初中28所，普通高中20所，职业学校3所，特殊教育学校2所；在校（园）生28.1万人（其中外籍学生507人，来自53个国家；少数民族学生1.3万人，来自42个民族；义务教育段随迁子女7.7万人，占全市义务教育段总在校生数的44%），教职员工2.54万人。

近年来，义乌市以“办好人民满意教育”为目标，聚焦“有书读”“读好书”的期待，实施“教育倍增计划”，大力拓展教育资源，不断深化教育综合改革，大力推进教育数字化转型，不折不扣落实“双减”任务，高质量完成规范民办义务教育发展工作，推动了教育事业持续健康发展，先后获得“浙江首批教育强市”“浙江省教育基本现代化市”“全国义务教育发展基本均衡市”“浙江省市县职成教发展考核优秀单位”等荣誉称号，德育工作标准化管理体系相关做法入围全国“立德树人落实机制”优秀案例，劳动教育经验在浙江省首届中小学劳动教育大会上推广，“校园及周边安全防控一件事”“城乡义务教育共同体”等项目被列入省教育领域数字化改革创新试点。

为促进学校内涵发展，提升学校的现代化水平，义乌市自2019年开始，每年通过政府招标等方式，委托浙江省教育现代化研究与评价中心对全市中小学进行发展性评估。在过去四年中，浙江省教育现代化研究与评价中心组织高校及研究机构教育专家、省特级教师、杭州市知名校长，基于《浙江省现代化学校评估细则》，对义乌市8所高中、18所初中、32所小学及24所幼儿园的现代化建设进程进行了全方面的诊断与评估，并为每

① 案例作者：浙江省义乌市教育局督导科胡加良、朱舟。

所学校和市教育局分别提供了反馈报告。这些反馈报告不仅为学校的现代化建设指明了方向，提高了全市申报现代化学校的通过率，更推动了市政府相关教育政策的出台与落地，真正起到了以评促改、以评促建的目的，形成了区域基于第三方评估促进学校现代化建设的机制。

二、第三方评估发现的问题

在评估过程中，浙江省教育现代化研究与评价中心组织专家对各校现代化建设中的问题进行了全面剖析，对学校层面的问题与学校进行了当面沟通，对区域共性问题进行梳理并向市教育局领导做出了反馈。具体而言，义乌市学校现代化建设方面的共性问题主要体现在以下五个方面。

（一）教育资源供给不足

作为全省唯一的外来人口超过户籍人口100万的县级市，义乌市在教育资源供给方面面临巨大压力，具体体现在：一是班额偏大。全市中小学班额达到规定要求比例低于省平均水平。二是条件简陋。不少小学在体育运动场馆面积、功能教室数量、卫生室配备等基本办学条件指标上存在不达标的情况，不少初中、普通高中设施设备更新较慢、实验器材无法满足课程实施的需要。三是优质学前教育覆盖面偏低。全市省二级及以上幼儿园覆盖面低于全省平均水平。四是随迁子女在公办学校就读的比例偏低。还有不少随迁子女就读于条件相对简陋的民办幼儿园和中小学。

（二）学校发展不够均衡

虽然近几年义乌市义务教育段学校办学条件差异系数基本控制在规定范围内，但不同区域和属性学校之间发展不均衡、不协调的问题依然突出。一是城乡学校差异明显。城区中小学办学条件、师资水平、教育资源等相对优于农村学校；而不少乡镇中心幼儿园的整体办园水平却优于城区幼儿园。二是民办学校质量参差不齐。义务教育段和学前段民办学校规模庞大，但不同学校的办学质量存在很大差异，部分低、小、散民办学校亟待压减。

（三）队伍结构短板突出

义乌市各中小学和幼儿园在教师队伍建设方面都出台了一些具体、有效的工作举措，但还存在以下问题：一是教师数量普遍不足。义务教育段和学前教育段学校生师比相对偏高，正式教师编制数量相对不足。二是教师结构不够合理。不少中小学、幼儿园存在教师学历不达标、中高级职称比例偏低的问题，城区学校教师队伍年龄整体偏大，农村学校骨干教师“留不住”、名优教师相对不足。三是教师梯队培养机制不够完善。不少学校（幼儿园）教师考核激励机制比较单一，缺乏促进教师多元化发展的平台和载体。

（四）顶层设计不够完善

义乌市各中小学、幼儿园在常规管理上相对规范，各项形式要件基本具备，但在学校顶层设计方面还存在不足，主要表现在：一是学校文化缺少整体设计。不少学校对文化概念内涵缺少深入诠释，对学校文化内核缺少精准提炼，对不同文化概念和不同时期办学理念之间的逻辑关系缺少必要梳理。二是学校发展愿景与育人目标不够明确。不少学校没能很好地描绘学校未来发展图景，对学校育人目标的表述过于笼统。三是发展规划引领性不强。不少学校规划目标和任务指向不清晰，缺少量化指标，缺少科学、深入的规划自评与改进机制。

（五）普通高中育人模式单一

义乌市普通高中学生培养主要还是一种围绕高考的应试教育，苦学苦读模式。学校办学理念、办学目标、育人目标之间缺乏内在的一致性与连贯性，校训、校风等提法凌乱多变，没有落地；校园文化建设缺乏系统的设计，校园文化不够丰富；学生社团活动、选修课程较少，特色课程没有很好地规划；对学生心理健康和职业生涯教育的重视不够，没有很好融入学校教育；德智体美劳全面发展的育人成效不明显，学生普遍表现得较为胆小拘谨。这些归根结底是因为普通高中多样化、特色化发展机制不健全，没有形成错位发展、多元发展的格局。

三、针对问题实施的改进行动

针对以上共性问题，义乌市委、市政府和市教育局进行了专题研究，出台了一系列政策举措，努力拓展区域教育资源，推进基础教育优质均衡发展，提升学校和区域的教育现代化水平。

（一）加大教育投入，扩大教育资源供给

一是实施教育倍增计划。每年建设经费投入 20 亿元以上，尽快建成交付使用。2021 年暑期开始，条件成熟的中小学校逐步降低班额，小学、初中与高中分别按每班40人、45人、45人招生。二是加大财政投入。每年财政性投入全市公办学校仪器设备添置经费1.5亿元，并逐年增长，使义乌市各级各类学校装备水平超过省监测标准及现代化学校的标准，申报省现代化学校的给予优先配备。三是提高学前教育办学水平。加快“双百园工程”的建设及交付，2022年公办园覆盖面达53%，2025年力争达到80%。加强幼儿园备案制教师聘用，提高二级及以上等级园的比例，2021年达60%，2025年力争达到80%。四是由教育发展公司牵头举办东西南北中五所新义乌人子女学校，逐步过渡转成公办学校。接管至2022年暑期仍未成为省标准化学校的所有新义乌人子女学校，通过关停改造等方式使义务教育段学校标准化率达到100%。

（二）缩小学校差距，推进教育均衡发展

出台《义乌市创建全国义务教育优质均衡发展市实施方案》，通过一系列专项行动，全面推进义务教育优质均衡发展。一是学校布局规划调整行动。着眼教育现代化，聚焦产业转型、城市功能拓展和户籍新政、二孩政策后人口流动趋势，编制“十四五”教育专项规划，统筹中小学、幼儿园、职业学校资源布局。重点锁定城市有机更新后学校布局调整和佛堂、赤岸、苏溪等产业园区教育需求，服务创新人才集聚，更好地解决“有书读”问题。二是教育资源配置优化行动。通过理顺教育集团管理机制、引导生源有序流动等方式化解大校额学校，严控义务教育段学校班额。统筹城乡教育资源，实施教师轮岗交流及小型项目精准投入，高水平均衡配置各类教育资源，使义务教育学校生均高学历教师、骨干教师、体艺专任教师，生均教学用房、体育运动场馆面积、仪器设备值及网络多媒体教室配置高度均衡。三是新义乌人子女学校改造提升行动。实施“一镇街一策”“一校一策”，通过优化布局、拓展办学空间、适度压缩招生规模、实施“退二进三”等方式，推进新义乌人子女学校标准化建设，两年后办学条件仍无法达标的学校，实施退出机制。四是提高特殊教育水平。加强星光学校高中部建设，提高高中持证残障儿童少年入学率达85%以上；加快资源教室建设，义务教育段拥有资源教室的学校比例超过30%。

（三）完善人事制度，优化教师队伍结构

一是充实各级各类学校备案制教师，逐级提高备案制教师工资收入。

提高中小学生师比，使小学、初中和高中的生师比分别达到1∶17、1∶13和1∶12，促进体艺教师、思政教师专任化，申报省现代化学校的可优先配置教师。新办学校提前半年招引、储备25%的骨干教师，提高新学校开办质量。二是动态调整、提高中小学教师中高级职称比例，使义务教育段每百名学生拥有中高级以上职称教师数小学达到4人，初中达到6人。综合考虑学前教师各园教师基数，提高学前教育高级教师的比例。三是支持各级各类学校教师有序参加高学历进修，提高骨干教师比例及高学历教师比例。支持管理骨干及名优教师赴海外研修，实现各学段、学科海外研修全覆盖。四是加大引进名优教师与高校优秀毕业生的力度，实施引进高层次人才专项补助。五是实施名优校长“123”工程与名优教师“151”工程，实行校长职级制。定期开展校长办学绩效评估，完善优胜劣汰机制。

（四）加强学校文化建设，提高学校办学质量

一是加快转变教育观念。树立尊重学生个体和追求群体发展需求相结合的现代发展理念，建立顺应时代和社会发展对人才培养需求的育人目标，建立与学校发展条件相一致的现代学校发展方式。二是落实立德树人根本任务。把思想品德、理想信念教育摆在首要位置，把立德树人融入思想道德教育、文化知识教育、社会实践教育各环节；加强义乌文史教育，增强爱国爱乡情感。三是深化教育教学改革，转变学校育人模式。强化学校教学管理，减轻学生过重课业负担。切实加强儿童青少年近视防控工作，近视率每年降低1%。四是加强体育、艺术、科技、劳动教育，培育学校特色品牌。两年内中小学被评为省现代化学校各5所以上，体育、艺术特色学校增加到30所以上。五是完善绿色评价机制，优化区域质量管理机制，缩小城乡、校际教育差距，促进优质均衡。六是深化智慧教育建设，促进现代教育信息技术和教育教学的深度融合，实现优质资源共享。

（五）建设特色高中，推动高中多样化发展

出台《义乌市普通高中学校实施分类办学促进特色发展改革工作方案》，推进全市普通高中错位发展、特色发展和可持续发展。一是明确高中发展总体定位。推进义乌中学、义亭中学、树人中学开展科技高中建设，在数理、工程技术等方面形成办学优势和风格；推进义乌三中、新义中学、群星外国语学校开展人文高中建设，在文史、外语等方面形成办学

优势和风格；推进义乌二中、大成中学、义乌五中、义乌六中、上溪中学、商城学校开展体艺高中建设，在体育、艺术等方面形成办学优势和风格。二是制定高中分类特色办学计划。2020 年，整体谋划布局全市普通高中分类办学特色发展，全面推进“3 类别 7 类型”特色高中建设，促进各校软硬件上档升级。2023 年，选树 3 所以上典型学校，推广特色发展经验。三是实施“项目孵化、分阶提升”策略。第一阶段培育特色项目。学校确定一个及以上具有一定基础、适应学生发展需求的课程或项目，不断丰富课程资源、强化课程师资配备，使其在一定区域内具有影响力。第二阶段形成办学特色。学校围绕特色课程或项目，持续深化该课程或项目领域的实践研究，逐步构建有较科学完善的特色课程群，建成面向全体学生、层次递进的特色课程体系。第三阶段建成特色学校。学校以特色领域为主线，不断完善提升，形成较为系统的引领和支撑学校发展的办学思想、课程体系、实施体系和保障体系。

四、改进成效

通过两年多的时间，基于第三方评估结果的改进行动在优化教育资源、促进教育公平、提高办学质量等方面取得丰硕成果，具体表现在以下五方面。

一是教育资源有所增加。截至 2022 年底，“教育倍增计划”已开工 67 项，建成投用 30 项，新增学位 2.5 万余个。

二是随迁子女公办学校就读比例明显提升。通过专班集成、小组推进、项目化攻坚，6 所“公参民”学校全部转公办学校，民办中小学在校生压减至 3.66 万人，通过政府购买学位 2.84 万人，民办在校生占比调控至 4.7％。

三是省现代化学校数量提升明显。截至 2022 年底，全市成功创建浙江省现代化学校 20 所，总量居全省前列。

四是社会满意度有所提升。2021 年度省教育现代化发展水平监测中义乌市教育满意度为 85.36％，比省平均值高 0.56％。

五是普通高中分类办学成效初显。义乌中学、义亭中学获评第一批金华市普通高中分类办学改革试点学校（科技高中），义乌六中获评第二批金华市普通高中分类办学改革试点学校（体艺高中），全市教育教学质量稳步提升，高考一段上线率从 2017 年的 22.3％上升到 2022 年的 30.5％。

参考文献

中文部分

[澳] 欧文・E. 休斯. 公共管理导论 [M]. 北京：中国人民大学出版社，2001.

[荷] 雅普・希尔伦斯，塞斯・格拉斯. 教育评价与监测：一种系统的方法 [M]. 边玉芳，曾平飞，王烨晖，译. 北京：教育科学出版社，2017.

[美] Daniel L. Stufflebeam，George F. Madaus，& Thomas Kellaghan. 评估模型 [M]. 苏锦丽，等译. 北京：北京大学出版社，2007.

[美] 阿列克斯・英格尔斯，[美] 戴维・H. 史密斯. 从传统人到现代人：六个发展中国家中的个人变化 [M]. 顾昕，译. 北京：中国人民大学出版社，1992.

[美] 阿列克斯・英克尔斯. 人的现代化 [M]. 殷陆君，译. 成都：四川人民出版社，1985.

[美] 戴维・奥斯本，特德・盖布勒. 改革政府——企业精神如何改革着公营部门 [M]. 周敦仁，等译. 上海：上海译文出版社，1996.

[美] 劳伦斯・克雷明. 公共教育 [M]. 宇文利，译. 北京：中国人民大学出版社，2016.

[美] 西里尔・E. 布莱克. 比较现代化 [M]. 杨豫，陈祖洲，译. 上海：上海译文出版社，1996.

[美] 西里尔・E. 布莱克. 现代化的动力：一个比较史的研究 [M]. 景跃进，张静，译. 杭州：浙江人民出版社，1989.

[美] 约翰・W. 桑特洛克. 心理调适：做自己心灵的 CEO [M]. 王建中，吴瑞林，等译. 北京：机械工业出版社，2015.

“全国教育满意度测评研究”课题组. 基础教育满意度实证研究［J］. 教育研究，2016（06）.

21世纪教育研究院. 2005年中国教育满意度调查［C］//杨东平. 教育蓝皮书：中国教育发展报告（2005）［M］. 北京：社会科学文献出版社，2006.

上海市教育科学研究院，等. 教育现代化进程监测评价指标体系（电子版），安徽省基础教育改革与发展协同创新中心翻印. http：//www. ahtxz. cn/chengguo. php? catid=&itemid=14，2016-07-06/2023-10-07.

安然，王洛忠. 试析经典现代化理论中“人的现代化”理论［J］. 天津社会科学，2000（05）.

蔡立辉. 西方国家政府绩效评估的理念及启示［J］. 清华大学学报（哲学社会科学版），2003（01）.

蔡亮. 论“教育现代化”概念的三维向度［J］. 当代教育论坛，2022（04）.

陈宝生. 在全国教育工作会议上的讲话［J］. 中国高等教育，2018（05）.

陈纯槿. 中学教师工作满意度影响因素的实证研究——基于PISA 2015教师调查数据的分析［J］. 教师教育研究，2017，29（02）.

陈国良. 着眼现实问题推进教育现代化［N］. 人民日报，2016-01-31（05）.

陈海东. 多媒体技术对教育改革和教育现代化的影响［J］. 多媒体世界，1996（05）.

陈金芳，万作芳. 教育治理体系与治理能力现代化的几点思考［J］. 教育研究，2016，37（10）.

陈柳钦. 国内外现代化指标体系和标准概述［J］. 全球科技经济瞭望，2011（01）.

陈柳钦. 现代化的内涵及其理论演进［J］. 经济研究参考，2011（44）.

陈秋明. 从试点到示范：深圳基础教育改革发展回顾与展望［J］. 中国教育学刊，2021（06）.

陈卫旗. 中学教师工作满意感的结构及其与离职倾向、工作积极性的关系［J］. 心理发展与教育，1998（01）.

陈玉琨. 教育评价学［M］. 北京：人民教育出版社，1999.

陈云英，孙绍邦. 教师工作满意度的测量研究［J］. 心理科学，1994（03）.

谌涛. 现代学校需从管理迈向治理［N］. 浙江教育报，2021-11-3（02）.

程黎，冯超，韦小满，杜亮，徐志勇. 北京市公众基础教育满意度问卷编制［J］. 教育学报，2011（06）.

褚宏启. 教育现代化2.0的中国版本［J］. 教育研究，2018，39（12）.

褚宏启. 教育现代化的本质与评价——我们需要什么样的教育现代化［J］. 教育研究，2013，34（11）.

褚宏启. 教育现代化的性质与分析框架［J］. 教师教育研究，1998（03）.

崔保师，曾天山，刘芳，等. 基础教育服务对象满意度实证研究［J］. 教育研究，2019，40（03）.

邓云洲. 论教育现代化与人的现代化的双重意义［J］. 中国教育学刊，1998（01）.

杜澄澄. 生态教学视角下的大学英语听力教学实证研究［D］. 长春：吉林大学，2015.

杜亚丽. 中小学生态课堂的理论与实践研究［D］. 长春：东北师范大学，2011.

杜瑛. 协商与共识：提高评价效用的现实选择——基于第四代评价实践的分析［J］. 教育发展研究，2010，30（17）.

范国睿. 教育生态系统发展的哲学思考［J］. 教育评论，1997（06）.

范国睿. 教育生态学［M］. 北京：人民教育出版社，2000.

范国睿. 美英教育生态学研究述评［J］. 华东师范大学学报（教育科学版），1995（02）.

方炳林. 生态环境与教育［M］. 台北：维新书局，1975.

方然. 教育生态的理论范畴与实践方向［J］. 云南师范大学学报（哲学社会科学版），1997，29（01）.

冯伯麟. 教师工作满意及其影响因素的研究［J］. 教育研究，1996（02）.

冯娉婷，肖磊峰，周达，等. 家长教育满意度现状及其影响因素研究——基于对S省140所高中的调查［J］. 华东师范大学学报（教育科学版），2020，38（12）.

冯增俊. 论教育现代化的基本概念［J］. 教育研究，1999（03）.

傅小兰，张侃，陈雪峰. 心理健康蓝皮书：中国国民心理健康发展报告（2019—2020）［M］. 北京：社会科学文献出版社，2021.

傅亚强，江洁. 中学生教育满意度的形成机制与匹配模型——基于浙江省的调查实证研究［J］. 教学月刊·中学版（教学管理），2021（04）.

高兵，胡咏梅. 中小学学生及家长满意度的实证研究 [J]. 内蒙古师范大学学报（教育科学版），2006（19）.

高婵芝. 地方政府核心竞争力与公众满意度的关系研究——以地市级政府为例 [D]. 重庆：重庆大学，2014.

高正，唐万宏. 高校财政投入绩效评价指标的价值取向及体系建构 [J]. 广西社会科学，2019（08）.

葛道凯. 探索教育现代化建设的“江苏路径”[EB/OL]. https://jyt.jiangsu.gov.cn/art/2020/5/26/art_57810_9192363.html，2020-05-26/2022-08-12.

葛新斌. 农村教育：现代化的弃儿及其前景 [J]. 教育理论与实践，2003，23（12）.

苟鸣瀚，刘宝存. 中国式教育现代化的时代书写与经验阐析 [J]. 中国电化教育，2023（03）.

顾明远. 关于教育现代化的几个问题 [J]. 中国教育学刊，1997（03）.

顾明远. 教育现代化的基本特征及实施策略 [J]. 人民教育，2007（Z2）.

顾明远. 试论教育现代化的基本特征 [J]. 教育研究，2012，33（09）.

广东省教育厅. 广东省县域教育现代化指标体系 [EB/OL]. https：//www. docin. com/p-2296983830.html，2008-08-22/2023-10-07.

郭朝红. 评估是如何促进学校发展的——上海市特色普通高中评估分析 [J]. 上海教育科研，2019（09）.

郭芳. 对教育服务质量和学生满意度的实证分析 [J]. 天津师范大学学报（基础教育版），2014，15（03）.

郭桂英. 我国区域教育现代化发展模式建构 [J]. 扬州大学学报（高教研究版），1998（03）.

郭莲. 中国公众近十年价值观的变化——“后现代化理论”的验证研究 [J]. 国家行政学院学报，2011（03）.

国家统计局. 统计知识库-发展水平 [EB/OL]. http：//www. stats. gov. cn/zsk/snapshoot? reference = 4AFA3FBEF6A36E8AD5A92668528860E8&siteCode=tjzsk，2022-08-02/2023-10-07.

韩双林，马秀岩. 证券投资大辞典 [M]. 哈尔滨：黑龙江人民出版社，1993.

韩映雄，李超. 中国教育监测评估制度的内涵与变迁 [J]. 现代大学教育，2022 (04).

何传启. 第二次现代化理论与中国现代化 [J]. 世界科技研究与发展，1999 (06).

何传启. 世界现代化研究的三次浪潮 [J]. 中国科学院院刊，2003 (03).

何传启. 现代化概念的三维定义 [J]. 管理评论，2003 (03).

何更生，葛爱莲，孙桂丽. 小学生在学校的生活快乐吗——现状分析及教育对策 [J]. 教育科学研究，2010 (05).

胡君进，檀传宝. 当前教育现代化观念的理论构造及其反思 [J]. 现代大学教育，2018 (02).

胡平，秦惠民. 户籍、教育水平及社会职业等级对家长义务教育满意度的影响研究——以北京市为例 [J]. 软科学，2011 (10).

胡平，秦惠民. 择校意愿的心理机制——义务教育服务满意度模型与实证研究 [J]. 北京大学教育评论，2011，9 (04).

胡咏梅. 中学教师工作满意度及其影响因素的实证研究 [J]. 教育学报，2007 (05).

胡志桥，朱华伟，杨健辉，等. 推进区域中小学教育质量综合评价改革的实践与思考——以广州市首次阳光评价测试为例 [J]. 现代教育论丛，2016 (03)：14-21.

黄忠敬. OECD 教育指标如何引领教育政策发展？[J]. 南京师大学报（社会科学版），2020，(05).

吉文昌. 教育满意度测评方法与原则 [J]. 教育研究，2015 (02).

纪江明，葛羽屏. 分层模型视角下中心城市基础教育满意度影响因素研究——基于“2012 新加坡连氏中国城市公共服务质量调查”的实证分析 [J]. 教师教育研究，2015，27 (02).

季诚钧，莫晓兰，周音子. 教师职业倦怠对工作满意度的影响机制研究——基于对浙江省中小学教师的调查 [J]. 教师教育学报，2023 (01).

季诚钧，莫晓兰，朱亦翾，周海云. 中国式教育现代化：内涵、问题与路径 [J]. 浙江社会科学，2023 (06).

季诚钧. 从水平评价到生态评价：浙江省区域教育质量综合评价改革探索 [J]. 中小学校长，2020 (11).

江苏省教育评估院. 省教育评估院关于做好 2020 年省普通高中晋星申报工作的函 [EB/OL]. https://jyt. jiangsu. gov. cn/art/2020/7/31/art_62647_9335494.html，2022-8-4/2023-08-28.

江苏省教育厅. 省普通高中星级评估项目 [EB/OL]. https://jyt.jiangsu.gov.cn/art/2022/8/4/art_62648_10563784.html，2022-8-4/2023-08-28.

江苏省人民政府. 江苏省政府办公厅关于印发江苏教育现代化监测指标的通知 [EB/OL]. https://www. jiangsu. gov. cn/art/2016/8/24/art_46577_2555948.html，2016-08-24/2023-10-07.

教育部基础教育质量监测中心. 如何开展中小学学校督导评估 [M]. 北京：教育科学出版社，2013.

亢晓梅. 关于天津市民教育满意度的调查与分析 [J]. 上海教育科研，2003 (03).

李芳仪，吴宏超. 基于结构方程的中学生教育满意度实证研究 [J]. 山西师大学报（社会科学版），2017，44 (05).

李化树. 教育生态学探讨 [J]. 教学与管理，1995 (01).

李健宁，潘苏东. 关于教育现代化指标体系设置的构想 [J]. 现代大学教育，2004 (01).

李凌艳，李勉，张东娇，等. 基础教育阶段学校评估的国际比较 [J]. 北京师范大学学报（社会科学版），2010 (02).

李聪明. 教育生态学导论：教育问题的生态学思考 [M]. 台北：台湾学生书局，1989.

李琼，裴丽. 建设高素质专业化创新型教师队伍——基于《中国教育现代化 2035》的政策解读 [J]. 中国电化教育，2020 (01).

李琼，韦小满，杜亮. 公众对北京市中小学教师的满意度调查 [J]. 教师教育研究，2010，22 (04).

李伟涛. 基础教育公共服务满意度研究述评 [J]. 上海教育科研，2014 (01).

李伟涛. 基础教育阶段学生家长满意度的影响因素：来自上海的调研证据 [J]. 教育发展研究，2014，33 (22).

李锡槐. 现代化、现代人与传统文化教育——兼及从日本学校传统文化教育中得到的启示 [J]. 教育研究与实验，1991 (04).

李旭. 我国教育现代化学术话语的历时变迁与现实困境 [J]. 教育学报，

2022，18（04）.

联合国教科文组织. 全球教育监测报告2017/8：教育问责：履行我们的承诺［M］. 北京：教育科学出版社，2018.

林挺进，吴伟，于文轩，王君. 中国城市公共教育服务满意度影响因素研究［J］. 复旦教育论坛，2011（09）.

林小英. 从“他者”到“主体”：中国教育改革中的县域教育［J］. 探索与争鸣，2021（04）.

刘宝存，苟鸣瀚. 中国式教育现代化：本质、挑战与路径［J］. 中国远程教育，2023，43（01）.

刘复兴. 教育与共同富裕——建设促进共同富裕的高质量教育体系［J］. 教育研究，2022，43（08）.

刘贵华，朱小蔓. 试论生态学对于教育研究的适切性［J］. 教育研究，2007（07）.

刘娇，朱成科. 近十年我国教育现代化问题的研究述评——基于2011到2020年间重要教育理论期刊文献分析［J］. 教育科学论坛，2021（16）.

刘杰，孟会敏. 关于布朗芬布伦纳发展心理学生态系统理论［J］. 中国健康心理学杂志，2009，17（02）.

刘淑华. 世纪初俄罗斯高等教育现代化的新进展［J］. 比较教育研究，2005（06）.

刘新燕，刘雁妮，杨智，万后芬. 构建新型顾客满意度指数模型——基于SCSB、ACSI、ECSI的分析［J］. 南开管理评论，2003，6（06）.

刘勇，章钊铭. 中国式现代化的特点、优势及进路［J］. 新疆师范大学学报（哲学社会科学版），2022，43（06）.

刘志军，熊杨敬. 基础教育学校评价生态的失衡与重构［J］. 中国教育学刊，2017（09）.

罗荣渠. 现代化理论与历史研究［J］. 历史研究，1986（03）.

罗荣渠. 现代化新论：中国的现代化之路［M］. 上海：华东师范大学出版社，2013.

罗荣渠. 现代化新论——世界与中国的现代化进程［M］. 北京：商务印书馆，2004.

吕付华. 何谓“自反性”现代化？——贝克、吉登斯、拉什的“自反性”

现代化思想辨析［J］. 红河学院学报，2018，16（04）.

马天，等. 生态环境监测及其在我国的发展［J］. 四川环境，2003（02）.

马振兴，胡泽，张伟，周长发. 中、外文“生态学”一词之最初起源及定义考证［J］. 生物学通报，2017，52（11）.

孟庆瑞. 现代化理论的研究及评价［J］. 理论与现代化，2003（04）.

莫晓兰，李望梅，董鑫，胡诗文. 基于监测视角的浙江省基础教育生态评价探讨［J］. 教学月刊・中学版（教学管理），2021（11）.

宁本涛. “五育融合”与中国基础教育生态重建［J］. 中国电化教育，2020（05）.

潘光文. 课堂的生态学研究［D］. 重庆：西南师范大学，2004.

潘懋元. 关于现代教育与教育现代化问题［J］. 高等工程教育研究，1987（04）.

潘希武. 教育现代化的中国逻辑［J］. 教育学术月刊，2022（11）.

裴娣娜. 中国传统教育现代化发展的方法论思考［J］. 北京师范大学学报（社会科学版），1995（05）.

彭聃龄. 普通心理学［M］. 北京：北京师范大学出版集团，2003.

乔浩风. 生态学视域下教育机会均等与共同富裕研究［M］. 北京：中国农业出版社，2022.

秦惠民，曹翼飞. 建党百年来党的教育方针的传承与创新［J］. 国家教育行政学院学报，2021（04）.

秦建平，张惠. 教育现代化监测指标研究——以四川省成都市为例［J］. 教育导刊，2012（05）.

邱皓政. 量化研究与统计分析［M］. 重庆：重庆大学出版社，2009.

屈哨兵. 好教育应有好的教育生态——基于广州市基础教育的实践研究［J］. 教育管理研究，2015（10）.

任丽. 生态学视角下大学英语教学研究［D］. 上海：上海外国语大学，2013.

上海市教育评估院. 关于开展 2020 年上海市特色普通高中评估的通知［EB/OL］. http：//www. seei. edu. sh. cn/default. aspx? tabid = 133&ctl = details&mid=556&itemid=2567，2020 - 09 - 16/2023 - 08 - 28.

上海市教育委员会. 关于转发《上海市 2010 年教育现代化指标体系及说

明》的通知 [EB/OL]. https：//edu. sh. gov. cn/xxgk2 _ zdgz _ qtgz _ 01/20201015/v2-0015-gw _ 308062009001.html，2009 - 04 - 22/2023 - 10 - 07.

佘颖. 我国劳动年龄人口平均受教育年限为 10.8 年 [EB/OL]. 经济日报，http：//www. moe. gov. cn/jyb _ xwfb/moe _ 2082/2021/2021 _ zl25/bd/202104/t20210401 _ 523913.html，2021 - 04 - 01/2022 - 11 - 04.

石伟平. 英国学校督导工作指南 [J]. 外国教育资料，1994 (03).

苏文平. 法国教育管理现代化计划 [J]. 中小学管理，1992 (03).

孙汉银，李虹，林崇德，等. 中学教师的工作满意度状况及其相关因素 [J]. 心理与行为研究，2008，6 (04).

孙河川，金蕊，黄明亮. 英国 2016 年优秀学校督导评估指标研究 [J]. 湖南师范大学教育科学学报，2017，16 (06).

孙河川，刘文钊，王小栋，郝玲玲. 英国最新教育督导评价指标述评 [J]. 比较教育研究，2011，33 (03).

孙继红. 我国区域教育发展状况评价的实证研究 [D]. 北京：北京航空航天大学，2010.

孙杰远. 县域教育高质量发展之困局与突破 [J]. 教育发展研究，2023，43 (02).

孙立会，刘思远，李芒. 面向 2035 的中国教育信息化发展图景——基于《中国教育现代化 2035》的描绘 [J]. 中国电化教育，2019 (08).

孙焱. 满意度调查：基于教育视角的问卷分析与改善建议——江苏省 L 市基础教育满意度调查报告 [J]. 江苏教育研究，2015 (07).

檀慧玲，刘艳. 国家义务教育质量监测：实现有质量的教育公平的有效途径 [J]. 中国教育学刊，2016 (01).

汤丽娟. 英国中小学教育督导评估指标体系研究 [D]. 杭州：杭州师范大学，2020.

唐爱军. 中国式现代化与人类文明新形态 [N]. 中国社会科学报，2021 - 08 - 26，(A03).

王俊杰. 自反性现代化理论考察 [J]. 理论探索，2007 (02).

王蓉. “办人民满意的学校”——一个关于中小学校的民众满意度调查 [J]. 北京大学教育评论，2006，6 (04).

王献玲. 试论五四新思潮对中国教育现代化的催发 [J]. 郑州大学学报

（哲学社会科学版），2007（03）.

王战军，乔伟峰，李江波. 数据密集型评估：高等教育监测评估的内涵、方法与展望［J］. 教育研究，2015，36（06）.

王战军，王永林. 监测评估：高等教育评估发展的新图景［J］. 复旦教育论坛，2014，12（02）.

文辅相. 现代化与高等教育目标［J］. 上海高教研究，1993（04）.

邬志辉. 教育现代化的实质及其启动点的选择［J］. 教育评论，1998（03）.

邬志辉. 学校教育现代化指标体系的建构设想（上）［J］. 中小学管理，2004（05）.

邬志辉. 学校教育现代化指标研究［M］. 长春：东北师范大学出版社，2008.

邬志辉. 中国百年教育现代化演进的线索与命题［J］. 中国地质大学学报（社会科学版），2002（04）.

巫倩雯. 美国基础教育学校评价指标体系研究［D］. 南京：南京师范大学，2015.

吴鼎福，诸文蔚. 教育生态学［M］. 南京：江苏教育出版社，1990.

吴宏超，冯梅. 城市义务教育家长满意度影响因素研究——基于 Ordered Logit 回归模型的分析［J］. 教育发展研究，2015，35（10）.

吴鲁平. 西方发达国家青年价值结构的转型及其社会经济根源——英格莱哈特的“后现代化理论”［J］. 中国青年政治学院学报，2002（02）.

伍远岳. 教育质量监测的发展性价值及其实现路径［J］. 全球教育展望，2022，51（03）.

谢立中. 关于所谓“英格尔斯现代化指标体系”的几点讨论［J］. 江苏行政学院学报，2003（03）.

新华社. 中共中央办公厅 国务院办公厅印发《关于深化教育体制机制改革的意见》［EB/OL］. http：//www. gov. cn/zhengce/2017-09/24/content _ 5227267.htm? from＝groupmessage&isappinstalled＝0，2017－09－24/2022－08－23.

新华社. 中共中央 国务院印发《长江三角洲区域一体化发展规划纲要》［EB/OL］. http：//www. gov. cn/zhengce/2019-12/01/content _ 5457442. htm? tdsourcetag＝s _ pcqq _ aiomsg，2019－12－01/2022－08－12.

熊春文，陈辉. 人口变迁与教育变革——基于第七次全国人口普查公报的社会学思考［J］. 教育研究，2021，42（11）.

徐昌和. 中美学校评价比较研究：组织、标准与实施［D］. 上海：华东师范大学，2014.

徐淀芳，纪明泽，汪茂华，等.《上海市中小学生学业质量绿色指标》修订研究［J］. 上海课程教学研究，2019（01）.

徐淀芳，纪明泽，汪茂华. 学业质量绿色指标：促进学生全面发展的利器——上海市中小学生学业质量绿色指标评价改革概况［J］. 人民教育，2013（18）.

徐国利. 论行政问责的责任与归责原则［J］. 上海行政学院学报，2017，18（01）.

徐志伟. 区域公众教育满意度的调查研究——以浙江省绍兴市区为例［J］. 教育测量与评价（理论版），2013（05）.

央视新闻客户端. 中共中央 国务院关于支持深圳建设中国特色社会主义先行示范区的意见［EB/OL］. https://m.news.cctv.com/2019/08/18/ARTIN1NWNzxOxwTHupOkPbNt190818.shtml，2019-08-18/2022-08-23.

阳含熙. 生态学的过去、现在和未来［J］. 自然资源学报，1989（04）.

杨建. 生态学视野下的县级政府高等教育职能研究——以张家港市为个案［D］. 苏州：苏州大学，2015.

杨明. 中国教育现代化的目标有多远［J］. 教育发展研究，2000（08）.

杨小微，游韵. 教育现代化的中国视角［J］. 教育研究，2021，42（03）.

杨小微. 迈向2035：中国教育现代化的目标定位［J］. 华中师范大学学报（人文社会科学版），2019，58（05）.

杨晓宏，梁丽. 全面解读教育信息化［J］. 电化教育研究，2005（01）.

姚树洁，韦开蕾. 中国式现代化的本质特征和历史际遇［J］. 海南大学学报（人文社会科学版），2023，41（05）.

叶平，王蕊. 中国教育现代化区域聚类与特征分析［J］. 教育研究，2003（07）.

尤建新. 公共满意度理论与公共满意度评价［J］. 上海管理科学，2004（02）.

余治平. "生态"概念的存在论诠释［J］. 江海学刊，2005（06）.

喻聪舟，温恒福. 七十年来我国教育政策中教育现代化定位变迁的趋势及启示［J］. 教育科学研究，2020（06）.

袁利平. 中国共产党教育现代化的理论演进与实践逻辑［J］. 重庆高教研究，2018，6（02）.

张东娇. 学校评估发展的国际趋势及其对中国的启示［J］. 比较教育研究，2009（03）.

张丰. 构建以教育生态为核心的区域教育发展评价——破解“唯分数”“唯升学”问题的建议［J］. 教育发展研究，2019，39（12）.

张凤，何传启. 第二次现代化与中国国家创新体系［J］. 中国软科学，2000（01）.

张华. 课程与教学论［M］. 上海：上海教育出版社，2001.

张家宜. 高等教育行政全面品质管理：理论与实务［M］. 台北：高等教育文化事业有限公司，2002.

张良才，孙继红. 国内外教育指标体系分析与比较［J］. 教育学报，2009，5（06）.

张民选. 基于国际评价改革趋势探讨基础教育高质量发展方向［J］. 中国基础教育，2023，7（03）.

张墨涵，季诚钧，田京. 家长满意度与基础教育均衡发展——基于浙江省的调查与思考［J］. 浙江社会科学，2019，（03）.

张墨涵，梁晶晶，张冉，季诚钧. 家庭教育资本与家长教育焦虑——家庭氛围和家校沟通的链式中介作用［J］. 浙江社会科学，2022（05）.

张墨涵，周林芝，季诚钧. 内在薪酬对乡村教师工资满意度的影响机制研究［J］. 教育科学研究，2022（08）.

张娜. 公众对区域基础教育满意度影响因素研究——基于北京市公众教育满意度调查［J］. 中国教育学刊，2012（08）.

张平海，吕玉才. 教育现代化与中国早期教育现代化的特点［J］. 河南师范大学学报（哲学社会科学版），2001（06）.

张平海. 中国教育现代化的时代背景分析［J］. 河南师范大学学报（哲学社会科学版），2002（06）.

张人杰. 也论教育现代化［J］. 华东师范大学学报（教育科学版），1998（03）.

张天雪，祁营. 当前公众对教育满意度调查分析——以浙江省为样本［J］. 中国教育学刊，2011（08）.

张天雪，徐浩天，孙不凡．十九大以来国家教育政策的图式、意涵和发展走向［J］．教育发展研究，2022，42（05）．

张旺．教育现代化：理念、体系、制度、内容、方法和治理——基于《中国教育现代化2035》的目标任务［J］．吉林师范大学学报（人文社会科学版），2022，50（01）．

张忠山．小学生家长对学校的满意度研究［J］．上海教育科研，2003（03）．

章国锋．反思的现代化与风险社会——乌尔里希·贝克对西方现代化理论的研究［J］．马克思主义与现实，2006（01）．

章家恩．生态学常用实验研究方法与技术［M］．北京：化学工业出版社，2007．

赵德成．学校评估：理论、政策与实践［M］．上海：华东师范大学出版社，2015．

赵德成．以学生发展为本的学校办学质量评估体系构建［J］．教育研究，2012，33（06）．

赵德成．英国学校督导体系变革的特点及其启示［J］．外国教育研究，2011，38（02）．

赵学勤．北京市区县教育工作满意度调查的理论研究与框架设计［J］．教育科学研究，2012（04）．

赵玉成．从“监测评估”到“治理优化”：解读上海区域基础教育环境质量监测指标［J］．上海教育，2021（28）．

浙江省教育厅．省委省政府印发《浙江教育现代化2035行动纲要》和《加快推进浙江教育现代化实施方案》［EB/OL］．http：//jyt.zj.gov.cn/art/2020/5/9/art_1543974_42866200.html，2020-05-09/2022-08-12．

浙江省人民政府教育督导委员会．关于印发《浙江省县（市、区）教育现代化发展水平监测指标体系（试行）》的通知［EB/OL］．http：//jyt.zj.gov.cn/art/2017/8/24/art_1532974_27485752.html，2017-08-24/2023-10-07．

郑富芝．政府教育职责及其评价［J］．教育发展研究，2013，33（01）．

郑秀敏．义务教育服务质量学生满意度实证研究［J］．上海教育科研，2015，（06）．

中共甘肃省委办公厅，甘肃省人民政府办公厅．甘肃省加快推进教育现代化实施方案（2020—2023）[EB/OL]. http：//www. gsgtzy. cn/gt/UserFiles/20210207104212293.pdf，2020－04－09/2022－08－12.

上海市教育委员会. 上海：改革教育质量评价 促进学生全面发展 [N]. 中国教育报，2020－11－11 (4).

中华人民共和国教育部. 教育部关于印发《中国教育监测与评价统计指标体系（2020 年版）》的通知 [EB/OL]. http：//www. moe. gov. cn/srcsite/A03/s182/202101/t20210113_509619.html，2020－12－30/2023－10－07.

中华人民共和国教育部. 中共中央办公厅 国务院办公厅印发《关于进一步减轻义务教育阶段学生作业负担和校外培训负担的意见》[EB/OL]. http：//www. moe. gov. cn/jyb_xxgk/moe_1777/moe_1778/202107/t20210724_546576.html，2021－07－24/2022－08－23.

钟贞山. 以人民为中心的教育现代化：理论、实践与内涵实现 [J]. 国家教育行政学院学报，2018 (01).

周鸿. 教育现代化：传统与现代的整合 [J]. 教育研究，1997 (06).

周华荣，马小明. 荒漠生态环境监测刍议 [J]. 干旱环境监测，2000，14 (02).

周培植. 走进高品质教育生态 [M]. 杭州：浙江教育出版社，2005.

周毅. 现代化理论的六大学派及其特点 [J]. 当代世界与社会主义，2003 (02).

朱国玮，郑培. 服务型政府公众满意度测评理论与实践 [M]. 北京：科学出版社，2010.

朱丽. 特色普通高中建设中的道、势、术融合——基于上海市特色普通高中创建实践的分析 [J]. 中国教育学刊，2020 (10).

朱琳烨，包庆德. 生态学：开启生物与环境之间内在深层关联——纪念生态学创始人恩斯特·海克尔逝世 100 周年 [J]. 鄱阳湖学刊，2019 (06).

朱旭东. 教育现代化的几个理论问题初探 [J]. 比较教育研究，1998 (02).

朱怡青. 教育现代化的基本特性与发展趋势 [J]. 武汉教育学院学报，1997，16 (05).

外文部分

Chambers，S. & Michelson，M. R. School Satisfaction among Low-income

Urban Parents [J]. Urban Education, 2020, 55 (02).

Cherednichenko, O. & Yangolenko, O. Towards Quality Monitoring and Evaluation Methodology: Higher Education Case-study [C] //Springer: International United Information System Conference, 2012.

Cooper, A. & Letts, K. A Parent Report Card: Universal Prekindergarten in New York City [C] //What Parents Really Think, Early Childhood Strategic Group, New York, 2002.

Corinne Meier & Eleanor Lemmer. What Do Parents Really Want? Parents' Perceptions of Their Children's Schooling [J]. South African Journal of Education, 2015, 32 (02).

Dardozo, Richard N. An Experimental Study of Consumer Effort, Expectation and Satisfaction [J]. Journal of Marketing Research, 1965 (08).

Dinham, S. & Scott, C. Moving into the Third, Outer Domain of Teacher Satisfication [J]. Journal of Educational Administration, 2000, 38 (04).

Eric Ashby & Mary Anderson. Universities: British, Indian, African—A Study in the Ecology of Higher Education [M]. Harvard University Press, 1966.

Friedman, B. A., Bobrowski, P. E., & Geraci, J. Parents' School Satisfaction: Ethnic Similarities and Differences [J]. Journal of Educational Administration, 2014, 44 (05).

Friedman, B. A. & Bobrowski, P. E., Markow, D. Predictors of Parents' Satisfaction with Their Children's Schools [J]. Journal of Education Administration, 2007 (03).

Goldring, E. & Rowley, K. J. Parent Preferences and Parent Choices [C] //The Annual Meeting of the American Educational Research Association, San Francisco, 2006.

Harvey, L. Student Satisfaction [J]. New Review of Academic Librarianship, 1995, 1 (01).

Ho, C. L. Teaching Satisfaction Scale: Measuring Job Satisfaction of Teachers [J]. Educational & Psychological Measurement, 2006, 66 (01).

Huebner, E. S., Laughlin, J. E., & Ash, C., et al. Further Validation of the Multidimensional Students' Life Satisfaction Scale [J]. Journal of

Psychoeducational Assessment, 1998, 16 (02).

Leonard, J. Fein. The Ecology of the Public Schools: An Inquiry into Community Control [M]. New York: Pegasus, 1971.

Levy, M. Modernization and the Structure of Societies: A Setting for International Affairs [M]. Princeton: Princeton University Press, 1970.

Liu W., Tian L., & Scott Huebner E., et al. Preliminary Development of the Elementary School Students' Subjective Well-being in School Scale [J]. Social Indicators Research, 2015, 120 (03).

Nuttall, D. The Functions and Limitations of International Education Indicators [M]. Paris: OECD/CERI, 1992.

OECD. Education at a Glance 2022 [EB/OL]. https://doi.org/10.1787/3197152b-en, 2022-10-03/2023-06-23.

R. Thomas Tanner. Ecology, Environment and Education [M]. Lincoln, NE: Professional Educator's Publications, 1974.

Räty, H. & Kasanen, K. Parents' Perceptions of Their Children's Schools: Findings from a Five-year Longitudinal Study [J]. Educational Studies, 2007: 33 (03).

Sallis, E. Total Quality Management in Education (3rd ed.) [M]. London: Kogan Page, 2002.

Simonsen, I. E. & Rundmo, T. The Role of School Identification and Self-efficacy in School Satisfaction among Norwegian High-school Students [J]. Social Psychology of Education, 2020, 23.

Suldo, S. M., Thalji-Raitano, A. & Hasemeyer, M., et al. Understanding Middle School Students Life Satisfaction: Does School Climate Matter? [J]. Applied Research in Quality of Life, 2013, 8.

The World Bank. World Development Indicators [EB/OL]. https://datatopics.worldbank.org/world-development-indicators/, 2023-8-17/2023-06-23.

Tuck, Kathy D. Parent Satisfaction and Information: A Customer Satisfaction Survey [M]. District of Columbia Public Schools, Washington, D.C., 1995.

UNDP. Handbook and Book of Planning: Monitoring and Evaluation for Developmnt Results [EB/OL]. https://www.undp.org/turkiye/publications/undp-handbook-planning-monitoring-and-evaluating-development-results, 2013-08-16/2023-04-20.

UNESCO. World Education Report 2000: the Right to Education: Towards Education for All Throughout Life [R]. UNESCO, 2000.

Urie Bronfenbrenner. The Ecology of Human Development [M]. Cambridge: Harvard University Press, 1979.

Whitley, A. M., Huebner, E. S., & Hills, K. J., et al. Can Students Be Too Happy in School? The Optimal Level of School Satisfaction [J]. Applied Research in Quality of Life, 2012, 7 (04).

Zembylas, M. & Papanastasiou, E. C. Job Satisfaction among School Teachers in Cyprus [J]. Journal of Educational Administration, 2004, 42 (03).

Zembylas, M. & Papanastasiou, E. C. Modeling Teacher Empowerment: The Role of Job Satisfication [J]. Educational Research and Evaluation, 2005, 11 (05).

后　记

2016年至今，我们在浙江省教育厅和杭州师范大学的领导下，围绕县域基础教育监测评价主题进行了深入探索。在过去八年中，我们的核心团队和核心工作始终没有变化，监测评价项目则由最初的“县域基础教育现代化监测评价”一个项目拓展到四个项目，即另外增加了“县域基础教育生态监测评价”“县域基础教育公众满意度测评”“中职现代化学校评估”三个项目，机构也由原来的“浙江省教育现代化研究与评价中心”发展成为拥有“全国教育现代化监测合作单位”“长三角区域教育现代化监测浙江分中心”“浙江省首批高校新型人文社科智库”“浙江省新型重点培育智库”“浙江省教育学会教育督导分会秘书处”多重身份的学术研究基地与第三方评估机构。这种良好的发展态势，得益于浙江省教育厅充分的信任和厚爱，得益于杭州师范大学和杭州师范大学经亨颐教育学院的大力支持，也得益于全省11个地级市和90个县（市、区）教育督导部门的共同努力与配合。本书的出版初衷不仅是总结和分享我们的研究经历和心得，更是向一直信任、关心、支持我们的领导、专家、同行表达崇高的敬意和衷心的感谢。

为了做好本书的编撰工作，我们于2022年3月组建了书稿写作小组，拟定了初步写作提纲，确定了任务分工和写作计划。当年4月至6月，写作小组成员按照各自的分工完成了相关资料的收集和整理工作，包括查找相关文献、收集各项目过程性材料、分门别类整理相关资料；其间举行了两次研讨会，分享各自的资料收集情况和阅读心得，讨论完善写作提纲。

7 月至 9 月，写作小组成员分头完成了初稿的撰写工作，9 月底召开了初稿分享会，对书稿写作规范和语言风格做出了统一要求，进一步明确了写作方向。10 月至 12 月，写作小组成员完成了第一轮书稿修改工作，12 月底邀请专家对每位成员的书稿进行了指导点评，对书稿引文注释等的规范性和语言文字的凝练度提出了更高要求。2023 年 1 月至 3 月，写作小组成员完成了第二轮书稿修改工作，并开展了新一轮的书稿交流会。5 月至 6 月，我们进行了第一次统稿，并委托杭州师范大学图书馆进行文本复制检测。7 月至 8 月，写作小组成员又根据文本复制检测结果和最新教育政策进行了第三轮书稿修改。9 月至 12 月，我们对书稿再次进行统稿和校对。

本书是一项团队合作的成果。全书由季诚钧负责策划、组织和最终的审阅与修订，由朱福建负责统稿、修改和校对工作。具体分工是：前言和第一章由朱福建撰写；第二章第一节由周林芝撰写；第二章第二、三节由朱亦翾撰写；第三章第一节由唐婕、朱福建撰写；第三章第二、三节由周音子撰写；第四章第一节由梁昕撰写；第四章第二、三节由江洁撰写；第五章第一节由郭元勋撰写；第五章第二、三节由程海涛、朱福建撰写。书中基于数据开展改进行动的案例分别由湖州市教育局党委委员、副局长施晓红，杭州市拱墅区教育局副总督学叶百水、慈溪市教育局督导科科长史正泽、宁波市奉化区教育局普教科科长樊欣军、诸暨市教体局督导科科长陈文汉和义乌市教育局督导科科长胡加良等具有丰富经验的教育督导人员组织撰写。

在项目实施和书稿写作过程中，浙江省教育厅方天禄、黄亮、陈仁坚、徐伟彪、张其宏、王振斌、方红锋、黄飞、鲍铁虎、高迎春、刘晓洪、何春玲、朱丹等领导在省教育厅督导处任职期间，对我们的工作给予了方向指引和大力支持；杭州师范大学阿里巴巴商学院刘润然教授、经亨颐教育学院傅亚强副教授、信息科学与技术学院解山娟副教授和刘婷副教授为项目的顺利开展提供了技术保障和智力支持；上海市教育科学研究院、江苏省教育评估院等同行单位为项目实施提供了理论支持与实践参照；浙江省教育现代化研究与评价中心张墨涵副教授、张冉博士先后对书稿的写作提出了宝贵意见；上海教育出版社组织精干力量负责本书的出版工作，对书稿的完善提出了很多有益建议。此外，书稿还参考了大量学者的论文和著作。在此，我们对上述领导、专家和单位为本书所做的贡献一并表示感谢。

我们力图在理论与实践两个层面进行系统梳理与总结，使本书具有学术性与实用性兼顾、理论性与操作性结合等特点，期望对县域基础教育发展产生积极影响与引导作用。但是，鉴于我们能力和认识的局限性，书中难免有偏颇或疏漏之处，还请各位读者不吝指正和谅解。

朱福建　季诚钧

2024 年 10 月

图书在版编目（CIP）数据

县域基础教育监测评价探索：以浙江省为例 / 朱福建等著. — 上海：上海教育出版社，2024.11.

ISBN 978-7-5720-3179-3

Ⅰ. G639.2

中国国家版本馆CIP数据核字第2024NQ4310号

责任编辑　廖承琳　谢冬华

封面设计　郑　艺

县域基础教育监测评价探索：以浙江省为例

朱福建　季诚钧　等著

出版发行　上海教育出版社有限公司

官　　网　www.seph.com.cn

地　　址　上海市闵行区号景路159弄C座

邮　　编　201101

印　　刷　浙江临安曙光印务有限公司

开　　本　700 × 1000　1/16　印张 21.5　插页 1

字　　数　330 千字

版　　次　2025年1月第1版

印　　次　2025年1月第1次印刷

书　　号　ISBN 978-7-5720-3179-3/G·2809

定　　价　88.00 元

如发现质量问题，读者可向本社调换　电话：021-64373213